"十三五"职业教育国家规划教材
"十二五"职业教育国家规划教材

（第三版）

工程财务

主　编　杨淑芝
副主编　雷建平　于　莉　杨玉清
　　　　金　铭　苏　敏
参　编　张雪玉　赵亭亭　樊金枝
　　　　宋春岩
主　审　辛艳红

中国电力出版社
CHINA ELECTRIC POWER PRESS

内 容 提 要

本书既是"十三五"职业教育国家规划教材,也是"十二五"职业教育国家规划教材。全书分上、中、下三篇,共13章,主要内容包括会计基础知识,会计核算方法,流动资产,非流动资产,负债,所有者权益,收入、费用和利润,财务管理概述,施工企业资金筹集与资金成本,施工企业资产管理,财产清查,工程成本管理,施工企业财务报告与分析以及附录。本书由施工企业会计和施工企业财务管理合并而来,保留了会计和财务管理两门课程在基本原理和实践技能上的不同特点,在整合过程中,去枝节、留主干,更突出了这两门课程的重点。全书内容通俗易懂、简单明了,每章均附有练习题。

本书可作为高职高专院校建设工程管理、建筑经济管理、会计等相关专业的教材,也可作为相关专业在职人员的培训用书。

图书在版编目(CIP)数据

工程财务/杨淑芝主编. —3版. —北京:中国电力出版社,2019.10(2021.6重印)
"十二五"职业教育国家规划教材
ISBN 978-7-5198-3909-3

Ⅰ.①工… Ⅱ.①杨… Ⅲ.①建筑工程－财务管理－高等职业教育－教材 Ⅳ.①F407.967.2

中国版本图书馆CIP数据核字(2019)第237066号

出版发行:中国电力出版社
地　　址:北京市东城区北京站西街19号(邮政编码100005)
网　　址:http://www.cepp.sgcc.com.cn
责任编辑:霍文婵(010－63412545)
责任校对:黄　蓓　常燕昆
装帧设计:赵姗姗
责任印制:吴　迪

印　　刷:北京雁林吉兆印刷有限公司
版　　次:2009年2月第一版　2019年10月第三版
印　　次:2021年6月北京第七次印刷
开　　本:787毫米×1092毫米　16开本
印　　张:22.25
字　　数:539千字
定　　价:55.00元

版权专有　侵权必究

本书如有印装质量问题,我社营销中心负责退换

前 言

工程财务是高职高专院校建设工程管理、建筑经济管理、会计、工程造价等专业的一门专业核心课程。为贯彻落实"教育部关于职业院校专业人才培养方案制订与实施工作的指导意见"精神，落实立德树人根本任务，构建德智体美劳全面发展的人才培养体系，突出职业教育的类型特点，满足相关专业读者教、学的需要，推进教材改革以反映时代特征，更新、完善原有的《工程财务（第二版）》教材与内容体系，特组织具有多年教学经验的教师和企业人员再次重编本书。

本书以财政部颁布的企业会计制度和具体会计准则为依据，不仅以建筑施工企业的主要经济业务为对象，系统地介绍了建筑施工企业财务工作的基本理论、核算方法和基本操作技能；而且以企业财务管理知识为理论基础，紧密结合施工企业财务管理的特点，突出体现了现行施工企业财务制度的基本精神。既继承了传统《施工企业会计》与《建筑施工企业财务管理》教材的理论精华和共性，又本着注重实际操作的原则，突出经济业务实务，以建筑施工企业生产经营过程所涉及的经济业务为主线，并将财务管理活动的资金链管理逻辑穿插其中，具有较强的实用性和可操作性。同时，与时俱进，充分结合建筑企业生产经营的特殊性，通过挖掘工程财务活动的规律和特点，深入浅出地阐述了基本概念、基本原理和基本技能，增加了案例分析等方面的内容。

相较于原有教材的内容体系，本次编写具有以下特点：

1. 本书以建筑施工企业会计与财务管理为主线，不仅内容丰富完整、资料翔实，结构体系合理，重点突出，而且条理清晰，层次分明，逻辑性强。

2. 本书内容理论与实务结合，配合得当，对具体实际问题解析方面，做到了深入浅出、言简意赅、通俗易懂。且每章后均附有练习题，便于读者实时检验学习结果。

3. 本书既可作为高职院校工程造价等相关专业的教材，也可作为企业在职人员的培训用书，以及注册一级建造师、注册造价师、注册咨询（投资）工程师等执业资格考试的学习用书。

4. 本书针对课程重点难点、拓展资源等对图书内容做了进一步补充和提升，便于读者紧跟行业动态，也使得本书更具实用性。

5. 可通过扫描二维码的形式看到本书所配套的多种数字教学资源，主要包括图片、视频、课件、习题等，为教师灵活采用各类教学法提供了有效的技术支撑，为读者提供了更加便捷的知识获取平台。

本书由杨淑芝担任主编，雷建平、于莉、杨玉清、金铭、苏敏担任副主编，辛艳红担任主审。全书各章编写安排如下：第1、10、11章由内蒙古建筑职业技术学院杨淑芝编写，第2章由内蒙古建筑职业技术学院赵亭亭编写，第3章由内蒙古建筑职业技术学院张雪玉编写，第 4、6 章由内蒙古建筑职业技术学院于莉编写，第 5 章由内蒙古建筑职业技术学院樊金枝编写，第 7 章由内蒙古广播电视大学金铭编写，第 8 章由内蒙古建筑职业技术学院宋春岩编写，第 9 章由内蒙古宜化化工有限公司杨玉清编写，第 12 章由内蒙古建筑职业技术学院雷建平编写，第 13 章由内蒙古师范大学青年政治学院（内蒙古自治区团校）苏敏编写。感谢会计专业朱晓丹老师、赵瑞霞老师的帮助。

  本书虽经缜密思考、耐心写作并不断修改，但即使如此，不足之处仍难避免，恳请读者批评指正，以待未来完善。

编　者
2019 年 6 月

第一版前言

为贯彻落实教育部《关于进一步加强高等学校本科教学工作的若干意见》和《教育部关于以就业为导向深化高等职业教育改革的若干意见》的精神，加强教材建设，确保教材质量，中国电力教育协会组织制订了普通高等教育"十一五"教材规划。该规划强调适应不同层次、不同类型院校，满足学科发展和人才培养的需求，坚持专业基础课教材与教学急需的专业教材并重、新编与修订相结合。本书为新编教材。

会计和财务管理作为两门财经类基础课程，已经相当成熟了，而且在多年的财会专业发展过程中这两门课程已经各自形成了科学完整的理论体系。而将这两门课程组合成一门课程，并用于工程造价专业，目前在国内高职高专院校尚处于探索阶段。

《工程财务》是由《施工企业会计》和《施工企业财务管理》两门课程合并而来的。施工企业会计和施工企业财务管理作为工程造价专业的专业基础课，在教学计划中占有重要地位，对后继专业课的学习也起到了至关重要的作用。随着教师教学水平的逐渐提高，以及任课教师对我国高职高专人才培养目标的深入和领会，并结合对工程造价专业学生就业方向的掌握，我们编写了《工程财务》一书，以更好地适应工程造价学生的需要。

本书的主要特点如下：

1. 从高等职业技术教育的人才培养目标出发，《工程财务》一书整合方式看上去简单，但却保留了会计和财务管理两门课程在基本原理和实践技能上的不同特点，在整合过程中，去枝节、留主干，更加突出了这两门课程的重点，在内容上力求做到理论与实际的良好结合。

2. 本书主要针对施工建筑类院校的工程造价专业学生使用。

3. 内容通俗易懂、简单明了，每章均附有练习题，便于读者掌握所学内容。

4. 本书既可作为高职院校工程管理等相关专业的教材，也可作为工程管理等相关专业在职人员的培训用书。

本书由杨淑芝任主编，许艳华、于莉任副主编，辛艳红任主审。全书各章编写安排如下：第1章、10章和11章由内蒙古建筑职业技术学院杨淑芝编写，第3、5章和7章由长春职业技术学院许艳华编写，第12章由雷建平编写，第4、6章和9章由内蒙古建筑职业技术学院于莉编写，第8章由中国电子科技集团公司第二十九研究所李慜劼编写，第2章由内蒙古建筑职业技术学院赵亭亭编写，第13章由内蒙古工业大学赖俊峰编写。

本书在编写过程中汲取了大量优秀教材之精华，在此对本书所参考和引用的有关教材的作者表示衷心的感谢。

由于经济形势的发展，财务管理的内容在不断丰富和更新，加之编者的业务水平有限，书中难免有疏漏之处，恳请读者批评指正。

编 者

2008 年 8 月

第二版前言

根据教育部《关于加强高职高专教育人才培养工作的意见》精神，在工程造价、工程管理、工程监理等专业的人才培养方案中要求学生既懂专业技术知识又懂经济知识，所以"施工企业会计"和"施工企业财务管理"作为专业基础课，在专业培养方案中占有重要的地位，对后继专业课的学习也有至关重要的作用，同时也为学生毕业后考取执业资格证书打下坚实的基础，如注册一级建造师的"建筑工程经济"、注册建筑一级结构师的"基础知识"，注册咨询工程师（投资）的"项目决策分析与评价"、注册造价工程师的"工程造价管理基础理论与相关法规"等科目皆需具备一定的财务、经济知识。《工程财务》即由这两门课程的相关知识整合而成。

本书修订后的主要特点如下：

1. 本书既可作为高职院校工程造价、工程管理、工程监理等相关专业的教材，也可作为在职人员的培训用书，以及注册一级建造师、注册造价师、注册咨询（投资）工程师等执业资格考试的学习用书。

2. 本书内容通俗易懂、简单明了，每章均附有练习题，便于读者掌握所学内容，并且将本书在注册一级建造师、注册建筑一级结构师、注册咨询工程师（投资）、注册造价工程师等相关专业资格考试中所涉及的内容单独列示，便于读者及时查阅。

3. 修订后，本书增加了实务中的热点、最新变化，并以"小知识""小阅读"的形式出现，同时配有案例分析，让读者能及时了解实际工作中的新规定及新变化。另外，书中标注*的内容需要财会类专业学生掌握，其他专业学生可参考。

本书由杨淑芝任主编，许艳华、于莉任副主编，辛艳红任主审。全书各章编写安排如下：第1、10、11章由内蒙古建筑职业技术学院杨淑芝编写，第3章由长春职业技术学院许艳华和内蒙古建筑职业技术学院张雪玉编写，第4、6章由内蒙古建筑职业技术学院于莉编写，第2章由内蒙古建筑职业技术学院赵亭亭编写，第5章由内蒙古建筑职业技术学院樊金枝编写，第8章由北方联合电力燃料公司秦磊和内蒙古建筑职业技术学院宋春岩编写，第9章由内蒙古誉博项目管理有限公司杨玉清编写，第12章由内蒙古建筑职业技术学院雷建平编写，第7、13章由内蒙古工业大学赖俊峰和崔玉英编写。

为了满足广大读者的需求，本书提供配套课件供读者使用。

由于经济形势的发展，工程财务的内容不断丰富和更新，限于编者水平，书中难免有疏漏之处，恳请读者批评指正（邮箱：gongchengcaiwu@163.com）。

编　者

2014年7月

目 录

前言
第一版前言
第二版前言

上 篇

第1章 会计基础知识 ... 1
1.1 施工企业会计概述 ... 1
1.2 会计确认、计量及报告的基本前提和计量属性 ... 4
1.3 会计信息质量要求 ... 6
本章小结 ... 8
习题 ... 8

第2章 会计核算方法 ... 11
2.1 会计要素与会计基本等式 ... 11
2.2 会计科目与账户 ... 15
2.3 复式记账法 ... 20
2.4 会计凭证与账簿 ... 25
2.5 会计组织核算程序 ... 32
本章小结 ... 33
习题 ... 33

第3章 流动资产 ... 36
3.1 货币资金与交易性金融资产 ... 36
3.2 应收与预付款项 ... 43
3.3 存货 ... 51
本章小结 ... 64
习题 ... 64

第4章 非流动资产 ... 68
4.1 投资性房地产 ... 68
4.2 固定资产 ... 73
4.3 无形资产 ... 86
本章小结 ... 92
习题 ... 92

第 5 章　负债 ········· 96
5.1　流动负债 ········· 96
5.2*　非流动负债 ········· 110
本章小结 ········· 116
习题 ········· 116

第 6 章　所有者权益 ········· 119
6.1　实收资本 ········· 120
6.2　资本公积 ········· 123
6.3　留存收益 ········· 126
本章小结 ········· 130
习题 ········· 130

第 7 章　收入、费用和利润 ········· 133
7.1　收入 ········· 133
7.2　成本与费用 ········· 147
7.3　利润 ········· 158
本章小结 ········· 164
习题 ········· 164

中　篇

第 8 章　财务管理概述 ········· 169
8.1　施工企业财务管理内容 ········· 169
8.2　施工企业财务管理目标 ········· 173
8.3　施工企业财务管理环境 ········· 177
8.4　施工企业财务管理概念 ········· 181
本章小结 ········· 198
习题 ········· 200

第 9 章　施工企业资金筹集与资金成本 ········· 205
9.1　施工企业资金筹集概述 ········· 205
9.2　权益资金筹集 ········· 207
9.3　债务资金筹集 ········· 211
9.4　资金成本 ········· 216
9.5　资金结构 ········· 221
本章小结 ········· 226
习题 ········· 227

第 10 章　施工企业资产管理 ········· 229
10.1　现金的管理 ········· 229
10.2　应收账款的管理 ········· 233

10.3　存货的管理 …………………………………………………… 240
10.4　固定资产的管理 ………………………………………………… 244
本章小结 …………………………………………………………………… 251
习题 ………………………………………………………………………… 251

下　篇

第11章　财产清查 …………………………………………………… 256
11.1　财产清查概述 …………………………………………………… 256
11.2　财产清查的种类和方法 ………………………………………… 257
11.3*　财产清查结果的处理 ………………………………………… 260
本章小结 …………………………………………………………………… 262
习题 ………………………………………………………………………… 262

第12章　工程成本管理 ……………………………………………… 264
12.1　工程成本的预测 ………………………………………………… 265
12.2　工程成本的计划与控制 ………………………………………… 279
12.3　工程成本的分析与考核 ………………………………………… 285
本章小结 …………………………………………………………………… 295
习题 ………………………………………………………………………… 295

第13章　施工企业财务报告与分析 ………………………………… 301
13.1　财务报告概述 …………………………………………………… 301
13.2　施工企业财务分析概述 ………………………………………… 302
13.3　财务分析指标 …………………………………………………… 310
本章小结 …………………………………………………………………… 335
习题 ………………………………………………………………………… 336

附录　系数表 ……………………………………………………………… 340
参考文献 …………………………………………………………………… 344

上篇

第1章 会计基础知识

知识目标
- 掌握会计核算的基本前提，了解施工企业会计的特点；
- 掌握会计核算的原则，了解施工企业会计的相关制度。

能力目标
- 能够结合会计的概念，施工企业经营的特点，理解施工企业会计的特点；
- 能够根据会计的基本前提和一般原则，把握会计核算过程中的尺度。

1.1 施工企业会计概述

1.1.1 施工企业与施工企业会计

施工企业（亦称建筑安装企业）是主要从事建筑安装工程和其他专门工程施工的生产性企业，在行政上具有独立的组织机构，在经济上实行自主经营、独立核算、自负盈亏，是具有法人资格的经济实体，包括各类建筑公司、设备安装公司、工程公司、装饰和装修公司等。

施工企业与其他行业相比，其生产的产品、生产经营活动等都具有许多显著的特点，而这些特点又决定了施工企业会计具有与其他行业会计不同的特点。研究这些特点，对于加强企业的经营管理与核算都具有重要的意义。

由于建筑产品的固定性、多样性、造价高、施工周期长等特点，决定了施工企业生产经营活动具有以下几个主要特点。

一、施工生产的流动性

施工生产的流动性是由建筑产品的固定性决定的，主要表现在：不同工种的工人都要在同一建筑物的不同部位进行流动施工；生产工人要在同一工地不同单位工程之间进行流动施工；施工队伍要在不同工地、不同地区承包工程，进行区域性流动施工等。

二、施工生产的单件性

施工生产的单件性是由建筑产品的多样性决定的，主要表现在：每一项建筑产品都有其特定的用途和建设要求；施工条件千变万化，即使是同一张图纸，因地质、气象、水文等条件不同，其生产也会有很大的差别等。

三、施工生产的生产周期长

生产周期长主要表现在：建筑产品规模都比较大，极少有当年施工当年交工的；施工作业要求有一定的保养期，如混凝土的操作必须保证一定时间的保养期，否则，将严重影响建筑产品的质量等。

四、施工生产受自然气候影响

建筑产品由于位置固定，体积庞大，其生产一般是在露天进行，并且高空、地下、水下作业较多，直接承受着自然气候条件变化的制约。给施工生产、机械设备带来了不利的影响。

施工企业会计就是运用于施工企业的一种专业会计，它是以货币为主要计量单位，采用专门的方法，对施工企业的经济活动进行全面、连续、系统、综合核算和监督的一种经济管理活动，是施工企业经济管理的重要组成部分。

1.1.2 施工企业会计的特点、职能与目标

一、施工企业会计的特点

由于上述施工企业生产经营活动的特点，决定了施工企业会计具有以下几个主要特点。

（一）采取分级管理、分级核算

施工生产的流动性，决定了企业的施工及管理人员、施工机具、材料物资等生产要素，以及施工管理、后勤服务等组织机构，都要随工程地点的转移而流动。因此，施工企业在组织会计核算时，要适应施工分散、流动性大等特点，采取分级管理、分级核算，使会计核算与施工生产有机地结合起来，充分调动各级施工单位提高生产的积极性。同时要更加重视施工现场的施工机具、材料物资等的管理和核算，及时反映它们的保管和使用情况。以避免集中核算造成会计核算与施工生产脱节的现象。

此外，施工生产流动性的特点，还决定了企业施工队伍每到一个新的施工现场，都要根据施工的需要搭建各种临时设施。因此，施工企业还须做好有关临时设施的搭建、施工过程中的价值摊销、维修、报废、拆除等方面的会计核算工作。

（二）单独计算每项工程成本

由于建筑产品的多样性和施工生产的单件性等特点，决定了施工企业不能根据一定时期内发生的全部施工生产费用和完成的工程数量来计算各项工程的单位成本，而必须按照承包的每项工程分别归集施工生产费用，单独计算每项工程成本。即建筑产品的多样性和施工生产的单件性，决定了施工企业的工程成本核算对象经常发生变化，施工生产费用的归集和分配必须紧紧围绕着确定的工程成本核算对象来进行，严格遵循收入与费用配比的会计原则。同时，由于不同建筑产品之间的差异大，可比性差，不同建筑产品之间的实际成本之间不便进行比较，因此，施工企业工程成本的分析、控制和考核不是以可比产品成本为依据，而是以预算成本为依据。此外，施工企业除了主要计算建筑安装工程成本之外，还需要计算其附属工业产品成本、机械施工及运输单位的机械作业成本以及企业内部非独立核算的辅助生产部门所生产的产品成本和提供劳务的成本等。

（三）工程价款结算方法独特

施工企业的建筑产品造价高、周期长等特点，决定了施工企业在施工过程中需垫付大量的资金。因此，对工程价款结算，不能等到工程全部竣工后才进行，这样势必会影响施工企业的资金周转，从而影响施工生产的正常进行。所以除工期较短、造价较低的工程采用竣工后一次结算价款外，大多采用按月结算、分段结算等方法。为了进一步解决施工企业垫付资金较多的问题，须向发包单位或建设单位预收工程款和备料款，待办理工程价款结算时，再予以扣还。

此外，由于施工周期长，对于跨年度施工的工程，施工企业还需要根据工程的完工进度，采用完工百分比法分别计算和确认各年度的工程价款结算收入和工程施工费用，以确定各年的经营成果等。

（四）成本开支受自然力影响

施工企业由于建筑产品体积庞大，决定了施工企业一般只能露天施工，有些施工机械和材料也只能露天堆放，受自然力侵蚀的影响很大。因此，成本核算应考虑风、霜、雨、雪等气候因素造成的停窝工损失；施工机械除使用磨损外，受自然力侵蚀而造成的有形损耗也较为严重，其折旧率相对较高；在进行材料核算时，也要考虑因自然损耗造成的损失。

二、施工企业会计的职能

会计具有核算、预测与监督等职能。会计的基本职能包括核算与监督，核算职能是会计最基本的职能。会计的基本职能反映的是会计在对经济过程的控制和观念（结果）的总结方面所发挥的作用。

会计核算是指会计对经济业务事项的确认、计量、记录、算账和报账的工作过程。确认，是指是否将发生的经济业务事项作为资产、负债等会计要素加以记录和列入报表的过程；计量，是用货币或其他量度单位计算各项经济业务事项和结果的过程；记录，是用专门的会计方法在会计凭证、会计账簿、财务会计报告中登记经济业务事项的过程；算账，是指在记账的基础上，对一定时期的收入、费用（成本）、利润和一定时期的资产、负债、所有者权益进行的计算过程；报账，是指在算账的基础上，对一定时期的财务状况、经营成果和现金流量情况，以财务会计报告的形式向有关方面进行的报告过程。

会计监督是指会计对经济业务事项的合法性、真实性、准确性、完整性进行审查的工作过程。合法性，是指会计确认经济业务事项或生成会计资料的程序必须符合会计法律法规和其他相关法律法规的规定；真实性，是指会计计量、记录的经济业务事项必须是实际发生或按规定生成的会计资料，避免会计资料因人为因素的失真；准确性，是指生产经营过程中产生的各种会计资料所记录的会计数据之间应当吻合；完整性，是指在会计核算过程中形成和提供的各种会计资料应当齐全。

三、施工企业会计的目标

会计目标亦称会计目的，是要求会计工作完成的任务或达到的标准。它是关于会计系统所应达到境地的抽象范畴，是沟通会计系统与会计环境的桥梁，是连接会计理论与会计实践的纽带。在不同历史阶段，会计的具体目标不同的，它受到环境因素的影响，随环境因素的变化而变化。现阶段会计的目标应符合国家宏观经济管理的要求，向财务报告使用者提供与企业财务状况、经营成果和现金流量等有关的会计信息，反映企业管理层受托责任履行情况，有助于财务报告使用者做出经济决策。

1.1.3　施工企业会计相关法律制度

我国的会计法规制度体系主要分为会计法律、行政法规、会计规章三个主要层次，会计规章主要有会计核算制度、会计监督制度、会计机构及人员制度和会计工作制度。会计核算制度主要分为《企业会计准则》《企业会计制度》、分行业会计制度，以及有关会计核算办法和问题解答等。

2006年2月15日，财政部发布的《关于印发〈企业会计准则第1号——存货〉等38项具体准则的通知》(财会[2006]3号)明确规定,上市公司于2007年1月1日起须执行修订后的《企业会计准则——基本准则》,以及根据《企业会计准则——基本准则》而制定的《企业会计准则第1号——存货》等38项具体准则,鼓励其他企业执行。执行该38项具体准则的企业不再执行现行准则、《企业会计制度》。财政部于2006年制定发布的《企业会计准则——建造合同》是在对财政部1998年发布的《企业会计准则——建造合同》修订和完善的基础上完成的。

施工企业执行的主要会计法律制度是《会计法》《企业会计准则》《企业会计制度》《企业财务会计报告条例》等。

小阅读

2014年财政部就企业会计准则的增订与修订,相继发布了6个通知,即《关于印发〈企业会计准则解释第6号〉的通知》(财会[2014]1号),《关于印发〈企业会计准则第39号——公允价值计量〉的通知》(财会[2014]6号),《关于印发修订〈企业会计准则第30号——财务报表列报〉的通知》(财会[2014]7号),《关于印发修订〈企业会计准则第9号——职工薪酬〉的通知》(财会[2014]8号),《关于印发修订〈企业会计准则第33号——合并财务报表〉的通知》(财会[2014]10号),《关于印发〈企业会计准则第40号——合营安排〉的通知》(财会[2014]11号)。

1.2 会计确认、计量及报告的基本前提和计量属性

1.2.1 会计确认、计量及报告的基本前提

组织会计核算工作,需要具备一定的前提条件,即在组织核算工作之前,首先要解决与确立核算主体有关的一系列重要问题。这是全部会计工作的基础,具有非常重要的作用。关于会计核算前提的具体内容,人们的认识迄今尚未取得共识,国内外会计界多数人公认的会计核算基本前提有以下四个。

一、会计主体

会计主体(又称会计实体、会计个体),会计主体指的是会计核算服务的对象或者说是会计人员进行核算(确认、计量、报告)采取的立场及空间活动范围界定。组织核算工作首先应明确为谁核算的问题,这是因为会计的各种要素,例如,资产、负债、收入、费用等,都是同特定的经济实体,即会计主体相联系的,一切核算工作都是站在特定会计主体立场上进行的。如果主体不明确,资产和负债就难以界定,收入和费用便无法衡量,以划清经济责任为准绳而建立的各种会计核算方法的应用便无从谈起。因此,在会计核算中必须将该主体所有者的财务活动、其他经济实体的财务活动与该主体自身的财务活动严格区分开,会计核算的对象是该主体自身的财务活动。

这里应该指出的是,会计主体与经济上的法人不是一个概念。作为一个法人,其经济必然是独立的,因而法人一般应该是会计主体,但是构成会计主体的并不一定都是法人。比如,从法律上看,独资及合伙企业所有的财产和债务,在法律上应视为所有者个人财产延伸的一部分,独资及合伙企业在业务上的种种行为仍视其为个人行为,企业的利益与行为和个人的利益与行为是一致的,独资与合伙企业都因此而不具备法人资格。但是,独资、合伙企

业都是经济实体、会计主体，在会计处理上都要把企业的财务活动与所有者个人的财务活动截然分开。例如，企业在经营中得到的收入不应记为其所有者的收入，发生的支出和损失，也不应记为其所有者的支出的损失，只有按照规定的账务处理程序转到所有者名下，才能算其收益或损失。

以会计主体作为会计的基本前提条件，对会计核算范围从空间上进行了有效的界定，有利于正确地反映一个经济实体所拥有的财产及承担的债务，计算其经营收益或可能遭受的损失，提供准确的财务信息。

二、持续经营

如果说会计主体作为基本前提是一种空间界定，那么持续经营则是一种时间上的界定。将持续经营作为基本前提条件，是指企业在可以预见的将来，不会面临破产和清算，而是持续不断地经营下去。既然不会破产和清算，企业拥有的各项资产就在正常的经营过程中耗用、出售或转换，承担的债务也在正常的经营过程中清偿，经营成果就会不断形成，这样核算的必要性是不言而喻的。这是从第一条基本前提引申出来的，也就是说，组织会计核算工作，道德必须明确核算的主体，即解决为谁核算的问题；其次还必须明确时间范围，核算主体是持续不断地经营的。否则，组织核算工作的必要性就不存在了。

持续经营对于会计十分重要，它为正确地确定财产计价、收益，为计量提供了理论依据。只有具备了这一前提条件，才能够以历史成本作为企业资产的计价基础，才能够认为资产在未来的经营活动中可以给企业带来经济利益，固定资产的价值才能够按照使用年限的长短以折旧的方式分期转为费用。对一个企业来说，如果持续经营这一前提条件不存在了，那么一系列的会计准则和会计方法也相应地会丧失其存在的基础，所以，作为一个会计主体必须以持续经营作为前提条件。

三、会计分期

会计分期这一前提是从第二条基本前提引申出来的，也可以说是持续经营的客观条件。

企业的经营活动从时间上来看是持续不断的，但会计为了确定损益编制财务报表，定期为使用者提供信息，就必须将持续不断的经营过程划分成若干期间。会计期间一般按照日历时间划分，分为年、季、月。会计期间的划分是一种人为的划分，实际的经济活动周期可能与这个期间不一致，有的经济活动可以持续在多个会计期间。但是，与企业有利益关系的单位或个人都需要在一个期间结束之后随时掌握企业的财务状况和经营成果，而不可能等待全部经营过程完结之后再考察企业经营成果。所以，将划分会计期间作为会计的基本前提是由于持续经营和及时提供信息的要求决定的。

会计期间划分的长短会影响损益的确定，一般地说，会计期间划分得越短，反映经济活动的会计信息质量就越不可靠。当然，会计期间的划分也不可能太太长，太长了会影响会计信息使用者需要的满足程度。因此必须恰当地划分会计期间。

四、货币计量

用货币来反映一切经济业务是会计核算的基本特征，因而也是会计核算的一个重要性的前提条件。选择货币作为共同尺度，以数量的形式反映会计实体的经营状况及经营成果，是商品经济发展的产物。会计计量是会计核算的关键环节，是会计记录和会计报告的前提，货币则是会计师的统一尺度。企业经济活动中凡是能够用这一尺度计量的，就可以进行会计反映，凡是不能用这一尺度计量的，则不必进行会计反映。

货币计量实际上是对经济活动进行货币估价，而货币估价的习惯做法是以历史成本计价。不言而喻，采用历史成本计价，就必须假定货币本身的价值稳定不变，或者变动的幅度不大，可以忽略不计。也就是说货币计量前提实际上还包括另一个重要前提，即币值稳定前提。在以币值稳定为前提的条件下，对财产物资采用历史成本原则进行计价是目前通行的一种选择。我国的会计核算还规定以人民币为记账本位币，在有多种货币存在的条件下，要将有关外币用某种汇率折算为记账本位币，以此登记账簿，编制会计报表。

1.2.2 会计确认、计量及报告的计量属性

企业在将符合确认条件的会计要素登记入账并列报于会计报表及其附注（又称财务报表，下同）时，应当按照规定的会计计量属性进行计量，确定其金额。会计计量属性主要包括以下内容。

一、历史成本

在历史成本计量下，资产按照购置时支付的现金或者现金等价物的金额，或者按照购置资产时所付出的对价的公允价值计量。负债按照因承担现时义务而实际收到的款项或者资产的金额，或者承担现时义务的合同金额，或者按照日常活动中为偿还负债预期需要支付的现金或者现金等价物的金额计量。

二、重置成本

在重置成本计量下，资产按照现在购买相同或者相似资产所需支付的现金或者现金等价物的金额计量。负债按照现在偿付该项债务所需支付的现金或者现金等价物的金额计量。

三、可变现净值

在可变现净值计量下，资产按照其正常对外销售所能收到现金或者现金等价物的金额扣减该资产至完工时估计将要发生的成本、估计的销售费用以及相关税费后的金额计量。

四、现值

在现值计量下，资产按照预计从其持续使用和最终处置中所产生的未来净现金流入量的折现金额计量。负债按照预计期限内需要偿还的未来净现金流出量的折现金额计量。

五、公允价值

在公允价值计量下，资产和负债按照在公平交易中，熟悉情况的交易双方自愿进行资产交换或者债务清偿的金额计量。

企业在对会计要素进行计量时，一般应当采用历史成本，采用重置成本、可变现净值、现值、公允价值计量的，应当保证所确定的会计要素金额能够取得并可靠计量。

1.3 会计信息质量要求

会计信息质量要求是指财务会计报告所提供的信息应达到的基本标准和要求。

企业会计准则对会计信息的质量要求提出八大原则，其中又分为两个层次，即可靠性原则、相关性原则、可理解性原则和可比性原则是对会计信息质量最基本和首要的要求；实质重于形式原则、重要性原则、谨慎性原则和及时性原则是对会计信息质量基本要求的进一步补充和完善。

一、可靠性原则

企业应当以实际发生的交易或者事项为依据进行会计确认、计量和报告，如实反映符合确认和计量要求的各项会计要素及其他相关信息，保证会计信息真实可靠、内容完整。它要求会计确认和计量的事项与所反映的经济内容保持一致，同时要求会计数据在记录过程中没有差错，并且具有可验性。真实可靠性是会计信息的生命。如果会计信息失真，将会导致会计信息使用者决策失误，这样会计就失去了其存在的价值。

二、相关性原则

企业提供的会计信息应当与财务会计报告使用者的经济决策需要相关，有助于财务会计报告使用者对企业过去、现在或者未来的情况做出评价或者预测。它要求会计信息反映的内容（如企业财务状况，经营成果和现金流量等）。与其使用者的经营决策相关联。相关系数越大，其价值也越大。也就是说会计信息必须具有预测价值和反馈价值。预测价值是指会计信息能为其使用者预测未来年度的决策提供依据。反馈价值是指通过反映上期的经营状况影响将要做出的决策。

三、可理解性原则

企业提供的会计信息应当清晰明了，便于财务会计报告使用者理解和使用。

四、可比性原则

企业提供的会计信息应当具有可比性。可比性包括两层含义：

（1）同一企业不同时期发生的相同或者相似的交易或者事项，应当采用一致的会计政策，不得随意变更。确需变更的，应当在附注中说明。

（2）不同企业发生的相同或者相似的交易或者事项，应当采用规定的会计政策，确保会计信息口径一致、相互可比。会计信息的可比性是要求会计信息不仅在同一空间的不同时间里会计采用的核算方法相对一致，使其具有纵向可比的价值，而且在不同空间的同一时间里采用的会计方法也是相对统一，使其具有横向比较的价值。可比性是相关性的重要组成部分。

五、实质重于形式原则

企业应当按照交易或者事项的经济实质进行会计确认、计量和报告，不应仅以交易或者事项的法律形式为依据。融资租赁从法律形式上讲属于租赁企业的资产，但实质上，该资产应当归入本企业资产中进行核算，计提折旧、准备。

六、重要性原则

企业提供的会计信息应当反映与企业财务状况、经营成果和现金流量等有关的所有重要交易或者事项。会计交易或事项的重要性是相对的，在评价其重要性时很大程度上取决于会计人员的职业判断。

七、谨慎性原则

企业对交易或者事项进行会计确认、计量和报告应当保持应有的谨慎，不应高估资产或者收益、低估负债或者费用，如期末对应收款项计提坏账准备，对期末存货采用成本与可变现净值孰低法，充分体现了谨慎性原则。

八、及时性原则

企业对于已经发生的交易或者事项，应当及时进行会计确认、计量和报告，不得提前或者延后。它要求会计信息必须及时呈报给会计信息使用者。具体来说，在会计核算中，对当期发生的会计事项应当在当期内及时地进行会计处理，不能拖延；会计报表也应在会计期间结束后及时编制和呈报。及时性是相关性不可缺少的组成部分。会计作为一种信息同其他信息一样具有时效性。要是会计信息不及时，即使再好的信息也会失去影响决策的能力。

本章小结

施工企业（亦称"建筑安装企业"）是主要从事建筑安装工程和其他专门工程施工的生产性企业，施工企业生产经营活动具有以下几个主要特点：流动性、单件性、周期长等。施工企业会计就是运用于施工企业的一种专业会计，它是以货币为主要计量单位，采用专门的方法，对施工企业的经济活动进行全面、连续、系统地核算和监督的一种管理活动，是施工企业经济管理的重要组成部分。施工企业会计具有以下几个主要特点：采取分级管理、分级核算；单独计算每项工程成本；工程价款结算方法独特；成本开支受自然力影响。施工企业会计的职能会计具有核算、监督、预测、决策、分析、考核等职能。会计的基本职能包括核算与监督，核算职能是会计首要的基本职能。会计目标亦称会计目的，是要求会计工作完成的任务或达到的标准。在不同历史阶段，会计的具体目标是不同的，它受到环境因素的影响，随环境因素的变化而变化。企业执行的是2008年1月1日财政部发布的《企业会计准则——基本准则》《企业会计准则第1号——存货》等38项具体准则、《企业会计准则——建造合同》。会计核算的基本前提：会计主体、持续经营、会计分期、货币计量。会计信息质量要求为：实质重于形式原则、相关性原则、明晰性原则、可比性原则、一致性原则、实质重于形式原则等。

习 题

一、思考题

1. 简述施工企业会计的特点、职能与目标。
2. 会计核算的基本前提有哪些？
3. 会计的计量属性有哪些？
4. 财务会计信息的质量要求提出哪几个原则？
5. 怎么理解可比性原则和及时性原则？

二、单项选择题

1. 以下是会计基本职能的有（　　）。
   A. 核算　　　　B. 预测　　　　C. 控制　　　　D. 督导
2. 会计核算的基本前提有（　　）。
   A. 会计假设　　B. 会计主体　　C. 分期经营　　D. 货币计量
3. 施工企业会计确认、计量和报告的基础是（　　）。
   A. 实质重于形式原则　　　　B. 重要性原则
   C. 谨慎性原则　　　　　　　D. 权责发生制
4. 企业会计确认、计量和报告应当以（　　）为前提。
   A. 会计主体　　B. 持续经营　　C. 会计分期　　D. 货币计量

5. 在下列各项中，反映企业经营成果的会计要素有（　　）。
A. 资产　　　　　　B. 负债　　　　　　C. 所用者权益　　　　D. 费用
6. 资本公积金由（　　）。
A. 全体员工共同享有　　　　　　B. 公司领导层共同享有
C. 全体所有者共同享有　　　　　D. 公司债权人共同享有
7. 收入的特点不包括（　　）。
A. 收入从企业的日常活动中产生，而不是从偶发的交易或事项中产生
B. 收入只能表现为资产的增加
C. 收入能导致企业所有者权益的增加
D. 收入只包括本企业经济利益的流入，不包括为第三方或客户代收的款项
8. 下列关于施工企业利润总额的计算公式中，正确的是（　　）。
A. 利润总额＝营业利润＋投资收益－管理费用－财务费用
B. 利润总额＝营业利润＋其他业务利润
C. 利润总额＝营业利润＋公允价值变动收益＋投资净收益－管理费用－财务费用
D. 利润总额＝营业利润＋营业外收入－营业外支出
9. 按现行会计制度及有关规定，下列会计报表中属于静态会计报表的是（　　）。
A. 资产负债表　　　　　　　　　B. 利润分配表
C. 现金流量表　　　　　　　　　D. 利润表
10. 在会计核算中，期间费用是指企业当期发生的（　　）的费用。
A. 应由几项工程共同负担，分配计入工程成本核算对象
B. 可直接计入工程成本核算对象
C. 应当直接计入当期损益
D. 应当通过分配计入当期损益
11. 下列有关收入确认的表述中，不符合现行会计制度规定的是（　　）。
A. 销售商品采用预收款方式的，在发出最后一批商品时确认收入
B. 销售商品需要安装和检验的，如果安装程序比较简单，可在发出商品时确认收入
C. 艺术表演在相关活动发生时确认收入
D. 为特定客户开发软件收取的价款，在资产负债表日按开发的完成程度确认收入
12. 下列各项中，符合收入会计要素定义，可以确认为收入的是（　　）。
A. 出售无形资产收取的价款　　　B. 出售固定资产收取的价款
C. 销售商品收到的价款　　　　　D. 出售可供出售金融资产收取的价款
13. 下列项目中，属于其他业务收入的是（　　）。
A. 罚款收入　　　　　　　　　　B. 出售固定资产收入
C. 出租无形资产取得的收入　　　D. 出售无形资产收入

三、多项选择题
1. 施工企业生产经营活动的主要特点（　　）。
A. 流动性　　　　　B. 单件性　　　　　C. 长期性　　　　　D. 复杂性
2. 以下是会计基本职能的有（　　）。
A. 核算　　　　　　B. 预测　　　　　　C. 控制　　　　　　D. 监督

3. 施工企业会计的主要特点（　　）。
A. 采取分级管理　　　　　　　　B. 分级核算
C. 工程价款结算方法独特　　　　D. 成本开支受自然力影响
4. 会计核算的基本前提（　　）。
A. 会计主体　　B. 持续经营　　C. 会计分期　　D. 货币计量
5. 会计信息质量要求有（　　）。
A. 实质重于形式原则　　　　　　B. 相关性原则
C. 明晰性原则　　　　　　　　　D. 可比性原则

四、判断题

1. 会计的基本职能包括核算与监督，核算职能是会计首要的基本职能。（　　）
2. 会计目标亦称会计目的，是要求会计工作完成的任务或达到的标准。（　　）
3. 会计主体指的是会计核算服务的对象或者说是会计人员进行核算（确认、计量、报告）采取的立场及空间活动范围界定。（　　）
4. 明晰性原则是企业提供的会计信息应当清晰明了，便于财务会计报告使用者理解和使用。（　　）

第 2 章

会 计 核 算 方 法

📚 知识目标

- 了解会计要素的含义；复式记账法的含义；
- 了解会计科目、会计账户及其相互关系；
- 了解会计凭证和会计账簿的含义、分类及管理；
- 理解会计恒等式的内容；
- 理解会计要素的分类、特点；
- 掌握借贷记账法的含义、特点、意义。

✏️ 能力目标

- 能够判断所给项目所属的会计要素；
- 能够利用会计恒等式检查会计分录的正确性；
- 能够根据业务利用借贷记账法编制会计分录。

2.1 会计要素与会计基本等式

会计要素是对会计对象按照经济特征所作的分类，由此形成会计报表的基本框架，因此一切会计工作都是围绕着会计要素的确认、计量、报告展开的。

2.1.1 会计要素

施工企业的会计对象是指施工企业的资金运动，为了能够对会计对象进行进一步的确认、计量和报告，还需要对会计对象按照反映的经济内容进行更细的划分，分解为各会计要素。会计要素就是对会计对象按照经济特征作的分类。

依据我国《企业会计制度》的有关规定将企业的会计对象划分为六大会计要素：资产、负债、所有者权益、收入、费用、利润。其中资产、负债、所有者权益侧重于反映企业的财务状况，收入、费用、利润侧重于反映企业一定期间的经营成果。

一、资产

资产，是指企业过去的交易或事项形成的、由企业拥有或者控制的、预期会给企业带来经济利益的资源。

1. 特征

根据定义，资产的特征主要有：

（1）资产预期会给企业带来经济利益。资产可以通过企业日常的生产经营活动或非生产经营活动直接或间接导致现金和现金等价物流入企业。此项特征是资产的重要特征，如果某项目预期不能给企业带来经济利益，那么就不能将其确认为企业的资产。例如企业的原材料、设备、厂房等，用于生产经营后，将产出产品出售后都可以带来经济利益，因此这些资源都属于企业资产。

（2）资产是企业拥有或者控制的资源。具体说，企业享有某项资源的所有权，或者该资源可以被企业所控制。这里需要注意只拥有使用权的资源不能确认为本企业的资产，例如通过经营租赁方式取得的设备。

（3）资产是由企业过去的交易或者事项形成的。只有过去发生的交易或者事项才能产生资产。例如过去购买、生产、建造行为等得到的资产或者其他交易或事项形成的资产。需要注意发生在未来的只是一种预期行为，因为不能确认为资产。

2. 分类

对于企业的资产按其流动性可以将其分为流动资产和非流动资产两类，具体内容为：

（1）流动资产：可以在一年或者超过一年的一个营业周期内变现或者被耗用的资产。企业的流动资产包括货币资金、应收账款、应收票据、存货等。

（2）非流动资产：变现期间或使用期限超过一年或一个营业周期的资产，常见的非流动资产有：固定资产、无形资产、长期股权投资等。

二、负债

负债，是企业过去的交易或者事项形成的现时义务，偿还债务预期会导致经济利益流出企业。

1. 特征

负债的特征主要有：

（1）负债是由企业过去的交易或者事项形成的。过去的交易或者事项主要包括购买货物、使用劳务、向银行贷款等。企业在将来发生的事项不形成负债。

（2）负债是企业承担的现时义务。它是负债的一个基本特征，现时义务是指企业在现行条件下已经承担的义务或经济责任，企业必须在未来予以偿还。

（3）负债的清偿会导致经济利益流出企业。它是负债的另一项重要特征，只有企业在履行义务时会导致经济利益流出企业的，才符合负债的定义；如果不会导致经济利益流出的，就不符合负债的定义。例如企业偿还长期借款就会导致经济利益流出企业。

企业将现时义务确认为负债，除符合定义以外，还需要同时满足负债的确认条件：

（1）与该义务有关的经济利益很可能流出企业，很可能的比例为95%以上。

（2）经济利益的金额能够可靠的计量。

2. 分类

负债按照流动性可以将其分为流动负债和非流动负债两类，具体内容为：

（1）流动负债：是指一年以内或一个营业周期内清偿的债务，主要包括短期借款、应付账款、应交税费、应交职工薪酬等。

（2）非流动负债：是指一年以上或一个营业周期以外偿还的债务。例如长期借款、应付债券、长期应付款等。

三、所有者权益

所有者权益，指企业资产扣除负债后剩余权益，该项权益由所有者享有。所有者权益按照来源不同主要包括所有者投入的资本、直接计入所有者权益的利得和损失、留存收益等。

1. 所有者权益的特征

（1）所有者权益是企业投资人对企业净资产的所有权，受资产和负债变动的影响而增减变动。企业所有者权益表明了企业的产权关系，即企业归谁所有。

（2）所有者权益包含所有者以其出资额的比例分享企业的利润，承担企业的经营风险。

（3）所有者有法定的管理企业和委托他人管理企业的权利。

所有者权益的确认条件，由于所有者体现的是所有者在企业中的剩余权益，因此，所有者权益的确认主要依赖于其他会计要素。

（4）除非企业发生减资、清算企业不需偿还所有者权益。

2. 内容

企业的所有者权益具体包括：

（1）实收资本，是指投资人实际投入企业的资本金。投资人按照投资比例享受权利并承担义务。

（2）资本公积，是指投资人投入到企业的，但超出实收资本部分的或从非收益来源取得，归全体所有者享有的资金。例如资本溢价，公允价值变动差额。

（3）盈余公积，企业从历年实现的利润中提取或留存于企业的内部积累。包括法定盈余公积金和任意盈余公积。

（4）未分配利润，年度尚未分配的结存利润，数额为期末余额加上本期净利润减去提取的各种公积金，公益金和分配利润后的余额。

盈余公积和未分配利润统称为留存收益。

四、收入

收入，指企业在日常活动中形成的、会导致所有者权益增加、与所有者投入资本无关的经济利益的总流入。

1. 特征

根据定义，收入的特征主要有：

（1）收入是企业在日常活动中形成的。例如企业销售产品、提供劳务等。

（2）收入应当会导致经济利益的流入，该流入不包括所有者投入的资本。

（3）收入最终会导致所有者权益的增加。不能导致所有者权益增加的经济利益的流入不符合收入的特征，不应确认为收入。

收入的确认除符合定义以外，还需要同时满足收入的确认条件：

（1）与收入相关的经济利益很可能流入企业。

（2）经济利益流入企业的结果会导致企业资产的增加或负债的减少。

（3）经济利益的流入金额能够可靠地计量。

2. 内容

（1）主营业务收入，指企业日常经营活动中主要业务活动取得的收入。

（2）其他业务收入，指企业日常经营活动中除主要业务以外的其他业务活动取得的收入。

五、费用

费用，指企业在日常活动中形成的、会导致所有者权益减少、与向所有者分配利润无关的经济利益的总流出。

1. 特征

根据定义，费用的特征主要有：

（1）费用是企业在日常活动中形成的。

（2）费用应当会导致经济利益的流出，需要注意的是该流出不包括向所有者分配的利润。

（3）费用最终会导致所有者权益的减少。不会导致所有者权益减少的经济利益的流出不符合费用的定义，不应确认为费用。

费用的确认除符合定义以外，还需要同时满足确认条件：

（1）与费用相关的经济利益很可能流出企业。

（2）经济利益流出企业的结果会导致企业资产的减少或负债的增加。

（3）经济利益的流出金额能够可靠地计量。

2. 内容

费用按经济用途可分为：

（1）生产成本，是企业为生产一定数量的产品所支出的费用，包括直接材料，直接人工，制造费用等。

（2）期间费用，是企业不能计入产品成本，只能确定为期间损益的费用，包括管理费用，销售费用，财务费用。

六、利润

利润，是指企业在一定会计期间的经营成果。金额为各种收入扣除各种费用后的差额。包括营业利润、利润总额和净利润。

利润的确认条件，由于利润反映的是收入减去费用、利得减去损失后的金额，因此，利润的确认主要依赖于其他会计要素。

上述六个会计要素中，资产、负债、所有者权益反映企业某时点财务状况，因此称其为静态会计要素。收入、费用、利润反映企业一定期间经营成果，因此称其为动态会计要素。

2.1.2 会计恒等式

会计要素反映了企业静态和动态两个方面的信息，它们之间有着紧密的相关性，从数量上看，存在特定的平衡关系，构成了所谓的会计恒等式，简称为会计等式。

会计等式是会计核算方法和程序的理论基础。

一、基本会计等式

（一）资产负债表等式

资产负债表等式也称为静态会计等式，是由静态三要素即资产、负债、所有者权益组合而成。

基本会计等式一般指资产负债表等式，表述为

$$资产 = 权益$$

$$资产 = 债权人权益 + 所有者权益$$

$$资产 = 负债 + 所有者权益$$

（二）理解基本会计等式

（1）基本会计等式反映了企业资产来源与不同资产提供者权益之间的天然对等关系。

（2）基本会计等式反映了在特定时点，资产与权益在数量上的恒等关系。

(3) 权益分为债权人权益（负债）和所有者权益，这两种"权益"是有本质区别的。

(4) 企业无论发生多少经济业务，无论引起会计要素如何变化，都不会影响会计等式的平衡。

(5) 揭示了企业在某时点的财务状况，反映了企业所拥有的各种资产以及债权人和投资者对企业资产要求权的基本状况，表明企业的全部资产都是由投资者和债权人提供的。

(6) 这一等式是复式记账和编制资产负债表的基础。

（三）利润表等式

利润表等式也称为动态会计等式，是由动态三要素即收入、费用、利润组合而成。

根据会计要素的定义，其之间的关系为

$$收入-费用=利润$$

这个等式反映了企业一定时期内的经营成果（盈利或亏损）。

资产负债表等式和利润表等式分别是编制资产负债表和利润表的理论基础。

二、扩展会计等式

基本会计等式（资产负债表等式）反映了在特定时点，企业资产、负债和所有者权益之间的平衡关系，但企业经济业务是连续发生的，从不同时点上看，这种会计等式的平衡是一种"动态平衡"。其间企业通过经营活动取得收入、发生费用形成利润（盈利或亏损），也相应导致资产、负债或所有者权益的增减变化，使会计等式从一种平衡状态变化为另一个平衡状态。

把上述不同时点的会计等式动态平衡变化与引起平衡变化的因素（即企业该段时间内经营取得收入、发生费用，形成利润）结合起来，可以得到的等式关系为

$$资产=负债+所有者权益+利润$$

或

$$资产=负债+所有者权益+（收入-费用）$$

上述等式称为扩展会计等式或动态会计等式。

三、企业资金运动变化的四种情况

企业资金的任何变化，都会表现在数量上的变化。经济业务的发生，会引起企业资金运动发生四种情况的变化，而这些变化都不会影响会计恒等式的恒等关系。这些变化可以总结为：

(1) 一种资产增加，同时，另一种资产减少。例如企业用银行存款购入固定资产。

(2) 一种负债及所有者权益增加，同时，另一种负债及所有者权益减少。例如企业从净利润中提取盈余公积金。

(3) 一种负债及所有者权益增加，同时，一种资产增加。例如企业从银行借入长期借款存入银行。

(4) 一种负债及所有者权益减少，同时，一种资产减少。例如企业用银行存款偿还短期借款。

2.2 会计科目与账户

2.2.1 会计科目

一、会计科目的概念

会计要素是对会计对象的基本分类，会计科目又是对会计要素具体内容进行分类核算的

项目。这样划分主要是由于会计要素所反映的经济业务过于粗略，为满足管理和核算的需要必须对会计要素进行细化，设置会计科目。

二、会计科目的设置

（一）会计科目的意义

会计科目是对会计要素的具体内容进行分类核算的项目。

如前所述，为了对会计对象进行确认、计量、报告，就需要对会计对象按照一定的标准划分为资产、负债、所有者权益、收入、费用、利润六大会计要素，这是对会计对象最基本的分类。然而仅有这样基本分类是远远不够的，因为每一项会计要素中又包含了很多具体项目。以资产为例，其要素中包含了库存现金、银行存款、其他货币资金、原材料等项目。同时由于经济业务的复杂多样，所引起的会计要素的内部结构及数量的变化也是错综复杂的，为了把各类经济业务的发生情况和由此引起的会计要素具体内容的增减变动和结果进行准确核算和监督，就有必要在会计要素的基础上，进行更进一步的分类，即在会计要素的基础上设置会计科目。由此，设置会计科目的意义包括：会计科目是复式记账的基础；会计科目是编制记账凭证的基础；会计科目为成本核算及财产清查提供了前提条件；会计科目为编制会计报表提供了方便。

（二）会计科目设置的原则

（1）必须结合会计对象的特点，全面反映会计对象的内容，按科学、统一、规范的要求设置。

1）会计科目应确切反映会计核算的经济内容，是某一项经济业务的专业术语。

2）各地区、各部门相同的基金业务，应当采用相同的会计账户核算和会计处理方法。

3）会计科目的规范是经济业务的处理和加强会计核算工作的前提。

（2）既要与国家统一的会计政策相协调，又要体现本行业的特点。例如，社会保险基金会计科目，应符合核算的实际情况，确切反映基金的特点。同时也应符合《中华人民共和国会计法》的要求。

（3）既要满足对外报告的要求，又要符合内部经营管理的需要。所设置的会计科目应当为提供有关各方所需要的会计信息服务，满足对外报告与对内管理的要求。

（4）既要适应经济业务发展的需要，又要保持相对稳定。所设置的会计科目应符合单位自身特点，满足单位实际需要，具有相对的稳定性。

（5）应具有可操作性。对会计科目使用说明尽量做到简练，以保持会计的科学性和独立性。会计作为一门独立的学科，技术性较强，对会计科目的使用说明，尽量以简练的会计语言加以陈述。

（6）应简明、适用，并要分类、编号。

（三）会计科目表

会计科目表应该满足会计核算的要求，并符合企业会计管理的需求。对每个会计科目应该有固定的编号、名称等，便于编制会计凭证、登记账簿、查阅账目并进行会计电算化管理。

国家既定的科目编号、名称等各企业必须遵照使用，不得随意变更或打乱，但同时企业可根据本企业实际情况做必要的增加或删减、合并。根据有关规定，企业会计核算的主要会计科目见表2-1。

表 2-1　　　　　　　　　　　　　新 会 计 科 目 表

序号	编号	会计科目名称	序号	编号	会计科目名称	序号	编号	会计科目名称
		一、资产类	34	1411	周转材料	65	1711	商誉
1	1001	库存现金	35	1421	消耗性生物资产	66	1801	长期待摊费用
2	1002	银行存款	36	1431	贵金属	67	1811	递延所得税资产
3	1003	存放中央银行款项	37	1441	抵债资产	68	1821	独立账户资产
4	1011	存放同业	38	1451	损余物资	69	1901	待处理财产损溢
5	1012	其他货币资金	39	1461	融资租赁资产			二、负债类
6	1021	结算备付金	40	1471	存货跌价准备	70	2001	短期借款
7	1031	存出保证金	41	1501	持有至到期投资	71	2002	存入保证金
8	1101	交易性金融资产	42	1502	持有至到期投资减值准备	72	2003	拆入资金
9	1111	买入返售金融资产				73	2004	向中央银行借款
10	1121	应收票据	43	1503	可供出售金融资产	74	2011	吸收存款
11	1122	应收账款	44	1511	长期股权投资	75	2012	同业存放
12	1123	预付账款	45	1512	长期股权投资减值准备	76	2021	贴现负债
13	1131	应收股利				77	2101	交易性金融负债
14	1132	应收利息	46	1521	投资性房地产	78	2111	卖出回购金融资产款
15	1201	应收代位追偿款	47	1531	长期应收款			
16	1211	应收分保账款	48	1532	未实现融资收益	79	2201	应付票据
17	1212	应收分保合同准备金	49	1541	存出资本保证金	80	2202	应付账款
18	1221	其他应收款	50	1601	固定资产	81	2203	预收账款
19	1231	坏账准备	51	1602	累计折旧	82	2211	应付职工薪酬
20	1301	贴现资产	52	1603	固定资产减值准备	83	2221	应交税费
21	1302	拆出资金	53	1604	在建工程	84	2231	应付利息
22	1303	贷款	54	1605	工程物资	85	2232	应付股利
23	1304	贷款损失准备	55	1606	固定资产清理	86	2241	其他应付款
24	1311	代理兑付证券	56	1611	未担保余值	87	2251	应付保单红利
25	1321	代理业务资产	57	1621	生产性生物资产	88	2261	应付分保账款
26	1401	材料采购	58	1622	生产性生物资产累计折旧	89	2311	代理买卖证券款
27	1402	在途物资				90	2312	代理承销证券款
28	1403	原材料	59	1623	公益性生物资产	91	2313	代理兑付证券款
29	1404	材料成本差异	60	1631	油气资产	92	2314	代理业务负债
30	1405	库存商品	61	1632	累计折耗	93	2401	递延收益
31	1406	发出商品	62	1701	无形资产	94	2501	长期借款
32	1407	商品进销差价	63	1702	累计摊销	95	2502	应付债券
33	1408	委托加工物资	64	1703	无形资产减值准备	96	2601	未到期责任准备金

序号	编号	会计科目名称	序号	编号	会计科目名称	序号	编号	会计科目名称
97	2602	保险责任准备金			五、成本类	137	6401	主营业务成本
98	2611	保户储金	117	5001	生产成本	138	6402	其他业务成本
99	2621	独立账户负债	118	5101	制造费用	139	6403	营业税金及附加
100	2701	长期应付款	119	5201	劳务成本	140	6411	利息支出
101	2702	未确认融资费用	120	5301	研发支出	141	6421	手续费及佣金支出
102	2711	专项应付款	121	5401	工程施工			
103	2801	预计负债	122	5402	工程结算	142	6501	提取未到期责任准备金
104	2901	递延所得税负债	123	5403	机械作业	143	6502	提取保险责任准备金
		三、共同类			六、损益类			
105	3001	清算资金往来	124	6001	主营业务收入	144	6511	赔付支出
106	3002	货币兑换	125	6011	利息收入	145	6521	保单红利支出
107	3101	衍生工具	126	6021	手续费及佣金收入	146	6531	退保金
108	3201	套期工具	127	6031	保费收入	147	6541	分出保费
109	3202	被套期项目	128	6041	租赁收入	148	6542	分保费用
		四、所有者权益类	129	6051	其他业务收入	149	6601	销售费用
110	4001	实收资本	130	6061	汇兑损益	150	6602	管理费用
111	4002	资本公积	131	6101	公允价值变动损益	151	6603	财务费用
112	4101	盈余公积	132	6111	投资收益	152	6604	勘探费用
113	4102	一般风险准备	133	6201	摊回保险责任准备金	153	6701	资产减值损失
114	4103	本年利润	134	6202	摊回赔付支出	154	6711	营业外支出
115	4104	利润分配	135	6203	摊回分保费用	155	6801	所得税费用
116	4201	库存股	136	6301	营业外收入	156	6901	以前年度损益调整

三、会计科目的分类

为了准确掌握并运用会计科目，可以对会计科目按照不同标准进行分类。

（一）按照列入会计报表的项目分类

资产负债表科目，利润表科目，是指会计科目分属于哪项会计报表，例如库存现金属于资产负债表科目。

（二）按照会计科目和其所反映的经济内容分类

资产类，负债类，所有者权益类，成本类，损益类和共同类六大类科目，其中损益类包括反映收益和反映支出的两部分项目。

（三）按照登账方向分类

借方科目，贷方科目。

（四）按照统驭关系分类

总账科目和明细账科目，前者是对会计要素具体内容进行总括分类、提供总括信息的会计科目；后者是对总分类科目做进一步分类，提供更详细更具体会计信息的科目。对于明细科目较多的总账科目，可在总分类科目与明细科目之间设置二级或多级科目。例如，为详细反映企业原材料的情况，设置"原材料"科目（总分类科目或一级科目），为了反映各种材料的情况，就需要在"原材料"科目下，按照材料类别设置二级科目（子目）：主要材料；辅助材料；燃料等，同时按照材料品种设置明细科目：圆钢、生铁、防腐剂等。

2.2.2 账户

账户是根据会计科目设置的，具有一定格式和结构，用于分类反映会计要素增减变动情况及其结果的载体。设置账户是会计核算的重要方法之一。会计科目的名称就是相应账户的名称。根据账户所反映的经济内容，可以将账户分为资产类账户、负债类账户、所有者权益类账户、成本类账户、损益类账户以及共同类账户。

一、账户的设置原则

设置会计账户是会计核算的重要方法之一，是为信息需求者提供会计信息的重要手段，因此，在设计和选用会计账户应遵循以下原则：

(1) 会计账户应根据会计科目设置。

(2) 结合企业自身的生产经营特点，选用和设计企业所需会计账户。

(3) 会计账户体系的设计，应有利于加强经济核算、加强生产经营管理和账目结算。

(4) 会计账户的设置应为提供信息需求者所需要的会计信息服务，满足对外报告和对内管理的要求。

二、总分类账户和明细分类账户的设置

为满足生产经营管理要求，会计账户不仅要能提供总括的信息，而且还要提供具体信息。如"应付账款"账户可以提供企业全部应付账款的形成、支付的总括信息，但它却不能提供具体应付账款的增减变化情况，因此，为了满足核算的要求，会计信息还需要提供一些详细的内容。这就要求在反映总括信息的基础上进一步分层细化，形成不同层次相对明细的账户，以便提供各类经济活动的详细资料。为了满足管理的需要，保证会计核算的准确性，企业在会计核算中既要设置和登记总分类账户，又要设置和登记明细分类账户。例如设置"原材料"总分类账户，同时根据需要还要设置"主要材料""结构件""机械配件"等明细分类账户。

三、账户的基本结构和内容

账户是用来反映经济内容具体情况的，以及其金额冲减变动及数量关系的载体，因此账户必须具备一定的结构。

经济业务引起的余额变动情况，不外乎是增加和减少两种情况，因此可以将账户分为左方（记账符号为"借"）、右方（记账符号为"贷"）两个方向，一方登记增加，另一方登记减少，如图 2-1 所示。在借贷记账法下，资产、成本、费用类账户借方登记增加额，贷方登记减少额；负债、所有者权益、收入类账户借方登记减少额，贷方登记增加额。

左方（借方）	账户名称（会计科目）	右方（贷方）

图 2-1 账户基本结构图（"丁"字账）

账户中登记本期增加的金额,称为本期增加发生额;登记本期减少的金额,称为本期减少发生额;增减相抵后的差额,称为余额,余额按照时间不同,分为期初余额和期末余额。其基本关系为

期末余额＝期初余额＋本期增加发生额－本期减少发生额

上式中的四个部分也称为账户的四个金额要素

对于资产、成本、费用类账户为

期末余额＝期初余额＋本期借方发生额－本期贷方发生额

对于负债、所有者权益和收入类账户为

期末余额＝期初余额＋本期贷方发生额－本期借方发生额

账户的内容具体包括账户名称,记录经济业务的日期,所依据记账凭证的编号,经济业务摘要,增减金额和余额等。

(1) 账户的名称,即会计科目的名称。
(2) 经济业务的日期,详细记载经济业务发生的具体时间。
(3) 经济业务摘要,概括说明经济业务的内容。
(4) 增加方、减少方的金额以及余额。
(5) 所依据的记账凭证的编号。

四、账户与会计科目的联系与区别

(一) 联系

会计科目与账户都是对会计对象具体内容的分类,两者口径一致,性质相同,会计科目是会计账户的名称,也是设置账户的依据,账户是会计科目的具体运用,没有会计科目,账户便失去了设置的依据;没有账户,就无法发挥会计科目的作用。

(二) 区别

会计科目仅仅是账户的名称,不存在结构;而会计账户则具有一定的格式和结构,是反映经济业务金额增减情况的载体。

2.3 复式记账法

2.3.1 复式记账法概述

为了对会计对象的具体内容进行核算和监督,设置会计科目并开设账户后,还要采取一定的记账方法将会计对象具体内容的增减变动情况反映在账户中。

所谓记账方法,是按照一定的规则,使用一定的符号在合适的账户中登记各项经济业务的技术方法。记账方法具体包括单式记账法和复式记账法。

一、复式记账法是从单式记账法发展演变而来的

单式记账法是对发生的每一项经济业务,只在一个账户中登记的记账方法。使得账户之间不能形成对应关系,因而不能全面反映经济业务的来龙去脉,不是一种科学的记账方法。

复式记账方法,是指对所发生的经济业务,以相等的金额在两个或两个以上账户中进行登记的方法。这种方法以资产与权益的平衡作为记账基础,通过相互关联的账户可以系统反映资金运动的情况,克服了单式记账法的不足。

二、复式记账法的特点

在复式记账法下，由于对每项经济业务都以相等的金额在相互对应的账户中作双重记录。因此，账户之间存在相互勾稽关系，可以了解每项经济业务的来龙去脉，还可以用试算平衡的方法检验账簿记录的正确性。复式记账是一种科学的记账方法，被世界各国广泛采用。

三、复式记账法的优点

按照复式记账原理处理经济业务，能够把所有经济业务相互联系地、全面地记入有关账户中，这不仅可以了解每一项经济业务的来龙去脉，而且通过账户记录还可以完整地、系统地反映各项经济活动的过程和结果。例如企业以现金支付水费2000元，该业务涉及"库存现金"和"管理费用"两个账户，一方面要登记库存现金的减少2000元，另一方面登记管理费用增加2000元，全面反映了经济业务的情况。同时，由于对每项经济业务都以相等的金额在两个或两个以上相互联系的账户上进行记录。这样，所有账户的有关发生额必然保持一种平衡关系。根据这种必然相等的关系，就可以检查账户中记录是否正确，便于及时查找原因，加以更正。

应用复式记账法记录各项经济业务，还可以通过账户对应关系了解经济业务的内容，检查经济业务是否合理、合法。复式记账法在会计核算方法体系中占有重要地位。在日常会计核算工作中从编制会计凭证到登记账簿，都要运用复式记账原理。

四、复式记账方法多样

如借贷记账法、增减记账法和收付记账法。其中收付记账法又分为现金收付记账法和资金收付记账法等。我国新公布的《企业会计准则》第八条规定，会计记账采用借贷记账法。

2.3.2 借贷记账法

借贷记账法：是以"借""贷"为记账符号，记录经济业务的复式记账法。这种记账法是建立在"资产＝负债＋所有者权益"会计等式基础上的。

一、借贷记账法的起源

借贷记账法起源于13～14世纪的意大利。借贷记账法"借""贷"两字，最初是以其本来的含义记账，反映的是"债权"和"债务"的关系。随着商品经济的发展，借贷记账法也在不断发展和完善，"借""贷"两字逐渐失去其本来含义，变成了纯粹的记账符号。1494年，意大利数学家卢卡·帕乔利的《算术、几何、比与比例概要》一书问世，标志着借贷记账法正式成为大家公认的复式记账法，同时，也标志着近代会计的开始。

二、借贷记账法的优点

使用借贷记账法记账时，对每项经济业务都在两个或两个以上的有关账户中登记，因此可以完整、全面反映经济业务，同时还有利于分析经济业务，加强经济管理；有利于防止和减少记账差错；在账户设置上较为灵活；有利于会计电算化。

三、借贷记账法的记账符号和账户结构

借贷记账法以"借""贷"二字作为记账符号，并不是"纯粹的""抽象的"记账符号，而是具有深刻经济内涵的科学的记账符号，它们是用于反映经济业务所引起的会计对象具体内容增减变动情况的，可见记账符号和账户结构密切关联，把握好账户结构的原理就能够准确掌握记账符号的含义。

使用借贷记账法，账户的借方和贷方都要做方向相反的记录，即一方登记增加额，另一方登记减少额。究竟哪一方登记增加额，哪一方登记减少额，取决于账户所反映的经济内容，也就是账户的基本性质，不同性质的账户，结构不同。

下面分别介绍借贷记账法下各类账户的结构。

（一）资产类账户的结构

资产增加时，记入左侧（借方）；资产减少时，记入右侧（贷方），余额一般在借方，表示资产类科目金额的结余。

资产类账户期末余额计算公式为

借方期末余额＝借方期初余额＋借方本期发生额－贷方本期发生额

（二）负债及所有者权益类账户的结构

负债增加时，记入右侧（贷方）；负责减少时，记入左侧（借方），余额一般在贷方，表示负债类所有者权益类科目金额的结余。

负债及所有者权益类账户期末余额计算公式为

贷方期末余额＝贷方期初余额＋贷方本期发生额－借方本期发生额

（三）成本、费用类账户的结构

成本、费用类账户的借方登记增加数，贷方登记减少（转出）数，期末通常无余额。

（四）收入、收益类账户的结构

收入、收益类账户的借方登记减少（转销）数，贷方登记增加数，期末通常无余额。

四、借贷记账法的记账规则

借贷记账法是复式记账法的一种。它以"借"、"贷"作为记账符号，以"资产＝负债＋所有者权益"的会计等式为理论依据，因此借贷记账法的记账规则可以简单概括为：有借必有贷，借贷必相等。

具体表述为：

（1）任何一笔经济业务都必须同时分别记录到两个或两个以上的账户中去。

（2）所记录的账户可以是同类账户，也可以是不同类账户，但必须是两个记账方向，既不能都记入借方，也不能都记入贷方。如果在一个账户登记了借方，必须同时在其他账户登记贷方，反过来也是一样。

（3）记入借方的金额必须等于记入贷方的金额。

五、运用借贷记账法反映经济业务的步骤

（一）资金流入企业的业务

资产与负债、所有者权益同时增加。资产增加记入有关账户的"借方"，负债和所有者权益增加记入有关账户的"贷方"。

（二）资金在企业内部流动的业务

资产、收入和费用之间或资产要素内部的增减。资产和费用的增加以及收入减少记入相关账户的"借方"，收入增加以及资产和费用的减少记入相关账户的"贷方"。

（三）权益转化的业务

负债、所有者权益和利润三者之间或一个要素内部有增有减。负债、所有者权益和利润增加记入相关账户的"贷方"，减少则记入相关账户的"借方"。

（四）资金退出企业的业务

资产和负债、所有者权益同时减少。资产减少记入有关账户的"贷方"，负债及所有者权益减少则记入有关账户的"借方"。由此可以看出，每类业务都要同时记入有关账户的借方和另一些账户的贷方，且记入双方的金额相等。

无论何种经济业务或资金运动关系，都应按以下步骤进行分析：
（1）确定经济业务中涉及的账户名称。
（2）依据账户名称，确定账户的性质和结构。
（3）判断账户涉及的资金数量和冲减情况。
（4）根据账户结构确定计入账户的方向。
（5）将金额计入对应账户的借方或贷方。

例如，企业从银行提取现金500，银行存款库存现金。

请同学们练习以下经济业务：
（1）接受投资者投入的货币资金30万元，存入银行。
（2）以银行存款3 000元支付职工工资。
（3）从银行将借入短期借款20 000元，偿还上月所欠贷款。

例如：企业从银行提取现金5 000元。这项业务属于资产内部一增一减的业务，涉及"银行存款"和"库存现金"两个账户，这两个账户都属于资产类账户，其银行存款减少5 000元，应该在贷方反映减少金额；库存现金增加5 000元，应该在借方反映增加金额。

六、账户的对应关系和会计分录

（一）账户的对应关系

账户的对应关系是指按照借贷记账法的记账规则记录经济业务时，在两个或两个以上有关账户之间形成的应借、应贷的相互对照关系。

在借贷记账法下，发生的每项经济业务，都要记录在一个或几个账户的借方与另一个或几个账户的贷方。对每项经济业务记录所形成的这种"借"记账户和"贷"记账户之间的联系，称为账户的对应关系，存在着这种对应关系的账户称为对应账户，通过账户的对应关系，可以了解经济业务的内容和资金运动的来龙去脉。

例如：用银行存款购入无形资产这一经济业务，在会计核算时，应在"无形资产"账户的"借方"和"银行存款"账户的贷方进行登记，由此，形成了"无形资产"账户和"银行存款"账户之间的对应关系，这两个账户就互称为对应账户。通过两个账户的对应关系，可以知道这笔经济业务是企业用银行存款买无形资产。

（二）会计分录

会计分录，是指运用复式记账原理，确定每项经济业务应记账户的名称、方向（借或贷）和金额的记录。会计分录是经济业务登记入账的直接依据。实际工作中，编制会计分录是通过填制会计凭证完成的。

会计分录按照其所使用的账户的多少分为简单分录和复合分录两种。

简单会计分录，是指只涉及一个账户借方和另一个账户贷方的会计分录，即一借一贷的会计分录。

复合会计分录，是指由两个以上（不含两个）对应账户所组成的会计分录，即一借多贷、一贷多借或多借多贷的会计分录。

（三）会计分录的编制步骤

（1）分析经济业务涉及的是资产（费用、成本）还是权益（收入）。

（2）确定涉及哪些账户，是增加还是减少。

（3）确定记入哪个（或哪些）账户的借方、哪个（或哪些）账户的贷方。

（4）确定应借应贷账户是否正确，借贷方金额是否相等。

1）企业银行存款 30 万元购入不需安装固定资产。

借：固定资产　　　　　　　　　　　300 000
　　贷：银行存款　　　　　　　　　　　　300 000

2）企业缴纳营业税 15 000 元。

借：应交税费——应交营业税　　　　15 000
　　贷：银行存款　　　　　　　　　　　　15 000

3）企业接受投资者投入的原材料，该批原材料的公允价值为 50 万元。

借：原材料　　　　　　　　　　　　500 000
　　贷：实收资本　　　　　　　　　　　　500 000

4）企业从银行借入偿还期限六个月的借款 20 万元。

借：银行存款　　　　　　　　　　　200 000
　　贷：短期借款　　　　　　　　　　　　200 000

七、借贷记账法的试算平衡

企业对日常发生的经济业务都要记入有关账户，内容复杂琐碎，次数频繁。记账工作中若稍有疏忽，便有可能发生记账差错。因此，对全部账户的记录必须定期进行试算，以验证账户记录是否存在差错。试算平衡表就是一种用来验证会计处理数据是否存在差错的一种表格。

试算平衡，是指根据会计恒等式"资产＝负债＋所有者权益"以及借贷记账法的记账规则，通过检查和验算，确定所有账户记录是否正确的过程。具体包括发生额试算平衡和余额试算平衡。

（一）发生额试算平衡法

发生额平衡包括两方面的含义：

（1）每笔会计分录的发生额平衡，即每笔会计分录的借方发生额必须等于贷方发生额，这是由借贷记账法的记账规则决定的。

（2）本期发生额的平衡，即本期所有账户的借方发生额合计必须等于所有账户的贷方发生额合计。

因为本期所有账户的借方发生额合计，相当于把复式记账的借方发生额相加；所有账户的贷方发生额合计，相当于把复式记账的贷方发生额相加，由于每一次业务所引起的借方发生额都等于贷发生额。所以可以推定所有业务所引起的借方发生额合计必然等于其贷方发生额合计。这种平衡关系用公式表示为

本期全部账户借方发生额合计＝本期全部账户贷方发生额合计

发生额试算平衡是根据上面两种发生额的平衡关系，来检验本期发生额记录是否正确的方法。在实际工作中，需要通过编制发生额试算平衡表进行检验。

（二）余额试算平衡

余额平衡是指所有账户的借方余额之和与所有账户的贷方余额之和相等。余额试算平衡就是根据这一恒等关系来检验本期记录是否正确的一种方法。基于"资产＝负债＋所有者权益"的关系决定的。

在某时点，借方余额的账户应是资产类账户，贷方余额的账户应是负债类或权益类账户。若分别计算合计金额，即具有相等关系的资产与权益总额，必然有"资产＝负债＋所有者权益"。根据余额的时间不同，可分为期初余额平衡和期末余额平衡。本期的期末余额平衡，结转到下一期，就成为下一期的期初余额平衡。余额试算平衡可以用公式表示为

本期期末资产余额合计＝本期期末负债余额合计＋本期期末所有者权益余额合计

本期期末全部账户的借方余额合计＝本期期末全部账户的贷方余额合计

试算平衡工作是通过编制余额试算平衡表进行的。

总之，在借贷记账法下，运用试算平衡对账户记录的正确性进行检查，如果借贷不平衡，说明账户的记录或计算存在错误，需要重新检查、更正。

2.4 会计凭证与账簿

2.4.1 会计凭证

会计凭证，是记录经济业务、明确经济责任，按一定格式编制的据以登记会计账簿的书面证明。用来记载经济业务的发生，明确经济责任，作为记账根据的书面证明。会计凭证是会计人员登记账簿的依据。

一、会计凭证的概念

会计凭证是会计人员对日常大量、分散的经济业务，进行整理、分类、汇总、并经过会计处理，为经济管理提供有用的会计信息。

具体作用包括以下方面。

（一）监督、控制经济活动

通过会计凭证的审核，可以检查经济业务的发生是否符合有关的法律、制度，业务经营、账务收支的方针和计划及规定，以确保经济业务的合理、合法和有效性。

（二）提供记账依据

会计凭证是记账的依据，通过会计凭证的填制，审核，按照一定方法对会计凭证及时传递，对经济业务适时地记录。

（三）加强经济责任

发生经济业务后，需及时取得、填制正确的会计凭证，证明经济业务已经发生或完成；同时要由有关的经办人员，在凭证上签字、盖章、明确业务责任人。通过会计凭证的填制和审核，使有关责任人在其职权范围内各负其责，并利用凭证填制、审核的手续制度进一步完善经济责任制。

二、会计凭证的种类

企业发生的经济业务内容非常繁杂，用以记录、监督经济业务的会计凭证，也必然是种类繁多。为了具体地认识、掌握和运用会计凭证，有必要对会计凭证进行分类。

根据会计凭证的填制程序和用途一般可以将会计凭证分为原始凭证和记账凭证两类。

(一) 原始凭证

原始凭证是记录经济业务已经发生、执行或完成，用以明确经济责任，作为记账依据的最初的书面证明文件是在经济业务发生、完成时取得或填制的，用以记录经济业务的初始情况。例如，车船票、采购材料的发货票、到仓库领料的领料单等。原始凭证是在经济业务发生的过程中直接产生的，是经济业务发生的最初证明，在法律上具有证明效力。因而是会计核算的重要依据，会计人员要对原始凭证的真实性、合法性进行检查、确认。

原始凭证按其取得的来源不同，可以分为自制原始凭证和外来原始凭证两类。

(1) 自制原始凭证是指在经济业务发生、执行或完成时，由本单位的经办人员自行填制的原始凭证。例如，材料领料单、收料单、产品入库单等。

自制原始凭证按其填制手续不同，可分为一次凭证、累计凭证、汇总原始凭证和记账编制凭证。

1) 一次凭证。一次凭证，只反映一项经济业务，或者同时反映若干项同类性质的经济业务，其填制手续是一次完成的会计凭证。如企业购进材料验收入库，由仓库保管员填制的"收料单"。

2) 累计凭证。累计凭证，在一定期间内，连续多次记载若干不断重复发生的同类经济业务，直到期末，凭证填制手续才算完成，以期末累计数作为记账依据的原始凭证，如工业企业常用的限额领料单等。使用累计凭证可以简化核算手续，是企业进行计划管理的手段之一。

3) 汇总原始凭证。汇总原始凭证，在会计核算工作中，为简化记账凭证的编制工作，将一定时期内若干份记录同类经济业务的原始凭证按照一定的管理要求汇总编制一张汇总凭证，用以集中反映某项经济业务总括发生情况的会计凭证。例如，发料凭证汇总表、现金收入汇总表等。

汇总原始凭证可以简化核算手续，提高核算工作效率；能够使核算资料更为系统化，使核算过程更为条理化；能够直接为管理提供综合指标。

4) 记账编制凭证。记账编制凭证是根据账簿记录和经济业务的需要编制的一种自制原始凭证。例如在计算产品成本时，编制的"制造费用分配表"就是根据制造费用明细账记录的数字按费用的用途填制的。

(2) 外来原始凭证是指在同外单位发生经济往来关系时，从外单位取得的凭证。外来原始凭证都是一次凭证。例如，企业购买材料、产品、资产时，从供货单位取得的发货票，就是外来原始凭证。

(二) 记账凭证

记账凭证是会计人员根据审核无误的原始凭证或汇总原始凭证，用来确定经济业务应借、应贷的会计科目和金额而填制的，是登记账簿的直接依据。在实际工作中，会计分录是通过填制记账凭证来完成的。

记账凭证按其适用的经济业务，分为专用记账凭证和通用记账凭证两类。

(1) 专用记账凭证，是用来专门记录某一类经济业务的记账凭证。专用凭证可分为收款凭证、付款凭证和转账凭证三种。

1) 收款凭证。收款凭证是用来记录现金和银行存款等货币资金收款业务的凭证，它是根据现金和银行存款收款业务的原始凭证填制的。

2) 付款凭证。付款凭证是用来记录现金和银行存款等货币资金付款业务的凭证，它是根据现金和银行存款付款业务的原始凭证填制的。

3) 转账凭证。转账凭证是用来记录与现金、银行存款等货币资金收付款业务无关的转账业务（即在经济业务发生时不需要收付现金和银行存款的各项业务）的凭证，它是根据有关转账业务的原始凭证填制的。转账凭证是登记总分类账及有关明细分类账的依据。

（2）通用记账凭证。

通用记账凭证的格式，不再分为收款凭证、付款凭证和转账凭证，而是以一种格式记录全部经济业务。

记账凭证按其包括的会计科目是否单一，分为复式记账凭证和单式记账凭证两类。

1) 复式记账凭证。复式记账凭证又称多科目记账凭证，要求将某项经济业务所涉及的全部会计科目集中填列在一张记账凭证上。复式记账凭证可以集中反映账户的对应关系，因而便于了解经济业务的全貌，了解资金的来龙去脉；方便查账，同时可以减少工作量，但是不便于汇总计算每一会计科目的发生额，不便于分工记账。

2) 单式记账凭证。单式记账凭证又称单科目记账凭证，要求将某项经济业务所涉及的每个会计科目，分别填制记账凭证，每张记账凭证只填列一个会计科目，其对方科目只供参考，不据以记账。也就是把某一项经济业务的会计分录，按其所涉及的会计科目，分散填制两张或两张以上的记账凭证。单式记账凭证便于汇总计算每一个会计科目的发生额，分工记账；但是工作量大，而且出现差错不易查找。

记账凭证按其是否经过汇总，可以分为汇总记账凭证和非汇总记账凭证。

汇总记账凭证，是根据非汇总记账凭证按一定的方法汇总填制的记账凭证。汇总记账凭证按汇总方法不同，可分为分类汇总和全部汇总两种。

非汇总记账凭证，是没有经过汇总的记账凭证，例如收款凭证、付款凭证和转账凭证以及通用记账凭证都是非汇总记账凭证。

总之，原始凭证与记账凭证之间存在着密切的联系：

原始凭证是记账凭证的基础，记账凭证是根据原始凭证编制的。在实际工作中，原始凭证附在记账凭证后面，作为记账凭证的附件，记账凭证是对原始凭证内容的概括和说明。

三、会计凭证的传递

会计凭证的传递，是指各种会计凭证从填制、取得到归档保管为止的全部过程，是凭证在企业、事业和行政单位内部有关人员和部门之间传送、交接的过程。要规定各种凭证的填写、传递单位与凭证份数，规定会计凭证传递的程序、移交的时间和接受与保管的有关部门。

四、会计凭证的填制与装订

记账凭证式登记账簿的依据，必须严肃、认真地填制记账凭证。应该做到：摘要简明；科目对应关系清晰，科目名称运用正确；涉及金额保持平衡；有关资料和所附原始凭证完整；凭证编号连续等。

会计凭证装订前的准备，是指对会计凭证进行排序、粘贴和折叠。因为原始凭证的纸张面积与记账凭证的纸张面积不可能全部一样，有时前者大于后者，有时前者小于后者，这就需要会计人员在制作会计凭证时对原始凭证加以适当整理，以便下一步装订成册。对于纸张面积大于记账凭证的原始凭证，可按记账凭证的面积尺寸，先自右向后，再自下向后两次折叠。注意应把凭证的左上角或左侧面让出来，以便装订后还可以展开查阅。

会计凭证的装订是指把定期整理完毕的会计凭证按照编号顺序，外加封面、封底，装订成册，并在装订线上加贴封签。在封面上，应写明单位名称、年度、月份、记账凭证的种类、起讫日期、起讫号数，以及记账凭证和原始凭证的张数，并在封签处加盖会计主管的图章。如果采用单式记账凭证，在整理装订凭证时，必须保持会计分录的完整。为此，应按凭证号码顺序还原装订成册，不得按科目归类装订。对各种重要的原始单据，以及各种需要随时查阅和退回的单据，应另编目录，单独登记保管，并在有关的记账凭证和原始凭证上相互注明日期和编号。

五、会计凭证的保管

会计凭证的保管主要有下列要求：

（1）会计凭证应定期装订成册，防止散失。

（2）会计凭证封面应注明单位名称、凭证种类、凭证张数、起止号数、年度、月份、会计主管人员、装订人员等有关事项，会计主管人员和保管人员应在封面上签章。

（3）会计凭证应加贴封条，防止抽换凭证。原始凭证较多时，可单独装订，但应在凭证封面注明所属记账凭证的日期、编号和种类，同时在所属的记账凭证上应注明"附件另订"及原始凭证的名称和编号，以便查阅。

（4）每年装订成册的会计凭证，在年度终了时可暂由单位会计机构保管一年，期满后应当移交本单位档案机构统一保管。

（5）严格遵守会计凭证的保管期限要求，期满前不得任意销毁。

2.4.2 会计账簿

会计账簿，简称账簿，是由具有一定格式、相互联系的账页所组成，用来序时、分类地全面记录一个企业、单位经济业务事项的会计簿籍。会计账簿是会计人员编制会计报表的依据。

在会计核算中，对每一项经济业务，都必须取得和填制会计凭证，因而会计凭证数量很多，又很分散，而且每张凭证只能记载个别经济业务的内容，所提供的资料是零星的，不能全面、连续、系统地反映和监督一个经济单位在一定时期内某一类和全部经济业务活动情况，且不便于日后查阅。为了给经济管理提供系统的会计核算资料，各单位都必须在凭证的基础上设置和运用登记账簿的方法，把分散在会计凭证上的大量核算资料，加以集中和归类整理，形成有用的会计信息，为编制会计报表、会计分析及审计提供主要依据。

一、会计账簿的意义

会计账簿对于企业连续、全面、系统地反映经济活动，加强经济核算，提高经济效益具有重要的意义，具体表现在：

（1）通过会计账簿可以提供系统、完整的会计核算资料。

（2）会计账簿的使用可以有效发挥会计的监督职能，保护企业财产的安全。

（3）会计账簿记录是编制会计报表的主要依据。

（4）会计账簿是有关的财务人员及管理者进行会计分析的重要依据。

二、会计账簿的启用

启用会计账簿时,应当在账簿封面上写明单位名称和账簿名称,并在账簿扉页上附启用表。启用订本式账簿,应当从第一页到最后一页顺序编定页数,不得跳页、缺号。使用活页式账页,应当按账户顺序编号,并须定期装订成册;装订后再按实际使用的账页顺序编定页码,另加目录,记明每个账户的名称和页次。

三、会计账簿的种类

会计核算中,使用的账簿是多样的,不同的会计账簿,形式、结构和登记方法都不相同。因此,按照不同的标准可以对会计账簿进行分类。

(一) 按用途分为

(1) 序时账簿。也称日记账,是按照经济业务发生或完成时间的先后顺序逐日逐笔进行登记的账簿。序时账簿是会计部门按照收到会计凭证号码的先后顺序进行登记的。在会计工作发展的早期,就要求必须将每天发生的经济业务逐日登记,以便记录当天业务发生的金额。序时账簿按其记录内容的不同,又分为普通日记账和特种日记账两种。企业常见的序时账包括库存现金日记账和银行存款日记账。

(2) 分类账簿。对全部经济业务事项按照会计要素的具体类别而设置的分类账户进行登记的账簿。分类账簿按其提供核算指标的详细程度不同,又分为总分类账和明细分类账。总分类账,简称总账,是根据总分类科目开设账户,用来登记全部经济业务,进行总分类核算,提供总括核算资料的分类账簿。明细分类账,简称明细账,是根据明细分类科目开设账户,用来登记某一类经济业务,进行明细分类核算,提供明细核算资料的分类账簿。例如企业对原材料进行核算,需要设置"原材料"总分类账同时还要根据材料的种类设置明细分类账。

(3) 备查账簿。对某些在序时账簿和分类账簿等主要账簿中都不予登记或登记不够详细的经济业务事项进行补充登记时使用的账簿可以加强企业对财产、物资的管理及监督。如设置代销商品登记簿、租入资产登记簿等。

(二) 按账页格式分为

(1) 两栏式账簿。只有借方和贷方两个基本金额的账簿。例如,各种收入、费用类账户都可以采用两栏式账簿。普通日记账一般为两栏式账簿。

(2) 三栏式账簿。设有借方、贷方和余额三个基本栏目的账簿。例如,日记账、总分类账、资本、债权、债务明细账。

(3) 多栏式账簿。在账簿的两个基本栏目及借方和贷方按需要分设若干专栏的账簿。例如,收入、费用明细账。

(4) 数量金额式账簿。借方、贷方和金额三个栏目内都分设数量、单价和金额三小栏,借以反映财产物资的实物数量和价值量。例如,原材料、库存商品、产成品等明细账通常采用数量金额式账簿。

(三) 按外形特征分为

(1) 订本账。订本式账簿,简称订本账,是在启用前将编有顺序页码和一定数量的账页装订成册的账簿。订本账可以避免账页丢失、抽换,但不能准确为各账户预留账页。这种账簿,适用于重要的和具有统驭性的总分类账、现金日记账和银行存款日记账。

(2) 活页账。活页式账簿,简称活页账,是将一定数量的账页置于活页夹内,可根据记账内容的变化而随时增加或减少部分账页的账簿。活页账的好处在于记账时可以根据实际情况随时加入或抽换账页，同时便于分工记账。不足在于管理不善的情况下可能出现故意抽换账页或丢失账页的问题，从而给记账工作带来麻烦。活页账适用于明细分类账。

（3）卡片账。卡片式账簿，简称卡片账，是将一定数量的卡片式账页存放于专设的卡片箱中，账页可以根据需要随时增添的账簿。卡片账一般适用对于低值易耗品、固定资产等的明细核算。在我国一般只对固定资产明细账采用卡片账。

四、会计账簿的内容

各企业均应按照会计核算的基本要求和会计规范的规定，结合本单位经济业务的特点和经营管理的需要，设置必要的账簿，并认真做好记账工作。账簿应具备下列组成内容：

（一）封面

封面主要标明账簿的名称，如总分类账簿、现金日记账、银行存款日记账。

（二）扉页

扉页标明会计账簿的使用信息，如科目索引、账簿启用和经管人员一览表等。

（三）账页

账簿用来记录经济业务事项的载体，其格式与反映的经济业务内容的不同而有所不同。但其至少应当包括：

（1）账户的名称，一级科目、二级科目或明细科目。
（2）登记账簿的日期栏。
（3）记账凭证的种类和号数栏。
（4）摘要栏，对所记录经济业务内容的简要说明。
（5）金额栏，记录经济业务的增减变动和余额。
（6）总页次栏和分户页次栏。

五、会计账簿的记账规则

（1）登记账簿时，应当将会计凭证日期、编号、业务内容摘要，金额和其他有关资料逐项记入账内，记账人员要在记账凭证上签名或者盖章，并注明已经登账的符号，防止漏记、重记和错记的发生。

（2）各种账簿要按账页顺序连续登记，不得跳行、隔页。如发生跳行、隔页，应将空行、空页划线注销，或注明"此行空白"或"此页空白"字样，并由记账人员签名或盖章。

（3）登记账簿时，要用蓝黑墨水或者碳素墨水书写。不得用圆珠笔外或者铅笔书写。

（4）记账要保持清晰、整洁，记账文字和数字要端正、清楚、书写规范，一般应占账簿格距的二分之一，以便留有改错的空间。

（5）凡需结出余额的账户，应当定期结出余额。现金日记账和银行存款日记账必须每天结出余额。结出余额后，应在"借或贷"栏内写明"借"或"贷"的字样。没有余额的账户，应在该栏内写"平"字，并在余额栏"元"位上用"0"表示。

（6）登记满一张账页结转下页时，应当结出本页合计数和余额，写在本页最后一行和下页第一行有关栏内，并在本页的摘要栏内注明"转后页"字样，在次页的摘要栏内注明"承前页"字样。

六、会计账簿的格式和登记方法

（一）日记账的格式和登记方法

现金日记账的格式和登记方法：

（1）现金日记账的格式。现金日记账是用来核算和监督库存现金每天的收入、支出和结存情况的账簿，其格式有三栏式和多栏式两种。无论采用三栏式还是多栏式现金日记账，都必须使用订本账。

（2）现金日记账的登记方法。现金日记账由出纳人员根据同现金收付有关的记账凭证，按时间顺序逐日逐笔进行登记，并根据"上日余额＋本日收入－本日支出＝本日余额"的公式，逐日结出现金余额，与库存现金实存数核对，以检查每日现金收付是否有误。

（二）银行存款日记账的格式和登记方法

银行存款日记账是用来核算和监督银行存款每日的收入、支出和结余情况的账簿。银行存款日记账应按企业在银行开立的账户和币种分别设置，每个银行账户设置一本日记账。

银行存款日记账的格式和登记方法同现金日记账的格式和登记方法。

（1）总分类账的格式和登记方法。总分类账是按照总分类账户分类登记以提供总括会计信息的账簿。总分类账最常用的格式为三栏式，包括借方、贷方和余额三个基本金额栏目。总分类账可以根据记账凭证逐笔登记，也可以根据经过汇总的科目汇总表或汇总记账凭证等登记。

（2）明细分类账的格式和登记方法。明细分类账是根据二级账户或明细账户开设账页，分类、连续地登记经济业务以提供明细核算资料的账簿，其格式有三栏式、多栏式、数量金额式等多种。

1）三栏式明细分类账。三栏式明细分类账是设有借方、贷方和余额三个栏目，用以分类核算各项经济业务，提供详细核算资料的账簿，其格式与三栏式总账格式相同，适用于只进行金额核算的账户。

2）多栏式明细分类账。多栏式明细分类账是将属于同一个总账科目的各个明细科目合并在一张账页上进行登记，适用于成本费用类科目的明细核算。

3）数量金额式明细分类账。数量金额式明细分类账其借方（收入）、贷方（发出）和余额（结存）都分别设有数量、单价和金额三个专栏，适用于既要进行金额核算又要进行数量核算的账户。

同类型经济业务的明细分类账可根据管理需要，依据记账凭证、原始凭证或汇总原始凭证逐日逐笔或定期汇总登记。

七、会计账簿的保管

会计账簿是各单位重要的经济资料，必须建立管理制度，妥善保管。账簿管理分为平时管理和归档保管两部分。

（一）账簿的平时管理

各种账簿要分工明确，指定专人管理，账簿经管人员既要负责记账、对账、结账等工作，又要负责保证账簿安全。会计账簿不能随意交与其他人员管理，以保证账簿安全和防止任意涂改账簿等问题发生。会计账簿未经领导和会计负责人或者有关人员批准，非经管人员不能随意翻阅查看会计账簿。

(二)账簿的归档保管

年度终了更换并启用新账后,对更换下来的旧账要整理装订,造册归档。归档前旧账的整理工作包括:检查和补齐应办的手续,如改错盖章、注销空行及空页、结转余额等。各种账簿同会计凭证和会计报表一样,都是重要的经济档案,必须按照制度统一规定的保存年限妥善保管,不得丢失和任意销毁。根据《会计档案管理办法》的规定,总分类账、明细分类账、辅助账、日记账均应保存 15 年。

2.5 会计组织核算程序

2.5.1 会计核算组织程序的意义

会计凭证、会计账簿、会计报表之间的结合方式不同,就形成了各种不同的会计核算组织程序。科学、合理地确定适用于企业的核算组织程序,对于保证会计信息质量,有效地组织和管理会计工作,提高会计核算工作的效率和满足会计报表使用者的信息需求,具有重要的意义:

(1)有利于会计工作程序的规范化,保证会计信息的质量。

(2)有利于保证会计信息的可靠性,提高会计信息的有用性。

(3)有利于减少不必要的会计核算环节,提高会计工作效率。

2.5.2 会计核算基本程序

一、设置账户

设置账户指对会计对象要素的具体内容进行分类,以便提供分类核算指标。

二、复式记账

复式记账指对每笔经济业务在两个或两个以上有关的账户上同时进行登记入账的方法。

三、填制和审核凭证

填制和审核凭证指在经济业务发生时或完成后,都应取得或填制作为书面证据的会计凭证,并对凭证进行审核来监督经济业务的合理性与合法性。

四、登记账簿

登记账簿指将已经发生的经济业务,按照作为账户名称的会计科目。在账簿上有序地、分类别地进行登记。

五、成本计算

成本计算指对生产经营中发生的各项费用采用一定的专门方法进行计算。从而确定出各种产品的总成本和单位成本。

六、财产清查

财产清查指在一定时期终了,检查企业的各项财产物资的实有数。

七、编制会计报表

编制会计报表指根据账簿记录的内容,采用一定的表格形式,综合地反映企业在一定时期的财务状况和经营成果。

本章小结

本章主要介绍了会计要素所包含的内容、特点；会计恒等式的内容；会计科目与账户及其相互关系；复式记账法和借贷记账法的具体应用；会计凭证和会计账户的含义、分类和管理等内容，这些知识是学习会计知识的基础。

习 题

一、思考题

1. 什么是会计恒等式，经济业务如何影响会计恒等式？
2. 什么是会计科目，什么是会计账户，它们之间有什么样的关系？
3. *什么是复式记账法，什么是借贷记账法，如何应用？
4. 什么是会计凭证，如何分类？
5. 什么是会计账簿，如何设置，登记方法和要求是什么？
6. *什么是会计分录，编制分录的步骤是什么？
7. *什么是记账凭证核算程序，有什么特点？
8. *什么是科目汇总表核算程序，有什么特点？

二、单项选择题

1. 账户是根据（　　）开设的，用来连续、系统地记载各项经济业务的一种手段。
  A. 会计凭证　　　　B. 会计科目　　　　C. 会计对象　　　　D. 经济业务
2. 账户的结构一般分为（　　）。
  A. 上下两部分　　　　　　　　　　B. 发生额和余额两部分
  C. 前后两部分　　　　　　　　　　D. 左右两方
3. 以下各项属于资产的有（　　）。
  A. 存货　　　　B. 应付工资　　　　C. 短期借款　　　　D. 实收资本
4. 会计科目是（　　）的名称。
  A. 会计对象　　　　　　　　　　　B. 会计账户
  C. 会计要素　　　　　　　　　　　D. 会计凭证
5. 下列经济业务的发生不会引起会计等式两边总额发生变化的是（　　）。
  A. 收回客户前欠货款存入银行　　　B. 从银行取得短期借款
  C. 收到投资者对企业的投资　　　　D. 以银行存款偿还债务
6. 下列经济业务中，引起资产和所有者权益同时增加的经济业务是（　　）。
  A. 从银行提取现金　　　　　　　　B. 购入材料货款未付
  C、收到外商投入资本金，款项存入银行　　D. 用银行存款购入固定资产
7. "累计折旧"账户按照经济内容分类，是属于（　　）账户。
  A. 资产类　　　　B. 负债类　　　　C. 费用类　　　　D. 利润类

---

* 表示非财会专业可不学，后面不再说明。

8. 会计账户和科目之间的区别在于（　　）。
   A. 反映的经济内容不同　　　　　　B. 记录资产和权益的增减变动情况不同
   C. 记录资产和权益的结果不同　　　D. 账户有结构而会计科目无结构
9. 按经济内容分类"资本公积"账户属于（　　）。
   A. 资产　　　　B. 负债　　　　C. 所有者权益　　　　D. 成本
10. 下列哪些项目属于企业的负债（　　）。
    A. 赊销　　　　　　　　　　　　B. 赊购
    C. 收回货款　　　　　　　　　　D. 用现金购买材料

三、多项选择题

1. 下列交易或事项中，能引起企业资产总额增加的有（　　）。
   A. 本期销售产品的收入款项，对方尚未付款
   B. 预付购货款
   C. 本月收回上月销售产品的货款
   D. 向银行借入短期借款
   E. 收到投入资本
2. 企业一切经济业务的发生都会对会计等式产生影响，其类型有（　　）。
   A. 资产增加，权益减少　　　　　B. 资产减少，权益增加
   C. 资产和权益同增或同减　　　　D. 资产不变，权益类有增有减
   E. 权益不变，资产类有增有减
3. 在下列账户中属于损益类账户的有（　　）。
   A. 所得税费用　　B. 投资收益　　C. 固定资产　　D. 生产成本
   E. 管理费用
4. 在下类账户中属于所有者权益的账户的有（　　）。
   A. 长期投资　　B. 实收资本　　C. 资本公积　　D. 盈余公积
   E. 利润分配
5. 会计科目按其反映的经济内容不同，一般企业可分为（　　）。
   A. 资产类　　　B. 负债类　　　C. 所有者权益类　　D. 损益类
   E. 成本类
6. 在下列经济业务中，不影响资产总额的有（　　）。
   A. 用银行存款购入原材料　　　　B. 向供货单位赊购商品
   C. 从银行提取现金　　　　　　　D. 用银行存款归还应付账款
   E. 用现金支付采购员差旅费

四、经济业务题

业务（一）
1. 目的：根据所给事项结合会计要素的含义、分类判断所属的会计要素。
2. 业务：
（1）企业购入一批材料，价值 20 000 元，材料已验收入库；
（2）企业本月向银行借款 54 000 元，年利率为 10%，期限为 6 个月；
（3）企业以现金为职工预借差旅费 5 000 元；

(4) 企业购入一项专利技术，价值 450 000 元；
(5) 企业收到某投资者投入一机械设备，协议作价 68 000 元；
(6) 企业本月出售材料一批，取得价款 2 400 元；
(7) 企业以现金支付业务招待费 3 000 元；
(8) 企业支付职工薪酬 28 000 元。

业务（二）

1. 目的：熟悉会计等式。
2. 资料：以下是某企业月末资料：
(1) 向银行借入短期借款 5 000 元；
(2) 企业出纳处现金共 600 元；
(3) 企业欠外单位货款共 8 000 元；
(4) 企业有机器设备两台，价值 50 000 元；
(5) 所有者投入资本 80 000 元；
(6) 企业银行存款 30 000 元；
(7) 某企业欠该企业的货款为 12 400 元。
3. 要求：
(1) 根据上述资料，分别列示资产类、负债类、所有者权益类的所属项目，并分别计算资产、负债、所有者权益的总额。
(2) 根据（1）计算的结果，试分析三者之间存在的数量关系，并简要说明理由。

业务（三）

1. 目的：熟悉会计事项的种类。
2. 资料：某公司某年 4 月份发生如下经济业务：
(1) 提取现金 20 000 元备发工资；
(2) 支付职工工资 20 000 元；
(3) 以银行存款购入机器一台，价值 50 000 元；
(4) 收回某职工退回的差旅费借款 800 元；
(5) 偿还到期的短期借款本金 20 000 元；
(6) 购入材料一批金额 30 000 元，其中以银行存款支付 15 000 元，其余暂欠；
(7) 收到某所有者投资的转账支票一张金额 50 000 元，以补充其投资；
(8) 预收销货款 10 000 元，合同规定下月发货。
3. 要求：
(1) 分析上述经济业务所引起的具体项目的增减变动情况。
(2) 分析上述业务对会计等式的影响。

五、*账务处理题

1. 目的：练习借贷记账法。
2. 要求：根据第四题的经济业务，利用借贷记账法编制会计分录。

第 3 章

流 动 资 产

知识目标

- 掌握货币资金和交易性金融资产的内容，了解货币资金的内部控制、现金收支及现金清查的核算；
- 了解银行存款的支付结算方式，掌握银行存款收付的核算及银行存款日记账与银行对账单的核对，了解其他货币资金的内容及核算；
- 掌握应收账款的核算内容及账务处理，了解预付账款和其他应收款的核算内容及账务处理，熟悉应收票据的核算内容及账务处理；
- 了解存货的概念、确认和分类，掌握取得存货的不同方式和发出存货的计价方法，理解周转材料和存货期末减值的处理方法。

能力目标

- 能够处理现金、银行存款收付和其他货币资金的经济业务；
- 能够根据企业持有的目的划分交易性金融资产，并进行交易性金融资产取得、持有、出售及期末计量的经济业务；
- 能够熟练进行应收票据、应收账款、预付账款和其他应收款的经济业务；
- 能够应用实际成本法进行主要材料收发的核算，能够对周转材料领用、摊销等业务进行核算，能够对存货清查及期末计价进行正确的核算。

3.1 货币资金与交易性金融资产

货币资金是指企业在经营过程中，停留在货币状态的那部分资金。货币资金是企业流动资产的重要组成部分。货币资金按存放地点和用途的不同，可以分为现金、银行存款和其他货币资金。

货币资金是企业资产中流动性最强的资产，无论是投资人、债权人还是企业管理者都有非常重视它。因为企业从事生产经营活动都离不开货币资金的支持，如购买商品、原材料、支付工资、偿还债务等。没有一定数量的货币资金储备，就无法保证企业经营活动的正常运行。

3.1.1 库存现金

一、库存现金的管理

我国会计上所界定的现金概念是指企业的库存现金，是存放在企业财会部门由出纳员保管作为零星之用的货币资产，包括库存的人民币现金和外币现金。企业应当按照国家法律、

法规的规定办理有关现金收支业务。办理现金收支业务时,应当遵守以下几项规定:

（1）企业应当依照《会计法》的规定,实行不相容职务分离,做到管钱不管账、管账不管钱,会计与出纳分开。出纳人员不得兼任稽核、会计档案保管和收入、支出、费用、债权债务账目的登记工作。

（2）企业现金收入应于当日送存开户银行。当日送存有困难的,由开户银行确定送存时间。

（3）企业应当遵守《现金管理暂行条例》规定的范围,正确使用现金。

（4）企业应当遵守库存现金限额的规定。企业库存现金的限额,由开户银行根据具体情况确定。

（5）企业支付现金,应当从本企业库存现金限额中支付或者直接从开户银行中提取支付,不得从本企业现金收入中直接支付（即坐支）。特殊情况应当事先报开户银行批准。

（6）企业从开户银行提取现金,应当写明真实用途,加盖印章,经开户银行审核后支付现金。

（7）企业因采购地点不固定以及其他特殊原因必须使用现金的,应向开户银行提出申请,经开户银行审核后支付现金。

（8）企业不准用不符合制度规定的票据凭证顶替库存现金（即不得以白条顶库）；不准挪用现金；不准私人借用公款；不准为其他单位或个人套取现金；不准谎报用途套取现金；不准将单位的现金以个人名义存储；不准保留账外现金（即小金库）；不准以任何票证代替人民币。

（9）企业应当健全现金收付票据的复核制度,坚持现金的查库制度,做到每日清查库存现金,保证现金安全。

二、库存现金账户设置及登记

现金的总分类核算是通过设置"库存现金"账户（T型账户如图3-1所示）进行的,该科目属于资产类账户,借方登记现金的收入数额,贷方登记现金的支出数额,期末借方余额反映企业实际持有的库存现金。有外币现金的企业应分别设置"人民币""外币"明细科目核算。

企业内部周转使用的备用金,可以单独设置"备用金"科目,而不在"库存现金"科目中核算。

现金的明细分类核算是通过设置"现金日记账"进行的。"现金日记账"是记载现金收支业务的订本式序时账,有三栏式（收、付、存）和多栏式两种。"现金日记账"由出纳人员根据审核后的现金收、付款凭证、银行存款付款凭证按照现金业务发生顺序,逐日逐笔按时登记。每日终了,应计算当日的现金收入、支出合计数及结余数,并将结余数同现金实际库存数核对,做到日清月结,保证账实相符。如果发现账实不符,应及时查明原因,进行处理。月份终了,"现金日记账"的余额应与"库存现金"总账的余额核对相符。有外币现金收支业务的企业,应当按照人民币现金、外币现金的币种设置"现金日记账"账户进行明细核算。

库 存 现 金	
库存现金增加	库存现金减少
库存现金账面余额	

图3-1 "库存现金"账户

三、库存现金清查的核算

为了保证现金的安全完整,企业应当按规定对库存现金进行定期和不定期清查。库存现金清查的基本方法是实地盘点法。现金清查既包括出纳人员每日营业终了进行的清点核对，还包括清查小组进行定期和不定期的盘点和核对。在清查中如果发现账实不符，除应及时查明原因外，还须进行相应的账务处理。

每日终了结算现金收支、财产清查等发现的有待查明原因的现金短缺或溢余，应通过"待处理财产损溢"科目核算：属于金额短缺，应按实际短缺的金额，借记"待处理财产损溢"科目，贷记"库存现金"科目；属于现金溢余，按实际溢余的金额，借记"库存现金"科目，贷记"待处理财产损溢"科目。待查明原因后作如下处理。

（一）如为现金短缺

属于应由责任人赔偿的部分，借记"其他应收款"或"库存现金"科目，贷记"待处理财产损溢"科目；属于应由保险公司赔偿的部分，借记"其他应收款"科目，贷记"待处理财产损溢"科目；属于无法查明的其他原因，根据管理权限，经批准后，借记"管理费用"，贷记"待处理财产损溢"科目。

（二）如为现金溢余

属于应支付给有关人员或单位的，应借记"待处理财产损溢"科目，贷记"其他应付款"科目；属于无法查明原因的现金溢余，经批准后，借记"待处理财产损溢"科目，贷记"营业外收入"科目。

【例3-1】 某建筑股份有限公司在现金清查中，发现现金短缺800元，原因待查。作账务处理如下：

借：待处理财产损溢——待处理流动资产　800
　　贷：库存现金　　　　　　　　　　　　　800

后经查明原因，其中500元是由于出纳员工作失职造成的，应由其赔偿；其余300元不能查清原因，经批准处理。作账务处理如下

借：其他应收款　　　　　　500
　　管理费用　　　　　　　300
　　贷：待处理财产损溢——待处理流动资产　800

【例3-2】 某建筑股份有限公司在现金清查中，发现现金溢余300元，原因待查。作账务处理如下：

借：库存现金　　　　　　　　　　　　　　300
　　贷：待处理财产损溢——待处理流动资产　300

现金溢余原因无法查清，经批准处理。作账务处理如下

借：待处理财产损溢——待处理流动资产　300
　　贷：营业外收入　　　　　　　　　　　　300

3.1.2　银行存款

银行存款是指企业存放在银行或其他金融机构的货币资金。按照国家有关货币资金管理的规定，凡是独立核算的单位都必须在当地银行开设账户。企业在银行开设账户以后，除按核定的限额保留库存现金外，超过限额的现金必须存入银行；除了在规定的范围内可以用现金直接支付的款项外，在经营过程中所发生的一切货币收支业务，都必须通过银行存款账户办理转账结算。

企业在银行开立账户可分为基本存款账户、一般存款账户、临时存款账户和专用存款账户四种。

一、银行存款的管理

(1) 合法使用银行账户，不得转借其他单位或个人使用；不得用银行账户进行非法活动。

(2) 不得签发没有资金保证的票据和远期支票，套取银行信用。

(3) 不得签发、取得和转让没有真实交易和债权债务的票据，套取银行和他人资金。

(4) 不准无理拒绝付款，任意占用他人资金。

(5) 不准违反规定开立和使用账户。

二、银行结算方式的种类

根据规定，企业发生货币资金收付业务时，可以采用的银行结算方式主要有银行汇票、银行本票、商业汇票、支票、汇兑、托收承付、委托收款、信用卡和信用证等。

三、银行存款核算的账户设置及登记

施工企业银行存款的总分类核算是通过设置"银行存款"账户（T型账户如图3-2所示）进行的。该科目属于资产类账户，借方登记银行存款的增加数，贷方登记银行存款的减少数，期末借方余额反映企业实际存在银行或其他金融机构的款项。

银行存款的明细分类核算是通过设置"银行存款日记账"进行的。"银行存款日记账"是记载银行存款收支的订本式序时账，分三栏式（收、付、存）和多栏式。银行存款日记账由出纳人员根据银行存款收、付款

银行 存 款	
银行存款增加	银行存款减少
银行存款账面余额	

图3-2 "银行存款"账户

凭证、现金付款凭证按照银行存款业务发生的先后顺序逐笔登记，每日营业终了应结出余额。"银行存款日记账"应定期与"银行对账单"核对，每月至少核对一次。月末，"银行存款日记账"的余额必须与银行存款总账的余额核对相符。银行存款应按银行和其他金融机构的名称和存款种类、银行账号进行明细核算。有外币存款业务的单位，还应分别按人民币和外币进行明细核算。

对于异地托收承付结算的款项，用信用证、汇票、汇兑、支票等各种方式结算的款项在发生收付时，需根据有关原始凭证编制记账凭证予以入账。以现金存入银行时，应根据银行盖章的回单编制现金付款凭证，据以登记"现金日记账"和"银行存款日记账"，提取现金时，根据签发的支票存根编制银行存款付款凭证，据以登记"银行存款日记账"和"现金日记账"。

四、银行存款收付的账务处理

企业将款项存入银行或其他金融机构时，借记"银行存款"科目，贷记"库存现金"等科目；提取或支出存款时，借记"库存现金"等有关科目，贷记"银行存款"科目。

【例3-3】 某建筑股份有限公司采用汇兑结算方式，委托银行将款项50 000元划转给A公司，以偿还前欠A公司购货款。

根据汇款回单，作账务处理如下：

借：应付账款——应付购货款（A公司）50 000
　　贷：银行存款　　　　　　　　　　　　50 000

【例3-4】 某建筑股份有限公司收到B公司已结算的工程价款1 800 000元，存入银行。

根据银行进账单第一联和有关原始凭证，作账务处理如下：

借：银行存款　　　　　　　　　　　　1 800 000
　　贷：应收账款——应收工程款（B公司）　1 800 000

3.1.3* 其他货币资金

其他货币资金是除库存现金、银行存款以外的其他各种货币资金。由于存入地点和用途与企业的库存现金和银行存款不同，因此，需单独核算。

一、其他货币资金的管理

企业对其他货币资金的管理主要表现为：
（1）根据业务需要合理选择结算工具。
（2）及时办理结算，对逾期尚未办理结算的银行汇票、银行本票等，应按规定及时转回。
（3）严格按会计制度的规定核算其他货币资金的各项收支业务。

二、其他货币资金的种类

主要包括外埠存款、银行汇票存款、银行本票存款、信用卡存款、信用证保证金存款、存出投资款、在途货币资金等。

三、其他货币资金核算的账户设置及登记

其他货币资金的总分类核算是通过设置"其他货币资金"账户（T型账户如图3-3所示）进行的。该科目为资产类账户，借方登记增加数，贷方登记减少数，期末借方余额反映企业实际持有的货币资金。该科目下设"外埠存款""银行汇票""银行本票""信用卡""信用证保证金""存出投资款""在途资金"等明细科目，并按外埠存款的开户银行，银行汇票或本票、信用证的收款单位等设置明细账。有信用卡业务的企业应在"信用卡"明细科目中按开出信用卡的银行和信用卡种类设置明细账。

其他货币资金	
其他货币资金增加数	其他货币资金减少数
其他货币资金账面余额	

图3-3　"其他货币资金"账户

四、其他货币资金的核算

其他货币资的核算，主要是反映其他货币资金币的增减变动，以及余额的转回。下面仅以外埠存款为例，讲明其他货币资金的核算内容。

施工企业需要在外地采购，为了结算的方便，可以在外地银行开设一个存款账户。施工企业汇出款项时，须填写汇款委托书，加盖"采购资金"字样。汇入银行对汇入的采购资金，以汇款单位名义开立采购账户。采购资金存款不计利息，除采购员差旅费可以支取少量现金外，一律转账。采购专户只付不收，付完结束账户。

【例3-5】某建筑股份有限公司到外地进行采购，委托开户银行汇往采购地银行采购资金15万元，开立采购专用账户。采购员通过采购账户支付购入施工材料款10万元，增值税1.7万元，剩余采购资金转回企业开户银行结算户。

公司账务处理如下：
（1）某建筑股份有限公司汇出采购资金时
借：其他货币资金——外埠存款　　　　150 000
　　贷：银行存款　　　　　　　　　　　　　150 000
（2）收到采购员交来的发票账单等报销凭证时
借：原材料　　　　　　　　　　　　　100 000

应交税费——应交增值税（进项税额）17 000
  贷：其他货币资金——外埠存款   117 000
（3）采购完毕后，余款转回企业开户银行结算户时
借：银行存款   33 000
  贷：其他货币资金——外埠存款   33 000

3.1.4* 交易性金融资产

一、交易性金融资产的概念

满足以下条件之一的金融资产，应当划分为交易性金融资产：

（1）取得该金融资产的目的，主要是为了近期内出售或回购。也就是说，企业持有交易性金融资产的主要目的，就是为了从其价格的短期波动中获利。例如，企业充分利用闲置资金、以赚取差价为目的从二级市场购入的股票、债券、基金等。

（2）属于进行集中管理的可辨认金融工具组合的一部分，且有客观证据表明企业近期采用短期获利方式对该组合进行管理。在这种情况下，即使组合中有某个组成项目持有的期限稍长也不受影响。

（3）属于衍生工具。但是被指定且为有效套期工具的衍生工具、属于财务担保合同的衍生工具、与在活跃市场中没有报价且其公允价值不能可靠计量的权益工具投资挂钩并须通过交付该权益工具结算的衍生工具除外。

定义范围内的衍生工具（包括远期合同、期货合同、互换和期权，以及具有远期合同、期货合同、互换和期权中一种或一种以上特征的工具），不作为有效套期工具的，也应划分为交易性金融资产。

金融资产主要包括库存现金、应收账款、应收票据、贷款、垫款、其他应收款、应收利息、债权投资、股权投资、基金投资及衍生金额资产等。

为了核算交易性金融资产的取得、收取现金股利和利息、处置等业务，企业应当设置"交易性金融资产""公允价值变动损益""投资收益"等科目。

"交易性金融资产"科目核算企业为交易目的持有的债券投资、股票投资、基金投资等交易性金融资产的公允价值。企业持有的直接指定为以公允价值计量且其变动计入当期损益的金融资产也在"交易性金融资产"科目核算。"交易性金融资产"科目的借方登记交易性金融资产的取得成本、资产负债表日公允价值高于账面余额的差额等；贷方登记资产负债表日其公允价值低于账面余额的差额，以及企业出售交易性金融。资产时结转的成本和公允价值变动损益。企业应当按照交易性金融资产的类别和品种，分别设置"成本""公允价值变动"等明细科目进行核算。

"公允价值变动损益"科目核算企业交易性金融资产等公允价值变动而形成的应计入当期损益的利得或损失，贷方登记资产负债表日企业持有的交易性金融资产等的公允价值高于账面余额的差额；借方登记资产负债表日企业持有的交易性金融资产等到的公允价值低于账面余额的差额。

"投资收益"科目核算的是企业持有交易性金融资产等期间取得的投资收益以及处置交易性金融资产等实现的投资收益或投资损失，贷方登记企业出售交易性金融资产等实现的投资收益；借方登记企业出售交易性金融资产等发生的投资损失。

二、交易性金融资产初始成本的确认

企业在取得交易性金融资产时，应当按照该金融资产取得时的公允价值作为其初始确认金额，计入"交易性金融资产——成本"科目。按发生的交易费用借记"投资收益"科目，已到付息期但尚未领取的利息或已宣告但尚未发放的现金股利，应当单独确认为应收项目，借记"应收股利"或"应收利息"科目，按实际支付的金额，贷记"银行存款"科目。

取得交易性金融资产所发生的相关交易费用应当在发生时计入投资收益。交易费用是指可直接归属于购买、发行或处置金融工具新增的外部费用，包括支付给代理机构、咨询公司、券商等的手续费和佣金及其他必要支出。

三、交易性金融资产的现金股利和利息

交易性金融资产持有期间被投资单位宣告发放的现金股利，或在资产负债表日按分期付息、一次还本债券投资的票面利率计算的利息，借记"应收股利"或"应收利息"科目，贷记"投资收益"科目。

四、交易性金融资产的期末计量

资产负债表日，交易性金融资产的公允价值高于其账面价值的差额，借记"交易性金融资产——公允价值的变动"科目，贷记"公允价值变动损益"科目；公允价值低于账面价值余额的差额做相反的会计分录。

五、交易性金融资产的处置

出售交易性金融资产，应当将该金融资产出售时的公允价值与其初始入账金额之间的差额确认为投资收益，同时调整公允价值变动损益。

出售交易性金融资产，应按照实际收到的金额，借记"银行存款"等科目，按该金融资产的账面余额，贷记"交易性金融资产"科目，按其差额，贷记或借记"投资收益"科目。同时，将原计入该金融资产的公允价值变动转出，借记或贷记"公允价值变动损益"科目，贷记或借记"投资收益"科目。

【例3-6】 某建筑股份有限公司2013年1月20日委托某证券公司从上海证券交易所购入A上市公司股票100万股，并将其划分为交易性金融资产。该笔股票投资在购买日的公允价值为1 000万元。另支付相关交易费用金额为2.5万元。

该建筑股份有限公司应作如下会计处理：

(1) 2013年1月20日，购买A上市公司股票时：

借：交易性金融资产——成本　　　　10 000 000
　　　贷：其他货币资金——存出投资款　　　　10 000 000

(2) 支付相关交易费用时：

借：投资收益　　　　25 000
　　　贷：其他货币资金——存出投资款　　　　25 000

【例3-7】 某建筑股份有限公司2012年1月8日购入丙公司发行的公司债券，该笔债券于2010年7月1日发行，面值为2 500万元，票面利率为4%，债券利息按年支付。该建筑股份有限公司将其划分为交易性金融资产，支付价款为2 600万元（其中包含已宣告发放的债券利息50万元），另支付交易费用30万元。2012年2月5日，该建筑股份有限公司收到该笔债券利息50万元。2013年12月10日，该建筑股份有限公司收到债券利息100万元。

某建筑股份有限公司应作如下会计处理：

(1) 2012年1月8日，购入丙公司的公司债券时：

借：交易性金融资产——成本　　　　　25 500 000
　　应收利息　　　　　　　　　　　　　　500 000
　　投资收益　　　　　　　　　　　　　　300 000
　　贷：银行存款　　　　　　　　　　　　　　　26 300 000

(2) 2012年2月5日，收到购买价款中包含的已宣告发放的债券利息时：

借：银行存款　　　　　　　　　　　　500 000
　　贷：应收利息　　　　　　　　　　　　　　500 000

(3) 2012年12月31日，确认丙公司的公司债券利息收入时：

借：应收利息　　　　　　　　　　　　1 000 000
　　贷：投资收益　　　　　　　　　　　　　　1 000 000

(4) 2013年2月10日，收到持有丙公司的公司债券利息时：

借：银行存款　　　　　　　　　　　　1 000 000
　　贷：应收利息　　　　　　　　　　　　　　1 000 000

【例3-8】 某建筑股份有限公司假定2012年6月30日购买的该笔债券的市价为2 580万元；2012年12月31日，该建筑股份有限公司购买的该笔债券的市价为2 560万元。

该建筑股份有限公司应作如下会计处理：

(1) 2012年6月30日，确认该笔债券的公允价值变动损益时：

借：交易性金融资产——公允价值变动　　300 000
　　贷：公允价值变动损益　　　　　　　　　　300 000

(2) 2012年12月31日，确认该笔债券的公允价值变动损益时：

借：公允价值变动损益　　　　　　　　200 000
　　贷：交易性金融资产——公允价值变动　　　200 000

【例3-9】 某建筑股份有限公司假定2013年1月15日出售了所持有的丙公司的公司债券，售价为2 565万元。

某建筑股份有限公司应作如下会计处理：

借：银行存款　　　　　　　　　　　　25 650 000
　　贷：交易性金融资产——成本　　　　　　　25 500 000
　　　　　　　　　　　　——公允价值变动　　　100 000
　　　　投资收益　　　　　　　　　　　　　　　50 000

同时：

借：公允价值变动损益　　　　　　　　100 000
　　贷：投资收益　　　　　　　　　　　　　　100 000

3.2 应收与预付款项

应收及预付款项，是指施工企业在日常生产经营过程中发生的各种债权，包括应收票据、应收账款、其他应收款、预付账款等。施工企业的应收账款和预付账款包括企业在日常生产经营过程中发生的各项债权,包括预付备料款、预付工程款、应收工程款、内部往来款等。

一、预付备料款

预付备料款是指按照工程合同规定预付给分包单位的备料款(包括拨付给抵作备料款的材料)。预付备料款是按照分包单位承包的建安工作量所需的储备材料计算的,随着工程的进度增长而减少储备材料时,预付分包单位备料款应陆续扣回,在工程竣工前扣完。

二、预付工程款

预付工程款是指根据工程合同的规定,向分包单位预付的工程款。预付工程款除按规定在竣工时一次结算的工程外,应在月(季)末与分包单位结算已完工程款时,从应付分包单位工程款中扣回。在最后一次验工计价时,应按规定保留适当的工程款。待工程竣工验收后结算。

三、应收工程款

应收工程款是指施工企业与发包单位办理工程价款结算时,按照工程合同规定应收取的工程款。施工企业应根据实际完成的工作量和预算单价及各项收费标准,计算工程价款,向发包单位办理结算。

四、内部往来款

内部往来款是指施工企业与所属内部独立核算单位之间,或各内部独立核算单位之间,由于工程价款结算、产品、作业和材料销售、提供劳务等业务所发生的应收、应付、暂收、暂付款等。

3.2.1* 应收票据

应收票据是指施工企业因结算工程价款,对外销售产品、提供劳务等而收到的商业汇票。应收票据是企业未来收取货款的权利,这种权利和将来应收取的货款金额以书面文件形式约定下来,因此它受到法律的保护,具有法律上的约束力。商业汇票是一种远期票据,是要在将来某一日期才能兑现的票据。商业汇票按承兑人不同,分为商业承兑汇票和银行承兑汇票;按是否计息,分为不带息汇票和带息汇票。

一般情况下,企业应在收到开出、承兑的商业汇票时,按应收票据的票面价值入账。但对于带息的应收票据,应于期末按应收票据的票面价值和确定的利率计提利息,计提的利息应增加应收票据的账面余额。需要指出的是,到期不能收回的应收票据,应按其账面余额转入应收账款,并不再计提利息。

一、应收票据核算的账户设置及登记

应收票据的总分类核算是通过设置"应收票据"账户(T型账户如图 3-4 所示)进行的。该科目属于资产类账户。借方登记因销售商品、产品、提供劳务等收到开出、承兑的商业汇票的票面金额及其应计提利息;贷方登记到期收回、背书转让、到期承兑人拒付以及未到期向银行贴现的票面金额和应计提利息。期末余额在借方,反映企业持有的商业汇票的票面价值和应计利息。

在"应收票据"账户下,应按不同

应 收 票 据	
取得的商业汇票面值	贴现或到期收回的商业汇票的票面金额
企业持有的商业汇票账面余额	

图 3-4 "应收票据"账户

的单位分别设置明细账进行明细核算。同时,企业应设置"应收票据备查簿",逐笔登记每一笔应收票据的种类、号数和出票日期、票面金额、票面利率、交易合同号和付款人、承兑人;背书人的姓名或单位名称、到期日、背书转让日、贴现日期、贴现率和贴现净额,以及收款日期和收回金额、退票情况等资料;应收票据到期结清票款或退票等,都应在备查簿内逐笔注销。

二、应收票据一般业务的核算

企业因结算工程价款收到开出、承兑的商业汇票,按应收票据的面值,借记"应收票据"科目,按开出的工程结算单,贷记"工程结算"科目。

企业收到以应收票据抵偿应收账款时,按应收票据的面值,借记"应收票据",贷记"应收账款"科目。

带息应收票据,应在期末时,按应收票据的票面价值和确定的利率计算计提利息,计提的利息增加应收票据的账面余额,并同时计入当期损益,借记"应收票据"科目,贷记"财务费用"科目。

应收票据到期收回时,按收回本息,借记"银行存款"科目,按应收票据的账面余额,贷记"应收票据"科目,按其差额(即带息票据尚未计提利息部分),贷记"财务费用"科目。

【例 3-10】 某建筑股份有限公司 2013 年 3 月 1 与某建设单位办理工程价款结算,收到承兑的期限为三个月的带息的商业承兑汇票一张,票面金额为 40 000 元,年利率为 12%。

作会计处理如下:

(1) 收到票据时

借:应收票据　　　　　　40 000
　　贷:工程结算　　　　　　　　40 000

(2) 三个月后,上项商业汇票已到期,企业如数收回全部票款,并存入银行,则该票据的到期应收利息和票据到期值可计算如下:

应收利息=40 000×12%×3÷12=1 200(元)
票据到期值=40 000+1 200=41 200(元)

根据开户银行的收账通知,作会计分录如下:

借:银行存款　　　　41 200
　　贷:应收票据　　　　　　40 000
　　　　财务费用　　　　　　1 200

(3) 假设三个月后,上项商业承兑汇票到期时,因承兑人无力付款,企业收到开户银行退回的商业承兑汇票。作会计处理如下:

借:应收账款　　　　41 200
　　贷:应收票据　　　　　　40 000
　　　　财务费用　　　　　　1 200

三、应收票据贴现的核算

施工企业持有的应收票据在到期前,如果出现资金短缺,可以持未到期的银行承兑汇票向其开户银行申请贴现,以便获得所需资金。"贴现"就是指票据持有人将未到期的票据在背书后送交银行,银行受理后从票据到期值中扣除按银行贴现率计算确定的贴现利息,然后将余额付给持票人,作为银行对施工企业的短期贷款。可见,票据贴现实质上是施工企业融通资金的一种形式。

企业持有未到期的应收票据向银行贴现,应根据银行盖章退回的贴现凭证,按实际收到的金额(即减去贴现息后的净额),借记"银行存款"科目,按贴现息部分,借记"财务费用"科目,按应收票据的票面余额,贷记"应收票据"科目。如为带息票据,按实际收到的金额,借记"银行存款"科目,按应收票据的账面余额,贷记"应收票据"科目,按其差额,借记或贷记"财务费用"科目。

贴现的商业承兑汇票到期,因承兑人的银行存款账户不足支付,申请贴现的企业收到银行退回的应收票据、付款通知和拒绝付款理由书或付款人未付票款通知书时,按所付本息,借记"应收账款"科目,贷记"银行存款"科目;如果申请贴现企业的银行存款账户余额不足,银行作逾期贷款处理时,应按转作贷款的本息,借记"应收账款"科目,贷记"短期借款"科目。

3.2.2 应收账款

应收账款是指企业承建工程应向发包单位收取的工程进度款和列入营业收入的其他款项,以及对外销售产品、提供劳务作业等,应向购货单位或接受劳务、作业的单位收取的款项。应收账款一般应在一年内或长于一年的一个营业周期内收回,属于企业的流动资产。应收账款包括应收工程款和应收销货款。

应收工程款是指施工企业与发包单位办理工程价款结算时,按照工程合同规定应收取的工程款及质量保证金。施工企业应根据实际完成的工作量和预算单价及各项收费标准,计算工程价款,向发包单位办理结算。

应收销货款指施工企业因销售产品、提供劳务等,应向购货单位或接受劳务单位收取的款项,应收账款按实际发生额计价入账。在有商业折扣和现金折扣的情况下,还要考虑折扣因素。

一、应收账款的管理

完善管理制度,建立控制不良应收账款的制度保证体系。

(1) 要建立信用评价制度,即具备什么样条件的建设单位才能达到可以垫资的信用标准和条件。

(2) 要建立完善的合同管理制度,对于建设单位付款方式、归还办法、归还期限、违约责任等作出明确的规定,增强法律意识。

(3) 要建立应收账款的责任制度,明确规定责任单位和责任人。

(4) 要建立合理的奖罚制度,并作为经济责任制的主要指标和业绩及离任审计的考核指标。

(5) 要建立应收账款分析制度,分析应收账款的现状和发展趋势及制度的执行情况,及时采取措施,进行控制。具体内容详见第10章第2节。

二、应收账款核算的账户设置及登记

施工企业应收账款的总分类核算是通过设置"应收账款"账户(T型账户如图3-5所示)进行的。该科目属于资产类账户,其借方登记企业应收的款项,未能按期收回的商业承兑汇票结算款、转回的已注销坏账等,贷方登记已收回的款项、改用商业汇票结算的应收账

款、已转为坏账损失的应收款项、以债务重组方式收回的债权等。期末余额在借方，反映尚未收回的各种应收账款。该科目应设置"应收工程款"和"应收销货款"两个明细科目，并在"应收工程款"明细科目下设置"应收工程款""应收工程质量保证金"两个明细科目，在此基础上分别按不同的发包单位和购货单位或按接受劳务单位设置明细账，进行明细核算。

应　收　账　款	
企业应收的款项，未能按期收回的商业承兑汇票结算款、转回的已注销坏账	已收回的款项、改用商业汇票结算的应收账款、已转为坏账损失的应收款项、以债务重组方式收回的债权
尚未收回的各种应收账款	

图3-5　"应收账款"账户

三、应收账款的核算

企业因销售产品或提供劳务等发生应收款项时，借记"应收账款"科目，贷记"主营业务收入"、"其他业务收入"等科目；收回款项时，借记"银行存款"等科目，贷记"应收账款"科目。

【例3-11】　某建筑股份有限公司销售给甲公司预制板一批，价值20万元，适用增值税税率为17%，已办妥委托银行收款手续。

公司账务处理如下：

借：应收账款——甲公司　　　　　　234 000
　　贷：主营业务收入　　　　　　　　　　　　200 000
　　　　应交税金——应交增值税（销项税额）　　34 000

收到货款时

借：银行存款　　　　　　　　　　234 000
　　贷：应收账款——金宇公司　　　　　　　　234 000

3.2.3　预付账款与其他应收款

一、预付账款

预付账款是指企业按照工程合同规定预付给分包单位的款项，包括预付工程款和备料款，以及按照购货合同规定预付给供应单位的购货款。

预付账款的总分类核算是通过设置"预付账款"账户进行的。该科目属于资产类账户，借方登记企业预付分包单位工程款和备料款金额、拨付分包单位抵作备料款的材料、预付购货单位购货款及补付的款项和材料，贷方登记企业与分包单位结算已完工程款金额、收到所购物资的金额、退回多付款项和材料、预计无法收回所购货物的款项。期末余额在借方，反映企业实际预付的款项；期末如为贷方余额，反映企业尚未补付的款项。该科目应设置"预付工程款""预付备料款""预付购货款"三个明细科目，并分别按分包单位和供应单位名称设置明细账，进行明细核算。

企业预付分包单位工程款和备料款时，借记"预付账款"科目，贷记"银行存款"科目；拨付分包单位抵作备料款的材料时，借记"预付账款"科目，贷记"原材料"科目。补付的款项和材料，借记"预付账款"科目，贷记"银行存款""原材料"等科目；退回多付的款项和材料，作反向处理。

企业因购货而按照购货合同规定预付给供货单位款项时，借记"预付账款"科目，贷记"银行存款"科目。收到所购货物时，根据发票账单等列明应计购入物资成本的金额，借记"材料采购""应交税费——应交增值税（进项税额）"等科目，按应付金额，贷记"预付账款"科目。补付的款项，借记"预付账款"科目，贷记"银行存款"科目；退回多付款项，作反向处理。

【例3-12】某建筑股份有限公司下属构件厂（一般纳税人）向甲公司采购A材料一批，货款450 000元，增值税为76 500元。按照合同规定向甲公司预付货款的50%，验收货物后补付其余款项。

会计处理如下：

(1) 预付50%的货款时：

借：预付账款——甲公司　　225 000
　　贷：银行存款式　　　　　　　　225 000

(2) 收到甲公司材料，经验收无误，以银行存款补付不足款项。

借：材料采购　　　　　　　　　　　450 000
　　应交税费——应交增值税（进项税额）　76 500
　　贷：预付账款——甲公司　　　　　　　526 500
借：预付账款——甲公司　　　　　　301 500
　　贷：银行存款　　　　　　　　　　　　301 500

预付账款不多的企业，可以不设"预付账款"科目，而并入"应付账款"科目核算。

二、其他应收款

其他应收款是指除应收票据、应收账款、预付账款以外的其他各种应收、暂付款项。其主要内容包括：

(1) 应收的各种赔款，或因企业财产等遭受意外而应向该职工收取的赔款，或因企业财产等遭受意外损失而应向有关保险公司收取的赔款等。

(2) 应收的各种罚款。

(3) 存出保证金，如租入包装物支付的押金。

(4) 应向职工收取的负担的医药费和房租费等。

企业其他应收款的总分类核算是通过设置"其他应收款"账户进行的。该科目为资产类账户，该科目借方登记企业实际发生的各种其他应收款项；贷方反映企业尚未收回的各种其他应收款项；期末借方余额反映企业尚未收回的各种其他应收款项。本科目应按其他应收款的项目分类，并按不同的债务人设置明细账，进行明细分类核算。

【例3-13】某建筑股份有限公司向甲砖厂购买红机砖一批，货款已付，由于乙运输公司的责任事故，在运输途中，丢失红机砖价值1 000元，已按合同规定向乙运输公司提出索赔。

根据有关索赔凭证，作会计处理如下：

借：其他应收款——顺达公司　　1 000
　　贷：物资采购　　　　　　　　　　1 000

收到上述赔款时，存入银行，做如下处理：
借：银行存款　　　　　　　　1 000
　　贷：其他应收款——顺达公司　　1 000

【例 3 - 14】　某建筑股份有限公司总经理李平出差借款 2 000 元。
做会计处理如下：
借：其他应收款——李平　　2 000
　　贷：库存现金　　　　　　　　2 000
李平出差回来报销差旅费 2 100 元，不足以现金补付。
借：管理费用　　　　　　　　2 100
　　贷：其他应收款——李平　　2 000
　　　　库存现金　　　　　　　　100

3.2.4* 应收账款减值

各种应收款项及预付款项，因某种原因而导致款项或货物无法收到而造成的损失称为坏账损失。本年度没有收到的款项，造成的损失应该从本年利润中扣除，因此，会计期末，企业应该按照谨慎性原则，合理预计应收项目的损失，提取坏账准备。提取的范围包括各种应收及预付款项。

一、坏账损失的确认

坏账是指施工企业无法收回或收回的可能性极小的应收账款。由于发生坏账而产生的损失，称为坏账损失。施工企业确认坏账时，应具体分析各应收账款的特性、金额的大小、信用期限、债务人的信誉和当时的经营情况等因素。一般来讲，施工企业的应收账款符合下列条件之一的，应确认为坏账：

（1）债务人死亡，以其遗产清偿后仍然无法收回。
（2）债务人破产，以其破产财产清偿后仍然无法收回。
（3）债务人较长时期内未履行其偿债义务，并有足够的证据表明无法收回或收回的可能性极小。

二、估计坏账损失的方法

施工企业应当定期或至少在年度末时对应收账款进行检查，并预计可能产生的坏账损失。对预计可能发生的坏账损失的核算方法，按我国现行企业会计制度规定，企业只能采用备抵法进行核算坏账损失。备抵法是按期估计坏账损失，形成坏账准备，当某一应收账款全部或者部分被确认为坏账时，应根据其余额冲减坏账准备，同时转销相应的应收账款余额。备抵法首先要按期估计坏账损失。估计坏账损失主要有四种方法，即应收账款余额百分比法、账龄分析法、赊销百分比法和个别认定法。

（一）应收账款余额百分比法

应收账款余额百分比法是根据会计期末应收账款的余额乘以估计坏账率即为当期应估计的坏账损失，据此提取坏账准备。

（二）账龄分析法

账龄分析法是根据应收账款入账时间的长短来估计坏账损失的方法。

（三）赊销百分比法

赊销百分比法是当期赊销金额的一定百分比估计坏账损失的方法。

（四）个别认定法

个别认定法是根据每一应收账款的情况来估计坏账损失的方法。

三、坏账准备的核算

施工企业应设置"坏账准备"科目（T型账户见图3-6所示），核算应收账款的坏账准备计提、转销等情况。企业当期计提的坏账准备应计入资产减值损失。"坏账准备"科目的贷方登记当期计提的坏账准备金额，借方登记实际发生的坏账损失金额和冲减的坏账准备金额，期末余额一般在贷方，反映企业已计提但尚未转销的坏账准备。

坏 账 准 备	
实际发生的坏账损失金额和冲减的坏账准备金额	当期计提的坏账准备金额
	企业已计提但尚未转销的坏账准备

图3-6 "坏账准备"账户

坏账准备可以按照以下的公式计算

当期应计提的坏账准备＝当期按应收账款项计算应计提坏账准备金额－（或＋）"坏账准备"科目的贷方（或借方）余额

企业提取坏账准备时，按照应记的金额，借记"资产减值损失——计提的坏账准备"科目，贷记"坏账准备"科目；发生坏账损失时，借记"坏账准备"科目，贷记"应收账款""其他应收款"等科目。如果已经转销的应收账款、其他应收款在以后又收回，按转销的金额，借记"应收账款""其他应收款"等科目，贷记"坏账准备"科目；同时，借记"银行存款"科目，贷记"应收账款""其他应收款"等科目。冲减多计提的坏账准备时，借记"坏账准备"科目，贷记"资产减值损失——计提的坏账准备"科目。

下面以应收账款余额百分比法为例，介绍坏账准备的核算处理方法。

【例3-15】 某建筑股份有限公司根据下列业务按5%计提坏账准备，并作出相应的会计分录。

(1) 第一年年终，应收款项余额为300 000元；
(2) 第二年6月，确认坏账：大明厂18 000元，建材厂3 000元；
(3) 第二年年终，应收款项余额400 000元；
(4) 第三年9月，收回大明厂18 000元坏账损失；
(5) 第三年年终，应收款项余额450 000元。

应作会计处理如下

第一年记提坏账准备：300 000×5%＝15 000

借：资产减值损失　　　　15 000
　　贷：坏账准备　　　　　　15 000

第二年6月：

确认坏账准备时，借记"坏账准备"减少数，贷记"应收账款"减少数。

借：坏账准备——大明厂　　18 000
　　坏账准备——建材厂　　　3 000
　　贷：应收账款　　　　　　　21 000

第二年年终：

计提坏账准备：400 000×5‰－15 000＋21 000＝26 000

借：资产减值损失　　　　26 000
　　贷：坏账准备　　　　　　　　26 000

第三年9月：

借：应收账款　　　　　　18 000
　　贷：坏账准备　　　　　　　　18 000
借：银行存款　　　　　　18 000
　　贷：应收账款　　　　　　　　18 000

第三年年终：

计提坏账准备：450 000×5‰－15 000＋21 000－26 000－18 000＝－15 500

借：坏账准备　　　　　　15 500
　　贷：资产减值损失　　　　　　15 500

3.3 存　　货

3.3.1 存货概述

一、存货的定义与分类

存货，是指企业在日常活动中持有以备出售的产成品或商品，处在生产过程中的在产品，在生产过程或提供劳务过程中耗用的材料、物料等。

存货区别固定资产等非流动资产的最基本的特征是，企业持有存货的最终目的是为了出售，不论是可供直接出售，如企业的产成品、商品等；还是需经过进一步加工后才能出售，如原材料等。

施工企业的存货泛指在施工过程中为施工耗用而储备的各种材料，包括各种主要材料、低值易耗品、周转材料、委托代销商品、包装物、在产品、协作件、自制半成品、产成品以及商品等。

施工企业的存货种类繁多，按其在施工中的作用和存放地点不同，具体分为以下几类。

（一）主要材料

主要材料是指用于工程施工或产品生产并构成工程或产品实体的各种材料，包括金属材料（如钢材、铜材、铝材）、木材、硅酸盐材料（如水泥、砖瓦、石灰、砂、石等）、小五金材料、电器材料、化工材料（如油漆等）。

（二）结构件

结构件是指经过吊装、拼装或安装即能构成房屋建筑物实体的各种金属的、钢筋混凝土的和木质的结构件和构件，如钢窗、木门、钢筋混凝土预制件等。

（三）机械配件

机械配件是指施工生产过程中使用的施工机械、生产设备、运输设备等替换、维修用的各种零件和配件，以及为机械设备准备的各种备品备件，如曲轴、活塞、轴承、齿轮、阀门等。

(四) 周转材料

周转材料是指企业在施工生产过程中，能够多次使用并基本保持原有的物质形态、但价值逐渐转移的各种材料，如模板、挡板、架料等。

(五) 低值易耗品

低值易耗品是指不能作为固定资产核算的各种用品物品，如工具、管理用具、玻璃器皿、劳动保护用品及在经营过程中周转使用的容器等。

(六) 在途物资

在途材料是指企业从外购进，货款已经支付，但在运输途中或虽已到达但尚未验收入库的材料。

(七) 委托加工中的存货

委托加工中的存货是指委托加工的各种材料和构件。

(八) 在产品和产成品

在产品指施工企业的附属工业生产和辅助生产部门正在加工尚未完工的产品；产成品是指施工企业的附属工业生产和辅助生产部门已加工完成全部生产过程并验收入库的产品。

(九) 其他材料

其他材料是指不构成工程或产品实体，但有助于工程或产品形成或便于施工生产进行的各种材料，如燃料、油料、催化剂、饲料等。

二、存货的确认条件

存货必须在符合定义的前提下，同时满足下列两个条件，才能予以确认。

(一) 与该存货有关经济利益很可能流入企业

资产最重要的特征是预期会给企业带来经济利益。如果某一项目预期不能给企业带来经济利益，就不能确认为企业的资产。存货是企业的一项重要的流动资产，因此，对存货的确认，关键是判断其是否很可能给企业带来经济效益，或其所包含的经济利益很可能流入本企业。通常拥有存货的所有权是与该存货有关的经济利益很可能流入本企业的一个重要标志。

(二) 该存货的成本能够可靠地计量

成本或者价值能够可靠计量是资产确认的一项基本条件。存货作为企业资产的组成部分，要予以确认也必须能够对其成本进行可靠计量。存货的成本能够可靠计量必须以取得的确凿证据为依据，并且具有可验证性。

三、取得存货的计量（存货的初始计量）

企业取得存货应当按成本进行计量。存货成本是指使存货达到目前场所和状态所发生的有关支出。存货成本包括采购成本、加工成本和其他成本。

(一) 外购存货的初始成本由采购成本构成

存货的采购成本包括购买价款、相关税费、运输费、装卸费、保险费以及其他可归属于存货采购成本的费用。

(1) 购买价款，是指企业购入存货的发票账单上列明的价款，但不包括按规定可抵扣的增值税额，购买价款已扣除商业折扣，但包括现金折扣。

(2) 相关税费，是指企业购买、自制或委托加工存货所发生的进口关税、消费税、资源税和不能抵扣的增值税进项税额等应计入存货采购成本的税费。一般纳税人取得增值税专用发票中注明的增值税计入进项税额。

(3) 运输费、装卸费、保险费及其他可归属于存货采购成本的费用。一般纳税人外购物资（固定资产除外）所支付的运输费用，可根据运费结算单据（普通发票）所列运费金额的7%计算增值税进项税额并准予扣除，但随同运输费支付的装卸费、保险费等其他杂项不得计算扣除进项税额；其他可归属于存货采购成本的费用，即采购成本中除上述各项以外的可归属于存货采购成本的费用，如存货采购过程中发生的仓储费、包装费、运输途中的合理损耗、入库前的挑选整理费用等。

(二) 进一步加工取得的存货的成本构成

进一步加工取得的存货的成本由采购成本、加工成本以及为使存货达到目前场所和状态所发生的其他成本构成。分为自制的存货和委托加工的存货。其中自制的存货成本包括制造过程中所耗用的原材料成本、加工成本和其他成本（如可直接认定的产品设计费用以及按规定应计入存货成本的税金等）；委托外单位加工的存货成本包括实际耗用的原材料或者半成品成本、加工成本和其他成本（如运输费、装卸费和保险费等费用以及按规定应计入存货成本的税金等）。

(三) 其他方式取得的存货成本的计量

(1) 投资者投入的存货成本，应当按照投资合同或协议约定的价值确定，但合同或协议约定价值不公允的除外。投资合同或协议约定的价值不公允的情况下，按照该项存货的公允价值作为其入账价值。

(2) 盘盈的存货成本按其重置成本确定。

(3) 通过非货币性资产交换、债务重组、企业合并方式等取得存货的成本，应分别根据《企业会计准则第7号——非货币性资产交换》《企业会计准则第12号——债务重组》《企业会计准则第20号——企业合并》等规定确定。

四、发出存货的计量

企业应当根据各类存货的实物流转方式、企业管理要求存货的性质等实际情况，合理地确定发生存货成本的计算方法，以及当期发出存货的实际成本。企业应当采用先进先出法、加权平均法、移动平均法、个别计价法、计划成本法或毛利率法确定发出存货的实际成本。

(一) 先进先出法

先进先出法是以先收到的存货先发出为假定前提，并按这种假定的存货流转程序对发出存货和期末存货进行计价的方法。

采用这种方法，收到存货时，应在存货明细分类账中逐笔登记每一批存货的数量、单价和金额；发出存货时，按照先进先出的原则确定发出存货的单价，逐笔登记存货的发出金额和结存金额。

采用先进先出法，便于日常计算发出存货及结存存货的成本，期末存货成本比较接近现行的市场价值，企业不能随意调整存货计价以调整当期利润。但工作比较繁琐；当物价上涨时，会高估企业当期利润和库存存货价值，反之则低估当期利润和库存存货价值。

(二) 加权平均法

加权平均法也称月末一次加权平均法，其计算公式为

加权平均单位成本＝(期初结存成本＋本月购入存货成本)÷(期初结存数量＋本月购入数量)

期末结存存货成本＝期末结存存货数量×加权平均单位成本

本期发出存货成本＝本期结存存货数量×加权平均单位成本

或采用倒挤成本法计算发出存货的成本，即

本期发出存货成本＝期初结存存货成本＋本期收入存货成本－期末结存存货成本

采用加权平均法能简化核算工作，而且在市场价格上涨或下跌时所计算出来的单位成本平均化，对存货成本的分摊较为折中。但这种方法全部计算工作集中在月末进行，平时不能从账上反映发出和结存存货的单价及金额，不利于加强对存货的管理。

(三) 移动平均法

移动平均法也称移动加权平均法，是指每次收到存货后，立即根据库存存货的数量和总成本，计算出新的平均单位成本，并作为下一次发出存货的单位成本的一种计价方法，计算公式为

每批进货后的加权平均单位成本＝(本批进货前结存存货成本＋本批购入存货成本)÷(本批进货前结存存货数量＋本批购入存货数量)

本批发出存货成本＝本批发出存货数量×上批进货后加权平均单位成本

采用移动平均法计算结转成本，平时能从账上反映发出和结存存货的单价及金额，而且计算的平均单位成本以及发出和结存的存货成本比较客观，能使管理者及时了解存货的结存情况，有利于加强对存货的管理。但计算工作量较大。

(四) 个别计价法

个别计价法又称个别认定法、具体辨别法、分批实际法。这种方法是对各项存货逐一加以辨认，分别按各自购入或制造时的成本，作为发出和结存的实际成本的计价方法。

采用个别计价法，核算上要求企业按品种和批次设详细的存货记录，收到存货时，应在按品种设置的存货明细分类账中逐笔登记每一批存货的数量、单价和金额；并在存货上附加标签或编号，以便正确辨认确定发出存货的实际成本；存货发出开单时，在发货单上要注明批次和实际成本。

个别计价法计算发出存货的实际成本比较合理、准确，可随时结转发出存货和结存存货的成本；但实务操作的工作量繁重。个别计价法适用于单位价值较高、数量少、易于辨认的存货的计价，如房产、船舶、飞机、名人字画等贵重物品。对于不能替代使用的存货、为特定项目专门购入或制造的存货以及提供劳务的成本，通常应当采用个别计价法确定发出存货的成本。

(五) 计划成本法

计划成本法是指企业存货的收入、发出和结余均按预先制订的计划成本计价，同时另设"材料成本差异"科目，登记实际成本与计划价成本的差额。

计划成本法一般适用于存货品种繁多、收发频繁的企业。如大中型中的各种原材料、低值易耗品等。如果企业的自制半成品、产成品品种繁多的，或者在管理上需要分别核算其计划成本和成本差异的，也可采用计划成本法。

(六) 毛利率法

毛利率法是根据本期实际销售净额乘以上期实际毛利率匡算本期销售毛利，据以计算发

出存货和期末结存存货成本的一种方法。

毛利率法广泛应用于商品流通企业,特别是商业批发企业,常用毛利率法计算本期销售成本,计算时一般按全部或大类商品进行。

3.3.2* 按实际成本计价的主要材料取得的核算

材料按实际成本计价的核算,是指每种材料的日常收、发、结存核算都按实际成本计价。其特点是从材料的收发凭证到明细分类账和总账的登记处,全部都按实际成本计价反映。

一、设置的主要账户

(一)"原材料"账户

"原材料"账户(T型账户如图3-7所示),用于核算企业库存的各种材料,包括原料及主要材料、辅助材料、外购半成品、修理用备件、包装材料、燃料等的实际成本。该账户属于资产类账户,借方登记入库原材料的实际成本,贷方登记出库原材料的实际成本,期末借方余额反映企业库存原材料的实际成本。该账户应按原材料的保管地点(仓库)、材料的类别、品种和规格设置材料明细账(或材料卡片)。

原 材 料	
入库原材料的实际成本	出库原材料的实际成本
企业库存原材料的实际成本	

图3-7 "原材料"账户

(二)"在途物资"账户

"在途物资"账户(T型账户如图3-8所示),用于核算企业采用实际成本进行材料、商品等物资的日常核算、货款已付尚未验收入库的在途物资的采购成本。该账户属资产类账户,借方登记企业购入材料、商品,应计入的材料、商品的成本,贷方登记已验收入库的材料、商品的采购成本,期末借方余额反映企业在途材料、商品等物资的采购成本。该账户应按供应单位和物资品种设置明细账。

在 途 物 资	
购入材料、商品,应计入的材料、商品的成本	已验收入库的材料、商品的采购成本
反映企业在途材料、商品等物资的采购成本	

图3-8 "在途物资"账户

二、取得原材料按实际成本的核算

由于采购地点不同,货款结算方式不同,因而出现材料入库与货款结算日期有时一致,有时不一致的情况。对此应区分不同情况进行账务处理。

(一)款已付,料已收

这种情况是指企业无论是在同城,还是异地采购时,货款、增值税及采购费用的支付及材料的验收工作可在较短的时间内完成。这时应根据银行结算凭证、发票、运杂费等单据和收料单等凭证，借记"原材料""应交税费"等科目，贷记"银行存款"等科目。

【例3-16】 2013年1月5日，甲建筑股份有限公司附件厂（企业为一般纳税人）从乙钢铁公司购进钢条2 000千克，每千克8元，取得的增值税专用发票上注明的钢条价款为16 000元，增值税税额为2 720元，运输发票表明运费400元，装卸费78元，运输保险费350元，丙建筑公司以转账支票结算材料款项，材料已验收入库。

材料总成本＝16 000＋[400×（1－7%）＋78＋350]＝16 800（元）
进项税额＝2 720＋400×7%＝2 748（元）
根据增值税专用发票、收料单及转账支票存根，编制会计分录如下
借：原材料——黑色金属（钢条）　　　　　16 800
　　应交税费——应交增值税（进项税额）　2 748
　　贷：银行存款　　　　　　　　　　　　　　　　19 548

（二）付款在先，收料在后

这种情况是企业所购物资若款项已支付而材料尚未运到时，为了反映和监督已经付款尚未入库的材料情况，应通过"在途物资"科目进行核算。支付、办理结算时，根据账单等结算凭证，借记"在途物资"科目，贷记"银行存款"等科目；待材料到达、验收入库后，再根据收料单，借记"原材料"科目，贷记"在途物资"科目。

【例3-17】 承例3-12，假设甲建筑股份有限公司附件厂签发并承兑一张3个月到期的商业承兑汇票结算材料款项，但材料尚未收到。

根据增值税专用发票及商业汇票凭证，编制会计分录如下
借：在途物资——钢条　　　　　　　16 800
　　应交税费——应交增值税（进项税额）2 748
　　贷：应付票据——乙钢铁　　　　　　　　19 548
假设1月20日，上述钢条到达并验收入库时，再作如下会计分录：
借：原材料——钢条　　　　　　　　16 800
　　贷：在途物资——乙钢铁　　　　　　　　16 800

（三）收料在先，付款在后

这种情况是材料先到并验收入库，但由于某种原因未付款，而未付款的原因有两种：一种是因为发票账单尚未到达；另一种是因为企业采用赊购方式购买材料未付款或结算单据已到，但企业银行存款余额不足付款金额的情况。

针对第一种发票账单尚未到达的情况，如果是在收料后的本月内短时间内结算凭证就能到达，可暂不进行总分类核算，待有关发票账单到达支付货款后，再按正常程序进行账务处理；如果月末发票账单还未到达，应按材料的暂估价款（合同价格或计划成本等）入账，下月初再用红字作同样的会计分录予以冲回，以便下月收到发票账单付款时，按正常程序进行账务处理。

【例3-18】 假设乙钢铁公司采用托收承付方式向甲建筑股份有限公司收取货款，购进的钢条2 000千克已到并验收入库，但银行的结算凭证和发票等单据未到，货款尚未支付。月末，按暂估价16 400元入账。

甲建筑股份有限公司月末根据收料单及发票随货联，编制如下会计分录：

借：原材料——黑色金属（钢条）　　　　　　　　16 400
　　贷：应付账款——暂估应付账款　　16 400
下月初用红字予以冲回：
借：原材料——黑色金属（钢条）　　　　　　　　－16 400
　　贷：应付账款——暂估应付账款　　　　　　　－16 400
假设2月10收到该批材料的发票账单，审核无误，承付货款。编制会计分录如下：
借：原材料——黑色金属（钢条）　　　　　　　　16 800
　　应交税费——应交增值税（进项税额）　　　　2 748
　　贷：银行存款　　　　　　　　　　　　　　　19 548

针对第二种材料已验收入库，发票账单也已到达，款项未支付的情况，企业应在收到材料和发票账单时进行账务处理。这时应根据发票、运杂费等单据和收料单等凭证，借记"原材料"、"应交税费"等科目，贷记"应付账款"等科目。

【例3-19】 假设甲建筑股份有限公司所属附件厂向某钢铁公司购进的钢条2 000千克已到并验收入库，同时银行的结算凭证和发票等单据也已收到，但由于企业银行存款不足而暂未付款。

编制如下会计分录：
借：在途物资——钢条　　　　　　　16 800
　　应交税费——应交增值税（进项税额）　2 748
　　贷：应付账款——某钢铁　　　　　　　　19 548

（四）预付货款，收料后再结算

企业在预付材料价款时，按实际预付金额，借记"预付账款"科目，贷记"银行存款"科目；已经预付货款的材料验收入库，根据账单等所列的价款、税额等，借记"原材料"科目，贷记"预付账款"科目；预付账款不足，补付上项货款，按补付金额，借记"预付账款"科目，贷记"银行存款"科目；退回上项多付的款项时，按补付金额，借记"银行存款"科目，贷记"预付账款"科目。

（五）采购保管费的核算

采用实际成本进行材料日常核算的企业，采购过程中发生的采购保管，应在发生时，逐一归集到"采购保管费"账户借方。月末，采用适当方法进行分配。

【例3-20】 金宇建筑股份有限公司2013年1月发生采购保管费4 000元，其中应付工资2 000元，以银行存款支付相关费用1 200元，领用包装材料800元。

根据有关凭证，公司账务处理如下：
借：采购保管费用　　　　　4 000
　　贷：应付职工薪酬　　　　　　2 000
　　　　银行存款　　　　　　　　1 200
　　　　原材料　　　　　　　　　800

假设本月采购保管费余额为6 000元，本月发生采购保管费4 000元，月初结存材料29万元，本月购入材料21万元，本月工程领用材料25万元。则有

本月采购保管分配率＝（6 000＋4 000）÷（290 000＋210 000）×100%＝2%

本月工程领用材料应负担的采购保管费＝250 000×2%＝5 000（元）

月末结存工程存材应负担的采购保管费＝6 000＋4 000－5 000＝5 000（元）

公司账务处理如下：

借：工程施工　　　　　　　　　5 000
　　贷：采购保管费　　　　　　　　5 000

（六）自制、投资者投入原材料的核算

自制并已验收入库的原材料，按实际成本，借记"原材料"科目，贷记"辅助生产"科目。

投资者投入的原材料，应当按照投资合同或协议约定的价值确定，但合同或协议约定价值不公允的除外。在投资合同或协议约定价值不公允的情况下，按照该项存货的公允价值作为其入账价值。借记"原材料"科目，按确定的出资额，贷记"实收资本"（或"股本"）科目，按其差额，贷记"资本公积"科目。

3.3.3* 按实际成本计价的主要材料发出的核算

存货因采购的时间、地点不同及其他一些原因，其品种、规格、数量相同，但实际成本未必相同。因此，必须采取一定的方法，正确计算发出存货的实际成本，以便正确计算工程成本和辅助、附属企业产品成本。施工企业采用何种发出存货计价方法，应根据实际情况自行决定。多数企业采用实际成本进行材料发出的核算，平时一般只根据各种领发料凭证登记材料明细账，反映各种材料的收发和结存金额，月末根据按实际成本计价的各种领发料凭证，按材料的类别和用途以及领用部门，汇总编制"发料凭证汇总表"，据以登记总分类账，进行材料领用的总分类核算，即借记"工程施工""机械作业""辅助生产""管理费用"等科目，贷记"原材料"科目。

【例 3-21】某建筑股份有限公司 2012 年 12 月末根据领发料凭证，汇总编制"发料凭证汇总表"，见表 3-1。

表 3-1　　　　　　　　　　发料凭证汇总表
2012 年 12 月

材料类别 用　途	原材料			
	主要材料	结构件	机械配件	合计
工程施工	260 000	78 000		338 000
机械作业	10 140	3 900	6 500	20 540
管理部门		2 600		200
合　计	270 140	84 500	6 500	361 140

根据发料凭证汇总表，编制"转账凭证"，作会计分录如下：

借：工程施工　　　　　338 000
　　机械作业　　　　　 20 540
　　管理费用　　　　　　2 600
　　贷：原材料——主要材料　　　　　270 140
　　　　　　——结构件　　　　　　　 84 500
　　　　　　——机械配件　　　　　　 6 500

3.3.4 周转材料的核算

周转材料,是指施工企业在施工生产过程中多次周转使用并基本保持原有物质形态而价值逐渐转移的各种材料。

一、周转材料按其在施工生产过程中的用途分类

(一) 模板

模板指浇制混凝土用的钢、木或钢木组合的模型板,以及配合模板使用的支撑材料和滑模材料。

(二) 挡板

挡板指土方工程用的挡土板及支撑材料。

(三) 架料

架料指脚手架用的竹、木杆和跳板以及钢管脚手。

(四) 其他

如塔吊使用的轻轨、枕木等。

二、周转材料的摊销方法

由于周转材料在生产过程中能够多次周转使用,因此,它的价值应随同其损耗程度,逐渐转移、摊销计入工程成本或相关费用。实际工作中,为了使会计核算更具有实际意义,周转材料的摊销方法应视周转材料价值的多少、耐磨程度、使用期限长短等具体因素确定。周转材料的摊销方法一般有以下几种,企业可根据使用周转材料的具体情况选择使用。

(一) 一次摊销法

一次摊销法,指在领用周转材料时,将其全部价值一次计入工程成本或相关费用。这种方法一般适用于易腐、易潮、易损坏或价值较低、使用周期较短的周转材料,如安全网等。

(二) 分期摊销法

分期摊销法,指根据周转材料的预计使用期限、原值、预计残值确定每期摊销额,将其价值分期计入工程成本或相关费用。其计算公式为

周转材料每月摊销额=[周转材料原价×(1-残值占原值的百分比)]÷预计使用月数

这种方法适用于脚手架、跳板、塔吊轻轨、枕木等周转材料。

(三) 分次摊销法

分次摊销法,指根据周转材料的预计使用次数、原值、预计残值确定每次摊销额,将其价值分次计入工程成本或相关费用。其计算公式为

周转材料每次摊销额=[周转材料原价×(1-残值占原值的百分比)]÷预计使用次数

本期摊销额=每次摊销额×本期使用次数

这种方法适用于预制钢筋混凝土构件及所使用的定型模板、模板、挡板等周转材料。

(四) 定额摊销法

定额摊销法,指根据实际完成的实物工作量和预算定额规定的周转材料消耗定额确定本期周转材料摊销额,计入本期工程成本或相关费用。其计算公式为

周转材料本期摊销额=本期完成的实物工作量×单位工程周转材料消耗定额

周转材料的计价。购入、自制、委托外单位加工完成并已验收入库的周转材料、施工企业接受的债务人以非现金资产抵偿债务方式取得的周转材料,非货币性资产交换取得的周转材料等,以及周转材料的清查盘点,参照"原材料"科目的相关规定进行处理。由于周转材料与一次性消耗材料不同,施工企业应专门设置"周转材料"科目对周转材料进行核算。

三、周转材料的核算

为了核算和监督周转材料的购入、领用、摊销和结存情况,企业可以设置"周转材料"科目(T型账户如图3-9所示)。本科目属于资产类科目,用以核算库存和在用的各种周转材料的成本。其借方登记企业库存及在用周转材料的计划成本或实际成本;贷方登记周转材料的摊销以及因盘亏、报废、毁损、短缺等原因减少的周转材料价值;期末借方余额反映期末所有在库周转材料的计划成本或实际成本,以及在用周转材料的摊余价值。在此科目下设置"在用周转材料""在库周转材料""周转材料摊销"三个明细科目。

周转材料

库存及在用周转材料的计划成本或实际成本	周转材料的摊销以及因盘亏、报废、毁损、短缺等原因减少的周转材料价值
期末所有在库周转材料的计划成本或实际成本,以及在用周转材料的摊余价值	

图3-9 "周转材料"账户

【例3-22】 某建筑股份有限公司外购一批木板,实际成本为11 700元,外购安全网一批,实际成本为20 000元。货款已支付,木板和安全网已验收入库。

借:周转材料——在库周转材料(木板)　　　　11 700
　　周转材料——在库周转材料(安全网)　　　20 000
　　贷:银行存款　　　　　　　　　　　　　　　　31 700

【例3-23】 假设某项工程领用一次摊销的安全网一批,实际成本10 000元。

借:工程施工　　　　　　　　　　　　　　　　10 000
　　贷:周转材料——在库周转材料(安全网)　　10 000

【例3-24】 假设某项工程2013年1月15日,领用分期摊销的木板一批,实际成本5 000元。预计使用2个月,估计残料价值为1 000元。

周转材料每月摊销额 = [周转材料原价×(1-残值占原值的百分比)]÷预计使用月数 = [5 000×(1-1 000/5 000)]÷2 = 2 000(元)

则相关会计处理如下

(1)1月份领用时:

借:周转材料——在用周转材料(木板)　　　5 000
　　贷:周转材料——在库周转材料(木板)　　5 000

(2) 1月份、2月份木板摊销计入工程成本时，分别作：
借：工程成本——合同成本　　　　　　2 000
　　贷：周转材料——周转材料摊销（木板）　2 000
(3) 2月末，残料作为原材料验收入库，并注销摊销额：
借：原材料　　　　　　　　　　　　　1 000
　　周转材料——周转材料摊销（木板）　4 000
　　贷：周转材料——在用周转材料摊销（木板）5 000

3.3.5 存货的清查及期末计价

为了保证存货的安全完整，保证账实相符，企业应该定期或不定期地对存货进行清查，若发现账实不符，应及时查明原因，进行相应的处理。

由于存货入账按取得时的实际成本入账，但是存货的实际价值与账面价值不可能出现背离，当存货的实际价值低于账面价值的时候，应该计提存货跌价准备。

一、存货的盘存制度

企业的存货数量需要通过盘存来确定，常用的存货数量盘存方法主要有永续盘存制和实地盘存制。

（一）永续盘存制

永续盘存制，也称账面盘存制，指设置存货明细账，逐笔或逐日地记录存货收入、发出的数量、金额，以随时结出结余存货的数量、金额的一种存货盘存方法。其计算公式为

$$每日结存＝前日结存＋今日收入－今日支出$$

采用永续盘存制，可以随时在存货明细账上反映各项存货的收入、发出和结存情况，能够提供准确的成本计算资料，但需登记存货明细账的工作量较大。在此方法下，仍需进行实物盘点，目的是查明各项存货的账面数与实存数是否相符。

（二）实地盘存制

实地盘存制，也称定期盘存制，是指通过实物盘点的方法先确定期末存货结存数，再倒算本期存货减少数的一种盘存方法。其计算公式为

$$期末存货成本＝期末存货数量×单价$$
$$本期发出存货成本＝期初存货成本＋本期收入存货成本－期末存货成本$$

采用实地盘存制，平时不记录存货的减少数，可简化日常核算工作。但不能随时反映存货的发出、结存动态，由于以存计耗、以存计销，凡属未被计入期末盘点数中的都假定为已经耗用或销售，不利于对存货的控制和管理，也不利于正确计算和分析成本。

不同的存货盘存方法，直接影响到期末存货成本及发出存货成本的确定。

二、存货清查盘点的核算

存货清查应采用实地盘点法，确定实存数量。存货应当定期盘点，每年至少一次。具体做法为：实地盘点之前，先把有关存货明细账登记齐全，算出结存数量和金额，以备核对。盘点后，应根据盘点记录，将实存数与账面数进行核对，核实盘盈、盘亏和毁损的数量，查明造成盈亏和毁损的原因，并据以编制存货盘点报告表，见表3-2。

表 3-2　　　　　　　　　　　　存货盘点报告表　　　　　　　　　　　金额单位：元

存货类别	名称规格	计量单位	数量		单价	盘盈		盘亏		盈亏原因
			账存	实存		数量	金额	数量	金额	
原材料	木板	千克	3 200	3 250	60	50	3 000			记账差错
原材料	水泥	吨	5 750	2 250	200			3 500	70 000	自然灾害毁损
库存商品	结构件	件	420	417	360			3	1 080	管理不善短缺

为了核算和监督有关存货的盘盈、盘亏、毁损的发生和处理情况，企业应设置"待处理财产损溢——待处理流动资产损溢"科目进行核算，待查明原因后再进行转销处理。

（一）存货盘盈的核算

发生盘盈的存货，经查明是由于收发计量或核算上的误差等原因造成的，应及时办理存货入账的手续，调整存货的账面数额，按盘盈存货的计划成本或估计成本记入"待处理财产损溢——待处理流动资产损溢"科目，经有关部门批准后，再冲减"管理费用"科目。

【例 3-25】　某建筑股份有限公司在存货清查中盘盈木板一批，估计成本为 3 000 元，应作账务处理如下：

　　借：原材料　　　　　　　　　　　　　　3 000
　　　　贷：待处理财产损溢——待处理流动资产损溢　　3 000

经批准，盘盈木板价值冲减管理费用，应作如下处理

　　借：待处理财产损溢——待处理流动资产损溢　　3 000
　　　　贷：管理费用　　　　　　　　　　　　3 000

（二）存货的盘亏和毁损的核算

发生盘亏、毁损的存货，在报经批准以前，应按其成本（计划成本或实际成本）转入"待处理财产损溢——待处理流动资产损溢"科目，报经批准以后，再根据造成盘亏和毁损的原因，分以下情况进行处理：

（1）属于自然损耗产生的定额内损耗，经批准后转作管理费用。

（2）属于计量收发差错和管理不善等原因造成的存货短缺或毁损，应先扣除残料价值、可收回的保险赔偿和过失人的赔偿，然后将损失计入管理费用。

（3）属于自然灾害或意外事故造成的存货毁损，应先扣除残料价值和可以收回的保险赔偿，然后将净损失转作营业外支出。

存货盘亏、毁损属于非正常损失的，其进项税额不得从销项税额中抵扣，应转出作为盘亏、毁损存货的成本计入待处理财产损溢一并处理，借记"待处理财产损溢——待处理流动资产损溢"科目，贷记"应交税费——应交增值税（进项税额转出）"科目。

【例 3-26】　某建筑股份有限公司在年末进行存货清查，发生盘亏、毁损情况见表 3-2。

查明原因前，编制会计分录：

　　借：待处理财产损溢——待处理流动资产损溢　　701 080

　　　　贷：原材料——水泥　　　　　　　　　　700 000
　　　　　　库存商品——结构件　　　　　　　　1 080
　　原因查明后，经批准后分别处理如下：
　　(1) 水泥属于自然灾害造成毁损，假设残料价值 2 000 元，应收保险公司赔款 48 000 元，应转出的进项税额为 119 000 元，则净损失为 769 000 元（700 000－2 000＋119 000－48 000）。编制会计分录如下：
　　　　借：待处理财产损溢——待处理流动资产损溢　　119 000
　　　　　　贷：应交税费——应交增值税（进项税额转出）　　119 000
　　　　借：原材料　　　　　　　　　　　　　　　2 000
　　　　　　其他应收款——应收保险赔款　　　　　48 000
　　　　　　营业外支出——非常损失　　　　　　 769 000
　　　　　　贷：待处理财产损溢——待处理流动资产损溢　　819 000
　　(2) 结构件属于管理不善造成的，假设应转出的进项税额为 183.60 元。编制会计分录如下：
　　　　借：待处理财产损溢——待处理流动资产损溢　　183.60
　　　　　　贷：应交税费——应交增值税（进项税额转出）　　183.60
　　　　借：管理费用　　　　　　　　　　　　　　1 263.60
　　　　　　贷：待处理财产损溢——待处理流动资产损溢　　1 263.60

三、*存货的期末计价

（一）期末存货价值的确定

按企业会计准则规定，"企业的存货应当在期末时按成本与可变现净值孰低计量，对可变现净值低于存货成本差额，计提存货跌价准备"。

所谓"成本与可变现净值孰低"，是指对期末存货按照成本与可变现净值两者之中较低者进行计价的方法。即当成本低于可变现净值时，存货按成本计价；当可变现净值低于成本时，存货按可变现净值计价。

这里所讲的"成本"是指存货的历史成本，即按前面所介绍的以历史成本为基础的发出存货计价方法（如先进先出法等）计算的期末存货价值。"可变现净值"是指在正常生产经营过程中，以存货的估计售价减去至完工估计将要发生的成本、估计的销售费用以及相关的税金后的金额。

（二）存货减值的核算

对存货减值应采用备抵法进行账务处理。在资产负债表日，存货成本高于其可变现净值的，应确认减值损失，将损失金额计入当期损益，同时计提存货跌价准备，使存货账面成本抵减存货跌价准备即为存货可变现净值。

企业应设置"存货跌价准备"账户，用于核算企业存货的跌价准备。该账户属于资产类账户，贷方登记存货可变现净值低于成本的差额，借方登记已计提跌价准备的存货的价值以后又得以恢复的金额和发出存货结转的已计提跌价准备的金额，期末贷方余额反映企业已计提但尚未转销的存货跌价准备。该账户可按存货项目或类别设置明细账。"存货跌价准备"账户是有关存货账户的备抵调整账户。

企业应当按照单个存货项目计算确定应计的存货跌价准备。计算公式为

本期应计提的存货跌价准备＝本期末存货可变现净值低于存货账面成本的金额－"存货跌价准备"账户的余额

上式计算结果若大于零，则本期应提取存货跌价准备，按本期应提取的金额，借记"资产减值损失"科目，贷记"存货跌价准备"科目。

上式计算结果若小于零，则本期应冲减存货跌价准备，按本期应冲减的金额，借记"存货跌价准备"科目，贷记"资产减值损失"科目，且应以"存货跌价准备"账户的余额冲减至零为限。

【例 3-27】 某建筑股份有限公司按照"成本与可变现净值孰低"法对期末存货进行计价。假设 2010 年年末存货的账面成本为 400 万元，可变现净值为 380 万元，"存货跌价准备"账户余额为 0。

应作如下处理：

借：资产减值损失　　　　　　　　200 000
　　贷：存货跌价准备　　　　　　　　　　200 000

假设 2011 年年末该存货的账面成本不变，可变现净值为 370 万元，则应计提的存货跌价准备为 30 万元，假定"存货跌价准备"账户尚有贷方余额 20 万元，则应再补提存货跌价准备 10 万元，应作如下处理：

借：资产减值损失　　　　　　　　100 000
　　贷：存货跌价准备　　　　　　　　　　100 000

2012 年年末，该存货的账面成本为 300 万元，可变现净值为 295 万元，则本年末"存货跌价准备"的账户贷方余额为 5 万元，假定"存货跌价准备"账户尚有贷方余额 30 万元，应冲减已计提的存货跌价准备为 25 万元，应作如下处理：

借：存货跌价准备　　　　　　　　250 000
　　贷：资产减值损失　　　　　　　　　　250 000

本章小结

本章主要介绍了库存现金、银行存款的日常管理及其核算，介绍了应收款项（应收票据、应收账款、预付账款和其他应收款等）的基本含义和会计核算方法，以及介绍了存货的定义、分类、计价及会计核算方法。

习题

一、思考题

1. 试述货币资金内部控制的主要内容。
2. 交易性金融资产的特征有哪些？
3. 什么是应收票据，它与应收账款有何区别？
4. 试说明"坏账准备"账户的核算内容及其期末结账后的余额特点。
5. 什么是存货？企业存货范围包括哪些？如何确认存货？
6. 存货的初始计量原则是什么？企业不同来源存货的入账价值如何确定？

7. *什么是周转材料？周转材料如何摊销？

二、单项选择题

1. 下列各项中，不属于货币资金的是（　　）。
   A. 银行存款　　　　B. 外埠存款　　　　C. 银行本票存款　　　D. 银行承兑汇票
2. 下列各项中，根据《现金管理暂行条例》规定，不能用现金结算的是（　　）。
   A. 职工工资和津贴　　　　　　　　　B. 按规定发放给个人的奖金
   C. 向个人收购农副产品的价款　　　　D. 向农业企业收购农副产品的价款
3. 确定无法查明原因的定额内现金短款，经批准后应计入（　　）。
   A. 其他应付款　　　　　　　　　　　B. 管理费用
   C. 营业外支出　　　　　　　　　　　D. 待处理财产损溢
4. 支票的持票人应自出票日起（　　）内提示付款。
   A. 3 天内　　　　　B. 5 天内　　　　　C. 10 天内　　　　　D. 15 天内
5. 按照国家《人民币银行结算账户管理办法》规定，企业的工资、奖金等现金的支取，只能通过（　　）办理。
   A. 基本存款账户　　　　　　　　　　B. 一般存款账户
   C. 临时存款账户　　　　　　　　　　D. 专用存款账户

三、多项选择题

1. 关于现金管理，下列说法正确的有（　　）。
   A. 在国家规定的范围内使用现金结算　　B. 库存限额一经确定，不得变更
   C. 收入的现金必须当天送存银行　　　　D. 每天下班时必须对现金进行清点
   E. 必须每天登记现金日记账
2. 货币资金包括（　　）。
   A. 硬币、纸币　　　　　　　　　　　B. 银行活期存款
   C. 国库券　　　　　　　　　　　　　D. 本票、汇票存款
3. "其他货币资金"科目可以用以核算企业的（　　）。
   A. 库存现金　　　B. 银行汇票存款　　C. 信用卡存款　　D. 银行本票存款
4. 现金日记账由出纳人员根据审核后的（　　）逐日逐笔序时登记。
   A. 原始凭证　　　B. 现金收款凭证　　C. 现金付款凭证　　D. 银行收款凭证
5. 下列行为中，不符合结算有关规定的有（　　）。
   A. 用现金支付出差人员的差旅费
   B. 用现金支付向供销社采购的农副产品款
   C. 用信用卡结算 10 万元以上的商品交易款项
   D. 签发的支票金额超过企业的银行存款余额
6. 商业承兑汇票是由（　　）的票据。
   A. 收款人签发并承兑　　　　　　　　B. 付款人签发并承兑
   C. 收款人签发，付款人承兑　　　　　D. 付款人签发，收款人承兑
7. 甲企业 2013 年 11 月 1 日销售一批商品，并于当日收到面值 6 000 元、期限 3 个月的银行承兑汇票一张。12 月 31 日，该应收票据的账面价值为（　　）元。
   A. 6 000　　　　　B. 6 025　　　　　C. 6 050　　　　　D. 6 075

四、判断题

1. 企业不得从本单位的现金收入中直接支付现金。（　）
2. 在现金清查中，如有白条，可以抵充现金，以便账实相符。（　）
3. 货币资金内部控制的根本目的是保证货币资金的安全，防止其被贪污、侵占和挪用。（　）
4. 如果企业经营规模较小，可由出纳一人办理货币资金结算的全过程，以提高工作效率。（　）
5. 我国会计上所说的现金是指企业库存的人民币。（　）
6. 商业承兑汇票到期日付款人账户不足支付时，其开户银行应代为付款。（　）
7. 未达账项，是指银行与企业之间，由于结算凭证传递上的时间差，导致一方已入账而另一方未入账的款项。（　）
8. 商业汇票只能在异地使用。（　）

五、计算及账务处理题

业务（一）

1. 目的：练习现金的核算及现金支票的填列。
2. 资料：甲建筑公司2013年1月份发生部分如下经济业务：
（1）5日，出纳员王红开出现金支票一张，向银行提取现金2 000元；
（2）6日，总经理张华出差，借支差旅费1 500元，以现金支付；
（3）15日，张华出差回来报销差旅费，原借支1 500元，实报销1 950元，差额450元即以现金补付；
（4）公司在现金清查中发现现金短缺260元，原因待查；
（5）上述短缺原因已查明，是出纳员王红工作失职造成的，王红当即交回现金260元以作赔偿。
3. 要求：
（1）填列业务（一）资料（1）的现金支票；
（2）根据以上经济业务编制会计分录。

业务（二）

1. 目的：练习银行支付结算方式的有关凭证的填列及其他货币资金的核算。
2. 资料：甲建筑公司2013年1月份发生部分如下经济业务：
（1）公司采购员李民到外地广州市采购材料，委托银行汇款90 000元到广州市开立采购专户。
（2）公司委托银行开出银行本票18 000元，有关手续已办妥。
（3）公司购买办公用品2 070元，用信用卡付款。收到银行转来的信用卡存款的付款凭证及所附账单，经审核无误。
（4）公司以开出转账支票一张，金额15 000元，用以归还前欠胜利公司货款。
3. 要求：
（1）根据以上经济业务，编制会计分录；
（2）练习填写"资料（2）"中的"银行本票申请书"。

业务（三）

1. 目的：练习应收票据的核算。
2. 资料：甲建筑公司于2013年1月与乙公司进行安装工程结算，收到乙公司签发并承兑的商业汇票一张，面值81 900元，期限5个月，票面利率为4%。
3. 要求：

（1）编制收到商业承兑汇票、月末计息和到期收回票据款项的会计分录。
（2）若票据到期购货单位无力支付货款，请编制会计分录。

业务（四）*

1. 目的：练习应收款项的核算。
2. 资料：甲建筑公司向丙公司销售商品，按规定现金折扣的条件为2/10，1/20，n/30，货款价值总计2 440 000元。
3. 要求：

（1）已办理托收手续的账务处理；
（2）如果上述货款在10日内收到时的账务处理；
（3）如果超过了现金折扣的最后期限，则应作的账务处理。

业务（五）

1. 目的：练习材料收入的核算。
2. 资料：甲建筑公司7月5日向外地甲公司购入C材料1 000吨，每吨单价500元，增值税税率为17%，每吨运费40元，装卸费、保险费共计6 800元，货款共631 800元，已用银行存款支付。7月13日，C材料运达，验收入库950吨，短缺50吨，其中2吨属于定额内合理损耗，其余48吨短缺原因不明，待查。7月18日，查明原因，短缺的48吨材料是运输部门的责任造成的，运输部门已同意按短缺材料的成本及税款赔偿，但尚未收到。
3. 要求：根据上述资料，编制有关会计分录。

业务（六）

1. 目的：练习材料按实际成本发出的核算。
2. 资料：甲建筑公司2013年1月份发出材料汇总表见表3-3。

表3-3　　　　　　　　　材 料 汇 总 表

	应借账户 应贷账户	工程施工	机械作业	制造费用	管理费用	销售费用	在建工程	合计
材料	原料及主要材料	50 000	20 000				30 000	100 000
	辅助材料	5 000		4 000	1 000	1 500		115 000
	修理用备件		3 000					3 000
	燃料	7 000	4 000	3 000				14 000
	实际成本	62 000	27 000	7 000	1 000	1 500	30 000	128 500

3. 要求：根据资料，编制会计分录。

第4章

非流动资产

知识目标

- 掌握投资性房地产的概念及核算范围,理解投资性房地产成本模式及公允价值模式下的核算;
- 掌握固定资产的概念及特点,掌握固定资产取得的核算,掌握固定资产折旧的计算方法,掌握固定资产折旧的核算及固定资产处置的核算;
- 掌握无形资产的内容,理解无形资产取得的核算,特别是自主研究开发的无形资产,理解无形资产摊销方法、摊销年限及摊销的核算,掌握无形资产处置的核算。

能力目标

- 能够处理投资性房地产取得的核算,掌握成本模式下投资性房地产的计量及核算;
- 能够处理固定资产取得的核算,熟练计算固定资产折旧并进行核算,处理固定资产处置的核算,掌握固定资产清理会计科目;
- 能够熟练识别无形资产,处理无形资产取得的核算,无形资产摊销的核算,无形资产处置的核算。

4.1 投资性房地产

4.1.1 投资性房地产概述

投资性房地产,是指为赚取租金或资本增值,或者两者兼而有之持有的房地产。投资性房地产主要包括:已出租的土地使用权、持有并准备增值后转让的土地使用权和已出租的建筑物。投资性房地产主要有以下特征:

(1) 投资性房地产是一种经营性活动。

(2) 投资性房地产在用途、状态、目的等方面区别于作为生产经营场所的房地产和用于销售的房地产。

(3) 投资性房地产有两种后续计量模式。

企业通常应当采用成本模式对投资性房地产进行后续计量,只有在满足特定条件的情况下,即有确凿证据表明其所有投资性房地产的公允价值能够持续可靠取得的,也可以采用公允价值模式进行后续计量。但同一企业只能采用一种模式对所有投资性房地产进行后续计量,不得同时采用两种计量模式。

> **小知识**
>
> 投资房地产的主要形式是出租建筑物、出租土地使用权，这实质上属于一种让渡资产使用权行为。房地产租金是让渡资产使用权取得的使用费收入，是企业为完成其经营目标所从事的经营性活动，以及与之相关的其他活动形式的经济利益总流入。

4.1.2 投资性房地产计量

投资性房地产的核算，包括采用成本模式计量的投资性房地产和采用公允价值模式计量的投资性房地产。企业只有存在确凿证据表明投资性房地产的公允价值能够持续可靠取得时，才可以采用公允价值模式，否则只能采用成本模式。

一、投资性房地产的初始计量

投资性房地产的初始计量投资性房地产准则规定，投资性房地产应按成本模式进行初始计量，对外购的投资性房地产按买价、相关税费和可直接归属于该资产的其他支出，作为入账价值；对自行建造的投资性房地产，按建造该资产使其达到预定可使用状态前所发生的必要支出，作为入账价值；以其他方式取得的投资性房地产的成本，按照相关会计准则的规定确定。会计核算时，按应计入投资性房地产的入账价值，借记"投资性房地产"科目，贷记"银行存款""在建工程"等科目，如图4-1所示。

投资性房地产	
购买的、转入的投资性房地产	专做他用的投资性房地产
投资性房地产账面余额	

图4-1 "投资性房地产"账户

（一）外购的投资性房地产

【例4-1】 甲公司于2013年1月10日支付1 000万元价款和10万元相关税费购入了800平方米商业用房，当日出租给乙公司。

在采用成本模式下，甲公司购入投资性房地产的账务处理如下：

借：投资性房地产　　　　　　10 100 000
　　贷：银行存款　　　　　　　　　　10 100 000

（二）自行建造的投资性房地产

【例4-2】 甲公司采用出包方式建造商用楼，用于出租，总投资4 000万元。2013年3月1日支付工程款1 000万元。

在采用成本模式下，甲公司账务处理如下：

借：在建工程——商用楼　　　10 000 000
　　贷：银行存款　　　　　　　　　　10 000 000

2013年其余付款略；2013年12月23日，工程达到预定可使用状态，已办理经营租赁手续，在建工程余额为4 000万元，则：

借：投资性房地产　　　　　　40 000 000
　　贷：在建工程　　　　　　　　　　40 000 000

二、*投资性房地产的后续计量

投资性房地产的后续计量既可采用成本模式，也可采用公允价值模式。公允价值的引入准则强调适度谨慎,主要是考虑我国作为新兴市场经济国家,许多资产还没有活跃市场,如果不加限制地引入公允价值,有可能出现人为操纵利润的现象,因此,我国投资性房地产准则规定,只有存在活跃市场,公允价值能够获得并能可靠计量的情况下,才允许采用公允价值计量。否则,采用成本模式计量。准则同时规定,企业对投资性房地产的计量模式一经确定不得随意变更。由成本模式转为公允价值模式视为会计政策变更,而采用公允价值计量模式的不得转为成本模式。

(一)采用成本模式计量的投资性房地产

在成本模式下,企业应当按照《企业会计准则第 4 号——固定资产》和《企业会计准则第 6 号——无形资产》的规定,对投资性房地产进行计量、计提折旧或摊销;如果存在减值迹象的应当按照《企业会计准则第 8 号——资产减值》的规定进行减值测试,计提相应的减值准备。取得投资性房地产时,借记"投资性房地产",贷记"银行存款"等科目;计提折旧或摊销时,借记"其他业务成本",贷记"投资性房地产累计折旧(摊销)";取得租金收入时,借记"银行存款",贷记"其他业务收入",如图 4-2 所示。

投资性房地产累计摊销

投资性房地产累计摊销转出	计提投资性房地产累计摊销
	投资性房地产累计摊销账面余额

图 4-2 "投资性房地产累计摊销"账户

【例 4-3】 甲公司于 2012 年 1 月 1 日支付 2 000 万元土地出让金取得一块土地使用权,使用年限 50 年,准备筹建办公楼。

甲公司购入土地使用权的账务处理如下:

借:无形资产——土地使用权 20 000 000
　　贷:银行存款 20 000 000

2012 年末摊销土地使用权

借:管理费用 400 000
　　贷:累计摊销 400 000

2013 年 1 月 1 日,该土地使用权出租,甲公司将无形资产转入投资性房地产,采用成本模式计量:

借:投资性房地产 20 000 000
　　累计摊销 400 000
　　贷:无形资产——土地使用权 20 000 000
　　　　投资性房地产累计摊销 400 000

假设 2013 年末确认本年租金收入 70 万元(在年末一次性收取),账务处理如下:

借:银行存款 700 000
　　贷:其他业务收入 700 000
借:其他业务成本 400 000
　　贷:投资性房地产累计摊销 400 000

将投资性房地产转为自用时,应按其在转换日的账面价值、累计折旧、减值准备等,分别转入"固定资产""累计折旧""减值准备"等科目。

【例 4-4】 2012 年 10 月 31 日,甲企业将出租在外的厂房收回,开始用于本企业生产商品。该项房地产在转换前采用成本模式计量，在收回日该投资性房地产的账面原价 1 000 万元，已计提累计折旧 800 万元。

转换日的账务处理如下：

借：固定资产　　　　　　　　　　　　　　　　　　10 000 000
　　投资性房地产累计折旧　　　　　　　　　　　　　8 000 000
　　贷：投资性房地产　　　　　　　　　　　　　　　　　10 000 000
　　　　累计折旧　　　　　　　　　　　　　　　　　　　2 000 000

自用房地产转换为投资性房地产将自用的建筑物和土地使用权或作为存货的房地产转换为投资性房地产的，应按其在转换日的账面原价、累计折旧、减值备等，分别转入"投资性房地产""投资性房地产累计折旧（摊销）""投资性房地产减值准备"等科目。

【例 4-5】 甲公司将自用的一栋办公楼从 2012 年 1 月 1 日起出租给乙公司，租期 3 年。租赁期开始日，该办公楼的原价为 2 000 万元，已提折旧 500 万元，未计提减值准备。

甲公司在 2012 年 1 月 1 日将自用转为出租的账务处理如下：

借：投资性房地　　　　　　　　　　　　　　　　　20 000 000
　　累计折旧　　　　　　　　　　　　　　　　　　　5 000 000
　　贷：固定资产　　　　　　　　　　　　　　　　　　　20 000 000
　　　　投资性房地产累计折旧　　　　　　　　　　　　　5 000 000

【例 4-6】 甲公司对投资性房地产采用成本模式计量，于 2014 年 12 月 31 日将出租的办公楼出售。该办公楼的账面原值为 1 500 万元，已提折旧 800 万元。出售收入 1 200 万元收存银行，按 5％交纳营业税。

出售时的账务处理如下：

借：银行存款　　　　　　　　　12 000 000
　　贷：其他业务收入　　　　　　　　12 000 000
借：其他业务成本　　　　　　　　7 000 000
　　投资性房地产累计折旧　　　　8 000 000
　　贷：投资性房地产　　　　　　　　15 000 000
借：营业税金及附加　　　　　　　600 000
　　贷：应交税费——应交营业税　　　600 000

（二）采用公允价值模式计量的投资性房地产

企业对投资性房地产采用公允价值模式计量的，不对其计提折旧或摊销，应以资产负债表日投资性房地产的公允价值为基础调整其账面价值，公允价值与账面价值的差额计入当期损益。采用公允价值模式计量的投资性房地产，应当同时满足下列条件：

（1）投资性房地产所在地有活跃的房地产交易市场；

（2）企业能从活跃的房地产交易市场上取得同类或类似房地产的市场价格及其他相关信息，从而对投资性房地产的公允价值做出科学合理的估计。

取得投资性房地产时，按取得时支付的相关费用，借记"投资性房地产（成本）"，贷记"银行存款"；资产负债表日确认公允价值变动损益时，借记"投资性房地产（公允价值变动）"，贷记"公允价值变动损益"；收取租金时，借记"银行存款"，贷记"其他业务收入"，如图 4-3 所示。

公允价值变动损益	
公允价值低于账面价值的变动	公允价值高于账面价值的变动

图 4-3 "公允价值变动损益"账户

【例 4-7】 2012 年 1 月 1 日，乙公司支付 3 000 万元取得一栋办公用房用于出租（属于投资性房地产），每年租金 200 万元，在每年年初一次性收取。2012 年 12 月 31 日，该办公用房的公允价值为 3 100 万元，该投资性房地产采用公允价值模式核算。

乙公司账务处理如下：

2012 年初购入投资性房地产

借：投资性房地产　　　　　　30 000 000
　　贷：银行存款　　　　　　　　　　　30 000 000
借：银行存款　　　　　　　　2 000 000
　　贷：预收账款　　　　　　　　　　　2 000 000

2012 年末

借：预收账款　　　　　　　　2 000 000
　　贷：其他业务收入　　　　　　　　　2 000 000
借：投资性房地产　　　　　　1 000 000
　　贷：公允价值变动损益　　　　　　　1 000 000

将自用土地使用权或建筑物转换为采用公允价值模式计量的投资性房地产，应按该项土地使用权或建筑物在转换日的公允价值，借记本科目（成本），按已计提的累计摊销或累计折旧，借记"累计摊销""累计折旧"科目，原已计提减值准备的，借记"无形资产减值准备""固定资产减值准备"科目，按其账面余额，贷记"无形资产""固定资产"科目，按其差额，贷记"资本公积——其他资本公积"科目或借记"营业外支出"科目。

【例 4-8】 甲公司将自用的一栋办公楼从 2012 年 1 月 1 日起出租给乙公司，租期 3 年。租赁期开始日，该办公楼的原价为 2 000 万元，已提折旧 500 万元，未计提减值准备，账面价值为 1 500 万元；其公允价值为 1 800 万元。

在采用公允价值模式下，甲公司在 2012 年 1 月 1 日将自用转为出租的账务处理如下：

借：投资性房地——成本　　　　18 000 000
　　累计折旧　　　　　　　　　5 000 000
　　贷：固定资产　　　　　　　　　　　20 000 000
　　　　资本公积——其他资本公积　　　3 000 000

如果转换日公允价值为 1 400 万元，则账务处理：

借：投资性房地——成本　　　　14 000 000
　　累计折旧　　　　　　　　　5 000 000
　　公允价值变动损益　　　　　1 000 000
　　贷：固定资产　　　　　　　　　　　20 000 000

将作为存货的房地产转换为采用公允价值模式计量的投资性房地产，应按该项房地产在转换日的公允价值，借记本科目（成本），原已计提跌价准备的，借记"存货跌价准备"科目，按其账面余额，贷记"库存商品"科目，按其差额，贷记"资本公积——其他资本公积"科目或借记"营业外支出"科目。

【例 4-9】 甲房地产开发公司将开发完成的房地产（写字楼）出租给丙公司，租期从 2012 年 1 月 1 日～2013 年 12 月 31 日，每年租金 300 万元，在年末收取。租赁期开始日，该写字楼的账面余额为 5 000 万元，公允价值 5 200 万元；2012 年末，该写字楼公允价值为 5 300 万元。2013 年末，租赁期届满时，甲公司收回该项投资性房地产，并将该写字楼出售，取得收入 5 800 万元。假设甲企业采用公允价值模式计量。

甲公司的账务处理如下：
(1) 2012 年 1 月 1 日，将存货转换为投资性房地产

借：投资性房地产——成本　　　　　　　　　52 000 000
　　贷：开发产品　　　　　　　　　　　　　　50 000 000
　　　　资本公积——其他资本公积　　　　　　 2 000 000

(2) 2012 年 12 月 31 日，按公允价值计量和确认租金收入

借：投资性房地产——公允价值变动　　　　　 1 000 000
　　贷：公允价值变动损益　　　　　　　　　　 1 000 000
借：银行存款　　　　　　　　　　　　　　　　 3 000 000
　　贷：其他业务收入　　　　　　　　　　　　 3 000 000

(3) 2013 年 12 月 31 日，收回并出售投资性房地产

借：银行存款　　　　　　　　　　　　　　　　58 000 000
　　贷：其他业务收入　　　　　　　　　　　　58 000 000
借：其他业务成本　　　　　　　　　　　　　　53 000 000
　　贷：投资性房地产——成本　　　　　　　　52 000 000
　　　　　　　　　　——公允价值变动　　　　 1 000 000

同时，将投资性房地产累计公允价值变动损益转入其他业务收入

借：公允价值变动损益　　　　　　　　　　　　 1 000 000
　　贷：其他业务收入　　　　　　　　　　　　 1 000 000

同时，将转换时原计入资本公积的部分转入其他业务收入

借：资本公积——其他资本公积　　　　　　　　 2 000 000
　　贷：其他业务收入　　　　　　　　　　　　 2 000 000

出售投资性房地产时，应按实际收到的金额，借记"银行存款"等科目，按该项投资性房地产的成本，贷记本科目（成本），按该项投资性房地产的公允价值变动，贷记或借记本科目（公允价值变动），按其差额，贷记或借记"投资收益"科目。同时，按该项投资性房地产的公允价值变动，借记或贷记"公允价值变动损益"科目，贷记或借记"投资收益"科目。

4.2 固定资产

4.2.1 固定资产概述

施工企业进行生产经营活动，离不开生产用的原材料、施工人员的劳动及固定资产的使用。企业取得的固定资产，主要包括外购的固定资产、自行建造的固定资产、投资转入的固

定资产及接收捐赠的固定资产等。

一、固定资产的定义

固定资产是指使用期限超过一年，单位价值较高，并且在使用过程中保持原有实物形态的资产，包括房屋及建筑物、机器设备、运输设备、工具器具等。

固定资产具有以下基本特征：

（1）固定资产的使用期限超过一年或长于一年的一个经营周期，且在使用过程中保持原来的物质形态不变，其价值是在企业使用的过程中被分期耗用。

（2）固定资产是用于生产经营活动，而不是为了出售。

二、固定资产的分类

建筑施工企业的固定资产种类繁多，规格不一。为加强管理，企业有必要对固定资产进行合理的分类。根据不同的管理需要和不同的分类标准，可以对固定资产进行不同的分类。

（一）按固定资产的经济用途分类

按固定资产的经济用途分类，可分为生产经营用固定资产和非生产经营用固定资产。

（1）生产经营用固定资产是指直接服务于企业生产、经营过程的各种固定资产，如生产经营用的房屋、建筑物、机器、设备、器具、工具等。

（2）非生产经营用固定资产是指不直接服务于生产、经营过程的各种固定资产，如职工宿舍、食堂、浴室、理发室、医院、疗养院等使用的房屋、设备和其他固定资产等。

按照固定资产的经济用途分类，可以归类反映和监督企业经营用固定资产和非经营用固定资产之间，以及经营用各类固定资产之间的组成和变化情况，借以考核和分析企业固定资产的利用情况，促使企业合理地配备固定资产，充分发挥其效用。

（二）按固定资产使用情况分类

按固定资产使用情况分类，可分为使用中固定资产、未使用固定资产和不需用固定资产。

（1）使用中固定资产是指正在使用中的生产经营用和非生产经营用固定资产。由于季节性经营或大修理等原因，暂时停止使用的固定资产仍属于企业使用中的固定资产；企业出租（指经营性租赁）给其他单位使用的固定资产和内部替换使用的固定资产也属于使用中的固定资产。

（2）未使用固定资产是指已完工或已购建的尚未交付使用的新增固定资产以及因进行改建、扩建等原因暂停使用的固定资产，如企业购建的尚待安装的固定资产、经营任务变更停止使用的固定资产等。

（3）不需用固定资产是指本企业多余或不适用，需要调配处理的固定资产。

按照固定资产使用情况分类，有利于反映企业固定资产的使用情况及其比例关系，便于分析固定资产的利用效率，挖掘固定资产的使用潜力，促使企业合理地使用固定资产。

（三）按固定资产的所有权分类

按固定资产的所有权分类，可分为自有固定资产和租入固定资产。

（1）自有固定资产是指企业拥有的可供企业自由地支配使用的固定资产。

（2）租入固定资产是指企业采用租赁方式从其他单位租入的固定资产。企业对租入的固定资产依照租赁合同拥有使用权，同时负有支付租金的义务，但资产的所有权属于出租单位。租入固定资产可分为经营性租入固定资产和融资租入固定资产。

(四) 综合分类

按固定资产的经济用途和使用情况等综合分类，可把企业的固定资产分以下为七大类。

(1) 生产经营用固定资产。

(2) 非生产经营用固定资产。

(3) 租出固定资产。租出固定资产是指在经营租赁方式下出租给外单位使用的固定资产。

(4) 不需用固定资产。

(5) 未使用固定资产。

(6) 土地。这里的土地指过去已经估价单独入账的土地。因征地而支付的补偿费，应计入与土地有关的房屋、建筑物的价值内，不单独作为土地价值入账。企业取得的土地使用权，不作为固定资产管理，而是作为企业的无形资产管理。

(7) 融资租入固定资产。融资租入固定资产是指企业以融资租赁方式租入的固定资产，在租赁期内，应视同自有固定资产进行管理。

4.2.2 固定资产取得的核算

固定资产取得时应当以历史成本入账，也称原始价值，是指购建某项固定资产达到可使用状态前发生的一切合理、必要的支出。固定资产的核算应通过"固定资产"账户，该账户属资产类账户，借方登记固定资产的增加额，贷方登记固定资产的减少额，如图4-4所示。

固 定 资 产	
通过购买、自建、接受投资、接受捐赠等方式获得的固定资产	通过出售、报废、盘亏、投资转出等方式的固定资产
固定资产的账面余额	

图4-4 "固定资产"账户

一、外购固定资产

企业外购的固定资产，应按实际支付的购买价款、相关税费，使固定资产达到预定可使用状态前所发生的可归属于该项资产的运输费、装卸费、安装费和专业人员服务费等，作为固定资产的取得成本。外购的资产按是否可以直接使用，分为不需安装固定资产和需要安装的固定资产分别核算。

(一) 不需安装固定资产

企业购入不需安装的固定资产，应按实际支付的购买价款、相关税费、使固定资产达到预定可使用状态前所发生的可归属于该项资产的运输费、装卸费、安装费和专业人员服务费等，作为固定资产的取得成本，借记"固定资产"科目，贷记"银行存款"科目。

【例4-10】 某集团购入一台不需要安装即可投入使用的设备，取得的增值税专用发票上注明的设备价款为30 000元，增值税额为5 100元，另支付运输费300元，包装费400元，款项以银行存款支付。

该固定资产取得成本＝固定资产买价＋增值税＋运输费＋包装费

＝30 000＋5 100＋300＋400＝35 800（元）

借：固定资产　　35 800
　　贷：银行存款　　35 800

（二）需要安装的固定资产

企业购入不需安装的固定资产，应在购入的固定资产取得成本的基础上加上安装调试成本等，作为固定资产的取得成本，先通过"在建工程"科目核算，待安装完毕达到预定可使用状态时，再由"在建工程"科目转入"固定资产"科目，如图4-5所示。

在　建　工　程	
在建工程转为固定资产	构建固定资产尚未完工时发生的各项支出
尚未完工的固定资产	

图4-5　"固定资产"账户

【例4-11】 某公司购入一台需要安装的设备，取得的增值税专用发票上注明的设备价款为200 000元，增值税额为34 000元，另支付运输费10 000元，支付安装费30 000元，款项以银行存款支付。

（1）购入进行安装时
借：在建工程　　　　　　　244 000
　　贷：银行存款　　　　　　　　244 000
（2）支付安装费时
借：在建工程　　　　　　　30 000
　　贷：银行存款　　　　　　　　30 000
（3）安装完毕交付使用时，该固定资产成本为
固定资产成本244 000+30 000=274 000（元）
借：固定资产　　　　　　　274 000
　　贷：在建工程　　　　　　　　274 000

二、建造固定资产

企业自行建造固定资产，应按建造该项固定资产达到预定可使用状态前所发生的必要支出，作为固定资产的成本。自行建造的固定资产，可采用自营和出包两种方式进行，先通过"在建工程"科目核算，工程达到预定可使用状态时，再从"在建工程"科目转入"固定资产"科目。

（一）自营工程

自营工程是企业自行组织工程物资采购、自行组织施工人员施工的建筑工程和安装工程。购入工程物资时，借记"工程物资"科目，贷记"银行存款"等科目。领用工程物资时，借记"在建工程"科目，贷记"工程物资"科目。在建工程领用本企业原材料时，借记"在建工程"，贷记"原材料""应交税费——应交增值税（进项税转出）"等科目。在建工程领用本企业生产的商品时，借记"在建工程"科目，贷记"库存商品""应交税费——应交增值税（销项税额）"等科目。自营工程发生的其他费用，借记"在建工程"科目，贷记"银行存款""应付职工薪酬"等科目。自营工程达到预定可使用状态时，按其成本，借记"固定资产"科目，贷记"在建工程"科目。

【例 4 - 12】 甲公司自建厂房一栋，购入为工程准备的各项物资 500 000 元，支付的增值税额为 85 000 元，全部用于工程建设。领用本企业生产的水泥一批，实际成本为 80 000 元，税务部门确定的计税价格为 100 000 元，增值税税率为 17%；工程人员应计工资为 100 000 元，支付的其他费用为 30 000 元。工程完工并达到预定可使用状态。

(1) 购入工程物资

借：工程物资　　　　　　　　　　　　　585 000
　　贷：银行存款　　　　　　　　　　　　　　　585 000

(2) 工程领用工程物资

借：在建工程　　　　　　　　　　　　　585 000
　　贷：工程物资　　　　　　　　　　　　　　　585 000

(3) 工程领用本企业生产的水泥，确定应计入在建工程成本的金额为
80 000+100 000×17%=97 000（元）

借：在建工程　　　　　　　　　　　　　97 000
　　贷：库存商品　　　　　　　　　　　　　　　80 000
　　　　应交税费——应交增值税（销项税额）　17 000

(4) 分配工程人员工资时

借：在建工程　　　　　　　　　　　　　100 000
　　贷：应付职工薪酬　　　　　　　　　　　　　100 000

(5) 支付工程发生的其他费用时

借：在建工程　　　　　　　　　　　　　30 000
　　贷：银行存款　　　　　　　　　　　　　　　30 000

(6) 工程完工转入固定资产成本=585 000+97 000+100 000+30 000=812 000（元）

借：固定资产　　　　　　　　　　　　　812 000
　　贷：在建工程　　　　　　　　　　　　　　　812 000

(二) 出包工程

出包工程是指企业通过招标等方式将工程项目发包给建造承包商，由建造承包商组织施工的建筑工程和安装工程。企业采用出包方式进行的固定资产工程，其工程的具体支出主要由建造承包商核算，在这种方式下，"在建工程"科目主要是企业与建造承包商办理工程价款的结算科目，企业支付给建造承包商的工程价款作为工程成本，通过"在建工程"科目核算。企业按合理估计的发包工程进度和合同规定向建造承包商结算的进度款，借记"在建工程"科目，贷记"银行存款"等科目；工程完成时按合同规定补付的工程款，借记"在建工程"科目，贷记"银行存款"等科目。工程达到预定可使用状态时，按其成本，借记"固定资产"科目，贷记"在建工程"科目。

【例 4 - 13】 甲公司将一栋厂房的建造工程出包给某公司承建，按合理估计的发包工程进度和合同规定向该公司结算进度款 600 000 元，工程完工后，收到该公司有关工程结算单据，补付工程款 400 000 元，工程完工并达到预定可使用状态。

(1) 按合理估计的发包工程进度和合同规定向该公司结算进度款时

借：在建工程　　　　　　　　　　　　　600 000
　　贷：银行存款　　　　　　　　　　　　　　　600 000

(2) 补付工程款时

借：在建工程　　　　　　　　　　　　400 000
　　贷：银行存款　　　　　　　　　　　　400 000

(3) 工程完工并达到预定可使用状态时

借：固定资产　　　　　　　　　　　　1 000 000
　　贷：在建工程　　　　　　　　　　　　1 000 000

（三）投资者投入的固定资产

投资者投入的固定资产，按投资各方确认的价值入账，借记"固定资产"账户，贷记"实收资本"账户。

【例 4-14】 某公司收到某单位投入的机器设备一台，该设备在此单位的账面原价为 500 000 元，已提折旧为 200 000 元，经评估确认的价值为 360 000 元，设备已交付使用。

借：固定资产　　　　　　　　　　　　360 000
　　贷：实收资本　　　　　　　　　　　　360 000

（四）接受捐赠的固定资产

企业接受捐赠的固定资产时，如果对方提供了固定资产的有关记录的凭证，则以凭证的记录为依据入账；如果无提供的凭证记录，则应按同类资产的市场价格及有关费用（包装运杂费、保险费、安装费等）作为原价入账。公司接受捐赠的固定资产应作为资本公积处理。在接受捐赠时，借记"固定资产"科目；如为旧的固定资产，应按估计折旧贷记"累计折旧"目，按其差额贷记"资本公积"科目。

【例 4-15】 某物业管理企业接受捐赠计算机 5 台，按照同类资产的市场价值确认其原价为 40 000 元。计算机已交付使用。

借：固定资产　　　　　　　　　　　　40 000
　　贷：资本公积　　　　　　　　　　　　40 000

（五）无偿调入的固定资产

企业经有关部门批准无偿调入的固定资产，按调出单位的账面原价加上新发生的包装费、运输费等作为调入固定资产的入账价值，借记"固定资产"账户；按调入的固定资产的账面原价，贷记"资本公积——无偿调入固定资产"账户，按发生的支出，贷记"银行存款"账户。

对增加的固定资产，根据其不同来源，企业必须取得有关的原始凭证。为反映各项固定资产的增减变动情况，企业除了设置固定资产总分类账户外，还应按固定资产个体设置固定资产卡片，对每一固定资产登记对象进行编号，并在使物体上将编订的号码标明，以便查找核对。固定资产卡片格式见表 4-1

表 4-1　　　　　　　　　　　　固 定 资 产 卡 片

项　目	内　容	项　目	内　容
固定资产名称		调入时已用年限	
固定资产编号		调入时已提折旧	
固定资产类别		折旧方法	
固定资产型号规格		固定资产原值	

续表

项　目	内　容	项　目	内　容
建造单位（制造单位）		预计使用年限	
建造年份		预计残值	
直接验收日期凭证		预计清理费用	
开始使用时间		月折旧率	
原值及折旧记录	大修理记录	减值准备提取	停用记录
凭证	摘要	原值	折旧	凭证	摘要	金额	日期	凭证	金额	起止日期	停用原因

4.2.3 固定资产折旧的核算

随着施工企业使用固定资产的时间的递进，固定资产不断损耗，其价值也不断减少，减少掉的固定资产的价值要体现在它所属的部门成本或费用里。折旧即是反映每期固定资产价值耗用多少的概念。

一、固定资产折旧的定义

固定资产的折旧是指固定资产在使用过程中，逐渐损耗而消失的那部分价值。固定资产损耗的这部分价值，应当在固定资产的有效使用年限内进行分摊，形成折旧费用，计入各期成本。这个分摊的过程称为计提固定资产折旧。

计提固定资产折旧的实质，是固定资产的价值随着固定资产的使用而逐渐转移到生产的产品中或构成费用，然后通过产品（商品）的销售，收回货款，得到补偿。

固定资产的损耗分为有形损耗和无形损耗两种：有形损耗是指固定资产由于使用和自然力的影响而引起的使用价值和价值的损失。无形损耗是指由于科学进步等而引起的固定资产的价值损失。

> **小知识**
>
> 已达到预定可使用状态，但尚未办理该竣工决算的固定资产，应当按照估计价值确定其成本，并计提折旧，待办理竣工决算后，再按实际成本调整原来的暂估价值，但不需要调整原已计提的折旧额。

二、影响固定资产折旧的因素

企业在一定期间内计提固定资产折旧时应考虑以下因素。

（一）固定资产原值

固定资产原值是指固定资产的成本，是计提折旧的基数。

（二）固定资产净残值

固定资产净残值是指假定固定资产预计使用寿命已满并处于使用寿命终了时的预期状态，企业目前从该项资产处置中获得的扣除预计处置费用后的金额。

（三）固定资产减值准备

固定资产减值准备是指固定资产已计提的固定资产减值准备累计金额。

（四）固定资产的使用年限

固定资产的使用年限是指企业使用固定资产的预计期间，或者该固定资产所能生产产品或提供劳务的数量。固定资产预计使用年限直接影响到各期应计提的折旧额，其他条件相同的情况下，预计使用年限长，每期应计提的折旧额就少；反之，每期应计提的折旧额就大。在确定固定资产使用年限时，应当考虑固定资产的预计生产能力、有形损耗和无形损耗等因素。

三、固定资产折旧方法

影响建筑施工企业固定资产折旧的因素主要有四个方面：固定资产原值、固定资产预计净残值、固定资产预计使用年限、固定资产折旧的计算方法。

建筑施工企业可选用的固定资产的折旧方法包括年限平均法、工作量法、加速折旧法（包括双倍余额递减法和年数总和法）。由于固定资产折旧方法的选用直接影响到企业成本、费用的计算，也影响到企业的利润和国家的财政收入。因此，对固定资产折旧方法一经选定，不得随意调整。企业应当根据固定资产的性质和使用情况，合理确定固定资产的使用寿命和预计净残值。固定资产的使用寿命、预计净残值一经选定，一般不得随意调整。

（一）年限平均法

（1）年限平均法的计算。年限平均法又称直线法，是将固定资产的折旧均衡地分摊到各期的方法。采用这种方法计算的每期折旧额均是等额的。计算公式如下

$$年折旧率 = \frac{1-预计净残值}{预计使用年限} \times 100\%$$

$$月折旧率 = \frac{年折旧率}{12}$$

或

$$年折旧率 = \frac{固定资产原值-预计净残值}{预计使用年限} \times 100\%$$

$$月折旧额 = \frac{年折旧额}{12}$$

【例 4-16】 某建筑施工企业新购一台设备，原价为 200 000 元，预计可使用 10 年，按照有关规定该设备报废时的净残值率为 2%。

要求：计算该设备采用平均年限法的折旧率和折旧额。

$$年折旧率 = \frac{1-2\%}{10} \times 100\% = 9.8\%$$

$$月折旧率 = \frac{9.8\%}{12} = 4.9\%$$

$$月折旧额 = 200\,000 \times 4.9\% = 9\,800（元）$$

（2）折旧率的分类。折旧率包括个别折旧率、分类折旧率和综合折旧率。

1）个别折旧率是指某项固定资产在一定期间的折旧额与该项固定资产原价的比率，是按个别固定资产单独计算的。

2）分类折旧率是指固定资产分类折旧额与该类固定资产原价的比率。采用这种方法，应先把性质、结构和使用年限接近的固定资产归为一类，再按类计算平均折旧率，用该类折旧率对该类固定资产计提折旧。如将房屋建筑物划分为一类，将机械设备划分为一类等。分类折旧率的计算公式如下

$$某类固定资产年分类折旧率 = \frac{该类固定资产年折旧额之和}{该类固定资产原价之和} \times 100\%$$

采用分类折旧率计算固定资产折旧，其优点是计算方法简单，但准确性不如个别折旧率。

3）综合折旧率是指某一期间企业全部固定资产折旧额与全部固定资产原价的比率。计算公式如下

$$固定资产综合折旧率 = \frac{各项固定资产年折旧额之和}{各项固定资产原价之和} \times 100\%$$

与采用个别折旧率和分类折旧率计算固定资产折旧相比，采用综合折旧率计算固定资产折旧，其计算结果的准确性较差。

(3) 年限平均法的缺陷。采用年限平均法计算固定资产折旧虽然比较简便，但它也存在着一些明显的局限性。

1）固定资产在不同使用年限提供的经济效益是不同的。一般来讲，固定资产在其使用前期工作效率相对较高，所带来的经济利益也就多；而在其使用后期，工作效率一般呈下降趋势，因而，所带来的经济利益也就逐渐减少。平均年限法不考虑这一事实，明显是不合理的。

2）固定资产在不同的使用年限发生的维修费用也不一样。固定资产的维修费用将随着其使用时间的延长而不断增大，而年限平均法也没有考虑这一因素。

3）当固定资产各期的负荷程度相同时，各期应分摊相同的折旧费，这时采用年限平均法计算折旧是合理的。但是，若固定资产各期负荷程度不同，采用年限平均法计算折旧时，则不能反映固定资产的实际使用情况，提取的折旧数与固定资产的损耗程度也不相符。

(二) 工作量法

工作量法是根据实际工作量计提折旧额的一种方法。这种方法弥补平均年限法只重使用时间，不考虑使用强度的缺点，其计算公式为

$$单位工作量折旧额 = \frac{固定资产原价 \times (1 - 残值率)}{预计总工作量}$$

某项固定资产月折旧额 = 该项固定资产当月工作量 × 单位工作量折旧额

【例 4-17】 某建筑施工企业的一台机器的原价为 250 000 元，预计该机器使用 10 年，运转 8 万个小时，其报废时的残值率为 3%。本月满负荷运转，共运转 720 个小时。

要求：计算该机器的月折旧额。

$$每小时折旧率 = \frac{250\,000 \times (1 - 3\%)}{80\,000} \approx 3.03 （元/小时）$$

本月折旧额 = 720 × 3.03 = 2 181.6（元）

(三) 加速折旧法

加速折旧法也称为快速折旧法或递减折旧法。其特点是在固定资产有效使用年限的前期多提折旧，后期则少提折旧，从而相对加快折旧的速度，以使固定资产成本在有效使用年限中加快得到补偿。

加速折旧的计提方法有多种，常用的有双倍余额递减法和年数总和法。

(1) 双倍余额递减法。双倍余额递减法是在不考虑固定资产残值的情况下，根据每期期初固定资产账面余额和双倍的直线法折旧率计算固定资产折旧的一种方法。计算公式为

$$年折旧率 = \frac{2}{预计的折旧年限} \times 100\%$$

$$月折旧率 = \frac{年折旧率}{12}$$

月折旧额＝固定资产账面净值×月折旧率

由于双倍余额递减法不考虑固定资产的残值收入，因此，在应用这种方法时必须注意不能使固定资产的账面折余价值降低到它的预计残值收入以下，即实行双倍余额递减法计提折旧的固定资产，应当在其固定资产折旧年限到期以前两年内，将固定资产净值扣除预计净残值后的余额平均摊销。

【例 4-18】 某建筑施工企业有一台空气压缩机原值为 40 000 元，预计残值 1 000 元，规定的折旧年限 5 年。

要求按双倍余额递减法计算折旧每年的折旧额。

1）计算如下

$$年折旧率 = \frac{2}{预计的折旧年限} = \frac{2}{5} = 40\%$$

2）折旧额计算如下

第一年折旧额＝40 000×40%＝16 000（元）

第二年折旧额＝（40 000－16 000）×40%＝9 600（元）

第三年折旧额＝（40 000－16 000－9 600）×40%＝5 760（元）

$$第四年、第五年每年折旧额 = \frac{40\,000 - 16\,000 - 9\,600 - 5\,760 - 1\,000}{2} = 3\,820（元）$$

3）年折旧额的计算见表 4-2。

表 4-2　　　　　　　　　　固定资产折旧计算表　　　　　　　　　金额单位：元

年限	年初账面余额	折旧率	折旧额	累计折旧额	年末账面余额
1	40 000	40%	16 000	16 000	24 000
2	24 000	40%	9 600	25 600	14 400
3	14 400	40%	5 760	31 360	8 640
4	8 640	—	3 820	35 180	4 820
5	4 820	—	3 820	39 000	1 000

（2）年数总和法。年数总和法又称合计年限法，是将固定资产的原值减去净残值后的净额乘以一个逐年递减的分数计算每年的折旧额，这个分数的分子代表固定资产尚可使用的年数，分母代表使用年数的逐年数字总和。计算公式如下

$$年折旧率 = \frac{尚可使用年限}{预计使用年限的年数总和} \times 100\%$$

或

$$年折旧率 = \frac{预计使用年限 - 已使用年限}{预计使用年限 \times (预计使用年限 + 1) \div 2} \times 100\%$$

$$月折旧率 = \frac{年折旧率}{12}$$

月折旧额＝（固定资产原值－预计净残值）×月折旧率

【例 4-19】 承前例，要求计算采用年数总和法的各年折旧额。

1）折旧率计算如下

$$第一年年折旧率=\frac{5}{5+4+3+2+1}=\frac{5}{15}$$

$$第二年年折旧率=\frac{4}{5+4+3+2+1}=\frac{4}{15}$$

$$第三年年折旧率=\frac{3}{5+4+3+2+1}=\frac{3}{15}$$

$$第四年年折旧率=\frac{2}{5+4+3+2+1}=\frac{2}{15}$$

$$第五年年折旧率=\frac{1}{5+4+3+2+1}=\frac{1}{15}$$

2) 折旧额计算如下

$$第一年年折旧额=(40\,000-1\,000)\times\frac{5}{15}=13\,000（元）$$

$$第二年年折旧额=(40\,000-1\,000)\times\frac{4}{15}=10\,400（元）$$

$$第三年年折旧额=(40\,000-1\,000)\times\frac{3}{15}=7\,800（元）$$

$$第四年年折旧额=(40\,000-1\,000)\times\frac{2}{15}=5\,200（元）$$

$$第五年年折旧额=(40\,000-1\,000)\times\frac{1}{15}=2\,600（元）$$

3) 年折旧额的计算见表 4-3。

表 4-3　　　　　　　　固定资产折旧计算表　　　　　　　金额单位：元

年限	原值-残值	尚可使用年数	折旧率	折旧额	累计折旧额
1	39 000	5	5/15	13 000	13 000
2	39 000	4	4/15	10 400	23 400
3	39 000	3	3/15	7 800	31 200
4	39 000	2	2/15	5 200	36 400
5	39 000	1	1/15	2 600	39 000

采用加速折旧法后，在固定资产使用的早期多提折旧，后期少提折旧，其递减的速度逐年加快。加快折旧速度，目的是使固定资产成本在估计耐用年限内加快得到补偿。

小知识

固定资产折旧计算方法涉及注册结构师《基础课》、注册造价师《工程造价的计价与控制》。

四、*固定资产折旧的核算

企业应按月计提固定资产折旧，核算时应设置"累计折旧"科目，并根据用途及入相关资产的成本或者当期损益。企业自行建造的固定资产过程中使用的固定资产，其计提的折旧应计入在建工程成本；基本生产车间所使用的固定资产，其计提的折旧应计入制造费用；管理部门所使用的固定资产，其计提的折旧应计入管理费用；销售部门所使用的固定资产，其计提的折旧应计入销售费用;经营租出的固定资产,其计提的折旧应计入其他业务成本。企业计提固定资产折旧时,借记"制造费用""销售费用""管理费用"等科目,贷记"累计折旧"科目,如图4-6所示。

累 计 折 旧	
因固定资产出售、报废等原因而转出的固定资产累计折旧	固定资产计提的累计折旧
	计提的累计折旧账面余额

图4-6 "累计折旧"账户

借:制造费用
　　管理费用
　　营业费用
　　其他业务支出
　贷:累计折旧

固定资产计提折旧的过程,是固定资产损耗价值在施工生产过程中转化为工程或产品价值的过程。企业每期提取的固定资产折旧,应在固定资产折旧分配表中反映。固定资产折旧分配表见表4-4。

表4-4　　　　　　　　　固定资产折旧分配表

2007年1月　　　　　　　　　　　　金额单位:元

固定资产类别	月折旧额	对 应 科 目			
		生产成本——辅助生产(锅炉车间)	生产成本——辅助生产(蒸汽车间)	生产成本——辅助生产(供电车间)	管理费用
房屋	750 000	150 000	240 000	300 000	60 000
合计	750 000	150 000	240 000	300 000	60 000

【例4-20】 某企业采用平均年限法对固定资产计提折旧。2012年1月份根据"固定资产折旧分配表"(见表4-4),确定的各辅助生产车间及厂部管理部门应分配的折旧额为:锅炉车间150 000元,蒸汽车间240 000元,供电车间300 000元,厂部管理部门60 000元。本月计提的固定资产折旧额均为房屋的折旧。

该企业会计应作如下处理:

借:生产成本——辅助生产(锅炉车间)　　　150 000
　　辅助生产(蒸汽车间)　　　　　　　　240 000
　　辅助生产(供电车间)　　　　　　　　300 000
　　管理费用　　　　　　　　　　　　　　60 000
　贷:累计折旧　　　　　　　　　　　　　750 000

4.2.4* 固定资产处置的核算

固定资产的处置是指在固定资产出售或不能继续使用而报废时对固定资产进行的处置。

一、固定资产处置概述

企业在生产经营过程中,可能将不适用或不需用的固定资产对外出售转让,或因磨损、技术进步等原因对固定资产进行报废,或因遭受自然灾害而对毁损的固定资产进行处理。固定资产的处置包括固定资产的出售、报废、毁损、对外投资、非货币性资产交换、债务重组等。

二、固定资产处置的核算

固定资产的处置进行会计核算时,应结转固定资产的账面价值,计算有关的清理收入、清理费用及残料价值等。处置固定资产通过"固定资产清理"科目核算,"固定资产清理"是资产类账户,用来核算企业因出售、报废和毁损等原因转入清理的固定资产净值以及在清理过程中所发生的清理费用和清理收入。借方登记固定资产转入清理的净值和清理过程中发生的费用;贷方登记收回出售固定资产的价款、残料价值和变价收入,其贷方余额表示清理后的净收益;借方余额表示清理后的净损失,清理完毕后应将其贷方或借方余额转入"营业外收入"或"营业外支出"账户,如图4-7所示。

固定资产清理

转入固定资产账面价值发生的清理费用	收到的清理收入的残料
借方余额表示发生的清理净损失	贷方余额表示发生的清理净收益

图4-7 "固定资产清理"账户

固定资产处置按以下步骤进行账务处理。

(一)转销固定资产的账面价值

企业因出售、报废、毁损、对外投资、非货币性资产交换、债务重组等转出的固定资产,按该项固定资产的账面净值,借记"固定资产清理"科目;按已计提的固定资产折旧,借记"累计折旧"科目;按已计提的减值准备,借记"固定资产减值准备"科目;按其账面原价,贷记"固定资产"科目。

(二)发生的清理费用

在固定资产清理过程中,应支付的相关税费及其他费用,借记"固定资产清理"科目,贷记"银行存款""应交税费——应交营业税"等科目。

(三)收回出售固定资产的价款、残料价值和变价收入等

借记"银行存款""原材料"等科目,贷记"固定资产清理"科目。

(四)保险赔偿等的处理

应由保险公司或过失人赔偿的损失,借记"其他应收款"等科目,贷记"固定资产清理"科目。

(五)清理净损益的处理

固定资产清理完成后,属于生产经营期间正常的处理损失,借记"营业外支出——处置非流动资产损失"科目,贷记"固定资产清理"科目;属于自然灾害等非正常原因造成的损失,借记"营业外支出——非常损失",贷记"固定资产清理"科目。如为贷方余额,借记"固定资产清理"科目,贷记"营业外收入"科目。

【例4-21】 乙公司现有一台设备由于性能等原因决定提前报废,原价为500 000元,

已计提折旧 450 000 元，未计提减值准备。报废时的残值变价收入为 20 000 元，报废清理过程中发生清理费用 3 500 元。有关收入、支出均通过银行办理结算。

（1）将报废固定资产转入清理时：

借：固定资产清理　　　　　　　　　　　　　50 000
　　累计折旧　　　　　　　　　　　　　　　450 000
　　　贷：固定资产　　　　　　　　　　　　500 000

（2）收回残值变价收入时：

借：银行存款　　　　　　　　　　　　　　　20 000
　　　贷：固定资产清理　　　　　　　　　　 20 000

（3）支付清理费用时：

借：固定资产清理　　　　　　　　　　　　　3 500
　　　贷：银行存款　　　　　　　　　　　　 3 500

（4）结转报废固定资产发生的净损失时：

借：营业外支出——非流动资产处置损失　　　33 500
　　　贷：固定资产清理　　　　　　　　　　 33 500

4.2.5* 固定资产减值

固定资产在资产负债表日的可收回金额低于其账面价值的，企业应将该固定资产的账面价值减记至可收回金额，同时确认为资产减值损失，计提固定资产减值准备。借记"资产减值损失——计提的固定资产减值准备"科目，贷记"固定资产减值准备"科目。固定资产减值损失一经确认，在以后会计期间不得转回。

借：资产减值损失——计提的固定资产减值准备
　　　贷：固定资产减值准备

4.3　无　形　资　产

4.3.1　无形资产概述

一、无形资产的概念

无形资产是指企业拥有或者控制的没有实物形态的可辨认非货币性资产，商誉排除在无形资产之外。

无形资产一般具有以下特征：

（1）不存在实物形态。无形资产只是一种受法律承认和保护的法定权利或获得超额利润的能力，没有物质实体，它不像固定资产、存货等有形资产具有实物形体。

（2）收益性。无形资产是一种长期资产，能在较长时期内为企业带来较大的经济利益。

（3）收益的不确定性。无形资产要依托于一定的实体发挥作用，所能带来的预期收益受诸多外在因素的影响，有些无形资产只是在某个特定的企业存在并发挥效能，有些无形资产随着市场竞争、新技术的出现而使其被替代或丧失其优越性。

（4）持有的目的是为了使用、受益、而不是为了转卖。

(5) 有偿取得。无形资产作为一种能带来预期收益的资产,除接受捐赠以外,无非是通过外购和自创方式取得的,而外购和自创都必须花费成本,因此,都是通过有偿取得的。

无形资产并不是仅仅从实物形态上与有形资产相对立的一类资产,而是具有某些相同特征的资产。拥有这些资产的企业,在市场竞争中处于特殊的有利地位,使企业得到额外的经济利益。

二、无形资产的内容

无形资产一般包括专利权、非专利技术、商标权、著作权、土地使用权、特许经营权等。

(一) 专利权

专利权是指国家专利主管机关依法授予发明创造专利申请人对其发明创造在法定期限内所享有的专有权利,包括发明专利权、实用新型专利权和外观设计专利权。专利权可以由发明人申请获得,也可以向拥有专利权的人购买获得。

(二) 非专利技术

非专利技术即在有技术或技术秘密、技术诀窍。它给予持有者独家使用或控制某项发明的特殊权利。是指企业在生产经营中已经采用的、未经公开的、在国内外享有法律保护的各种实用、先进、新颖的生产技术、经验和技巧诀窍。非专利技术是保密的、不公开的。它既包括技术领域,也包括经营领域。

(三) 商标权

商标是用来辨认特定的商品或劳务的标记,是指经国家工商行政管理部门商标局批准注册,申请人专门在自己生产的产品或经销的商品上使用特定的名称、图案、标记的权利。商标一经注册登记,就获得了法律上的保证,他人未经商标所有人许可不得在同种商品或类似商品上再使用同样的商标,否则就属于侵权,应当承担法律责任和经济责任。我国商标法规定,商标权的有效期为10年,期满前可以申请续展注册,经批准后可以继续享有商标的专用权。

商标权内容包括两个方面:即独占使用权和禁止使用权。所谓独占使用权是指商标注册人享有在商标注册范围内独家使用期商标的权利。所谓禁止使用权是指商标注册人享有禁止他人对注册商标独占使用权进行侵犯的权利,这种权利是商标权具有排他性的法律表现。根据商标法规定,商标使用权在受让人保证使用该注册商标产品质量前提下,可以进行转让。

(四) 著作权

著作权又称版权,是指国家版权部门依法授予著作者或文艺作品创作者以及出版商在一定年限内发表、制作、出版和发行其作品的专有权利。享有著作权的作品主要包括:文学作品、工艺美术作品、影视著品、音乐舞蹈作品等。

著作权包括两方面的权利,即精神权利(人身权利)和经济权利(财产权利)。前者指作品署名、发表作品、确认作者身份、保护作品的完整性、修改已经发表的作品等项权利,包括发表权、署名权、修改权和保护作品完整权;后者指以出版、表演、广播、展览、录制唱片、摄制影片等方式使用作品以及因授权他人使用作品而获得经济利益的权利,包括使用权和获得报酬权。

(五) 土地使用权

土地使用权是指国家准许某一企业或单位在一定期间内对国有土地享有开发、利用、经营的权利。《中华人民共和国土地管理法》明确规定,我国实行土地的社会主义公有制,即全民所有制和劳动群众集体所有者。城市的土地都属于国家所有，农村和城市郊区的土地，除由法律规定属于国家所有的以外，属于集体所有。任何单位和个人不得侵占、买卖或者以其他形式非法转让土地。国有土地可以依法确定给全民所有制单位或集体所有制单位使用，国有土地和集体所有的土地可以依法确定给个人使用。国有土地和集体所有的土地的使用权可以依法转让。任何企业、单位或个人，只能拥有土地的使用权，没有所有权。土地使用权的经济价值主要在于有助于企业长期发展获利能力。

（六）特许经营权

特许经营权又称特许权、专营权，是指企业通过支付费用，被准许在一定区域内，以一定的形式生产经营某种特定商品或劳务的专利权。它可以由政府机构授予，也可以由其他企业、单位或个人授予。前一种类型通常由政府机构授权，准许企业在一定区域内享有经营某种业务的特权，如公交运输、邮电通信、电力、煤气、自来水等专营权，烟草专卖权等；后一种类型通常是由其他企业、单位或个人授权，准许企业有限期或无限期地使用其商标权、专利权、非专利技术、商号等，以生产和销售某种产品或劳务的特有权利，如连锁分店使用总店的名称等。

三、无形资产的分类

企业的无形资产可以按照不同的标准进行分类。其分类方法主要有以下几种。

（一）按有无期限划分

按有无期限可以将无形资产分为有限期无形资产和无限期无形资产。

（1）有限期无形资产是指法律明确规定了有效期限的无形资产，如专利权、商标权、著作权、土地使用权等。这种无形资产，在法律的有效期限内受法律保护，因此，它们的取得成本必须在其有效期限内摊销。

（2）无限期无形资产是指法律没有明确规定有效期限的无形资产，如非专利技术。这种无形资产企业可以无限期地使用，直到其经济价值自行消失为止。

（二）按取得来源划分

按取得来源不同可以将无形资产分为外来无形资产和自创无形资产。

（1）外来无形资产是指政府给予企业的某种特权，企业从外单位购入的无形资产，企业接受其他单位投资转入的无形资产，企业接受捐赠的无形资产，企业通过债务重组取得的无形资产以及同归非货币性交易换入的无形资产等。

（2）自创无形资产是指企业自行开发、研制的无形资产，如企业自行开发、研制并按法律程序申请取得的专利权、商标权等。

四、无形资产的确认

某个项目要确认为无形资产，应符合无形资产的定义，并同时满足下列条件。

（一）与该无形资产有关的经济利益很可能流入企业

作为无形资产确认的项目，必须具备其所产生的经济利益可能流入企业这一条件。通常情况下，无形资产产生的未来经济利益可能包括在销售商品、提供劳务的销售收入中，或者企业使用该项无形资产而减少或节约了成本，或者体现在获得的其他利益中。例如，施工企业在生产工序中使用了某种知识产权，使其降低了未来施工成本。

（二）该无形资产的成本能够可靠地计量

成本能够可靠地计量是确认资产的一项基本条件，对于无形资产而言，这个条件相对更为重要。例如，企业自创商誉以及内部生产的品牌、报刊名等，因其成本无法可靠计量，因此不作为无形资产确认。

五、无形资产的计量

施工企业取得的无形资产应当按照成本进行初始计量。对于不同来源的无形资产，其成本构成也不尽相同。

（1）外购无形资产的成本包括购买价款、相关税费以及直接归属于使该项资产达到预定用途所发生的其他支出。其中，直接归属于使该项无形资产达到预定用途所发生的其他支出，是指使无形资产达到预定用途所发生的专业服务费用、测试无形资产是否正常发挥作用的费用等。

（2）自行开发的无形资产，其成本包括自满足无形资产确认条件后至达到预定用途前所发生的支出总额，但是对于以前期间已经费用化的支出不再调整。

（3）投资者投入无形资产的成本，应当按照投资合同或协议约定的价值确定，但合同或协议约定价值不公允的除外。

（4）非货币性资产交换、债务重组、政府补助和企业合并取得的无形资产的成本，应当按照新会计准则确定。

4.3.2 无形资产核算

一、无形资产的核算

购入无形资产。为了反映无形资产的取得和摊销情况，企业应设置"无形资产""累计摊销"科目，并按无形资产的类别设置明细科目，进行明细核算。"无形资产"账户如图4-8所示。

无形资产	
通过购买、自主研发、接受投资、接受捐赠形成的无形资产	通过出售、对外投资等方式转出的无形资产
无形资产的账面余额	

图 4-8 "无形资产"账户

【例 4-22】 企业购入无形资产，应按实际支付的价款及购入时发生的各种手续费等费用，借记"无形资产"科目，贷记"银行存款"科目。

明朗建筑公司购入某项非专利技术，以银行存款支付转让价款 75 000 元，作如下分录：

借：无形资产——非专利技术　　　　　　　75 000
　　贷：银行存款　　　　　　　　　　　　　　　75 000

二、自行开发无形资产

我国《企业会计准则》将企业自制并依法申请取得的无形资产的支出区分为研究阶段支出与开发阶段支出。企业应当根据研究与开发的实际情况加以判断。

研究阶段是探索性的，为进一步开发活动进行资料及相关方面的准备，已进行的研究活动将来是否会转入开发，开发后是否会形成无形资产等均具有较大的不确定性。因此，企业内部研究开发项目研究阶段的支出，应当于发生时计入当期损益；比如，意在获取知识而进行的活动，研究成果或其他知识的应用研究、评价和最终选择，材料、设备、产品、工序、系统或服务替代品的研究，新的或经改进的材料、设备、产品、工序、系统或服务的可能替代品的配制、设计、评价和最终选择等，均属于研究活动。

对于研究阶段而言，开发阶段应当是已完成研究阶段的工作，在很大程度上具备了形成一项新产品或新技术的基本条件。比如，生产前或使用前的原型和模型的设计、建造和测试，不具有商业性生产经济规模的试生产设施的设计、建造和运营等，均属于开发活动。根据《企业会计准则第6号——无形资产》规定，开发阶段的支出，同时满足下列条件的，才能确认为无形资产。

（1）完成该无形资产以使其能够使用或出售在技术上具有可行性。判断无形资产开发在技术上是否具有可行性，应当以目前阶段的成果为基础，并提供相关证据和材料，证明企业进行开发所需的技术条件等已经具备，不存在技术上的障碍或其他不确定性。比如，企业已经完成了全部计划、设计和测试活动，这些活动是使资产能够达到设计规划书中的功能、特征和技术所必需的活动，或经过专家鉴定等。

（2）具有完成该无形资产并使用或出售的意图。企业能够说明其开发无形资产的目的。

（3）无形资产产生经济利益的方式。无形资产是否能够为企业带来经济利益，应当对运用该无形资产生产产品的市场情况进行可靠预计，以证明所生产的产品存在市场并能够带来经济利益，或能够证明市场上存在对该无形资产的需求。

（4）有足够的技术、财务资源和其他资源支持，以完成该无形资产的开发，并有能力使用或出售该无形资产。企业能够证明可以取得无形资产开发所需的技术、财务和其他资源，以及获得这些资源的相关计划。企业自有资金不足以提供支持的，应能够证明存在外部其他方面的资金支持，如银行等金融机构声明愿意为该无形资产的开发提供所需资金等。

（5）归属于该无形资产开发阶段的支出能够可靠地计量。企业对研究开发的支出应当单独核算。同时从事多项研究开发活动的，所发生的支出应当按照合理的标准在各项研究开发活动之间进行分配；无法合理分配的，应当计入当期损益。

企业自行开发并依法申请取得的无形资产所发生的注册费、聘请律师费等费用计入无形资产的价值。"研发支出"账户如图4-9所示。

研 发 支 出	
企业自主研究开发无形资产时所发生的相关费用	转为无形资产或记入当期管理费用的研发支出

图4-9 "研发支出"账户

【例4-23】 甲建筑公司自行开发技术，申请专利获得成功，以存款支付专利申请费用2 000元，聘请律师费用2 000元，共发生各项研发支出30 000元，按规定可以计入该研发项目成本的支出为23 000元。

作如下分录：
借：无形资产——专利权　　　　　　　　　　　27 000
　　贷：银行存款　　　　　　　　　　　　　　　　4 000
　　　　研发支出　　　　　　　　　　　　　　　23 000

三、投资者投入无形资产

企业接受投资者投入无形资产，应按投资合同或协议约定的价值（合同或协议约定的价值不公允的除外），借记"无形资产"科目，贷记"实收资本"科目。

【例 4-24】 甲建筑公司收到乙公司以场地使用权进行的投资，经评估确认其价值为 500 000 元。

作如下分录：
借：无形资产——土地使用权　　　　　　　　500 000
　　贷：实收资本　　　　　　　　　　　　　　　500 000

4.3.3* 无形资产处置

一、无形资产出租

企业让渡无形资产使用权形成的租金收入和发生的相关费用，分别确认为其他业务收入和其他业务成本。

【例 4-25】 甲建筑公司将某种新型建筑材料的专利使用权转让给乙建材厂，转让合同规定，受让方应于每月末按销售该建筑材料的数量支付专利使用费。本月份，企业按合同规定派出技术人员为乙工厂解决技术问题，共发生各种费用 2 500 元，以银行存款支付。月末，该企业收到乙工厂支付的专利使用费 9 000 元，已存入银行。

（1）支付有关费用时，作会计分录如下：
借：其他业务成本　　　　　　　　　　　　　　2 500
　　贷：银行存款　　　　　　　　　　　　　　　　2 500

（2）收到专利使用费时，作会计分录如下：
借：银行存款　　　　　　　　　　　　　　　　9 000
　　贷：其他业务收入　　　　　　　　　　　　　　9 000

二、无形资产出售

企业出售无形资产，按照实际取得的转让收入，借记"银行存款"等科目，按该无形资产已计提的减值准备，借记"无形资产减值准备"科目，按无形资产的账面余额，贷记"无形资产"科目，按其差额贷记"营业外收入"或借记"营业外支出"科目。

【例 4-26】 甲建筑公司转让专利权一项，取得转让收入 50 000 元，该项无形资产已计提价值准备 1 000 元，账面余额 49 000，营业税税率为 5%。

作会计分录如下：
借：银行存款　　　　　　　　　　　　　　　　50 000
　　无形资产减值准备　　　　　　　　　　　　1 000
　　营业外支出　　　　　　　　　　　　　　　　500
　　贷：无形资产　　　　　　　　　　　　　　　49 000
　　　　应交税费　　　　　　　　　　　　　　　2 500

本章小结

本章主要介绍了投资性房地产的概念及后续计量的两种模式;固定资产不同取得方式下的核算,固定资产折旧的概念、计算方法及核算,固定资产清理及减值的核算;无形资产取得的核算,无形资产的摊销及处置的核算。

习 题

一、思考题

1. 什么是投资性房地产?
2. *企业可采用哪些模式对投资性房地产进行后续计量?
3. 固定资产可通过哪些方式取得?
4. 什么是固定资产折旧?
5. 固定资产折旧的方法有哪些?
6. 自主研究开发无形资产时,如何确定无形资产的取得成本?

二、单项选择题

1. 下列属于投资性房地产的有( )。
   A. 房地产开发企业销售的或为销售而正在开发的商品房和土地
   B. 企业生产经营用的厂房、车间
   C. 企业生产经营用的办公楼
   D. 企业经营性出租用的办公楼

2. 固定资产最基本的计价方法是( )。
   A. 原始价值　　　　B. 公允价值　　　　C. 折余价值　　　　D. 买价

3. 购置固定资产的需要安装,在固定资产达到预定可使用状态前应记( )账户。
   A. 在建工程　　　　B. 固定资产　　　　C. 财务费用　　　　D. 管理费用

4. 投资者投入的固定资产,以( )作为固定资产入账价值。
   A. 投资各方确认价值(不公允的除外)　　B. 投资单位账面价值
   C. 固定资产市场价值　　　　　　　　　　D. 固定资产净值

5. 某项固定资产原值为 16 500 元,预计使用年限为 5 年,预计净残值为 500 元,按平均年限法,每年计提的折旧额为( )元。
   A. 3 960　　　　B. 2 376　　　　C. 3 200　　　　D. 1 425.6

6. 某企业出售一台设备(不考虑相关税费),原价 160 000 元,已提折旧 45 000 元,出售设备时发生的各种清理费用 3 000 元,出售设备所得价款 113 000 元。该设备出售净收益( )。
   A. —2 000　　　　B. 2 000　　　　C. 5 000　　　　D. —5 000

7. 某企业对账面原价为 110 万元,累计折旧为 70 万元的某一项固定资产进行清理。清理时发生清理费用 5 万元,清理收入 80 万元(按 5% 的营业税率交纳营业税,其他税费略)。该固定资产的清理净收入为( )万元。

A. 31　　　　　B. 35　　　　　　C. 41　　　　　　D. 45

8. 企业出售固定资产的收入应记入（　　）账户。
A. "营业外支出"　　　　　　　　B. "投资收益"
C. "资本公积"　　　　　　　　　D. "固定资产清理"

9. 无形资产是指企业拥有或控制的没有实物形态的可辨认的（　　）。
A. 资产　　　B. 非流动性资产　　C. 货币性资产　　D. 非货币性资产

10. 专利权有法定有效期限，一般专利权的有效期限为（　　）。
A. 5 年　　　B. 10 年　　　　　C. 15 年　　　　　D. 20 年

11. 企业自创的专利权与非专利技术，其研究开发过程中发生的支出，应当区分研究阶段支出与开发阶段支出分别处理。无法区分研究阶段支出和开发阶段支出，应当将其所发生的研发支出全部费用化，计入当期损益中的（　　）。
A. 管理费用　　B. 财务费用　　　C. 营业外支出　　D. 销售费用

三、多项选择题

1. 下列各项，应通过"固定资产清理"科目核算的有（　　）。
A. 固定资产的出售、报废　　　　B. 固定资产投资转出
C. 固定资产的购入　　　　　　　D. 固定资产的毁损

2. "固定资产清理"账户借方的核算内容包括（　　）。
A. 转入清理的固定资产的净值　　B. 发生的清理费用
C. 结转的固定资产清理净损失　　D. 结转的固定资产清理净收益

3. 下列项目中，属于影响固定资产计提折旧的因素有（　　）。
A. 原始价值　　B. 预计使用年限　　C. 预计残值收入　　D. 预计清理费用

4. 无形资产具有的特征是（　　）。
A. 无实体性　　B. 可辨认性　　　C. 非货币性　　　D. 长期性

5. 企业自创商标权过程中发生的相关支出应全部计入当期损益，其中应计入销售费用的有（　　）。
A. 宣传广告费　B. 产品保修费　　C. 注册登记费　　D. 法律咨询费

6. 无形资产出售时，应贷记的账户有（　　）。
A. "营业外支出"　B. "应交税费"　C. "无形资产"　　D. "营业外收入"

7. 无形资产转销时，应借记的账户有（　　）。
A. "累计摊销"　　　　　　　　　B. "无形资产减值准备"
C. "无形资产"　　　　　　　　　D. "营业外支出"

8. 出租无形资产的摊销，其摊销额应区分情况分别记入（　　）账户。
A. "管理费用"　　　　　　　　　B. "其他业务成本"
C. "营业外支出"　　　　　　　　D. "待摊费用"

9. 关于无形资产处置，下列是说法中正确的是（　　）。
A. 企业出售无形资产，应当将取得的价款与该无形资产账面价值的差额计入当期损益
B. 企业出售无形资产，应当将取得的价款与该无形资产账面净值的差额计入当期损益
C. 无形资产预期不能为企业带来经济利益的，应当将该无形资产的账面价值予以转销
D. 无形资产预期不能为企业带来经济利益的，也应按原预定方法和使用寿命摊销

10. 关于无形资产的摊销，下列说法中正确的有（   ）。
A. 使用寿命有限的无形资产，其应摊销额应当在使用寿命内系统合理摊销
B. 企业摊销无形资产，应当自无形资产可供使用时起，至不再作为无形资产确认时为止
C. 无形资产摊销期限不超过 10 年
D. 使用寿命有限的无形资产一定无残值

四、判断题
1. 无形资产的可辨认性特征是区别于商誉的显著标志，其非货币性特征是区别于债权的显著标志。（   ）
2. 专利权和商标权均有法定有效期限，且到期时均不得继续申请延长注册期。（   ）
3. 著作权又称版权，是指著作权人对其著作依法享有的出版、发行方面的专有权利，不包括修改权、保护作品完整权等。（   ）
4. 会计准则规定，企业拥有的专利权、商标权、非专利技术、著作权、土地使用权和特许权都应确认为无形资产核算。（   ）
5. 企业自创商誉以及内部产生的品牌、报刊名等，不应确认为无形资产。（   ）
6. 企业自创商标权过程中发生的注册登记费应当计入管理费用。（   ）

五、会计分录题
1. 乙公司将原采用公允价值计量模式计价的一幢出租用厂房收回，作为企业的一般性固定资产处理。在出租收回前，该投资性房地产的成本和公允价值变动明细科目分别为 700 万元和 100 万元（借方）。转换当日该厂房的公允价值为 780 万元。金额单位用万元表示。
要求：做出乙公司转换日的会计处理。

2. 甲股份有限公司（以下简称甲公司）为华北地区的一家上市公司，甲公司 2012～2014 年与投资性房地产有关的业务资料如下：
（1）2012 年 1 月，甲公司购入一幢建筑物，价款为 800 万元，款项以银行存款转账支付。不考虑其他相关税费。
（2）甲公司购入的上述用于出租的建筑物预计使用寿命为 15 年，预计净残值为 36 万元，采用年限平均法按年计提折旧。
（3）甲公司将取得的该项建筑物自当月起用于对外经营租赁，甲公司对该房地产采用成本模式进行后续计量。
（4）甲公司该项房地产 2012 年取得租金收入为 90 万元，已存入银行。假定不考虑其他相关税费。
（5）2014 年 12 月，甲公司将原用于出租的建筑物收回，作为企业经营管理用固定资产处理。
要求：
（1）编制甲公司 2007 年 1 月取得该项建筑物的会计分录。
（2）计算 2007 年度甲公司对该项建筑物计提的折旧额，并编制相应的会计分录。
（3）编制甲公司 2007 年取得该项建筑物租金收入的会计分录。
（4）计算甲公司该项房地产 2008 年末的账面价值。
（5）编制甲公司 2009 年收回该项建筑物的会计分录。
（答案中的金额单位用万元表示。）

3. *甲公司购建一个生产车间，包括厂房和一条生产线两个单项工程，厂房价款为130万元，生产线安装费用50万元。2012年采用出包方式出包给甲公司，2013年有关资料如下：

(1) 1月10日，预付厂房工程款100万元。

(2) 2月10日，购入生产线各种设备，价款为500万元，增值税为85万元，款已支付。

(3) 3月10日，在建工程发生的管理费、征地费、临时设施费、公证费、监理费等15万元，以银行存款支付。

(4) 4月16日，将生产线的设备交付建造承包商建造安装。

(5) 5月31日，结算工程款项，差额以银行存款支付。

(6) 5月31日，生产线进行负荷联合试车发生的费用10万元，试车形成的副产品对外销售价款5万元，均通过银行存款结算。

(7) 6月1日，厂房、生产线达到预定可以使用状态，并交付使用。

要求：

(1) 编制1月10日，预付厂房工程款的会计分录。

(2) 编制2月10日购入生产线设备的会计分录。

(3) 编制3月10日支付管理费、征地费、临时设施费、公证费、监理费等的会计分录。

(4) 编制4月16日将生产线的设备交付建造承包商建造安装的会计分录。

(5) 编制5月31日结算工程款项的会计分录。

(6) 编制5月31日生产线进行负荷联合试车的会计分录。

(7) 编制计算分配待摊支出的会计分录。

(8) 编制结转在建工程成本的会计分录。

4. 甲公司为一般纳税企业。2012年8月3日，购入一台需要安装的生产用机器设备，取得的增值税专用发票上注明的设备价款为3 900万元，增值税进项税额为663万元，支付的运输费为37.50万元，款项已通过银行支付；安装设备时，领用本公司原材料一批，价值363万元，购进该批原材料时支付的增值税进项税额为61.71万元；领用本公司所生产的产品一批，成本为480万元，计税价格500万元，增值税率17%，消费税率10%，应付安装工人的职工薪酬为72万元；假定不考虑其他相关税费。2012年10月8日达到预定可使用状态，预计使用年限为10年，净残值为2万元，采用双倍余额递减法计算年折旧额。

要求：编制2012年有关会计分录。

5. 甲公司从外单位购入某项专利权的成本为6 000 000元，估计使用寿命为8年，该项专利用于产品的生产；同时，购入一项商标权，实际成本为8 000 000元，估计使用寿命为10年。假定这两项无形资产的净残值均为零。购买价款均以银行存款支付。

要求：编制甲公司取得无形资产及摊销无形资产的会计分录。

6. *某企业自行研究开发一项新产品专利技术，在研究开发过程中发生材料费40 000 000元，人工工资10 000 000元以及其他费用30 000 000元，总计80 000 000元，其中符合资本化的支出为50 000 000元，期末，该专利技术达到预定用途。

要求：

(1) 编制该公司发生开发支出的会计分录。

(2) 编制该公司转销费用化开发支出及形成专利权的会计分录。

第 5 章 负债

知识目标
- 了解流动负债和非流动负债的含义及内容；
- 了解长期应付款的内容及核算方法；
- 掌握各项流动负债的确认、计量及核算方法；
- 熟悉应付债券的核算内容，掌握债券利息调整的实际利率法；
- 掌握长期借款账务的处理方法。

能力目标
- 能够根据银行短期借款业务资料计算借款利息并进行相应的账务处理；
- 能够进行应付票据的形成、计提利息、票据到期等业务的会计核算；
- 能够完成应付职工薪酬的计算并进行相应的账务处理；
- 能够结合日常购销业务完成各项流转税及附加税费的计算并进行会计核算；
- 能够根据银行长期借款业务资料和借款费用处理原则核算长期借款的业务；
- 能够进行应付债券发行、利息调整摊销及到期还本（付息）业务的会计核算。

负债是指由于过去的交易、事项形成的现实义务，履行该义务期会导致经济利益流出企业。它具有以下主要特征：

（1）负债是由过去的交易或事项而形成的，而且是现在已经承担的责任。对于企业正在筹划的未来交易或事项，如企业已经签署但尚未生效的合同与合作事项等，并不构成企业目前的负债。

（2）负债对于企业而言，是项强制性的义务，可能属于法律、合同或类似文件的要求。若是一项非强制性的、属于可有可无的责任，如计划对慈善机构的捐赠等，则不能形成企业的负债。

（3）负债通常需要在未来某一特定时日用资产（一般往往是货币资金）或劳务来偿付。在某种情况下，现有负债可能通过承诺新的负债（即债务的展期）或转化为所有者权益来予以了结，但最终都要导致企业资产的流出。

负债可以按偿还期长短的不同，分为流动负债和非流动负债。

5.1 流动负债

流动负债，是指预计在一年或超过一年的一个正常营业周期中清偿，或者主要为交易目的而持有，或者自资产负债表日起一年内（含一年）到期应予以清偿，或者企业无权自主地将清偿推迟至资产负债表日后一年以上的负债。流动负债主要包括短期借款、应付票据、应付账款、预收账款、应付职工薪酬、应交税费、应付利息、应付股利、其他应付款等。

流动负债到期时需要以流动资产或以增加流动负债来抵偿,确认流动负债,可以反映企业负债的偿还期限,同时将流动资产与流动负债相比较,可以反映企业的短期偿债能力。

5.1.1 短期借款

一、短期借款的概念

短期借款,是指企业向银行或其他金融机构等借入的期限在一年以下(含一年)的各种借款。企业借入短期借款的目的一般是为了维持正常的生产经营所需的资金,或为了抵偿某项债务。无论借入款项的来源如何,企业均需要向债权人按期偿还借款的本金及利息。

二、短期借款的核算

为了正确地反映和监督短期借款的借入和偿还情况,施工企业应设置"短期借款"账户(T型账户如图5-1所示)。它属于负债类科目,其贷方登记企业向银行或其他金融机构借入的各种短期借款的本金;借方登记企业已归还的各种短期借款的本金;期末贷方余额反映企业尚未归还的短期借款的本金。为了反映各项短期借款的借入和归还情况,该科目应按债权人设置明细账,并按借款的种类进行明细分类核算。

短 期 借 款	
企业已归还的各种短期借款的本金	企业向银行或其他金融机构借入的各种短期借款的本金
	反映企业尚未归还的短期借款的本金

图 5-1 "短期借款"账户

企业取得短期借款时,借记"银行存款"等科目,贷记"短期借款"科目,偿还本金时作相反会计分录。在实际工作中,银行一般于每季度末收取短期借款利息,为此,企业的短期借款利息一般采用月末预提的方式进行核算。短期借款利息属于筹资费用,应计入"财务费用"科目。企业应在月末按照计算确定的短期借款利息费用,借记"财务费用"科目,贷记"应付利息"科目;实际支付利息时,根据已预提的利息,借记"应付利息"科目,根据应计利息,借记"财务费用"科目,根据应付利息总额,贷记"银行存款"科目。

【例5-1】 某建筑股份有限公司2013年1月1日向银行借入临时借款300 000元,期限3个月,年利率9%,到期一次还本付息。

则东华公司应作如下会计处理:

(1) 1月1日,办理相关手续,取得银行临时借款

借:银行存款　　　　　　　　　　　　　　300 000
　　贷:短期借款——临时借款　　　　　　　　　　　300 000

(2) 1月末,按月计提利息

借:财务费用——利息支出　　2 250 (300 000×9%/12)
　　贷:应付利息　　　　　　　　　　　　　　　　2 250

2月末,作同上的处理。

(3) 到期一次还本付息

借:短期借款——临时借款　　　　　　　　300 000
　　应付利息　　　　　　　　　　　　　　　4 500

　　　　财务费用　　　　　　　　　　　　　　　　2 250
　　　　贷：银行存款　　　　　　　　　　　　　　306 750

5.1.2* 应付票据

一、应付票据的概念

应付票据，是指企业在购买材料、商品和接受劳务供应等开出、承兑的商业汇票。商业汇票按承兑人不同可分为银行承兑汇票和商业承兑汇票两种。商业承兑汇票的承兑人为企业，承兑人对所承兑的债务有在一定时期内付款的义务，形成了企业的一项负债；银行承兑汇票承兑人为银行，银行的承兑为收款人按时收回债权提供了可靠的保证，但是，出票人的现存付款义务仍存在，也应将其作为一项负债。应付票据是否带息分为带息应付票据和不带息应付票据两种。

二、应付票据的核算

为了核算企业开出、承兑的商业汇票，施工企业应设置"应付票据"账户（T型账户如图5-2所示）。它属于负债类科目，其贷方登记企业因购买材料物资或抵付应付账款等开出、承兑的商业汇票的款项；借方登记企业偿还的应付票据的款项；期末贷方余额反映企业尚未偿还的应付票据的款项。

应　付　票　据	
企业偿还的应付票据的款项	企业因购买材料物资或抵付应付账款等开出、承兑的商业汇票的款项
	反映企业尚未偿还的应付票据的款项

图5-2　"应付票据"账户

为了反映应付票据的具体情况，企业应设置"应付票据备查簿"，详细登记每一应付票据的种类、号数、签发日期、到期日、票面金额、票面利率、合同交易号、收款人姓名或单位名称，以及付款日期和金额等资料。应付票据到期结清时，应在备查簿内逐笔注销。

企业开出、承兑商业汇票或以承兑商业汇票抵付货款、工程款、应付账款时，借记"材料采购""原材料""库存商品""工程施工""应付账款"等科目，贷记"应付票据"科目。支付银行承兑汇票的手续费，借记"财务费用"科目，贷记"银行存款"科目。收到银行支付到期票据的付款通知，借记"应付票据"科目，贷记"银行存款"科目。

企业开出的商业汇票，如为带息票据，应于期末计算应付利息，借记"财务费用"科目，贷记"应付票据"科目；票据到期支付本息时，按票据账面余额，借记"应付票据"科目，按未记的利息，借记"财务费用"科目，按实际支付的金额，贷记"银行存款"科目。

应付票据到期，企业如无力支付票款，应按应付票据的账面余额，借记"应付票据"科目，贷记"应付账款"科目或"短期借款"科目。到期不能支付的带息应付票据，转入"应付账款"科目核算后，期末不再计提利息。

【例5-2】 某建筑股份有限公司为增值税一般纳税人，于2013年3月6日开出一张面值为58.5万元，期限为3个月的不带息商业汇票，用以采购一批材料，已交纳承兑手续费50元。增值税专用发票上注明的材料价款为50万元，增值税额为8.5万元。

会计处理如下：

借：材料采购　　　　　　　　　　　　　　　　500 000
　　应交税金——应交增值税（进项税额）　　　85 000
　　　贷：应付票据　　　　　　　　　　　　　　　　585 000
借：财务费用　　　　　　　　　　　　　　　　　50
　　　贷：银行存款　　　　　　　　　　　　　　　　　50

2013年6月6日，公司于3月6日开具的商业汇票到期，公司通知其开户银行以银行存款支付票款。会计处理如下：

借：应付票据　　　　　　　　　　　　　　　585 000
　　　贷：银行存款　　　　　　　　　　　　　　　　585 000

假设上述商业汇票到期无力支付，则会计处理如下：

借：应付票据　　　　　　　　　　　　　　　585 000
　　　贷：应付账款（或短期借款）　　　　　　　　　585 000

5.1.3 应付账款

一、应付账款的概念

应付账款，是指企业因购买材料、商品和接受劳务等经营活动而发生的债务。

由于应付账款的偿付时间一般较短，不再单独计算利息，而实际上延期付款时间的利息已隐含在业务发生时的金额之内，业务发生时的金额即为未来应付的金额。按照重要性原则要求，在会计实务中，应付账款按业务发生时的金额计价。

应付账款入账时间的确定，应以与所购买物资所有权有关的风险和报酬已经转移或劳务已经接受为标志。在实际工作中，为了使所购入的物资的金额、品种、数量和质量等与合同规定的条款相符，避免因验收时发现所购物资存放数量或质量问题而对入账的物资或应付账款金额进行改动，在物资和发票账单同进到达的情况下，一般在所购物资验收入库后，再根据发票账单登记入账，确认应付账款。在所购物资已经验收入库，但是发票账单未能同进到达的情况下，企业应付物资供应单位的债务已经成立，在会计期末，为了反映企业的负债情况，需要将所购物资和相关的应付账款暂估入账，待下月初作相反的分录予以冲回。

二、应付账款的核算

为了核算应付账款的发生和偿还情况，施工企业应设置"应付账款"账户（T型账户如图5-3所示）。它属于负债类科目，其贷方登记施工企业因购买材料物资和接受劳务等应付给供应单位的款项，以及因分包工程应付给分包单位的工程价款；借方登记施工企业以各种形式偿还的应付账款；期末贷方余额反映应付未付的应付账款。该科目下应设置"应付工程款"和"应付购货款"明细科目进行核算。

应　付　账　款	
施工企业以各种形式偿还的应付账款	因购买材料物资和接受劳务等应付给供应单位的款项，以及因分包工程应付给分包单位的工程价款
	反映应付未付的应付账款

图5-3　"应付账款"账户

施工企业与分包单位办理工程结算,但工程款尚未支付,根据有关合同、工程结算单等,借记"工程施工"等科目,按应付的价款,贷记"应付账款"科目。企业购入材料、商品等验收入库,但货款尚未支付,应根据有关发票账单、随货同行发票上记载的实际价款或暂估价值,借记"材料采购""原材料"等科目,按应付的价款,贷记"应付账款"科目。支付货款时,应借记"应付账款"科目,贷记"银行存款"科目。企业接受供应单位提供劳务而发生的应付未付款项,根据供应单位的发票账单,借记"工程施工""机械作业"、"辅助生产""管理费用"等科目,贷记"应付账款"科目。

应付账款附有现金折扣的,应按照扣除现金折扣前的应付款总额入账。因在折扣期限内付款而获得的现金折扣,应在偿付应付款时冲减财务费用。

【例5-3】 某建筑股份有限公司经税务部门核定为一般纳税人,存货按实际成本计价核算。

某月份该企业发生的材料采购等业务及相应的账务处理如下:

(1) 5日,向A公司购入原材料一批,取得的增值税专用发票上注明的价款为50 000元,增值税税额为8 500元,A公司代垫运杂费1 000元,发票账单等结算凭证已经收到,材料已验收入库,但货税款尚未支付(按照目前税制规定,企业外购货物所支付的运输费中,可按7%的扣除率计算准予抵扣增值税)。

  借:原材料   50 930
    应交税金——应交增值税(进项税额)   8 570
    贷:应付账款——应付A公司   59 500

(2) 12日,开出转账支票支付所欠A公司货税款59 500元。

  借:应付账款——应付A公司   59 500
    贷:银行存款   59 500

(3) 15日,企业开出并承兑为期两个月不带息的商业汇票70 200元,交给供应单位丙厂,以抵付上月购料所欠的货款。

  借:应付账款——应付丙厂   70 200
    贷:应付票据   70 200

(4) 20日,企业按有关规定转销确实无法支付的应付账款1 400元。

  借:应付账款   1 400
    贷:营业外收入   1 400

(5) 26日,向B公司购入甲材料10吨,材料已运到,并已验收入库,但发票账单等结算凭证尚未收到,货款未付。

暂不作账务处理,可根据"材料入库单"登记原材料明细账的收入数量。

(6) 月末,计算本月应付电费125 000元(不含税),其中:基本生产车间用于产品生产的电费为97 600元,基本生产车间照明用电费为5 400元,行政管理部门用电费为22 000元。电费尚未支付。

  借:生产成本——基本生产成本   97 600
    制造费用   5 400
    管理费用   22 000
    贷:应付账款——应付供电公司   125 000

(7) 月末，仍未收到已于 26 日验收入库 10 吨甲材料的发票账单等结算凭证，即按暂估价格每吨 6 000 元入账。

借：原材料　　　　　　　　　　　　　　60 000
　　贷：应付账款——暂估应付账款　　　　　　　60 000

下月初，再用红字将上述分录反向冲回。

5.1.4　预收账款及其他应付款

一、预收账款

预收账款，是指企业按照合同规定向购货单位预收的款项。预收账款所形成的负债应由企业将来以其财产（产成品或库存商品）或提供劳务来偿还。有些购销合同规定，销货企业可向购货企业预先收取一部分货款，待向对方发货后再收取其余货款。企业在发货前收取的货款，表明企业承担了会在未来导致经济利益流出企业的应履行的义务，就成为企业的一项负债。

预收账款的总分类核算是通过设置"预收账款"账户进行的。该科目属于负债类账户，贷方登记预收的账款，包括向发包单位预收的工程款、备料款和向购货单位预收的销货款；借方登记企业向购货单位发货后冲销的预收账款数额和退回购货方多付账款的数额；余额一般在贷方，反映企业向购货单位预收款项但尚未向购货方发货的数额，如为借方余额，反映企业尚未转销的款项。该科目应分别按发包单位和购货单位设置明细账，进行明细分类核算。

企业向购货单位预收款项时，借记"银行存款"科目，贷记"预收账款"科目；销售实现时，按实现的收入，借记"预收账款"科目，按照实现的营业收入，贷记"主营业务收入"科目，按照增值税专用发票上注明的增值税额，贷记"应交税金——应交增值税（销项税额）"科目；企业收到购货单位补付的款项，借记"银行存款"科目，贷记"预收账款"科目；向购货单位退回其多付的款项时，借记"预收账款"科目，贷记"银行存款"科目。

【例 5-4】 某建筑股份有限公司 2013 年 1 月 31 日，收到甲安装工程款备料款 100 万元，11 月 30 日工程完工决算总收入为 150 万元。

会计分录如下：

(1) 1 月份收到预收账款：

借：银行存款　　　　　　　　　　　1 000 000
　　贷：预收账款　　　　　　　　　　　　1 000 000

(2) 11 月份工程决算：

借：预收账款　　　　　　　　　　　1 000 000
　　应收账款　　　　　　　　　　　　 500 000
　　贷：主营业务收入　　　　　　　　　　1 500 000

二、其他应付款

其他应付款是指企业除应付票据、应付账款、预收账款、应付职工薪酬、应交税费、应付股利等经营活动以外的其他各项应付、暂收的款项，如应付租入包装物租金、存入保证金、应付统筹退休金等。

为了核算各项应付和暂收款项，施工企业应设置"其他应付款"科目，它属于负债类科目,其贷方登记发生的各项应付与暂收款项;借方登记支付的各项应付及暂收款项;期末贷方余额反映尚未支付的各项应付及暂收款项。该科目应按应付、暂收款项的类别和单位或个人设置明细账,进行明细分类核算。

企业发生的其他各种应付、暂收款项,借记"管理费用"等科目,贷记"其他应付款"科目;支付的其他各种应付、暂收款项,借记"其他应付款",贷记"银行存款"科目。

企业采用售后回购方式融入资金的,应按实际收到的金额,借记"银行存款"科目,贷记"其他应付款"。回购价格与原销售价格之间的差额,应在售后回购期间内按期计提利息费用,借记"财务费用"科目,贷记"其他应付款"科目。按照合同约定购回该项商品时,应按实际支付的金额,借记"其他应付款"科目,贷记"银行存款"科目。

【例 5-5】 某建筑股份有限公司从 2012 年 1 月 1 日起,以经营租赁方式租入管理用办公设备一批,每月租金 5 000 元,按季支付。3 月 31 日,该建筑股份有限公司以银行存款支付应付租金。

(1) 1 月 31 日计提应付租赁方式租入固定资产租金:

借:管理费用　　　　　　　　　　　5 000
　　贷:其他应付款　　　　　　　　　　5 000

(2) 2 月底计提应付租赁方式租入固定资产租金,同上。

(3) 3 月 31 日支付租金:

借:其他应付款　　　　　　　　　　10 000
　　管理费用　　　　　　　　　　　　5 000
　　贷:银行存款　　　　　　　　　　15 000

5.1.5　应付职工薪酬

一、职工薪酬的内容

职工薪酬,是指企业为获得职工提供的服务而给予的各种形式的报酬以及其他相关支出,包括职工在职期间和离职后提供给职工的全部货币性薪酬和非货币性福利。既包括提供给职工本人的薪酬,也包括提供给职工配偶、子女或其他被赡养人的福利等。职工薪酬的具体内容主要包括:

(1) 职工工资、奖金、津贴和补贴;
(2) 职工福利费;
(3) 医疗保险费、养老保险费、失业保险费、工伤保险费和生育保险费等社会保险费;
(4) 住房公积金;
(5) 工会经费和职工教育经费;
(6) 非货币性福利;
(7) 辞退福利,即指因解除与职工的劳动关系给予的补偿;
(8) 股份支付,即指企业为获取职工和其他方提供服务而授予权益工具或承担以权益工具为基础确定的负债的交易。

二、应付职工薪酬的核算

施工企业在职工为其提供服务的会计期间,将应付的职工薪酬确认为负债,并根据职工提供服务的收益对象,分别计入工程成本或劳务成本、建造固定资产或无形资产的开发成本以及当期损益。为了反映企业根据有关规定应付给职工的各种薪酬，应设置"应付职工薪酬"科目（T型账户如图5-4所示）。该科目的贷方登记已分配计入有关成本费用项目的职工薪酬的数额，借方登记实际发放、支付和使用职工薪酬的数额，期末余额一般在贷方，表示企业应付而未付的职工薪酬。同时，按职工薪酬的具体内容分别按"工资""职工福利""社会保险费""住房公积金""工会经费""职工教育经费""非货币性福利""辞退福利""股利支付"等进行明细核算。外商投资企业按规定从净利润中提取的职工奖励及福利基金，也在"应付职工薪酬"科目核算。

应 付 职 工 薪 酬

登记实际发放、支付和使用职工薪酬的数额	已分配计入有关成本费用项目的职工薪酬的数额
	应付而未付的职工薪酬

图5-4 "应付职工薪酬"账户

职工薪酬包括货币性职工薪酬和非货币性职工薪酬。

（一）货币性职工薪酬

货币性职工薪酬，主要包括分配、结算职工的工资和计提的各项保险费、住房公积金、工会经费及职工教育经费等内容。施工企业支付、发放货币性职工薪酬的账务处理如下：

（1）企业支付职工工资、奖金、津贴和补贴，根据工资结算汇总表的实发数额，借记"应付职工薪酬——工资"科目，贷记"库存现金"或"银行存款"科目。同时结转各项代扣款项（代垫的房租、代扣的工会经费、个人所得税等）时，借记"应付职工薪酬——工资"科目，贷记"其他应收款""其他应付款""应交税费——应交个人所得税"等科目。

（2）企业向社会保险机构和住房公积金管理机构为职工缴纳各种保险费及住房公积金时，借记"应付职工薪酬——社会保险费"或"应付职工薪酬——住房公积金"科目，贷记"银行存款"科目。

（3）企业向本单位工会支付工会经费以及支付职工培训费时，借记"应付职工薪酬——工会经费"或"应付职工薪酬——职工教育经费"科目，贷记"银行存款"或"库存现金"科目。

【例5-6】 某建筑有限公司2013年4月份职工工资，根据职工的考勤记录由劳动人事部门编制的职工工资结算汇总表见表5-1。

表5-1　　　　　　　　某建筑有限公司工资结算汇总表

2013年4月　　　　　　　　　　　　　　　　　　　　　　　　　　　　　金额单位：元

职工类别	计时工资	夜班津贴	副食补贴	加班工资	奖金	应付工资	代扣款项			实发工资
							房租	会费	税金	
建筑工人	76 800	1 200	1 860	1 820	3 450	85 130	818	319	257	83 636
管理人员	18 600	—	1 120	270	960	20 950	230	48	85	20 587
销售人员	15 600	—	780	450	2 400	19 230	68	35	160	18 967
新产品试制人员	13 600	590	820	780	1 510	17 300	150	56	55	17 039
合计	124 600	1 790	4 580	3 320	8 320	142 610	1 266	458	657	140 229

工资结算汇总表是根据工资结算表编制的，反映了企业在一定时期内应该支付职工的工资总数和实际发放给职工的工资。它是工资核算的原始依据，可以作为计提社会保险费、工会经费、职工教育经费的依据。

根据汇总表，高新建筑公司编制如下分录：

(1) 根据实发数：

借：应付职工薪酬——工资　　　　　　　　　140 229
　　贷：银行存款（委托银行转账发放）　　　　140 229

(2) 结转代扣款项时（假定房租是企业为职工提前代垫的）：

借：应付职工薪酬——工资　　　　　　　　　2 381
　　贷：其他应付款——应付工会经费　　　　　458
　　　　其他应收款——代垫房租　　　　　　　1 266
　　　　应交税费——应交个人所得税　　　　　657

(3) 月末进行工资分配（可以单独编制工资分配表，也可以根据工资汇总表），同时根据所在地政府规定，公司分别按照职工工资总额的10%、12%、2%和10.5%计提医疗保险费、养老保险费、失业保险费和住房公积金，按2%、1.5%计提工会经费和职工教育经费时：

应计入工程施工的职工薪酬金额＝
　　85 130＋85 130×（10%＋12%＋2%＋10.5%＋2%＋1.5%）＝117 479.4（元）

应计入管理费用的职工薪酬金额＝
　　20 950＋20 950×（10%＋12%＋2%＋10.5%＋2%＋1.5%）＝28 911（元）

应计入销售费用的职工薪酬金额＝
　　19 230＋19 230×（10%＋12%＋2%＋10.5%＋2%＋1.5%）＝26 537.4（元）

应计入无形资产研发支出的职工薪酬金额＝
　　17 300＋17 300×（10%＋12%＋2%＋10.5%＋2%＋1.5%）＝23 874（元）

计提的各项费用金额分别为

社会保险费＝142 610×（10%＋12%＋2%）＝34 226.4（元）

住房公积金＝142 610×10.5%＝14 974.05（元）

工会经费＝142 610×2%＝2 852.2（元）

职工教育经费＝142 610×1.5%＝2 139.15（元）

借：工程施工　　　　　　　　　117 479.40
　　管理费用　　　　　　　　　　28 911
　　销售费用　　　　　　　　　　26 537.40
　　研发支出　　　　　　　　　　23 874
　　贷：应付职工薪酬——工资　　　　142 610
　　　　　　　　　——社会保险费　　34 226.40
　　　　　　　　　——住房公积金　　14 974.05
　　　　　　　　　——工会经费　　　2 852.20
　　　　　　　　　——职工教育经费　2 139.15

(4) 企业签发转账支票向当地有关机构缴纳社会保险费和住房公积金以及向本公司工会

支付工会经费时：

借：应付职工薪酬——社会保险费　　　　　34 226.40
　　　　　　　　——住房公积金　　　　　14 974.05
　　　　　　　　——工会经费　　　　　　2 852.20
　　贷：银行存款　　　　　　　　　　　　　52 052.65

（二）非货币性职工薪酬

（1）企业以其自产产品或外购商品发放给职工作为非货币性福利。企业以其生产的产品作为非货币性福利提供给职工的，应当按照该产品的公允价值和相关税费，计量应计入成本费用的职工薪酬，并确认主营业务收入，其销售成本的结转和相关税费的处理，与正常商品销售相同。企业以外购商品作为非货币性福利提供给职工的，应当按照该商品的公允价值和相关税费，计量计入成本费用的职工薪酬金额。

【例5-7】 某建筑股份有限公司共有职工1 000名，其中公司管理人员400名，工程一线人员600名。2013年1月公司外购床上用品1 000件发给全体职工，开具的普通发票价款为200 000元。

会计处理如下：

公司购买时：

借：应付职工薪酬——非货币性福利　　　　200 000
　　贷：银行存款　　　　　　　　　　　　　200 000

公司向职工发放时：

借：工程施工　　　　　　　　　　　　　　120 000
　　管理费用　　　　　　　　　　　　　　　80 000
　　贷：应付职工薪酬——非货币性福利　　　200 000

（2）将企业拥有的资产无偿提供给职工使用。企业将拥有的资产无偿提供给职工使用的，应当按照受益对象，将每期应计提的折旧计入相关资产成本或费用，同时确认应付职工薪酬。

【例5-8】 某建筑股份有限公司为5名副总经理以下高级管理人员每人提供免费轿车一辆，假定每车每月计提折旧4 000元。

则该公司每月应作如下会计处理：

借：管理费用　　　　　　　　　　　　　　20 000
　　贷：应付职工薪酬——非货币性福利　　　20 000
借：应付职工薪酬——非货币性福利　　　　20 000
　　贷：累计折旧　　　　　　　　　　　　　20 000

5.1.6 应交税费

应交税费，是指企业根据税法规定应当向国家交纳的各种税费。税法规定企业应缴纳的各种税费包括：

（1）流转税类，是以商品生产、商品流通和劳动服务的流转额为征收对象的一类税收，包括增值税、消费税、营业税、关税等。

（2）所得税类，是以纳税人的各种收益额为征收对象的一类税收，包括企业所得税、个人所得税等。

（3）财产税类，是以纳税人拥有的财产数量或财产价值为征税对象的一类税收，包括房产税、车船使用税等。

（4）资源税类，是以自然资源和某些社会资源为征税对象的一类税收，包括资源税等。

（5）行为税类，也称为特定行为目的税类，是国家为了实现某种特定目的，以纳税人的某些特定行为为征税对象的一类税收，包括印花税、车辆购置税、城市建设维护税、契税、耕地占用税等。

（6）另外还包括企业应向国家缴纳的各种费用，如教育费附加和矿产资源补偿费等。

为了总括地核算和监督应交纳的各种税金，施工企业应设置"应交税金"科目（T型账户如图5-5所示），它属于负债类科目。其贷方登记企业计算出的应交纳的各种税金和税务机关退回多交的税金；借方登记企业实际已交纳的各种税金；期末贷方余额反映企业应交未交的税金；若为借方余额，则反映企业多交的税金。为了详细反映各种税金的计算和交纳情况，企业应按应交税金的种类设置明细账，进行明细分类核算。

应 交 税 金

实际已交纳的各种税金	企业计算出的应交纳的各种税金和税务机关退回多交的税金
反映企业多交的税金	反映企业应交未交的税金

图 5-5 "应交税金"账户

一、应交增值税的核算

增值税是对在我国境内销售货物或者提供加工、修理修配劳务，以及进口货物的单位和个人，就其取得的货物或应税劳务销售额，以及进口货物的金额计算税款，并实行税款抵扣制的一种流转税。增值税是一种价外税。施工企业生产对外销售产品，如结构件等，单独进行核算，应依法交纳增值税。

按照纳税人的经营规模及会计核算的健全程度，增值税纳税人分为一般纳税人和小规模纳税人。一般纳税人应纳增值税额，根据当期销项税额减去当期进项税额计算确定；小规模纳税人应纳增值税额，按照销售额和规定的征收率计算确定。

【例5-9】 某建筑股份有限公司所属独立核算的构件厂为增值税一般纳税人。本期初购入一批原材料，增值税专用发票上注明原材料价款60万元，增值税额为10.2万元。货款已经支付，材料已到达并验收入库。该批材料当期制成产品于月末对外销售，开出的增值税专用发票上注明产品销售收入为100万元，增值税额为17万元。货款尚未收到。

有关会计处理如下：

（1）购入原材料时

借：原材料　　　　　　　　　　　　　　　　　600 000
　　应交税费——应交增值税（进项税额）　　 102 000
　　贷：银行存款　　　　　　　　　　　　　　702 000

（2）销售产品时

借：应收账款　　　　　　　　　　　　　　　1 170 000

　　　　贷：主营业务收入　　　　　　　　　　　　　1 000 000
　　　　　　应交税费——应交增值税（销项税额）　　170 000
　　　　　　　当期应交增值税＝170 000－102 000＝68 000元

【例5-10】　某建筑股份有限公司所属独立核算的佳林工程公司为增值税小规模纳税人，本月购入原材料，按照增值税专用发票上记载的原材料价款为100万元，支付的增值税额为17万元，材料尚未到达，企业开出商业承兑汇票。该公司当月销售一批不再使用的钢材，销售价格总额为90万元，假定符合收入确认条件，货款尚未收到。

根据上述经济业务，该公司应作如下账务处理：
（1）购进材料时
　　借：材料采购　　　　　　　　　　　　　　　1 170 000
　　　　贷：应付票据　　　　　　　　　　　　　　　1 170 000
（2）销售货物时
　　　　　不含税价格＝90/(1＋6％)＝84.905 7（万元）
　　　　　应交增值税＝849 057×6％＝5.094 3（万元）
　　借：应收账款　　　　　　　　　　　　　　　　900 000
　　　　贷：其他业务收入　　　　　　　　　　　　　849 057
　　　　　　应交税费——应交增值税　　　　　　　　50 943
（3）该企业上交增值税时
　　借：应交税费——应交增值税　　　　　　　　　50 943
　　　　贷：银行存款　　　　　　　　　　　　　　　50 943

二、应交消费税的核算

消费税是指我国境内生产、委托加工和进口应税消费品的单位和个人，按其流转额交纳的一种税。消费税是价内税，是国家对某些特定商品进行特殊调节而设立的税种，缴纳消费税的商品同时也交纳增值税。

消费税征收范围主要包括：烟、酒及酒精、成品油、鞭炮和烟火、化妆品、贵重首饰及珠宝玉石、高尔夫球及球具、高档手表、游艇、木制一次性筷子、实木地板、汽车轮胎、摩托车、小汽车14种商品。

消费税的计税方法。消费税税率有两种形式：一种是比例税率；另一种是定额税率。计算公式分别为

　　　　　　应纳消费税额＝应税消费品的销售额×消费税税率
或
　　　　　　应纳消费税额＝应税消费品的数量×消费税单位税额

企业应在"应交税费"账户下设置"应交消费税"明细账户，对应交消费税及其交纳情况进行核算。当企业计算应交消费税时，借记"营业税金及附加"科目，贷记"应交税费——应交消费税"科目；实际交纳时，借记"应交税费——应交消费税"科目，贷记"银行存款"科目。

三、应交营业税的核算

营业税，是指对在我国境内提供应税劳务、转让无形资产或销售不动产的单位和个人就其取得的营业收入额（销售额）而征收的一种流转税。其中，提供的应税劳务是指提供交通

运输、建筑、金融保险、邮电通信、文化体育、娱乐及服务等劳务；转让无形资产，是指转让无形资产的所有权或使用权的行为；销售不动产是指有偿转让不动产的所有权，转让不动产有限产权或永久使用权，以及单位将不动产无偿赠予他人，均视同销售不动产的行为。加工和修理修配劳务不属于营业税劳务，应征收增值税。

营业税以营业额作为计税依据。营业额是指纳税人提供应税劳务、转让无形资产或销售不动产而向对方收取的全部款项和价外费用。价外费用包括向对方收取的手续费、集资费、基金、代收款项及其他各种性质的价外收费。税率从3‰～20‰不等。

企业应在"应交税费"账户下设置"应交营业税"明细账户，核算应交营业税及交纳情况。

企业按照营业额及其适用的税费，计算应交的营业税，借记"营业税金及附加"科目，贷记"应交税费——应交营业税"科目；企业销售不动产时，计算应交的营业税，借记"固定资产清理"等科目，贷记"应交税费——应交营业税"科目；实际缴纳营业税时，借记"应交税费——应交营业税"科目，贷记"银行存款"科目。

施工企业无论与对方如何结算，其营业额均应包括工程所用原材料及其物资和动力价款在内。施工企业将工程分包或转包给他人的，以工程的全部承包额减去付给分包人或者转包人的价款后的余额为营业额计算应缴纳的营业税。

【例 5-11】 某建筑股份有限公司承包某工程，后将此工程转包给下属公司，付给其转包费80万元，完工验收后取得结算收入为300万元，计算该企业应纳营业税额和代扣代缴的营业税额。

该企业的应纳税额 =（3 000 000 -800 000）×3‰ =66 000（元）

代扣代缴的营业税额 =800 000×3‰ =24 000（元）

(1) 收到承包款时

借：银行存款　　　　　　　　　　　　　3 000 000
　　贷：主营业务收入　　　　　　　　　　2 200 000
　　　　应付账款——应付分包单位款　　　800 000

(2) 确认应交税费时

借：营业税金及附加　　　　　　　　　　 66 000
　　应付账款——应付分包单位款　　　　 24 000
　　贷：应交税费——应交营业税　　　　　90 000

(3) 实际缴纳税金时

借：应交税费——应交营业税　　　　　　 90 000
　　贷：银行存款　　　　　　　　　　　　90 000

四、其他应交税费的核算

其他应交税费是指除上述税金以外的应交税费，包括应交资源税、应交土地增值税、应交城市维护建设税、应交教育费附加、应交所得税、应交房产税、应交土地使用税、车船使用税和印花税、应交耕地占用税、车辆购置税等。

（一）应交城市维护建设税

城市维护建设税是为了加强国家城市维护建设，扩大和稳定城市维护建设资金的来源而开征的一种税。以企业交纳的营业税、增值税、消费税为计税依据，计算公式为

应交城市维护建设税＝(实际交纳的营业税、增值税、消费税之和)×适用税率

税率因纳税人所在地的不同，从 1‰～7％不等。

企业按规定计算出应交纳的城市维护建设税，在"应交税费"科目下设置"应交城市维护建设税"明细科目核算。其借方登记企业已交纳的城市维护建设税，贷方登记企业应交的城市维护建设税。期末余额若在借方，反映企业多交的城市维护建设税；若在贷方，反映企业尚未交纳的城市维护建设税。

施工企业按规定计算出应交纳的城市维护建设税，借记"营业税金及附加"等科目，贷记"应交税费——应交城市维护建设税"科目；实际上交时，借记"应交税费——应交城市维护建设税"科目，贷记"银行存款"科目。

（二）应交教育费附加

教育费附加是国家为了发展我国的教育事业，提高人民的文化素质而征收的一项费用，按照企业交纳的增值税、消费税、营业税税额的 3％征收的一种附加费。

企业应交纳的教育费附加，在"应交税费——应交教育费附加"明细科目核算。其贷方登记企业应交纳的教育费附加款，借方登记企业实际上缴的教育费附加款，期末贷方余额反映企业尚未交纳的教育费附加，如为借方余额反映企业多交的教育费附加款。

施工企业计算教育费附加时，借记"营业税金及附加"科目，贷记"应交税费——应交教育费附加"科目；实际缴纳时，借记"应交税费——应交教育费附加"科目，贷记"银行存款"科目。

（三）应交土地增值税

转让国有土地使用权、地上建筑物及其附着物并取得收入的单位和个人，均应交纳土地增值税。土地增值税按照转让房地产所取得的增值额和规定的税率计算征收。这里的增值额是指转让房地产所取得的收入减除规定扣除项目金额后的余额。企业转让房地产所取得的收入，包括货币收入、实物收入和其他收入。计算土地增值额的主要扣除项目有：

(1) 取得土地使用权所支付的金额；
(2) 开发土地的成本、费用；
(3) 新建房屋及配套设施的成本、费用，或者旧房及建筑物的评估价格；
(4) 与转让房地产有关的税金。

在会计处理时，企业交纳的土地增值税通过"应交税费——应交土地增值税"科目核算。兼营房地产业务的企业应由当期收入负担的土地增值税，借记"其他业务成本"科目，贷记"应交税费——应交土地增值税"科目。转让的国有土地使用权与其地上建筑物及其附着物一并在"固定资产"或"在建工程"科目核算的。转让应交纳的土地增值税，借记"固定资产清理""在建工程"科目，贷记"应交税费——应交土地增值税"科目。企业在项目全部竣工结算前转让房地产取得的收入，按税法规定预交的土地增值税，借记"应交税费——应交土地增值税"科目，贷记"银行存款"科目；待该项房地产销售收入实现时，再按上述销售业务的会计处理方法进行处理。该项目全部竣工、办理结算后进行清算。收到退回多交的土地增值税，借记"银行存款"科目，贷记"应交税费——应交土地增值税"科目，补交的土地增值税作相反的会计分录。

（四）应交所得税

企业的生产、经营所得和其他所得，依照所得税暂行条例及其细则的规定需要缴纳所得

税。企业应交纳的所得税,在"应交税费——应交所得税"明细科目核算;当期应计入损益的所得税,作为一种费用,在净收益中扣除。企业按照一定方法计算,计入损益的所得税,借记"所得税费用"科目,贷记"应交税费——应交所得税"科目。

(五) 应交房产税、土地使用税、车船使用税和印花税

房产税是国家对在城市、县镇和工矿区征收的由产权所有人缴纳的一种税。房产税依照房产原值一次减除10%～30%后的余额计算交纳。房产出租的,以房产租金收入为房产税的计税依据。

土地使用税是国家为了合理利用城镇土地,调节土地级差收入,提高土地使用效益,加强土地管理而开征的一种税,以纳税人实际占用的土地面积为计税依据,依照规定税额计算征收。

车船使用税由拥有并且使用车船的单位和个人交纳。车船使用税按照适用税额计算交纳。

印花税是对书立、领受购销合同等凭证行为征收的一种税。实行由纳税人根据规定自行计算应纳税额,购买并一次贴足印花税票的交纳方法。

企业按规定交纳的房产税、土地使用税、车船使用税,借记"管理费用"科目,贷记"应交税费——应交房产税、土地使用税、车船使用税"科目;上交时,借记"应交税费——应交房产税、土地使用税、车船使用税"科目,贷记"银行存款"科目。

企业交纳印花税是通过购买印花税票,购买印花税票时借记"管理费用"科目,贷记"银行存款"科目。

5.2* 非流动负债

非流动负债,是指偿还期限在一年或超过一年的一个营业周期以上的债务。主要包括长期借款、应付债券、长期应付款等。与流动负债相比,非流动负债具有偿还期限较长、金额较大、偿付本息方式多样等特点。

5.2.1 长期借款

长期借款,是指企业从银行或其他金融机构借入的期限在一年以上(不含一年)的借款。

为了总括反映长期借款的增减变动等情况,企业应设置"长期借款"科目(T型账户如图5-6所示),它属于负债类科目。取得长期借款记入该科目贷方,偿还长期借款记入该科目借方,期末贷方余额反映企业尚未偿还的长期借款。企业还可按贷款单位和贷款种类,分别按"本金""利息调整"等进行明细核算。

长 期 借 款	
偿还长期借款时	取得长期借款时
	反映企业尚未偿还的长期借款

图5-6 "长期借款"账户

一、长期借款的取得

企业借入长期借款,应按实际收到的金额,借记"银行存款"科目,贷记"长期借款——本金"科目,按借贷差额,借记"长期借款——利息调整"科目。

二、长期借款利息

资产负债表日,企业应按长期借款的摊余成本和实际利率计算确定的利息费用,借记"在建工程""财务费用""制造费用""研发支出"等科目,按借款本金和合同利率计算确定的应付未付利息,贷记"应付利息"科目,按其差额,贷记"长期借款——利息调整"科目。借款的实际利率与合同利率的差异较小的,也可以采用合同利率计算确定利息费用。

三、长期借款到期偿还

企业归还长期借款,按归还的借款本金,借记"长期借款——本金"科目,贷记"银行存款"科目,按归还的利息,借记"应付利息"科目,贷记"银行存款"科目。存在利息调整余额的,借记或贷记"在建工程""财务费用""制造费用""研发支出"等科目,贷记或借记"长期借款——利息调整"科目。

【例 5-12】 甲建筑股份有限公司为扩建生产用厂房,于 2013 年 2 月 1 日从建设银行借入三年期的借款 1 000 万元,年利率为 6.12%,以现有的厂房设备作为抵押。银行规定,本金和利息到期一次偿还(按单利计算)。企业按期计提利息并按照借款费用原则计入相关成本费用。厂房于 2013 年 3 月 15 日开始动工,2014 年 10 月 1 日完工,验收合格交付使用。工程采用出包方式,工程款项分三次支付:2012 年工程开工时支付 500 万元;2013 年 12 月 15 日支付 200 万元;2014 年 10 月 1 日工程验收合格交付使用时支付 300 万元。假定 2012 年可以进行资本化的利息费用为 55 万元,2013 年可以进行资本化的利息费用为 45 万元。借款到期时,乙公司按时偿还借款本金及利息。

乙公司的会计处理如下:

(1) 2013 年 2 月 1 日,借入借款时

借:银行存款　　　　　　　　　　　　　　10 000 000
　　贷:长期借款——本金　　　　　　　　　　　　10 000 000

(2) 2013 年 3 月 15 日支付工程款时

借:在建工程——扩建厂房工程　　　　　　5 000 000
　　贷:银行存款　　　　　　　　　　　　　　　　5 000 000

(3) 2013 年 12 月 15 日支付工程款时

借:在建工程——扩建厂房工程　　　　　　2 000 000
　　贷:银行存款　　　　　　　　　　　　　　　　2 000 000

(4) 2013 年 12 月 31 日计提本期应付利息时

　　　　2008 年应付利息 = 10 000 000 × 6.12% × 11/12 = 561 000(元)

其中资本化利息费用为 550 000 元。

借:在建工程——扩建厂房工程　　　　　　550 000
　　财务费用　　　　　　　　　　　　　　 11 000
　　贷:应付利息　　　　　　　　　　　　　　　　561 000

(5) 2014 年 10 月 1 日工程完工时

支付工程余款:

借：在建工程——扩建厂房工程　　　　　　3 000 000
　　贷：银行存款　　　　　　　　　　　　　　　3 000 000

计提属于工程成本应负担的长期借款利息：

　　2014年工程完工应付利息 = 10 000 000 × 6.12% × 9/12 = 459 000(元)

其中资本化利息费用为450 000元。

借：在建工程——扩建厂房工程　　　　　　450 000
　　财务费用　　　　　　　　　　　　　　　9 000
　　贷：应付利息　　　　　　　　　　　　　　459 000

工程完工交付使用：

借：固定资产——生产用固定资产　　　　　11 000 000
　　贷：在建工程——扩建厂房工程　　　　　　11 000 000

(6) 2014年12月31日计提本期应付利息时

　　2008年应付利息 = 10 000 000 × 6.12% × 3/12 = 153 000(元)

借：财务费用　　　　　　　　　　　　　　　153 000
　　贷：应付利息　　　　　　　　　　　　　　153 000

(7) 2015年12月31日计提本期应付利息时

　　2009年应付利息 = 10 000 000 × 6.12% × 12/12 = 612 000(元)

借：财务费用　　　　　　　　　　　　　　　612 000
　　贷：应付利息　　　　　　　　　　　　　　612 000

(8) 2016年2月1日借款到期偿还本金及利息

　　2016年1月份应付利息 = 10 000 000 × 6.12% × 1/12 = 51 000(元)

借：长期借款——本金　　　　　　　　　　10 000 000
　　应付利息　　　　　　　　　　　　　　　1 785 000
　　财务费用　　　　　　　　　　　　　　　51 000
　　贷：银行存款　　　　　　　　　　　　　　11 836 000

5.2.2　应付债券

债券，是企业为筹集长期资金而依照法定程序发行的、约定在一定期限内还本付息的一种有价证券。应付债券，是企业发行债券筹集资金而形成的一种非流动负债。

债券可分为一般公司债券和可转换公司债券。一般公司债券是指企业为筹措资金而发行的、需到期还本付息的一种非流动负债；可转换公司债券是指按一定条件转换为发行企业普通股股票的债券。

对于一般公司债券，企业应设置"应付债券"账户（T型账户如图5-7所示），它属于负债类科目，用于核算企业筹措长期资金而发行的债券的资金收入、归还和应付利息情况。该科目贷方登记应付债券的本金和利息，借方登记归还的本金和利息，期末余额在贷方，反映尚未归还的债券本息。在"应付债券"科目下应设置"面值""利息调整"和"应计利息"三个明细账户，并按债券种类进行明细核算。此外，企业对于所发行的债券还应当设置备查簿，详细登记债券的票面金额、票面利率、还本付息期限与方式、发行总额、发行日期和编号、委托代售单位等资料，并于到期结清时在备查簿内注销。

应 付 债 券

归还的本金和利息	应付债券的本金和利息
	尚未归还的债券本息

图 5-7 "应付债券"账户

一、一般公司债券的发行

一般公司债券的发行方式有三种,即平价发行(面值发行)、溢价发行、折价发行。折价或溢价是发行债券企业在债券存续期内对利息费用的一种调整。

企业发行债券,应按实际收到的金额,借记"银行存款"等科目,按债券票面金额,贷记"应付债券——面值"科目,存在差额的,还应借记或贷记"应付债券——利息调整"科目。

企业债券可以自行发行,也可以委托银行及其他金融机构代理发行。如果委托代理发行,由此支付的印刷费、广告费和手续费等发行费用,根据发行债券筹集资金的用途,作不同的处理:用于在建固定资产项目的,按照借款费用资本化处理的原则借记"在建工程"科目,属于其他用途的,计入当期财务费用,借记"财务费用"科目,贷记"银行存款"科目。

【例 5-13】某建筑股份有限公司 2012 年 1 月 1 日获准发行 5 年期、一次还本、分期付息的债券 5 000 000 元,确认的发行价格为 4 789 382 元,债券利息于每年年末计提,每年年末支付,票面利率为 5%,假定债券发行时的市场利率为 6%。发行时以银行存款支付代理发行手续费、广告费及印刷费共计 8 000 元。同时假定此次发行债券筹集的资金主要用于公司的经营周转。

发行时的会计处理如下:

借:银行存款　　　　　　　　　　　　　　4 789 382
　　应付债券——利息调整　　　　　　　　　210 618
　　贷:应付债券——面值　　　　　　　　　　　　5 000 000
借:财务费用　　　　　　　　　　　　　　　　8 000
　　贷:银行存款　　　　　　　　　　　　　　　　　8 000

二、一般公司债券利息调整的摊销

利息调整应在债券存续期间内采用实际利率法进行摊销。实际利率法,是指按照应付债券的实际利率计算其摊余成本及各期利息费用的方法。实际利率,是指应付债券在债券存续期间的未来现金流量,折现为该债券当前账面价值所使用的利率。

对于一次还本付息的债券,应于资产负债表日按摊余成本和实际利率计算确定的债券利息费用,借记"在建工程""制造费用""财务费用"等科目,按票面利率计算确定的应付未付利息,贷记"应付债券——应计利息"科目,按其差额,借记或贷记"应付债券——利息调整"科目。

对于分期付息、一次还本的债券,企业应在资产负债表日按应付债券的摊余成本和实际利率计算确定的债券利息费用,借记"在建工程""制造费用""财务费用"等科目,按票面利率计算确定的应付未付利息,贷记"应付利息"科目,按其差额,借记或贷记"应付债券

——利息调整"科目。

【例 5-14】 承上例，该建筑股份有限公司采用实际利率法确定各期的利息费用及摊销的利息调整金额，见表 5-2。

表 5-2　　　　　利息费用及摊销的利息调整金额表（实际利率法）

金额单位：元

计息日期	应付利息	利息费用	摊销的利息调整	应付债券的摊余成本
2012 年 1 月 1 日				4 789 382.00
2012 年 12 月 31 日	250 000	287 362.92	37 362.92	4 826 744.92
2013 年 12 月 31 日	250 000	289 604.70	39 604.70	4 866 349.62
2014 年 12 月 31 日	250 000	291 980.98	41 980.98	4 908 330.60
2015 年 12 月 31 日	250 000	294 499.84	44 499.84	4 952 830.44
2016 年 12 月 31 日	250 000	297 169.56	47 169.56	5 000 000.00

该企业于每期计提利息及摊销折价时应进行会计处理如下：

(1) 2012 年 12 月 31 日：
借：财务费用　　　　　　　　　　　　　287 362.92
　　贷：应付债券——利息调整　　　　　　　37 362.92
　　　　应付利息　　　　　　　　　　　　250 000

(2) 2013 年 12 月 31 日：
借：财务费用　　　　　　　　　　　　　289 604.70
　　贷：应付债券——利息调整　　　　　　　39 604.70
　　　　应付利息　　　　　　　　　　　　250 000

(3) 2014 年 12 月 31 日：
借：财务费用　　　　　　　　　　　　　291 980.98
　　贷：应付债券——利息调整　　　　　　　41 980.98
　　　　应付利息　　　　　　　　　　　　250 000

(4) 2015 年 12 月 31 日：
借：财务费用　　　　　　　　　　　　　294 499.84
　　贷：应付债券——利息调整　　　　　　　44 499.84
　　　　应付利息　　　　　　　　　　　　250 000

(5) 2016 年 12 月 31 日：
借：财务费用　　　　　　　　　　　　　297 169.56
　　贷：应付债券——利息调整　　　　　　　47 169.56
　　　　应付利息　　　　　　　　　　　　250 000

(6) 企业在 2013 年至 2016 年 1 月 1 日支付每期利息时，每年作如下会计处理：
借：应付利息　　　　　　　　　　　　　250 000
　　贷：银行存款　　　　　　　　　　　　250 000

三、一般公司债券的偿还

对于一次还本付息的债券，企业应于债券到期支付债券本息时，借记"应付债券——面值"和"应付债券——应计利息"科目,贷记"银行存款"科目。

对于分期付息、一次还本的债券,企业在每期支付利息时,借记"应付利息"科目,贷记"银行存款"科目;债券到期偿还本金并支付最后一期利息时,借记"应付债券——面值""在建工程""财务费用"等科目,贷记"银行存款"科目,按借贷双方之间的差额,借记或贷记"应付债券——利息调整"科目。

【例 5 - 15】 承上例,2017 年该建筑股份有限公司发行的 5 年期债券到期,支付本金及最后一期的利息,应做如下会计处理:

借:应付债券——面值　　　　　　　　　　　5 000 000
　　应付利息　　　　　　　　　　　　　　　　250 000
　　贷:银行存款　　　　　　　　　　　　　　　　　5 250 000

另外,对于可转换公司债券,应在"应付债券"科目下设置"可转换公司债券"明细科目核算。企业发行的可转换公司债券,应当在初始确认时将其包含的负债成分和权益成分进行分析,将负债成分确认为应付债券,将权益成分确认为资本公积。企业应按实际收到的款项,借记"银行存款"等科目,按可转换公司债券包含的负债成分面值,贷记"应付债券——可转换公司债券(面值)"科目,按权益成分的公允价值,贷记"资本公积——其他资本公积"科目,按借贷双方之间的差额,借记或贷记"应付债券——可转换公司债券(利息调整)"科目。可转换公司债券持有人行使转换权利,将其持有的债券转换为股票,按可转换公司债券的余额,借记"应付债券——可转换公司债券(面值、利息调整)"科目,按其权益成分的金额,借记"资本公积——其他资本公积"科目,按股票面值和可转换的股数计算的股票面值总额,贷记"股本"科目,按其差额,贷记"资本公积——股本溢价"科目。如用现金支付不可转换股票的部分,还应贷记"库存现金""银行存款"等科目。

5.2.3 长期应付款

长期应付款,是指企业除长期借款和应付债券以外的其他各种长期应付款项,主要包括应付融资租入固定资产的租赁款、以分期付款方式购入固定资产等发生的应付款项等。

企业应设置"长期应付款"账户,用于核算企业除长期借款和应付债券以外的各种其他长期应付款。该科目的贷方登记发生长期应付款,借方登记偿还长期应付款,余额在贷方,反映企业尚未偿还的各种其他长期应付款。企业发生的长期应付款应按其种类进行明细分类核算。

(1) 企业采用融资租赁方式租入的固定资产,应在租赁期开始日,将租赁开始日租赁资产公允价值与最低租赁付款额现值两者中较低者,加上初始直接费用,作为租入资产的入账价值,借记"固定资产"等科目,按最低租赁付款额,贷记"长期应付款——应付融资租赁费"科目,按发生的初始直接费用,贷记"银行存款"等科目,按其差额,借记"未确认融资费用"科目。

(2) 企业采用补偿贸易方式引进设备时,应按设备的价款及国外运杂费的外币金额和按规定的汇率折合的人民币金额记账,借记"固定资产""在建工程""原材料"等科目,贷记"长期应付款——应付引进设备款"科目,在引进设备的同时,发生的用人民币支付的国内有关费用,如进口关税、国内运杂费和安装费,借记"在建工程""原材料"等科目,贷记"银行存款"等科目,不在"长期应付款——应付引进设备款"科目中反映。归还引进设备款时,借记"长期应付款——应付引进设备款"科目,贷记"银行存款""应收账款"科目。

本章小结

本章主要介绍了流动负债和非流动负债的含义及内容,各项流动负债的确认、计量及核算方法,应付债券的核算内容,债券利息调整的实际利率法,以及长期借款账务的处理方法。

习题

一、思考题

1. 流动负债具有哪些特征?如何进行分类?
2. 企业应交税费中哪些税金可不通过"应交税费"账户核算?
3. 什么是长期负债?有何特点?
4. 借款费用的处理原则是什么?
5.* 债券发行有哪几种方式?如何进行账务处理?
6. 长期应付款包括哪些内容?

二、单项选择题

1. 下列各项中,不属于职工薪酬核算内容的是(   )。
   A. 养老保险金   B. 工会经费和职工教育经费
   C. 职工因工出差的差旅费、业务招待费   D. 因解除与职工的劳动关系给予的补偿
2. 从职工工资中代扣职工房租,应借记的会计科目是(   )。
   A. 应付职工薪酬   B. 银行存款   C. 管理费用   D. 应付账款
3. 企业为建造工程项目而购进物资负担的增值税额应当计入(   )。
   A. 应交税费—应交增值税(进项税额)   B. 工程物资
   C. 固定资产   D. 营业外支出
4. 企业出售固定资产应交的营业税,应借记的会计科目是(   )。
   A. 营业税金及附加   B. 固定资产清理
   C. 营业外支出   D. 其他业务成本
5. 甲公司开具的不带息的银行承兑汇票,2008年11月30日到期时甲公司无力支付票款,则应将该应付票据的票面金额转作(   )。
   A. 营业外收入   B. 应付账款   C. 其他应付款   D. 短期借款
6. 企业收取包装物押金及其他各种暂收款项时,应贷记(   )科目。
   A. 营业外收入   B. 其他业务收入   C. 其他应付款   D. 其他应收款
7. 如果企业的长期借款属于筹建期间的,且不符合资本化条件,则其利息费用应计入的科目是(   )。
   A. 管理费用   B. 长期待摊费用   C. 财务费用   D. 在建工程

三、多项选择题

1. 企业不应记入"管理费用"的税金有(   )。
   A. 增值税   B. 印花税   C. 房产税   D. 耕地占用税

2. 企业交纳的下列税费中，不通过"应交税费"科目核算有（　　）。
A. 教育费附加　　　　　　　　B. 印花税
C. 耕地占用税　　　　　　　　D. 契税

3. 下列各项开支中，不通过"应付职工薪酬"反映的有（　　）。
A. 诉讼费　　　　　　　　　　B. 职工生活困难补助
C. 职工食堂补助费用　　　　　D. 业务招待费

4. 下列各项中，能作为当期进项税额的有（　　）。
A. 从销售方取得的增值税专用发票上注明的增值税额
B. 从海关取得的完税凭证上注明的增值税额
C. 购进免税农产品准予抵扣的进项税额
D. 企业外购货物时取得的有效运输凭证的运费的7%

5. 下列各项职工薪酬中，不能直接在"管理费用"中列支的有（　　）。
A. 生产人员的薪酬　　　　　　B. 行政人员的薪酬
C. 车间管理人员的薪酬　　　　D. 研发人员的薪酬

6. 下列各项中，属于一般纳税人在购入资产时即可确认为不能抵扣的进项税额的有（　　）。
A. 购入生产用设备一台　　　　B. 购入工程物资
C. 购入物资用于集体福利　　　D. 购入生产用原材料

7. 企业缴纳的下列税金，应通过"应交税费"科目核算的有（　　）。
A. 营业税　　　B. 增值税　　　C. 印花税　　　D. 耕地占用税

8. FIDIC施工合同条件下，工程变更也是工程支付中一个重要项目。工程变更费用的支付依据是（　　）。
A. 专项应付款　　B. 应付债券　　C. 应付账款　　D. 预收账款
E. 短期借款

四、计算及账务处理题

业务（一）

1. 目的：练习短期借款的核算。
2. 资料：某建筑公司2013年1月1日，为解决资金不足向农业银行借入为期3个月的短期借款200 000元，年利率为6.6%。假设该短期借款利息到期与本金一起支付。
3. 要求：编制有关会计分录。

业务（二）

1. 目的：练习应交税费业务的核算。
2. 资料：某建筑公司下属某构件厂为一般纳税人，材料按实际成本进日常核算。2013年1月1日，"应交税费——应交增值税"账户借方余额为36 000元，本月份的销项税额为260 000元，本月发生如下业务：

（1）购入一台设备，增值税专用发票上注明材料价款1 200 000元，增值税税额204 000元。款项已通过银行支付。

（2）购入原材料一批，增值税专用发票上注明材料价款560 000元，增值税税额为95 200元。材料已经验收入库，货款尚未支付。

(3) 从小规模纳税企业购入材料一批，销货方开出的发票上的货款为 53 000 元，企业开出承兑的商业汇票。材料已经验收入库。

(4) 出售厂房一栋，所得价款为 400 000 元已存入银行。营业税率为 5%。

(5) 用银行存款交纳增值税 220 000 元。

3. 要求：

(1) 计算本月应交的增值税、营业税、城市维护建设税和教育费附加。

(2) 编制有关会计分录。

业务（三）*

1. 目的：练习长期借款的核算。

2. 资料：某建筑公司为了扩建厂房，2013 年 1 月 1 日，向建设银行申请借入 2 年期的借款 5 000 000 元，年利率为 6.12%（采用复利计息），到期还本付息。该扩建工程于 2013 年 2 月 15 日动工，2014 年 4 月 1 日竣工验收合格交付使用。2013 年资本化利息费用为 220 000 元，2014 年资本化利息费用为 56 000 元。

3. 要求：编制借款期间相关会计分录。

业务（四）*

1. 目的：练习债券发行的核算。

2. 资料：某建筑公司 2013 年 1 月 1 日，发行 5 年期，到期一次还本付息，年利率为 8%（不计复利），发行面值 100 000 元的债券，每年 1 月 1 日及 7 月 1 日付息，发行价格为 105 000 元（溢价摊销采用直线法）。债券到期以银行存款偿还本金。

3. 要求：编制发行、各年付息及到期偿还的会计分录。

第6章

所有者权益

知识目标
- 掌握所有者权益的概念及分类;
- 掌握实收资本的概念及核算;
- 掌握盈余公积的概念及核算;
- 理解未分配利润的概念及核算。

能力目标
- 能够处理接收货币资金投资及实物投资时实收资本增加的核算;
- 能够处理资本公积增加的核算及资本公积转增资本的核算;
- 能够处理盈余公积计提及使用的核算。

所有者权益是指企业资产扣除负债后由所有者享有的剩余权益。公司的所有者权益又称为股东权益。所有者权益的来源包括所有者投入的资产、直接计入所有者权益的利得和损失、留存收益等。所有者权益可分为实收资本（或股本）、资本公积、盈余公积和未分配利润等部分，其中盈余公积和未分配利润统称为留存收益。

所有者权益同会计报表其他五大要素均有着密切的联系。首先，所有者拥有的对企业净资产的要求权，是建立在投资者投入企业资本多少的基础之上，恰恰是所有者投入的资本形成了企业赖以生产经营的最基本的启动资产；其次，企业为扩大经营规模，或为了支付相关费用或其他原因而向银行、其他企业或个人举债，这种负债经营的情况，也要根据所有权益的状况及企业生产经营的需要由董事会研究决定；另外，企业收入的取得、费用的开支，利润的赚取及分配，无不同所有者权益的情况相联系。

所有者权益和负债共同构成企业全部资产的来源。因此，企业权益包括所有者权益和债权人权益，所有者和债权人都是企业资产的提供者。两者对企业的资产都有相应的要求权。但是，所有者权益与债权人权益相比，两者之间又存在着明显区别，主要区别有如下几方面。

（一）偿还的期限不同

对于所有者而言，在企业持续经营的情况下，除按法律程序减资外，一般不能提前撤回投资；而企业的负债有约定的偿还日期，必须到期偿还。

（二）享有的权利不同

所有者作为企业的投资人有权参与企业的经营决策并享受利润分配；而债权人则只有要求企业还本付息的权利，无权分配企业的盈利。

（三）权益的性质不同

所有者权益是对企业剩余资产的要求权，债权人权益则是债权人对企业全部资产的要求权,因此,债权人对企业资产的要求权优先于所有者的要求权。即企业一旦破产清算,企业必须首先清偿所有债务,然后才能把剩余资产按出资比例在所有者之间进行分配。

(四)承担的风险不同

所有者能获得多少收益,要视企业的盈利水平和利润分配政策而定,风险较大;而债权人的本息到期可以偿还,而且一般是预先就确定利率,企业无论盈利与否,均应按期还本付息,风险较小。

6.1 实 收 资 本

6.1.1 实收资本概述

根据我国有关法律规定,投资者设立企业首先必须投入资本。实收资本是投资者按照公司章程或合同、协议的约定实际投入企业的资本。投资者向企业投入的资本,在一般情况下无需偿还,可以长期周转使用。实收资本的构成比例,即投资者的出资比例或股东的股份比例,通常是确定投资者在企业所有者权益中所占的份额和参与企业财务经营决策的基础,也是企业进行利润分配或股利分配的依据,同时还是企业清算时确定投资者对净资产的要求权的依据。

目前,我国实行注册资本制度。企业实收资本应当与其注册资本相一致。企业收到投资者投入企业的资本时,必须聘请注册会计师验资,出具验资报告,并由企业签发出资证明,以保护债权人和各方投资者的合法权益。投资者投入资金后,不允许抽回资金。在经营过程中,实收资本的变动受到法律法规的约束。如果出现实收资本比原注册资金数额增减超过20%的情况,应持资金使用证明或验资证明,向原登记主管机关申请变更登记。投资者投入资本未经办理一定的减资手续,不得以任何形式减少或抽回。如擅自改变注册资本或抽逃资金,要受到工商行政管理部门的处罚。

> **小知识**
>
> 我国《公司法》规定,股东可以用货币出资,也可用实物性资产、知识产权、土地使用权等出资,还可以用货币估价并可依法转让的非货币财产作价出资,但是法律、行政法规规定作为出资的财产除外。企业应当对作为出资的非货币性财产评估作价核实财产,不得高估或者低估作价。法律、行政法规对评价作价有规定的从其规定。全体股东的货币出资金额不得低于有限责任公司注册资本的30%。

6.1.2 投入资本核算

一、一般施工企业实收资本的核算

一般施工企业应设置"实收资本"科目来核算和监督投资者投入资本的增减变化情况,其贷方登记企业实际收到的投资者投入的各种资本的数额,以及由资本公积和盈余公积转增的资本数额;借方登记企业按法定程序经批准减资或冲销的资本数额;期末贷方余额反映企业的资本数额。本科目应按投资人设置明细账进行明细分类核算。投资人向企业投入资本的出资方式有货币资金、实物资产和无形资产等形式,出资方式不同,会计处理方法也不尽相同。

> **小知识**
>
> 2013年10月,国务院部署推进公司注册资本登记制度改革工作。本项改革从多方面入手,创新公司登记制度,降低准入门槛。如放宽注册资本登记条件,除法律、法规另有规定外,取消有限责任公司最低注册资本3万元,一人有限责任公司最低注册资本10万元,股份有限公司最低注册资本500万元的限制;不再限制公司设立时股东(发起人)的首次出资比例和缴足出资的期限。

（一）投资者以货币资金投资

企业收到货币资金投资时,应按实际收到或存入开户银行的金额和日期,作为记账依据,借记"现金"或"银行存款"科目,贷记"实收资本"科目。根据《公司法》规定,有限责任公司股东的货币出资金额不得低于其注册资本的30%。"实收资本"账户如图6-1所示。

实收资本	
撤资或减少注册资本	接受的货币资金及实物的投资
	实收资本的账面余额

图6-1 "实收资本"账户

【例6-1】 企业收到国家拨入资本1 500 000元,甲公司投入资金500 000元,已存入银行。

编制如下分录：
借：银行存款　　　　　　　　　　　　　2 000 000
　　贷：实收资本——国家资本金　　　　　1 500 000
　　　　　　　——法人资本金（甲公司）　　500 000

（二）投资者以实物资产投资

以实物资产投资时应根据评估确认或合同、协议约定的价值作为投入的资本额。企业接受实物资产投资,应在办理实物资产移交手续时,借记"固定资产""存货"科目,贷记"实收资本"科目。

【例6-2】 企业收到乙公司投入一台设备,经评估确认价值300 000元,该设备已交付验收。

编制如下分录：
借：固定资产　　　　　　　　　　　　　300 000
　　贷：实收资本——法人资本金（乙公司）　300 000

（三）投资者以无形资产投资

企业接受无形资产投资,应按照合同、协议或公司章程规定,并移交有关凭证时,借记"无形资产"科目,贷记"实收资本"科目。

【例6-3】 企业收到丙公司投资的专利权一项,经双方协商确认价值为200 000元。

编制如下分录：
借：无形资产　　　　　　　　　　　　　200 000
　　贷：实收资本——法人资本金（丙公司）　200 000

二、*股份有限公司股本的核算

对于属于股份有限公司的施工企业应设置"股本"科目,以核算企业在核定的股本总额及股份总额内实际发行的股票数额。该科目贷方登记股东投入的股本数额；借方登记经批准按法定程序减少的股本数额；余额在贷方表示公司的股本总额。

股份有限公司的设立方式分为发起设立和募集设立两种。公司的设立方式不同，筹集资本的风险也有所不同。

股票发行时，无论按面值发行还是溢价发行，均按股票面值，贷记"股本"科目，按实际收到的款项借记"银行存款"科目。溢价发行的股票，溢价扣除发行手续费、佣金等发行费后剩余部分，贷记"资本公积"科目。股东没有溢价发行或溢价金额不足以支付发行费用直接计入当期财务费用的部分，不作为长期待摊费用处理。

【例6-4】 某股份有限公司委托瑞安证券公司代理发行普通股票1 500万股，每股面值1元，发行价格5.50元。根据协议规定，瑞安证券公司按发行收入的2%收取代理发行费，从发行收入中扣除，股款已收到，存入银行。则

股票发行费用 = $(5.50 \times 1\,500) \times 2\% = 165$（万元）

实际收到股款 = $5.5 \times 1\,500 - 165 = 8\,085$（万元）

应记入资本公积数额 = $(5.5 - 1) \times 1\,500 - 165 = 6\,585$（万元）

编制如下分录：

借：银行存款　　　　　　　　　80 850 000
　　贷：股本——普通股　　　　　　 15 000 000
　　　　资本公积——股本溢价　　　 65 850 000

三、实收资本（或股本）变动的核算

我国有关法律规定：实收资本（或股本）除了下列情况外，不得随意变动：一是符合增资条件，并经有关有关部门批准增资；二是企业按法定程序报经批准减少注册资本。

（一）企业增资的核算

在企业按规定接受投资者额外投入实现增资时，企业应当按实际收到的款项或其他资产，借记"银行存款""固定资产"等科目，按增加的实收资本或股本金额，贷记"实收资本"或"股本"科目，按照两者之间的差额，贷记"资本公积——资本溢价"或"资本公积——股本溢价"科目。

在企业采用资本公积转增资本时，企业应按照转增的资本金额，借记"资本公积"科目，贷记"实收资本"或"股本"科目。

【例6-5】 某有限责任公司由甲、乙两人共同投资设立，原注册资本1 000 000元，出资分别为750 000元和250 000元，为扩大经营规模，经批准按原出资比例将资本公积400 000元转增资本。

编制如下分录：

借：资本公积　　　　　　　　　400 000
　　贷：实收资本——甲　　　　　 300 000
　　　　　　　　——乙　　　　　 100 000

在企业采用盈余公积转增资本时，企业应按照转增的资本金额，借记"盈余公积"科目，贷记"实收资本"或"股本"科目。

在股份有限公司股东大会或类似机构批准采用发放股票股利的方式增资时，公司应在实施方案并办理完增资手续后，根据实际发放的股票股利数，借记"利润分配——转作股本的

股利"科目,贷记"股本"科目。

【例 6-6】 某股份有限公司经股东大会批准,按普通股本的 10% 分配股票股利 1 800 000 元,已按规定办理增资手续。

编制如下分录:

借:利润分配——转作股本的股利　　　1 800 000
　　贷:股本——普通股　　　　　　　　　　　1 800 000

在可转换公司债券持有人行使转换权利,将其持有的债券转换为股票时,按可转换公司债券的余额,借记"应付债券——可转换公司债券(面值、利息调整)"科目,按其权益成分的金额,借记"资本公积——其他资本公积"科目,按股票面值和转换的股数计算的股票面值总额,贷记"股本"科目,按其差额,贷记"资本公积——股本溢价"科目。如有现金支付不可转换股票,还应贷记"银行存款"等科目。

企业将重组债务转为资本的,应按重组债务的账面余额,借记"应付账款"等科目,按债权人因放弃债权而享有本企业股份的面值总额,贷记"实收资本"或"股本",按股份的公允价值总额与相应的实收资本或股本之间的差额,贷记或借记"资本公积——资本溢价"或"资本公积——股本溢价"科目,按其差额,贷记"营业外收入——债务重组利得"科目。

以权益结算的股份支付换取职工或其他方提供服务的,应在行权日,按根据实际行权情况确定的金额,借记"资本公积——其他资本公积"科目,按应计入实收资本或股本的金额,贷记"实收资本"或"股本"科目。

(二)企业减资的核算

企业按照法定程序报经批准减少注册资本的,应在实际发还投资时按照减资金额,借记"实收资本"科目,贷记"现金""银行存款"等科目。

股份有限公司采用回购企业股票方式减资的,应按实际支付的金额,借记"库存股"科目,贷记"银行存款"等科目。注销库存股时,应按股票面值和注销股数计算的股票面值总额,借记"股本"科目,按注销库存股的账面余额,贷记"库存股"科目,按其差额冲减股票发行时原记入资本公积的溢价部分,借记"资本公积——股本溢价"科目,回购价格超过上述冲减"股本"及"资本公积——股本溢价"科目的部分,应依次借记"盈余公积""利润分配——未分配利润"等科目。如回购价格低于回购股份所对应的股本,所注销库存股的账面余额与所冲减股本的差额作为增加股本溢价处理,按回购股份所对应的股本面值,借记"股本"科目,按注销库存的账面余额,贷记"库存股"科目,按其差额,贷记"资本公积——股本溢价"科目。

6.2　资　本　公　积

6.2.1　资本公积概述

资本公积是企业收到投资者的超出其在企业注册资本(或股本)中所占份额的投资,以及直接计入所有者权益的利得和损失等。资本公积包括资本溢价(或股本溢价)、直接计入所有者权益的利得和损失等。

资本溢价(或股本溢价)是企业收到投资者的超出其在企业注册资本(或股本)中所占

份额的投资。形成资本溢价（或股本溢价）的原因有投资者超额缴入资本、溢价发行股票等。

直接计入所有者权益的利得和损失是指不应计入当期损益、会导致所有者权益发生增减变动的、与所有者投入资本或者向所有者分配利润无关的利得或损失。

资本公积与盈余公积有本质区别，盈余公积是从净利润中提取的，是净利润的转化形式，而资本公积是有特定的来源，与企业的净利润无关。

6.2.2 资本公积核算

为了总括地核算和监督资本公积的增减变动和结存情况，施工企业应设置"资本公积"科目，该科目贷方登记企业通过各种来源增加的资本公积；借方登记按照法律程序转增资本或弥补亏损而减少的资本公积金；期末贷方余额反映企业实有的资本公积金。资本公积一般应设置"资本溢价或股本溢价""其他资本公积"明细科目核算。"资本公积"账户如图6-2所示。

资本公积	
资本供给转增资本或弥补亏损	通过资本溢价、股本溢价、接受捐赠等方式形成的资本公积
	资本公积账面余额

图6-2 "资本公积"账户

一、资本溢价或股本溢价的核算

（一）资本溢价

投资者经营的企业（不含股份有限公司），投资者依其出资份额对企业经营决策享有表决权，依其认缴的出资额对企业承担有限责任。在企业创立时，出资者认缴的出资额全部记入"实收资本"科目，在企业重组并有新的投资者加入时，为了维护原有投资者的权益，新加入的投资者的出资额，并不一定全部作为实收资本处理。

投资者投入的资本中按其投资比例计算的出资额部分，应计入"实收资本"科目，差额部分应记入"资本公积"科目。

【例6-7】 某有限责任公司设立时，由甲、乙、丙三位投资者各出资50万元组建，注册资本为150万元，经营两年后，该企业留存收益为60万元，这时又有丁投资者有意参加该企业，并表示愿意出资80万元，而仅占该企业股份的25%，按到银行通知收到丁投资者的投资，并办理有关增资手续。

编制会计分录：
借：银行存款　　　　　　　　　　800 000
　　贷：实收资本——丁　　　　　　500 000
　　　　资本公积——资本溢价　　　300 000

（二）股本溢价

股份有限公司是以发行股票的方式筹集股本的，企业的股本总额应按股票的面值与股份总数的乘积计算。在采用与股票面值相同的价格发行股票的情况下，企业发行股票取得的收入，应全部计入"股本"科目；在采用溢价发行股票的情况下，企业发行股票取得的股票面值的部分，记入"股本"科目，超出股票面值的溢价部分扣除手续费、佣金后的数额记入"资本公积——股本溢价"科目。

二、*其他资本公积的核算

所谓其他资本公积,是指除资本溢价(或股本溢价)项目以外所形成的资本公积,即直接计入所有者权益的利得和损失。

直接计入所有者权益的利得和损失主要由以下交易或事项引起。

(一)采用权益法核算的长期股权投资

长期股权投资采用权益法核算的,在持股比例不变的情况下,被投资单位除净损益以外所有者权益的其他变动,企业按持股比例计算应享有的份额,如果是利得,应当增加长期股权投资的账面价值,同时增加资本公积(其他资本公积);如果是损失,应当作相反的会计分录。当处置采用权益法核算的长期股权投资时,应当将原记入资本公积的相关金额转入投资收益。

(二)以权益结算的股份支付

以权益结算的股份支付换取职工或其他方提供服务的,应按照确定的金额,记入"管理费用"等科目,同时增加"资本公积——其他资本公积"。在行权日,应按实际行权的权益工具数量计算确定的金额,借记"资本公积——其他资本公积"科目,按计入实收资本或股本的金额,贷记"实收资本"或"股本"科目,并将其差额记入"资本公积——资本溢价"或"资本公积——股本溢价"。

(三)存货或自用房地产转换为投资性房地产

企业将作为存货的房地产转换为采用公允价值模式计量的投资性房地产时,应当按该项房地产在转换日的公允价值,借记"投资性房地产——成本"科目,原已计提跌价准备的,借记"存货跌价准备"科目,按其账面余额,贷记"开发产品"等科目;同时,转换日的公允价值小于账面价值的,按其差额,借记"公允价值变动损益"科目,转换日的公允价值大于账面价值的,按其差额,贷记"资本公积——其他资本公积"科目。

企业将自用的建筑物等转换为采用公允价值模式计量的投资性房地产时,应当按该项房地产在转换日的公允价值,借记"投资性房地产——成本"科目,原已计提减值准备的,借记"固定资产减值准备"科目,按已计提的累计折旧等,借记"累计折旧"等科目,按其账面余额,贷记"固定资产"等科目;同时,转换日的公允价值小于账面价值的,按其差额,借记"公允价值变动损益"科目,转换日的公允价值大于账面价值的,按其差额,贷记"资本公积——其他资本公积"科目。

待该项投资性房地产处置时,因转换计入资本公积的部分应转入当期的其他业务收入,借记"资本公积——其他资本公积"科目,贷记"其他业务收入"科目。

(四)可供出售金融资产公允价值的变动

可供出售金融资产公允价值变动形成的利得,除减值损失和外币货币性金融资产形成的汇兑差额外,借记"公允价值变动损益"科目,贷记"资本公积——其他资本公积"科目,公允价值变动形成的损失,做相反的会计分录。

(五)金融资产的重分类

将可供出售金融资产重分类为采用成本或摊余成本计量的金融资产,重分类日该金融资产的公允价值或账面价值作为成本或摊余成本,该金融资产没有固定到期日的,与该金融资产相关、原直接计入所有者权益的利得或损失,应当仍然计入"资本公积——其他资本公积"科目,在该金融资产被处置时转出,计入当期损益。

将持有至到期投资重分类为可供出售金融资产,并以公允价值进行后续计量,重分类日，该投资的账面价值与其公允价值之间的差额计入"资本公积——其他资本公积"科目，在该可供出售金融资产发生减值或终止确认时转出，计入当期损益。

按照金融工具确认和计量的规定应以公允价值计量，但以前公允价值不能可靠计量的可供出售金融资产，企业应当在其公允价值能够可靠计量时改按公允价值计量，将相关账面价值与公允价值之间的差额计入"资本公积——其他资本公积"科目，在其发生减值或终止确认时将上述差额转出，计入当期损益。

三、资本公积转增资本的核算

经股东大会或类似机构决议，用资本公积转增资本时，应冲减资本公积，同时按照转增前的实收资本（或股本）的结构或比例，将转增的金额记入"实收资本"或"股本"科目下各投资者的明细分类账。

6.3 留存收益

6.3.1 留存收益概述

留存收益是指企业通过其生产经营活动而创造积累的，尚未分配给投资者的净利润。留存收益是所有者权益的一个组成部分，包括盈余公积和未分配利润两部分。

小知识

留存收益与资本公积金的区别：留存收益是企业从历年实现的利润中提取或形成的留存于企业的内部积累，来源于企业生产经营活动实现的利润。资本公积金来源不是企业实现的利润，而主要来自资本溢价或股本溢价等。

6.3.2 盈余公积核算

一、盈余公积的内容

盈余公积是企业按照规定从净利润中提取并形成的，企业的盈余公积包括以下内容。

（一）法定盈余公积

法定盈余公积是指企业按照规定的比例从净利润中提取的盈余公积。根据我国公司法的规定，有限责任公司和股份有限公司应按照净利润的10%提取（非公司制企业也可按超过10%的比例提取）。法定盈余公积的提取带有强制性，其主要目的是为了约束企业过量分配，为企业的持续发展提供必要的储备资金。计提的法定盈余公积累计达到注册资本的50%时，可以不再提取。

（二）任意盈余公积

任意盈余公积是指企业经股东大会或类似机构批准按照规定的比例从净利润中提取的盈余公积。它与法定盈余公积的区别在于其提取的比例由企业自行决定，而法定盈余公积的提取比例则由国家有关法规决定。

二、盈余公积的用途

企业提取的盈余公积的用途主要有弥补亏损、转增资本（或股本）和派送新股。

（一）弥补亏损

根据有关规定，企业发生亏损，可以用发生亏损后五年内实现的税前利润来弥补，当发生的亏损在五年内仍不足弥补的，应使用随后所实现的所得税后利润弥补。通常，在企业发生的亏损用所得税后利润仍不足弥补的情况下，可以用提取的盈余公积来加以弥补，但是，用盈余公积弥补亏损应当由董事会提议，股东大会或类似机构批准。当企业用税前利润弥补亏损时，不必作专门的账务处理。

（二）转增资本

当企业提取的盈余公积累积比较多时，可以将盈余公积转增资本（或股本），但是必须经股东大会或类似机构批准，按股东原有持股比例结转。用公积金转增资本（或股本）后，留存的公积金不得少于转增前公司注册资金的 25%。

（三）派送新股

经股东大会决议，用盈余公积派送新股，按派送新股的金额借记"盈余公积——法定盈余公积、任意盈余公积"，按股票面值和派送新股总数计算的股票面值总额，贷记"股本"科目。

三、盈余公积的核算

为了核算和监督盈余公积的提取和使用情况，施工企业应设置"盈余公积"科目，其贷方登记企业按规定从净利润中提取的盈余公积；借方登记企业因弥补亏损、转增资本、派送新股而使用的盈余公积。期末贷方余额反映企业结余的盈余公积。本科目应按照盈余公积的种类设置明细账。应在"盈余公积"科目下设置"法定盈余公积""任意盈余公积"两个明细科目进行核算。"盈余公积"账户如图 6-3 所示。

盈余公积	
盈余公积通过转赠资本或弥补亏损等方式使用	每年从税后利润中提取的盈余公积

图 6-3　"盈余公积"账户

企业按规定提取各项盈余公积时，应当按照提取的各项盈余公积金额，借记"利润分配——提取法定盈余公积、提取任意盈余公积"科目，贷记"盈余公积——法定盈余公积、任意盈余公积"两个明细科目进行核算。

【例 6-8】　某股份有限公司按规定从 2011 年税后利润中提取盈余公积金 2 000 000 元，经股东大会决议通过提取任意盈余公积 1 200 000 元。

编制如下分录：

借：利润分配——提取法定盈余公积　　2 000 000
　　　　　　——提取任意盈余公积　　1 200 000
　　贷：盈余公积——法定盈余公积　　　　　2 000 000
　　　　　　　　——任意盈余公积　　　　　1 200 000

企业经股东大会或类似机构决议，用盈余公积弥补亏损时，应当借记"盈余公积——法定盈余公积、任意盈余公积"科目，贷记"利润分配——盈余公积补亏"科目。

【例 6-9】　某股份有限公司经股东大会批准提取的法定盈余公积弥补亏损 180 000 元。

编制如下分录：

借：盈余公积——法定盈余公积　　180 000
　　贷：利润分配——盈余公积补亏　　　180 000

企业经批准用盈余公积转增资本（股本）时，应按实际用于转增盈余公积金额，借记"盈余公积——法定盈余公积、任意盈余公积"科目，贷记"实收资本"或"股本"科目。

【例 6-10】 某股份有限公司经公司股东大会批准，用本期的任意盈余公积 500 000 转增资本。

编制如下分录：

借：盈余公积——任意盈余公积　　　500 000
　　贷：股本　　　　　　　　　　　　　　500 000

企业经股东大会或类似机构决议，用盈余公积派送新股，按派送新股计算的金额，借记"盈余公积——法定盈余公积、任意盈余公积"科目，按股票面值和派送新股总数计算的股票面值总额，贷记"股本"科目。

6.3.3 未分配利润核算

一、未分配利润的含义

企业实现的净利润经过弥补亏损，提取盈余公积和向投资者分配利润后留存在企业的，历年结存的利润，它有两层含义：一是留待以后年度进行处理的利润；二是未指定特定用途的利润。从数量上看，未分配利润是期初未分配利润，加上本期实现的净利润，减去提取的各种公积金和分配利润后的余额。

利润分配——未分配利润	
使用的未分配利润	从企业税后利润中形成的未分配利润
	未分配利润的账面余额

图 6-4　"利润分配——未分配利润"账户

二、未分配利润的核算

未分配利润是通过"利润分配"科目进行核算的，"利润分配"科目应当设置"提取法定盈余公积""提取任意盈余公积""应付现金股利或利润""转作股本的股利""盈余公积补亏"和"未分配利润"等进行明细核算。"利润分配——未分配利润"账户如图 6-4 所示。

（一）分配股利或利润的会计处理

经股东大会或类似机构决议，分配给股东或投资者的现金股利或利润，应借记"利润分配——应付现金股利或利润"科目，贷记"应付股利"科目。

经股东大会或类似机构决议，分配给股东的股票股利，应在办理增资手续后，借记"利润分配——转作股本的股利"科目，贷记"股本"科目。

（二）期末结转的会计处理

企业生产经营过程中取得的收入和发生的成本费用，最终通过"本年利润"科目进行归集，计算出利润，转入"利润分配——未分配利润"科目进行分配，如果为净利润，结转至"利润分配——未分配利润"的贷方；如为亏损，则结转至"利润分配——未分配利润"科目的借方。同时，将"利润分配"科目的其他明细科目的余额转入"利润分配——未分配利润"明细科目，结转后，未分配利润的贷方余额，就是累计未分配利润的数额。如出现借方余额，则表示累计未弥补的亏损。"利润分配"科目所属的其他明细科目应无余额。

（三）弥补亏损的会计处理

企业在生产的过程中既有可能发生盈利，也有可能出现亏损，企业在当年发生亏损的情况下,与实现利润的情况相同,应当将本年发生的亏损自"本年利润"科目,转入"利润分配——未分配利润"科目,借记"利润分配——未分配利润"科目,贷记"本年利润",结转后"利润分配"科目的借方余额,即为未弥补亏损的数额。然后通过"利润分配"科目核算有关亏损的情况。

由于未弥补亏损形成的时间长短不同等原因,以前年度未弥补亏损,有的可以以当年实现的税前利润弥补,有的则须用税后利润弥补。以当年实现的利润弥补以前年度结转的未弥补亏损,不需要进行专门的账务处理。企业应当将当年实现的利润自"本年利润"科目,转入"利润分配——未分配利润"科目的贷方,其贷方发生额与"利润分配——未分配利润"的借方余额自然抵补。无论是以税前利润还是以税后利润弥补亏损,其会计处理方法均相同。但是,两者在计算交纳所得税时的处理是不同的。在以税前利润弥补亏损的情况下,其弥补的数额可以抵减当期企业应纳税所得额,而以税后利润弥补的数额,则不能作为纳税所得扣除。

【例 6-11】 某企业在 2010 年发生亏损 300 000 元,在年度终了时,企业应结转本年发生的亏损。

编制会计分录:

借:利润分配——未分配利润　　　300 000
　　贷:本年利润　　　　　　　　　　　　300 000

假定 2010 年,该企业实现利润 210 000 元。在年度终了时,应编制会计分录:

借:本年利润　　　　　　　　　　210 000
　　贷:利润分配——未分配利润　　　　　210 000

假定该企业是 2010 年新设立的企业,则 2010 年度终了时,"利润分配——未分配利润"科目的期末借方余额为 90 000 元,即企业有未弥补亏损 90 000 元。企业以当年实现的净利润弥补以前年度的未弥补亏损时,并不需要进行专门的账务处理。

【例 6-12】 某股份有限公司的股本为 1 000 万元,每股面值 1 元,2011 年年初未分配利润为贷方 160 万元,2012 年实现净利润 240 万元。假定公司经批准 2012 年利润分配方案为:按 2012 年实现净利润 10%提取法定盈余公积,5%提取任意盈余公积,同时向股东按每股 0.1 元派发现金股利,按每股 10 股送 2 股的比例派发股票股利,2013 年 3 月 5 日,公司以银行存款支付全部现金股利,新增股本也已办理完股权登记和相关增资手续。

其账务处理如下:

(1) 2012 年度终了,企业结转本年度实现的净利润

借:本年利润　　　　　　　　　　　　2 400 000
　　贷:利润分配——未分配利润　　　　　　　2 400 000

(2) 提取法定盈余公积任意盈余公积

借:利润分配——提取法定盈余公积　　240 000
　　　　　　——提取任意盈余公积　　120 000
　　贷:盈余公积——法定盈余公积　　　　　240 000
　　　　　　　　——任意盈余公积　　　　　120 000

(3) 结转"利润分配"明细科目

借:利润分配——未分配利润　　　　　360 000

  贷：利润分配——提取法定盈余公积   240 000
      ——提取任意盈余公积   120 000

公司 2012 年底"利润分配——未分配利润"科目的贷方余额为

$$1\,600\,000 + 2\,400\,000 - 360\,000 = 3\,640\,000(元)$$

（4）批准发放现金股利为

$$10\,000\,000 \times 0.1 = 1\,000\,000(元)$$

  借：利润分配——应付现金股利   1 000 000
    贷：应付股利   1 000 000

2013 年 3 月 5 日，实际发放现金股利

  借：应付股利   1 000 000
    贷：银行存款   1 000 000

（5）2013 年 3 月 5 日，发放股票股利

$$10\,000\,000 \times 1 \times 20\% = 200\,000$$

  借：利润分配——转作股本的股利   2 000 000
    贷：股本   2 000 000

（6）将"利润分配"科目的其他明细科目结转

  借：利润分配——未分配利润   3 000 000
    贷：利润分配——应付现金股利   1 000 000
        ——转作股本股利   2 000 000

结转后，"利润分配——未分配利润"科目的贷方余额 64 万元，就是公司结存的留待以后年度处理的利润数额。

本章小结

  所有者权益是企业资产扣除负债后由所有者享有的剩余权益。包括实收资本、资本公积、盈余公积和未分配利润。实收资本是企业接收投资者投入企业的资本。目前，我国实行注册资本制度。资本公积是企业收到投资的超出注册资本（或股本）所占份额的投资，以及直接计入所有者权益的利得和损失。盈余公积是企业按规定从净利润中提取并形成的公积金，包括法定盈余公积、任意盈余公积等。未分配利润是留存在企业的历年结存的利润。

习 题

一、思考题

1. 所有者权益主要包括哪些内容？
2. 所有者权益与负债有哪些区别？
3. 什么是资本公积？资本公积是如何形成的？
4. 什么是留存收益？留存收益是如何形成的？

二、单项选择题

1. 所有者权益由（ ）构成。

A. 实收资本、资本公积、未分配利润　　B. 实收资本、资本公积、留存收益
C. 留存收益、资本公积、本分配利润　　D. 留存收益、实收资本、未分配利润

2. 投资者实际投资额超过资本金的差额，按规定记入（　　）。
   A. "留存收益"　　B. "实收资本"　　C. "资本公积"　　D. "未分配利润"

3. 股份有限公司发行股票的溢价收入应计入（　　）。
   A. 营业外收入　　B. 资本公积　　C. 实收资本　　D. 盈余公积

4. 股份有限公司采用收购股票方式减资的，应按照股票面值和注销股数计算的股票面值总额，借记（　　）。
   A. 实收资本　　B. 库存股　　C. 盈余公积　　D. 资本公积

5. 某企业20××年年初未分配利润贷方余额为35 000元，本年实现净利润700 000元，提取盈余公积105 000元，则未分配利润的账户余额为（　　）。
   A. 630 000元　　B. 695 000元　　C. 70 000元　　D. 35 000元

6. 可以用于弥补以前年度亏损和转增资本的是（　　）。
   A. 税前利润　　B. 盈余公积　　C. 未分配利润　　D. 资本公积

7. 某企业发行10 000股新股，每股面值为1元，发行价为每股6元，则记入股本的数额为（　　）。
   A. 10 000元　　B. 60 000元　　C. 50 000元　　D. 70 000元

三、多项选择题

1. 下列各项，会引起所有者权益总额发生变化的是（　　）。
   A. 发行股票支付的交易费用
   B. 接受投资者以外币投入的资本
   C. 股东大会批准的利润分配方案中分配的股票股利
   D. 企业按法定程序报经批准减少注册资本

2. "资本公积"账户应当分别按照（　　）进行明细核算。
   A. 资本溢价　　　　　　　　B. 外币资本折算差额
   C. 股本溢价　　　　　　　　D. 其他资本公积

3. 企业实收资本增加的途径主要有（　　）。
   A. 投资者投入　　B. 银行借入　　C. 资本公积转增　　D. 盈余公积转增

4. 下列事项中，不会引起所有者权益变化的有（　　）。
   A. 从净利润中提取盈余公积　　　　B. 向投资者宣告分配利润
   C. 用盈余公积弥补亏损　　　　　　D. 用盈余公积转增资本

5. 在我国留存收益包括（　　）。
   A. 本年利润　　B. 未分配利润　　C. 盈余公积　　D. 资本公积

6. 所有者权益各项目中，通过生产经营活动形成的是（　　）。
   A. 实收资本　　B. 资本公积　　C. 盈余公积　　D. 未分配利润

7. 下列各项中会引起年末未分配利润数额变化的是（　　）。
   A. 盈余公积补亏　　　　　　B. 用资本公积转增资本
   C. 本年利润转入　　　　　　D. 提取盈余公积

8. 企业用盈余公积弥补亏损时，正确的会计处理是（　　）。

A. 借记"盈余公积——法定盈余公积"
B. 借记"盈余公积——提取盈余公积"
C. 贷记"本年利润"
D. 贷记"利润分配——盈余公积补亏"

9. 在我国，下列可用于弥补企业经营亏损的一般途径有（　　）。
A. 用资本公积补亏
B. 用法定盈余公积补亏
C. 用以后盈利年度的税后利润补亏
D. 用以后盈利年度的税前利润补亏

四、练习题

1. 某有限责任公司 2000 年经济业务如下：
(1) 收到国家投资 600 000 元，款项已存入银行。
(2) A 公司以一项旧设备作为向本企业的投资，所确认价值为 180 000 元。
(3) B 公司以一项专利技术作为向企业的投资，所确认价值为 50 000 元。
(4) 接受某公司的捐赠的不需安装的新固定资产一台，按提供的相关凭证，其价值为 20 000 元。
(5) 从企业实现的利润中提取盈余公积为 50 000 元。

要求：根据以上经济业务编制会计分录。

2. 某有限责任公司是 2 年前由甲、乙、丙三位股东各出资 100 000 元建立的。现有丁投资者实际出资 120 000 元（存款已存入该公司开户银行），占有该公司的 1/4 股权为条件加入该公司。该公司变更登记后的注册资本为 400 000 元，甲、乙、丙、丁四位股东各占 1/4 的股份。

要求：根据以上经济业务编制会计分录。

3. 某公司以一台设备向某企业进行长期投资，该设备的原始价值为 300 000 元，已提折旧 40 000 元。经评估这台设备的价值确认为 280 000 元。

要求：根据以上经济业务编制会计分录。

4. *甲公司为乙公司的股东，其投资份额占乙公司有表决权的资本总额的 40%，对此次投资，甲公司采取权益法核算。现乙接受一项不需安装的新固定资产的捐赠，根据有关凭证，其价值为 100 000 元。

要求：根据以上经济业务编制会计分录。

第7章

收入、费用和利润

📚 **知识目标**

- 了解建造合同收入的特点及类型；
- 了解工程成本及费用的构成，掌握工程成本核算内容；
- 熟悉收入的概念、分类，以及建造合同收入的构成；
- 掌握建造合同收入的核算，了解其他业务收入的核算；
- 掌握利润的构成及其核算。

✏️ **能力目标**

- 能够熟练进行工程价款结算的账务处理；
- 能够熟练进行各项工程成本项目的核算；
- 能够正确计算施工企业当期利润，并能合理地进行利润分配。

企业经营活动的主要目标之一就在于获得尽可能多的利润。对于一个持续经营的企业来说，为了取得一定的收入，就必须要发生相应的费用。企业会计实务中，通过收入与费用的配比关系，既反映了企业一定时期内的经营活动的成果，也可以通过对两者的分析了解企业的利润质量。收入、费用和利润业务是企业日常会计处理过程中的一个重要的实务问题，收入和费用的确认、计量，直接影响到企业的财务状况和经营业绩信息的质量水平。

7.1 收 入

7.1.1 收入概述

一、收入的概念

收入，是指企业在日常活动中所形成的、会导致所有者权益增加的、与所有者投入资本无关的经济利益的总流入。收入具有以下特征：

（1）收入从企业的日常活动中产生，而不是从偶发的交易或事项中产生。有些交易或事项也能为企业带来经济利益，但不属于企业日常活动，其流入的经济利益是利得，而不是收入。例如，施工企业所承包工程、转让无形资产使用权、出售不需用原材料等，均属于施工企业为完成其经营目标所从事的经常性活动，由此产生的经济利益的总流入构成收入。但施工企业处理固定资产、无形资产等活动，不是施工企业为完成其经营目标所从事的经常性活动，也不属于与经常性活动相关的活动，由此产生的经济利益的总流入不构成收入，应当确认为营业外收入。

（2）收入的实质是净资产的增加。未来经济利益的增加可能表现为资产的增加，也可能表现为负债的减少。因为伴随着收入的实现，往往是资产的增加或负债的减少或两者兼而有

之，而根据"资产－负债＝净资产（所有者权益）"的等式原理，资产的增加或负债的减少必然导致企业净资产的增加。

（3）收入只包括本企业经济利益的流入，不包括为第三方或客户代收的款项。因为代收的款项一方面增加企业的资产，另一方面增加企业的负债，并不增加企业的净资产。

（4）收入与收益、利得的关系。收益、利得与收入密切相关，收益的形成可能源于企业的日常经营活动，也可能源于日常活动以外的活动，收入是那些由企业日常活动形成的收益，如施工企业承包工程的工程价款收入等；利得源于日常活动以外的活动的收益，如施工企业处置施工设备等固定资产所取得的净收益。收入、利得与收益的关系可以简单地用公式表示为

$$收益＝收入＋利得$$

二、施工企业收入的种类

施工企业收入分为主营业务收入和其他业务收入。它的划分标准，一般应按照营业执照上注明的主营业务和兼营业务予以确定，具体如下。

（一）主营业务收入

主营业务收入，是指由企业日常活动中的主要活动取得的收入，可以根据企业营业执照上注明的主要业务范围来确定。主营业务收入一般占企业收入的比重较大，对企业的经济效益产生较大的影响。不同行业的主营业务收入所包含的内容不同。在会计核算中，主营业务形成的收入应单独设置"主营业务收入"科目核算。就施工企业来讲，施工企业的主营业务收入主要指所承包工程的工程价款收入，即建造合同收入。

（二）其他业务收入

其他业务收入，是指由企业主营业务以外的其他日常活动取得的收入，可以通过企业营业执照上注明的兼营业务范围来确定。其他业务收入一般占企业的比重较小。对非经常性、兼营业务交易所产生的收入应单独设置"其他业务收入"科目核算。就施工企业来讲，施工企业销售剩余材料、提供机械作业和运输作业、出租固定资产等形成的收入，列入"其他业务收入"核算。

7.1.2 建造合同收入

一、建造合同的概念

所谓建造合同，是指为建造一项资产或者在设计、技术、功能、最终用途等方面密切相关的数项资产而订立的合同。这里所讲的资产，是指房屋、道路、桥梁、水坝等建筑物以及船舶、飞机、大型机械设备等。建造合同的特征主要表现为：

（1）先有买主（客户），后有标底（资产），建造资产的造价在签订合同时已经确定；

（2）资产的建设期长，一般都要跨越一个会计年度，有的长达数年；

（3）所建造的资产体积大，造价高；

（4）建造合同一般为不可取消的合同。

施工企业承接建筑安装工程业务而与发包单位签订的工程承包合同也属于建造合同。

二、建造合同的分类

建造合同分为固定造价合同和成本加成合同两类。

（一）固定造价合同

固定造价合同，指按照固定的合同价或固定单价确定工程价款的建造合同。比如，一座

桥梁的造价为 2 000 万元，发包方支付给承包方的金额就是 2 000 万元，此为固定造价合同。如果原材料价格上涨，风险由承包方承担。

（二）成本加成合同

成本加成合同，是指以合同允许或其他方式议定的成本为基础，加上该成本的一定比例或定额费用确定工程价款的建造合同。比如，加成 10%，那么在合同成本的基础上增加 10% 就是建造承包方的收入。此时材料、工资价格的上涨风险由发包方承担。

固定造价合同与成本加成合同的主要区别在于风险的承担者不同。前者的风险主要由建造承包方承担，后者的风险主要由发包方承担。另外，两者在会计确认收入时，条件也是不同的。

三、建造合同收入的构成

施工企业的建造合同收入，又称为工程价款收入，包括如下两部分。

（一）工程建造合同中规定的工程造价

施工企业与发包单位双方在最初签订工程承包合同中商定的合同金额，它构成工程建造合同收入的基本部分。

（二）因合同变更、索赔、奖励等形成的收入

这部分收入是在执行合同过程中由于合同工程内容或施工条件变更、索赔、奖励等原因形成的追加收入。建造承包商不能随意确认这部分收入，只有在经过发包单位签证同意后，才能将其计入施工企业的工程价款收入。

(1) 合同变更，是指客户为改变合同规定的作业内容而提出的调整。因合同变更而增加的收入，应在同时具备下列条件时予以确认：

1) 客户能够认可变更而增加的收入；
2) 收入能够可靠计量。

例如，某建造承包商与一客户签订的一座体育馆建造合同，在合同执行一半时，客户提出改变体育馆地面装饰材料，并同意增加变更收入 60 万元。这一事项就是合同变更的例子，60 万元可计入建造合同的工程价款收入。

(2) 索赔款，是指因客观或第三方的原因造成的、由建造承包商向客户或第三方收取的、用于补偿不包括在合同造价中的成本的款项。因发生赔款而形成的收入应在同时符合以下条件时才能加以确认：

1) 根据谈判情况，预计对方能够同意这项索赔；
2) 对方同意接受的金额能够可靠地计量。

例如，某建造承包商与一客户签订了一份金额为 8 000 万元的建造合同，建造一座水电站。合同规定的建设期是 2011 年 3 月～2014 年 8 月，同时规定，发电机由客户采购，于 2013 年 8 月交付建造承包商进行安装。该项合同在执行过程中，客户于 2014 年 1 月才将发电机交付建造承包商，根据双方谈判情况，客户同意向建造承包商支付延误工期款 100 万元。索赔款 100 万元符合上述两个条件，建造承包商便可于 2013 年将因索赔而增加的收入 100 万元确认为合同收入的组成部分。假如客户不同意支付延误工期款，则不能将 100 万元计入合同总收入，合同总收入仍为 8 000 万元。假如客户同意这项索赔，但只同意支付延误工期款 50 万元，建造承包商只能将 50 万元确认为合同收入，在这种情况下，2013 年该项建造合同的总收入应为 8 000+50=8 050（万元）。

(3) 奖励款，是指工程达到或超过规定的标准时，客户同意支付给建造承包商的额外款

项。因奖励而形成的收入应在同时符合以下条件时加以确认：

1) 根据目前合同的完成情况，足以判断工程进度和工程质量能够达到或超过既定的标准；
2) 奖励金额能够可靠地计量。

例如，某建造承包商与一客户签订一项合同金额为 9 000 万元的建造合同，建造一座跨海大桥，合同规定的建设期为 2011 年 12 月 20 日～2013 年 12 月 20 日。该合同在执行中于 2013 年 9 月主体工程已基本完工，工程质量符合设计要求，有望提前 3 个月竣工。客户同意向建造承包商支付提前竣工奖 100 万元。因为符合上述两个条件，建造承包商应于 2013 年将奖励款而形成的收入 100 万元确认为合同收入的组成部分，2013 年该项建造合同的总收入为 9 000+100=9 100（万元）。假定该项合同的主体工程虽于 2013 年 9 月基本完工，但经工程监理人员认定，工程质量未达到设计要求，还需进一步施工。在这种情况下，建造承包商不能确认奖励款。

四、建造合同收入的确认

（一）建造合同中工程价款的结算方式

工程价款结算是指建筑施工企业因承包建筑安装工程，按承包合同的规定，向发包单位交付已完工程、收取工程价款的一种结算行为。通过工程价款结算取得的收入，称为工程价款结算收入。施工企业工程价款结算的方式，一般有以下几种：

（1）按月结算方式。按月结算是指工程价款实行旬末或月中预支，月终结算，竣工后清算的方式。跨年度施工的工程，在年终进行工程盘点，办理年度结算。

（2）分段结算。分段结算是指按工程形象进度划分的不同阶段（部位）结算工程价款的方式。当年开工，当年不能竣工的单项工程或单位工程，按工程形象进度，划分不同阶段进行结算。分段结算可以按月向发包单位预支工程进度款。

（3）竣工后一次结算。竣工后一次结算是指在单项工程或建设项目全部竣工后结算工程价款的方式。建设项目或单项工程全部建筑安装工程建设期在 12 个月以内，或工程承包合同价值在 100 万元以下的，可以实行竣工后一次结算。采用竣工后一次结算方式，在施工过程中不办理工程结算，但按月可以向发包单位预支工程进度款，竣工后一次结清。

（4）结算双方约定并经开户银行同意的其他结算方式。

（二）建造合同收入的确认

企业应当根据收入的性质，按照收入确认的原则，合理地确认和计量各项收入。对于施工企业，建造合同收入和费用的确认，首先应当判断建造合同的结果能否可靠地估计，然后根据判断的结果区别情况进行处理。企业以出具的"工程价款结算账单"经发包单位签证后，确认为营业收入的实现。

（1）如果建造合同的结果能够可靠估计，企业应根据完工百分比法在资产负债表日确认合同收入和费用。

固定造价合同的结果可靠估计是指同时具备下列条件：
1) 合同总收入能够可靠地计量；
2) 与合同相关的经济利益能够流入企业；
3) 在资产负债表日合同完成进度和为完成合同尚需发生的成本能够可靠确定；
4) 为完成合同已经发生的合同成本能够清楚地区分和可靠计量，以便实际合同成本能够与以前的预计成本相比较。

成本加成本合同的结果能够可靠估计是指同时具备下列条件：

1) 与合同相关性经济利益能够流入企业；

2) 实际发生的合同成本，能够清楚地区分并且能够可靠地计量。企业在确定合同完工进度时，可以选用累计实际发生的合同成本占合同预计总成本的比例，已经完成的合同工作量占合同预计总工作量的比例，已完合同工作的测量等方法。在运用累计实际发生的合同成本占合同预计总成本的比例确定合同完成进度时，累计实际发生的合同成本不包括与合同未来活动相关的合同成本（例如施工中尚未安装、使用或耗用的材料成本），以及在分包工程工作量完成之前预付给分包单位的款项。

（2）如果建造合同的结果不能够可靠地估计，应区别情况处理：

1) 合同成本能够收回的，合同收入根据能够收回的实际合同成本加以确认，合同成本在其发生的当期确认为费用；

2) 合同成本不可能收回的，应在发生时立即确认为费用，不确认收入。

如果合同预计总成本将超过合同预计总收入，应将预计损失立即确认为当期费用。

由于施工企业与发包单位在办理工程价款结算时，往往采用多种不同的结算方式，所以工程价款收入确认时，应区别不同情况，作不同的处理：

1) 实行合同完成后一次结算工程价款办法的工程合同，应于合同完成，施工企业与发包单位进行工程合同价款结算时，确认为收入实现，实现的收入额为承发包双方结算的合同价款总额。

2) 实行旬末或月中预支，月终结算，竣工后清算办法的工程合同，应分期确认合同价款收入的实现，即各月份终了，与发包单位进行已完工程价款结算时，确认为承包合同已完工部分的工程收入实现，本期收入额为月终结算的已完工程价款金额。

3) 实行按工程形象进度划分不同阶段，分段结算工程价款办法的工程合同，应按合同规定的形象进度分次确认已完阶段工程收益的实现。即应于完成合同规定的工程形象进度或工程阶段，与发包单位进行工程价款结算时，确认为工程收入的实现。本期实现的收入额，为本期已结算的分段工程价款金额。

4) 实行其他结算方式的工程合同，其合同收益应按合同规定的结算方式和结算时间，与发包单位结算工程价款时确认为收入一次或分次实现。本期实现的收入额，为本期结算的已完工程价款或竣工一次结算的全部合同价款。

施工企业与发包单位办理工程价款结算时，不论采用竣工后一次结算还是按月结算或分段结算，都应填制"工程价款结算账单"，经发包单位审核签证后，送交开户银行办理结算。采用按月结算或分段结算办法的工程，递交的"工程价款结算账单"，还应随附"已完工程月报表"。"工程价款结算账单"的一般格式，见表7-1，"已完工程月报表"的一般格式，见表7-2。

表 7-1　　　　　　　　　　　　工 程 价 款 结 算 账 单

发包单位名称：　　　　　　　　　　　　年　月　日　　　　　　　　　金额单位：元

单项工程项目名称	合同造价	本期应收工程款	应扣款项			本期实收工程款	备料款余额	本期止已收工程款累计	备注
			合计	预收工程款	预收备料款				

施工企业：　　　　　　（签章）　　　　　　　　　　　财务负责人：　　　　　　（签章）

表 7-2　　　　　　　　　　　　　已完工程月报表

发包单位名称：　　　　　　　　　　年　月　日　　　　　　　　　　金额单位：元

单项工程项目名称	合同造价	建筑面积（m²）	开竣工日期		实际完成数		备注
			开工日期	竣工日期	至上月止已完工程累计	本月份已完工程	

施工企业：　　　　（签章）　　　　　　　　　　　　编制日期：　　年　月　日

施工企业不论采用哪种工程价款结算方式，无论工期长短，其施工期间的工程价款总额一般不得超过工程承包合同价值的95%。结算双方可以在5%的范围内协商确认工程尾款比例，并在工程合同中订明。工程尾款待工程竣工之后再进行结算。如果建筑施工企业已向发包单位出具履约保函或其他保证的，可以不留工程尾款。

（三）完工百分比法的运用

完工百分比法是根据合同完工进度确认合同收入和费用的方法，根据完工百分比法确认和计量当期收入和费用的计算公式如下

当期确认的合同收入＝（合同总收入×完工进度）－以前会计年度累计已确认的收入

当期确认的合同毛利＝（合同总收入－合同预计总成本）×完工进度－

以前会计年度累计已确认的毛利

当期确认的合同费用＝当期确认的合同总收入－当期确认的合同毛利－

以前会计年度累计损失准备

在运用上述公式计算确认相关的收入、毛利和费用时，应当关注：

（1）在当年开工当年未完工的建造合同的情况下，企业在运用上述公式时，以前会计年度累计已确认的合同收入和合同毛利均为零；

（2）在以前年度开工本年度完工的建造合同的情况下，当期确认和计量的毛利，等于合同总收入减去实际合同总成本和以前会计年度累计已确认的毛利后的余额；

（3）在当年开工当年完工的建造合同的情况下当期确认和计量的合同收入，等于该项合同的总收入，当期确认和计量的合同费用，等于该项合同的实际总成本。

五、建造合同收入的核算

（一）预收工程款与预收备料款的收取与归还

由于建筑安装工程建设周期长、造价高的特点，施工企业往往难以垫支施工期间所需的流动资金。因此，施工单位在签订承包合同时，可与发包单位商定预收一定数额的工程款和备料款。

一般情况下，采用按月结算工程价款的施工企业，可在月中预收上半月的工程款；采用分段结算工程价款或竣工后一次结算工程价款的企业，可按月预收当月工程款。施工企业在预收工程价款时，应根据实际工程进度，填制"工程价款预收账单"，分别向发包单位和经办银行办理预收款手续。"工程价款预收账单"的格式见表7-3。

施工企业在月中或按月预收的工程价款，应在结算工程价款时，从应收工程款中扣除，并在"工程价款结算账单"中列出应扣除的预收工程款。

表 7-3　　　　　　　　　　　　　工程价款预收账单

发包单位名称：　　　　　　　　　　年　　月　　日　　　　　　　　　金额单位：万元

单项工程项目名称	合同造价	上半月完成数	预收上半月工程款	预收当月工程款	应扣预收款项	实收款项	备注

施工企业：　　　　　　　　　　　　　财务负责人：

工程主要建筑材料由施工单位采购储备的，可在签订工程承包合同时，与发包单位商定预收一定数额的备料款。在这种情况下，施工企业在结算工程价款时，还应扣除应归还的预收备料款。从理论上讲，备料款的需要额取决于工程结构类型、主要材料储备期和施工期等几种因素，其计算公式如下

预收备料款＝（年度工程总值×主要材料费比重）/年度施工日数×主要材料储备日数

预收工程备料款占工程总值的比重，称为备料款额度，其计算公式为

预收备料款额度＝主要材料费比重×（主要材料储备日数/360）

主要材料费占工程总值的比重，因工程结构不同而异；主要材料储备日数，取决于材料来源和供应等条件。在实际工作中，为了简化核算手续和便于统一管理，工程备料款额度通常由各地区根据工程性质和规模以及施工期等因素分类再加以规定：建筑工程一般不得超过当年建筑工程（包括水、电、暖、卫等）总值的 25％，大量采用预制构件的工程，可以适当加大比例；安装工程一般不得超过安装工程总值的 10％，安装材料用量较大的工程，可以适当增加。

施工企业向发包单位预收的备料款，应在工程后期随着工程所需材料、结构件储备的减少，以抵充工程价款形式陆续归还，到工程完工时全部归还。为了既能保证主要材料储备的需要，又能在竣工时扣清备料款，原则上应在未完工程所需耗用的主要材料数额等于备料款数额时起开始扣还备料款，并按主要材料费占工程价值的比重确定备料款扣还额。在实际工作中，也可将预收备料款的额度定为全年承包工程总值的 25％，在累计已收工程价款占当年承包工程总值 50％的月份起，按当月超过当年承包工程总值 50％的已完工程价值的 50％抵作预收备料款归还。这样到工程完工，归还相当于当年承包工程总值的 25％（50％×50％）的全部预收备料款。

（二）工程价款结算设置的会计科目及会计处理

为了总括地核算和监督施工企业工程价款收入的实现，以及与工程价款收入有关的成本的结转和税金的计算情况，施工企业应设置如下会计科目进行核算：

（1）"主营业务收入"科目（T 型账户如图 7-1 所示）：主要核算企业承包工程实现的工程价款结算收入，包括已完工程价款收入、索赔款、合同变更收入和奖励款。企业按规定向发包单位收取的除工程价款以外按规定列作营业收入的各种款项，如临时设施费、劳动保险费、施工机构调迁费等也在本科目核算。该科目属于损益类科目，其贷方登记企业当期确认的建造合同收入；借方登记期末转入"本年利润"科目的合同收入；期末结转后，本科目应无余额。当企业实现的工程价款收入和应向发包单位收取的列作营业收入的款项，借记"应收账款""银行存款"等科目，贷记本科目。"主营业务收入"账户如图 7-1 所示。

主营业务收入	
期末转入"本年利润"科目的合同收入	企业当期确认的建造合同收入

图7-1 "主营业务收入"账户

(2) "主营业务成本"科目（T型账户如图7-2所示）：用来核算企业已办理工程价款结算的已完工程实际成本。实行合同完成后一次结算办法的合同工程，其本期已结算工程的工程成本，是指合同执行期间发生的累计合同工程成本；实行按月或分段结算办法的合同工程，其本期已结算工程的工程成本，应根据期末未结算工程成本累计，减期末未完工程成本进行计算。该科目属于损益类科目，其借方登记企业当期确认的合同费用；贷方登记期末转入"本年利润"科目的合同费用；期末结转后，本科目应无余额。企业应根据办理工程价款结算的已完工程实际成本，借记本科目，贷记"工程施工"科目。"主营业务成本"账户如图7-2所示。

(3) "营业税金及附加"科目（T型账户如图7-3所示）：用来核算企业因从事建筑安装生产活动取得工程结算收入而按规定应缴纳的营业税、城市维护建设税以及教育费附加。该科目属于损益类科目，其借方登记月份终了按规定计算出的应由主营业务收入负担的营业税、城市维护建设

主营业务成本	
登记企业当期确认的合同费用	期末转入"本年利润"科目的合同费用

图7-2 "主营业务成本"账户

税、教育费附加；贷方登记期末转入"本年利润"科目的主营业务税金及附加；期末结转后，本科目应无余额。月末，企业按规定计算出应由建筑安装工程价款结算收入负担的营业税金、城市维护建设税以及教育费附加后，借记本科目，贷记"应交税费"等科目。"主营业务税金及附加"账户如图7-3所示。

主营业务税金及附加	
登记月份终了按规定计算出的应由主营业务收入负担的营业税、城市维护建设税、教育费附加	登记期末转入"本年利润"科目的主营业务税金及附加

图7-3 "主营业务税金及附加"账户

期末，应将"主营业务收入"科目的余额全部转入"本年利润"贷方，同时将"主营业务成本""营业税金及附加"科目的余额转入"本年利润"的借方，结转后，以上科目应无余额。

施工单位在签订承包工程合同时，可向发包单位预收一定数额的工程款和备料款，预收的工程款，设置"预收账款——预收工程款"科目核算；预收的备料款，设置"预收账款——预收备料款"科目核算，期末或竣工后结算工程价款时，从应收工程款中扣除。

【例7-1】某建筑股份有限公司与某发电厂签订了一项总金额为2400万元的成套设备建造合同。工程计划2012年4月开工，2014年5月完工。该项合同为固定造价合同，当时预计总成本2300万元。至2013年末，由于成套设备所用金属材料及零配件涨价，预计

总成本增加 200 万元，调整为 2 500 万元。2014 年 4 月，该重型机械制造公司提前一个月将成套设备交付发电厂，发电厂因此支付奖励款 100 万元。重型机械制造公司建造该项成套设备的有关资料见表 7-4。

表 7-4　　　　　重型机械制造公司建造该项成套设备的有关资料　　　　金额单位：万元

项目年份	累计已发生成本	完成合同尚需发生成本	已结算合同价款	实际收到价款
2012 年	966	1 334	1 000	970
2013 年	2 200	300	1 100	1 050
2014 年	2 440	—	400	480

根据上述资料作如下账处处理：

（1）2012 年度账务处理。

1）已发生的合同成本。

借：工程施工　　　　　　　　　　　　9 660 000
　　　贷：原材料（应付工资、累计折旧等）　　　　9 660 000

2）已结算的合同价款。

借：应收账款　　　　　　　　　　　　10 000 000
　　　贷：工程结算　　　　　　　　　　　　　　10 000 000

3）收到价款。

借：银行存款　　　　　　　　　　　　9 700 000
　　　贷：应收账款　　　　　　　　　　　　　　9 700 000

4）确认计算 2012 年的收入和费用。

完工进度：

$$966 \div (966 + 1\,334) \times 100\% = 42\%$$

确认的合同收入：

$$2\,400 \times 42\% = 1\,008(万元)$$

确认的毛利：

$$(2\,400 - 966 - 1\,334) \times 42\% = 42(万元)$$

确认的合同费用：

$$1\,008 - 42 = 966(万元)$$

会计分录：

借：工程施工——毛利　　　　　　　　420 000
　　主营业务成本　　　　　　　　　　9 660 000
　　　贷：主营业务收入　　　　　　　　　　　10 080 000

5）根据工程价款结算收入计算应负担的营业税、城市维护建设税及教育费附加。

应交营业税 = 10 080 000 × 3% = 302 400(元)
城市维护建设税 = 302 400 × 7% = 21 168(元)
教育费附加 = 302 400 × 3% = 9 072(元)

借：营业税金及附加　　　　　　　　　332 640

```
    贷：应交税费——应交营业税                    302 400
              ——应交城市维护建设税                21 168
        其他应交款——教育费附加                    9 072
```

(2) 2013年度账务处理。

1）发生的合同成本。

```
借：工程施工              12 340 000（22 000 000－9 660 000）
    贷：原材料（应付工资、累计折旧等）           12 340 000
```

2）已结算工程价款。

```
借：应收账款                               11 000 000
    贷：工程结算                            11 000 000
```

3）实际收到合同价款。

```
借：银行存款                                10 500 000
    贷：应收账款                             10 500 000
```

4）确认计算2013年的收入和费用。

完工进度

$$2\,200 \div (2\,200 + 300) \times 100\% = 88\%$$

确认的合同收入

$$2\,400 \times 88\% - 1\,008 = 1\,104（万元）$$

确认的毛利

$$(2\,400 - 2\,200 - 300) \times 88\% - 42 = -130（万元）$$

确认的合同费用

$$1\,104 + 130 = 1\,234（万元）$$

确认的合同预计损失

$$(2\,200 + 300 - 2\,400) \times (1 - 88\%) = 12（万元）$$

会计分录：

```
借：主营业务成本                              12 340 000
    贷：主营业务收入                           11 040 000
        工程施工——毛利                        1 300 000
```

同时：

```
借：合同预计损失                                120 000
    贷：预计损失准备                             120 000
```

5）根据工程价款结算收入计算应负担的营业税、城市维护建设税及教育费附加。

$$应交营业税 = 11\,040\,000 \times 3\% = 331\,200（元）$$
$$城市维护建设税 = 331\,200 \times 7\% = 23\,184（元）$$
$$教育费附加 = 331\,200 \times 3\% = 9\,936（元）$$

```
借：营业税金及附加                              364 320
    贷：应交税费——应交营业税                    331 200
              ——应交城市维护建设税                23 184
        其他应交款——教育费附加                    9 936
```

(3) 2014 年度账务处理。
1) 发生的合同成本。
借：工程施工　　　　　　　　　　　　　　　　　2 400 000
　　贷：原材料（应付工资、累计折旧等）　　　　　　　　　2 400 000
2) 已结算合同价款。
借：应收账款　　　　　　　　　　　　　　　　　4 000 000
　　贷：工程结算　　　　　　　　　　　　　　　　　　　　4 000 000
3) 实际收到的合同价款。
借：银行存款　　　　　　　　　　　　　　　　　4 800 000
　　贷：应收账款　　　　　　　　　　　　　　　　　　　　4 800 000
4) 确认和计算 2014 年的收入和费用。
确认的合同收入
$$(2\,400+100)-(1\,008+1\,104)=388(万元)$$
确认的毛利
$$(2\,400+100)-2\,440-(42-130)=148(万元)$$
确认的合同费用
$$388-148-12=228(万元)$$
会计分录：
借：主营业务成本　　　　　　　　　　　　　　　2 280 000
　　预计损失准备　　　　　　　　　　　　　　　　120 000
　　工程施工——毛利　　　　　　　　　　　　　1 480 000
　　贷：主营业务收入　　　　　　　　　　　　　　　　　　3 880 000
5) 根据工程价款结算收入计算应负担的营业税、城市维护建设税及教育费附加。
$$应交营业税=3\,880\,000\times 3\%=116\,400(元)$$
$$城市维护建设税=116\,400\times 7\%=8\,148(元)$$
$$教育费附加=116\,400\times 3\%=3\,492(元)$$
借：营业税金及附加　　　　　　　　　　　　　　128 040
　　贷：应交税费——应交营业税　　　　　　　　　　　　　116 400
　　　　　　　　——应交城市维护建设税　　　　　　　　　　8 148
　　　其他应交款——教育费附加　　　　　　　　　　　　　3 492
6) 2014 年度工程完工后进行总结算。
借：工程结算　　　　　　　　　　　　　　　　　25 000 000
　　贷：工程施工　　　　　　　　　　　　　　　　　　　　24 400 000
　　　　工程施工——毛利　　　　　　　　　　　　　　　　600 000

六、与分包单位结算工程价款的核算

一个工程项目如果由两个以上施工企业同时交叉作业，根据国家对基本建设工程管理的要求，建设单位和施工企业应实行承发包责任制和总分包协作制。在这种情况下，要求一个施工企业作为总包单位向建设单位（发包单位）总承包，对建设单位负责，再由总包单位将专业工程分包给专业性施工企业施工，分包单位对总包单位负责。

在实行总分包协作制的情况下，如果总分包单位的主要材料、结构件的储备资金都有由工程发包单位以预付备料款的形式供应，总包单位应按照工程分包合同规定，向分包单位预付一定数额的备料款和工程款，并进行工程价款的结算。为反映与分包单位之间备料款和工程款的预付和结算情况，应设置"预付账款——预付分包备料款"科目，核算企业预付分包单位的备料款和备料款的扣回（含拨给抵作备料款的材料价值）；设置"预付账款——预付分包工程款"科目，核算预付分包单位的工程款；设置"应付账款——应付分包工程款"科目，核算企业与分包单位办理工程结算时，按照合同规定应付给分包单位的工程款。上述科目应按分包单位的户名和分包合同进行明细分类核算。

【例 7-2】 某建筑股份有限公司按合同规定，将主要材料一批拨付给分包单位抵作备料款，其成本 61 200 元，双方协商作价为 58 000 元；同时，以银行存款预付分包单位工程款 200 000 元。月末，企业与分包单位办理价款结算，根据分包单位提出的"工程价款结算账单"，应结算工程价款 350 000 元，扣除已预付的工程款 200 000 元、备料款 58 000 元，余款以银行存款支付。

根据资料作如下账务处理：
(1) 企业向分包单位拨付抵作备料款的材料时：
借：预付账款——预付分包单位款（备料款）　　58 000
　　工程施工——合同成本（分包成本）　　　　 3 200
　　贷：原材料——主要材料　　　　　　　　　　　　　61 200
(2) 企业预付分包单位工程款时：
借：预付账款——预付分包单位款（工程款）　　200 000
　　贷：银行存款　　　　　　　　　　　　　　　　　　200 000
(3) 收到分包单位"工程价款结算账单"，结算工程价款时：
借：工程施工——合同成本　　　　　　　　　　350 000
　　贷：预付账款——预付分包单位款（工程款）　　　　200 000
　　　　　　　　——预付分包单位款（备料款）　　　　 58 000
　　　　应付账款——应付工程款（分包单位）　　　　　 92 000
(4) 开出转账支票支付分包单位工程价款时：
借：应付账款——应付工程款（分包单位）　　　 92 000
　　贷：银行存款　　　　　　　　　　　　　　　　　　 92 000

7.1.3 其他业务收入

一、其他业务收入的内容

建筑企业除了主要从事建筑安装工程的施工生产经营业务外，往往还从事产品、材料的销售，提供机械作业和运输作业等其他经营业务。为此，企业除了获取开展主营业务活动的收入（工程结算收入），还可以获取因开展其他业务活动形成的收入。具体包括有：
(1) 产品销售收入。
(2) 材料销售收入。

(3) 机械、运输作业收入。
(4) 固定资产出租收入。
(5) 无形资产出租收入。
(6) 多种经营收入。
(7) 其他收入。

二、其他业务收入的确认

企业取得的其他业务收入，应于收入实现时及时入账。其确认条件按其内容划分为以下几种。

(一) 提供产品、材料时的收入确认的条件

(1) 企业已将产品所有权上的风险和报酬转移给对方。
(2) 企业既没有保留通常与所有权相联系的继续管理权，也没有对已售出的商品实施控制权。
(3) 与交易相关的经济利益能够流入企业。
(4) 相关的收入和成本能够可靠地计量。

(二) 提供机械、运输劳务时的收入确认的条件

(1) 劳务合同收入与合同成本能够可靠地计量。
(2) 与交易相关的经济利益能够流入企业。
(3) 劳务的完成程度能够可靠地确定。

(三) 让渡资产使用权产生的收入确认的条件

(1) 与交易相关的经济利益能够流入企业。
(2) 收入的金额能够可靠地计量。

三、其他业务收入的核算

(一) 设置账户

(1) "其他业务收入"账户（T型账户如图7-4所示）。该账户核算建筑企业除了主营业务收入以外的其他业务收入。贷方记入企业取得的各项其他业务的收入，期末，将本账户的余额全部转入"本年利润"账户，结转后，月末无余额。本账户应按其他业务收入的内容设置明细账户，进行明细分类核算。

其他业务收入	
期末,将本账户的余额全部转入"本年利润"账户	记入企业取得的各项其他业务的收入

图7-4 "其他业务收入"账户

(2) "其他业务支出"账户（T型账户如图7-5所示）。该账户核算建筑企业发生的与其他业务收入相关联的各项支出。借方记入企业实际发生的各项其他业务支出，期末，将本账户的余额全部转入"本年利润"账户，结转后，月末无余额。本账户应按其他业务支出的内容设置明细账户，进行明细分类核算。

其他业务支出	
记入企业实际发生的各项其他业务支出	期末,将本账户的余额全部转入"本年利润"账户

图7-5 "其他业务支出"账户

（二）核算处理方法

【例7-3】 某建筑股份有限公司的构件加工队出售一批预制空心板，开出的发票价为26 000元（内含6%的增值税），货物已发出，款项暂未收取。

借：应收账款　　　　　　　　　　　　　　26 000.00
　　贷：其他业务收入——产品销售收入　　　24 528.30
　　　　应交税费——增值税　　　　　　　　 1 471.70

【例7-4】 某建筑股份有限公司将一台暂时不用的生产设备出租给外单位使用，根据租赁合同规定每月月末支付租金1 500元。

借：银行存款　　　　　　　　　　　　　　 1 500
　　贷：其他业务收入——固定资产出租收入　 1 500

【例7-5】 某建筑股份有限公司材料仓库发出一批积压的材料，出售给外单位，销售价款为8 500元，收到对方承兑的、为期50天商业承兑汇票一张。

借：应收票据——商业承兑汇票　　　　　　 8 500
　　贷：其他业务收入——材料销售收入　　　 8 018.87
　　　　应交税费——增值税　　　　　　　　　 481.13

【例7-6】 某建筑股份有限公司月末，结转与本月实现的其他业务收入相关联的成本，其中：发出预制空心板的计划成本22 000元，材料成本差异为-2%；销售积压材料的计划成本为7 100元，材料成本差异3%；租出设备每月计提的折旧为820元。

借：其他业务支出——销售产品成本　　　　21 560
　　　　　　　　——销售材料成本　　　　 7 313
　　　　　　　　——出租固定资产折旧　　　 820
　　贷：库存材料——结构件　　　　　　　　22 000
　　　　　　　　——其他材料　　　　　　　 7 100
　　　　累计折旧　　　　　　　　　　　　　　820
　　　　材料成本差异　　　　　　　　　　　　227

【例7-7】 某建筑股份有限公司月末，按规定计算并结转本月实现的其他业务收入应交纳的营业税（75元）、城市维护建设税（141.95元）和教育费附加（60.83元）。

借：其他业务支出　　　　　　　　　　　　　277.78
　　贷：应交税费——营业税　　　　　　　　　 75
　　　　　　　　——城市维护建设税　　　　141.95
　　　　其他应交款——教育费附加　　　　　 60.83

【例7-8】 某建筑股份有限公司月末，结转"其他业务收入""其他业务支出"账户的余额。

（1）结转"其他业务收入"。
借：其他业务收入　　　34 047.17
　　贷：本年利润　　　　　　　　34 047.17

（2）结转"其他业务支出"。
借：本年利润　　　　　29 970.78
　　贷：其他业务支出　　　　　　29 970.78

7.2 成本与费用

7.2.1 成本与费用概述

一、工程成本、费用的概念

费用作为会计要素和会计报表构成要素的内容，是与收入相配比对应的。《企业会计准则》将费用定义为："费用是指企业为销售商品、提供劳务等日常活动所发生的经济利益的流出。"将成本定义为："成本是指企业为生产产品、提供劳务而发生的各种耗费"，工程成本则是指施工企业在施工生产过程中发生的各种耗费。

费用和成本是两个并行使用的概念，两者之间既有联系也有区别。费用是资产的耗费，有广义和狭义之分，广义的费用泛指企业各种日常活动所发生的所有费用，狭义的费用仅指与本期营业收入相配比的那部分消耗，会计中的费用确认是指对狭义费用的确认，即费用与一定的会计期间相联系，而与生产的产品品种无关。工程成本按照建造合同的成本计算对象对当期发生的费用进行归集而形成，是按一定对象归集的费用，是对象化了的费用，它仅与一定种类和数量的建筑施工产品相联系，而不管费用发生在哪一个会计期间。

二、施工费用的分类

为了正确区分各种施工费用的性质、用途及其特点，加强对施工费用的管理、控制和核算，正确地归集、分配施工费用和计算工程成本，施工企业必须对施工生产经营过程中所发生的施工费用进行科学、合理的分类，这是正确组织工程成本核算的重要前提。施工费用可以按照不同的标准进行分类，其中主要的分类方法有以下几种。

（一）按照施工费用的经济性质分类

施工费用的经济性质是指构成施工费用的具体经济内容，也称为施工费用要素。建筑安装工程的施工生产过程，同时也是劳动对象、劳动手段和活劳动的耗费过程。因此，施工企业在施工生产经营过程中所发生的费用，按照经济性质可分为：劳动对象方面的费用、劳动手段方面的费用和活劳动方面的费用三大类。

（二）按照施工费用的经济用途分类

按照施工费用的经济用途分类，可以将施工企业在施工生产过程中所发生的全部施工生产费用划分为应计入工程成本的施工费用和不计入工程成本的施工费用（即期间费）两类。

(1) 应计入工程成本的施工费用。计入工程成本的各项施工费用，在施工生产过程中的具体用途各不相同。将应计入工程成本的施工费用按其经济用途进行分类。将应计入工程成本的施工费用按经济用途进行分类的费用项目，称为工程成本项目。

(2) 不计入工程成本的施工费用（期间费用）。不计入工程成本的施工费用，是指与具体工程没有直接联系，仅与当期实现的收入相关，因而不应计入工程成本，而应直接计入当期损益，形成期间费用，具体包括：管理费用、财务费用、销售费用。

（三）按照施工费用计入工程成本的方法分类

按照施工费用计入工程成本的方法分类，可以将应计入工程成本的施工费用划分为直接费用和间接费用两类。

(1) 直接费用。即直接用于某项工程建设，能够分清工程成本核算对象，可以根据原始凭证直接计入受益工程成本核算对象的施工费用。如直接为某一工程所耗用的材料费、建筑安装工人的工资和施工机械使用费等。

(2) 间接费用。间接费用是指为完成工程所发生的、不易直接归属于工程成本核算对象而应分配计入有关工程成本核算对象的各项费用支出。主要是企业各施工单位为组织和管理工程施工所发生的全部支出，包括临时设施摊销费用和施工单位管理人员工资、奖金、职工福利费、固定资产折旧费及修理费、物料消耗、低值易耗品摊销、取暖费、水电费、办公费、差旅费、财产保险费、检验试验费、工程保修费、劳动保护费、排污费及其他费用。这里所说的"施工单位"，是指建筑安装企业的工区、施工队、项目经理部等。

三、工程成本的分类

根据建筑安装工程的特点和工程成本管理的要求，施工企业的工程成本一般可以分为工程实际成本和工程合同成本。

(一) 工程实际成本

工程实际成本是在施工过程中为完成一定建筑安装工程而实际发生的施工费用。它综合地反映了企业进行工程施工活动的个别耗费水平，是影响工程结算利润的基本因素。工程实际成本可以通过工程各项施工费用的归集与分配程序计算确定。

(二) 工程合同成本

工程合同成本是指施工企业根据施工图设计确定的建筑安装工程实物量和国家或地区制订的预算定额、预算单价以及有关费用标准计算确定的工程成本。它综合地反映了各地区进行工程施工活动的社会平均耗费水平，是施工企业与发包单位结算工程价款的主要依据，也是控制企业成本开支的最高限额和考核工程成本节约或超支的重要尺度。

7.2.2 工程成本核算对象与成本项目

一、工程成本的核算对象

工程成本的核算对象，就是在工程成本的计算过程中，为归集和分配费用而确定的费用承担者。成本核算对象一般应根据工程承包合同内容以及施工生产的特点、生产费用发生的情况和管理上的要求来确定。

合理确定成本核算对象，是正确组织工程成本核算的重要条件之一。工程成本核算对象如果划分过粗，把相互之间没有联系或联系不大的单项工程和单位工程合并起来，作为一个成本核算对象，就不能反映独立施工的工程实际成本水平，不利于考核和分析工程成本升降情况；反之，如果工程成本核算对象划分过细，就会出现许多间接费用需要分摊，结果既增加了核算工作量，又难以做到成本准确。

一般来说，施工企业应该以每一个单位工程作为成本核算对象，这是因为施工预算是按单位工程编制的，所以按单位工程来确定其实际成本，便于与预算成本相比较，以检查工程预算的执行情况。施工企业工程成本核算对象的确定，一般要根据与施工图预算相适应的原则，以每一独立编制施工图预算的单位工程为依据，根据承包工程的规模大小、结构类型、工期长短以及施工现场条件等具体情况，结合本企业施工组织的特点和加强成本管理的要求，确定建筑安装工程成本核算对象，具体实务中，可根据实际情况分别处理：

(1) 建造合同仅仅包括一项工程，且该工程工序简单，应当将整个合同作为一个成本核算对象，不宜再继续划分。例如，一项仅包括土方开挖工程的建造合同，一段路基工程合同等。

(2) 建造合同仅仅包括一个工程,且该工程工序比较复杂,可按照主要工序设置成本核算对象。例如,仅包括一座隧道的建造合同,可以设置开挖和支护两个成本核算对象。

(3) 建造合同包括多个单项工程,每个单项工程均有独立的施工预算,则应当按照每个单项工程设置成本核算对象。例如,某建筑合同为承建高速公路 H1 标段,其实物工程包括一座隧道、一座大桥和 5 公里的路基,则应当分别按照隧道、大桥、路基设置成本核算对象。

(4) 同一合同,结构类型相同,开竣工时间相近的若干单位工程,可根据需要合并为一个成本核算对象。例如,某建造合同包括 5 公里的路基和 3 座小桥,则可按路基和小桥设置两个成本核算对象。

(5) 实行工程承包的单位,可将承包单位所承包范围内的工程作为一个成本核算对象。

成本核算对象一经确定,不得随意变更,并应及时通知与成本核算、成本管理有关的各业务部门,以便统一成本核算口径。企业所有反映与成本费用有关的原始资料,都应按确定的成本核算对象填写清楚,以保证成本核算的准确性。

二、工程成本项目

施工企业的工程成本项目一般包括以下五项。

(一) 材料费

材料费主要包括施工过程中耗用的构成工程实体或有助于形成工程实体的原材料、辅助材料、构配件、零件、半成品的成本,以及周转材料的摊销和租赁费用等。使用结构件较多的工程,也可以单独设置"结构件"成本项目。

(二) 人工费

人工费主要包括从事建筑安装工程施工人员的工资、奖金、职工福利费、工资性质的津贴和劳动保护费等。

(三) 机械使用费

机械使用费主要包括施工生产过程中使用自有施工机械所发生的机械使用费和租用外单位施工机械所支付的租赁费,以及施工机械的安装、拆卸和进出场费等。

(四) 其他直接费

其他直接费主要包括有关的设计和技术援助费用、施工现场材料二次搬运费、生产工具和用具使用费、检验试验费、工程定位复测费、工程点交费、场地清理费、冬雨季施工增加费、夜间施工增加费、流动施工津贴、特殊地区施工增加费、铁路和公路工程行车干扰费、送变电工程干扰通信保护措施费、特殊工程技术培训费等。

(五) 间接费用(制造费用)

间接费用(制造费用)即企业所属各施工单位(如工区、工程处、施工队、项目经理部等)为组织和管理施工生产过程所发生的各项费用。主要包括临时设施摊销费和施工单位发生的管理人员工资、奖金、职工福利费、劳动保护费、行政管理用固定资产折旧费及修理费、物料消耗、低值易耗品摊销、取暖费、水电费、办公费、差旅费、财产保险费、工程保修费、排污费及其他费用。

前四项构成建筑安装工程的直接成本,第五项为建筑安装工程的间接成本,直接成本与间接成本之和构成建筑安装工程的总成本。

7.2.3 工程成本核算程序

工程成本核算程序是指施工企业及其所属施工单位有关部门和人员,根据成本核算体制和成本核算职责,在组织工程实际成本核算时所应遵循的步骤和次序。

在施工生产活动中,为了及时归集、准确计算和反映各种生产费用的产生、分配情况,施工企业应设置"工程施工""机械作业""辅助生产""待摊费用""预提费用"等科目进行成本核算。

工程施工	
施工过程中实际发生的人工费、材料费、机械使用费、其他直接费和应分摊的间接费用等各项施工费用,以及确认的工程毛利	确认的工程亏损,以及工程合同完成后结转的已竣工的工程的实际成本
反映工程自开工之日起到本期末止已发生的工程成本的累计数	

图 7-6 "工程施工"账户

"工程施工"科目(T 型账户如图 7-6 所示):该科目属于成本类科目,是用以核算企业进行工程施工时所发生的各项费用支出,并确定各个成本核算对象的实际成本。其借方登记施工过程中实际发生的人工费、材料费、机械使用费、其他直接费和应分摊的间接费用等各项施工费用,以及确认的工程毛利;贷方登记确认的工程亏损,以及工程合同完成后结转的已竣工的工程的实际成本;期末借方余额反映工程自开工之日起到本期末止已发生的工程成本的累计数。工程合同完工时,其借方累计余额与"工程结算"科目的贷方余额对冲。该科目应按成本核算对象设置明细账,并设置"合同成本""合同毛利""间接费用"三个明细科目,"合同成本"项目下再设置"直接人工费""直接材料费""机械使用费""其他直接费""间接费用"等明细科目进行明细核算。

进行成本核算时,对于施工生产过程中发生的各项费用,首先应按照费用的用途和发生地点进行归集,凡能分清成本核算对象的,应直接计入各核算对象成本。不能分清成本核算对象的或需要单独考核的费用,则应当按照发生地点进行归集,期末按照一定的分配方法计入有关成本核算对象。为管理工程发生的各项间接费用先在"工程施工——间接费用"科目核算,期末再按照一定标准分配计入各有关成本对象。年末,在本期开支但需递延和分配到以后期间的费用,通过"待摊费用"或"长期待摊费用"科目进行归集,再按照受益期逐期分摊。工程成本的核算一般应按照下列程序进行:

(1) 将本期发生的生产经营费用按照用途和合同归集到各有关成本或费用科目;

(2) 期末,将应由本期负担的待摊费用和预提费用转入有关成本或费用科目;

(3) 期末,按"辅助生产"科目所属明细科目分别编制费用分配表,按照受益对象的受益程度分配计入"工程施工""机械作业"等成本科目;

(4) 期末,编制机械费用分配表,将归集在"机械作业"科目中的机械使用费按照成本对象的受益程度进行分配,计入"工程施工"科目;

(5) 编制间接费用分配表,将归集在"工程施工——间接费用"科目中的间接费用按照一定的标准分配计入有关工程成本即"工程施工——合同成本"科目;

(6) 根据合同是否能够可靠估计,分别不同方法确认合同收入和合同成本。

7.2.4 工程成本核算内容

工程成本核算，就是将工程施工过程中发生的各项生产费用，如支付给工人的工资、耗用的各种材料、使用机械设备所发生的机械使用费等，根据内部有关部门提供的手续完备的凭证资料进行汇总，然后再直接计入或分配计入有关成本核算对象，计算出各工程的实际成本。

一、材料费的核算

工程施工过程中发生直接用于形成工程实体的原材料费用，应专门设置"直接材料费"成本项目。原料和主要材料一般分成本对象领用，应根据领退料凭证直接计入某单项工程成本的"直接材料费"项目。

直接用于工程施工、专设成本项目的各种原材料费用，应借"工程施工"科目及其所属各成本明细账的"直接材料费"成本项目。

所属自有机械进行施工发生的各种燃料及配件等材料的消耗，属于独立建账进行内部独立核算的，应借记"机械作业"科目及其所属"燃料及动力""折旧及修理"等成本明细账。

辅助生产单位发生的直接用于辅助生产、专设成本项目的各种原材料费用分配，其分配方法与上述施工生产所耗用的原材料费用分配方法相同，应记入"辅助生产——燃料及动力"科目或"辅助生产——物料消耗"科目的借方。

施工生产中发生的直接用于生产但没有专设成本项目的各种原材料费用，以及用于组织和管理生产活动的各种原材料费用，一般应记入借方"工程施工——间接费用"科目及其相关费用的明细账科目。企业应根据发出原材料的费用总额，贷记"原材料"科目。

【例7-9】 某建筑股份有限公司2013年1月由仓库发出水泥4 000吨，单价200元，其中隧道使用3 000吨，大桥使用1 000吨；发出钢材300吨，单价3 000元，隧道使用200吨，大桥使用100吨；采石场领用炸药1.5吨，单价4 000元。

借：工程施工——合同成本（隧道，直接材料费） 1 200 000
　　　　　　——合同成本（大桥，直接材料费） 500 000
　　辅助生产——采石场（物料消耗） 6 000
　贷：原材料 1 706 000

二、人工费的核算

工程成本中的人工费，是指在施工过程中直接从事工程施工的建筑安装工人以及在施工现场直接为工程制作构件和运料、配料等工人的工资、工资性津贴、福利费、劳动保护费等。

人工费的核算方法，一般应根据企业实行的具体工资制度而定。采用计件工资制度的，企业支付的工资一般都能分清是为哪个工程所发生的，可以根据"工程任务单"和有关工资结算凭证直接计入各成本核算对象的"人工费"项目；实行计时工资制度的，企业支付的工资如果能够分清受益对象，可以根据有关工资结算凭证直接计入成本核算对象。但是一个施工企业一般同时有若干个工地，建筑安装工人往往需要根据施工组织设计，在不同的工地之间流动施工生产，即使在同一个工地，也不能有若干个工程成本核算对象同时施工，工人需要根据施工要求进行流动。在这种情况下，企业支付给建筑安装工人的计时工资，应采用适当的办法在各成本核算对象之间进行分配。在计时工资制度下，计入成本的工资，一般是按照当月工资总额和工人总的出勤工日计算的日平均工资及各工程当月实际用工数计算分配的。计算公式如下：

$$日平均工资 = \frac{工程施工人员当月计时工资总额}{各工程当月实耗工日总数}$$

$$某工程应负担的工资数 = 该工程当月实耗工日数 \times 日平均工资$$

包括在人工费中的工程施工人员职工福利费，可以根据计提比例提取，并随同工资总额一并分配计入工程成本。

包括在人工费中的工程施工人员劳动保护费，包括施工过程中直接用于施工人员的劳动保护用品的购置费及修理费、防暑降温费，以及在有碍身体健康环境中施工的保健费用等，其内容比较复杂，有的属于低值易耗品的耗用，有的则以现金支出。一般而言，对于能够分清受益对象的劳保费，可以直接计入各工程成本，对于应由多个工程共同承担的劳保费，则可以按其占工资总额的比例分配计入各工程成本，计算公式为

$$劳动保护费分配率 = \frac{当月实际支付的工程施工人员劳动保护费总额}{工程施工人员当月工资总额}$$

$$某工程应负担的劳动保护费 = 该工程当月应负担的工程施工人员工资数 \times 分配率$$

【例 7-10】* 某建筑股份有限公司 2013 年度同时承建某造纸厂厂房和仓库两项建筑工程。12 月份该公司共发生应付工程施工人员工资 21.6 万元，领用工作服 180 套，价值 1.08 万元。当月施工实际耗用 3 600 个工日，其中：厂房工程实际耗用 2 200 个工日，仓库工程实际耗用 1 400 个工日，该公司按 14% 的比例计提职工福利费，劳保费按施工人员工资比例分配。则两项工程本月人工费核算如下：

(1) 分配工资。

　　　　工程施工人员日平均工资 = 216 000 ÷ 3 600 = 60（元/工日）

　　　　厂房工程应负担工资额 = 2 200 × 60 = 132 000（元）

　　　　仓库工程应负担工资额 = 1 400 × 60 = 84 000（元）

(2) 计提职工福利费。

　　　　工程施工人员职工福利费总额 = 216 000 × 14% = 30 240（元）

　　　　厂房工程应负担职工福利费 = 132 000 × 14% = 18 480（元）

　　　　仓库工程应负担职工福利费 = 84 000 × 14% = 11 760（元）

(3) 分配劳动保护费。

　　　　劳动保护费分配率 = 10 800 ÷ 216 000 × 100% = 5%

　　　　厂房工程应负担劳动保护费 = 132 000 × 5% = 6 600（元）

　　　　仓库工程应负担劳动保护费 = 84 000 × 5% = 4 200（元）

根据工资结算汇总表和用工记录、工时利用月报等有关资料，编制"工程施工人员人工费分配表"，见表 7-5。

表 7-5　　　　　　　　　工程施工人员人工费分配表

2013 年 12 月

工程成本核算对象	实耗工日	日平均工资	工资总额	福利费计提率	福利费	劳保费分配率	劳动保护费	合计
厂房工程	2 200	—	132 000	—	18 480	—	6 600	157 080
仓库工程	1 400	—	84 000	—	11 760	—	4 200	99 960
合计	3 600	60	216 000	14%	30 240	5%	10 800	257 040

根据工程施工人员人工费分配表,作会计分录如下:

借:工程施工——厂房工程(人工费)　　　157 080
　　　　　　——仓库工程(人工费)　　　　99 960
　　贷:应付职工薪酬——工资　　　　　　　　　　216 000
　　　　　　　　　　——福利费　　　　　　　　　　30 240
　　　　周转材料——低值易耗品　　　　　　　　　10 800

三、机械使用费的核算

工程成本中的机械使用费,是指在工程施工过程中使用自有施工机械的台班费和使用从外单位租入施工机械的租赁费,以及支付的施工机械进出场费。施工企业在施工生产过程中使用的施工机械,既有自有施工机械,也有租入外单位施工机械,二者应采用不同方法核算。

(一)租入机械费用的核算

从外单位或本企业其他内部独立核算的机械站租入施工机械支付的租赁费,一般可以根据"机械租赁费结算账单"所列金额,直接计入有关成本核算对象的"机械使用费"成本项目。如果发生的租赁费应由两个以上成本核算对象共同负担的,则根据所支付的租赁费应由两个或两个以上成本核算对象实际使用台班数分配计入有关成本核算对象,计算公式为

某成本核算对象应负担租赁费＝该成本核算对象实际使用台班数×平均台班租赁费

平均台班租赁费＝支付的租赁费总额÷租入施工机械作业总台班数

【例 7-11】　某建筑股份有限公司从甲公司租入设备,接到租赁费结算单见表 7-6。

表 7-6　　　　　　　　　　甲公司机械租赁费结算单
　　　　　　　　　　　　　　2014 年 1 月 31 日　　　　　　　　　　　金额单位:元

工作对象	机械名称	使用台班	结算单价	金额
A 工程	压路机	30	2 000	60 000

某建筑公司会计部门根据上表,以银行存款支付租赁费,作账务处理如下:

借:工程施工——A 工程(机械使用费)　　60 000
　　贷:银行存款　　　　　　　　　　　　　　　　60 000

(二)自有机械费用的核算

使用自有施工机械或者运输设备进行机械作业所发生的各项费用,首先应该通过"机械作业"科目,按机械类别或每台机械分别归集,月末再根据各个成本核算对象使用施工机械的情况计算各成本核算对象应分摊的施工机械使用费。为更好地归集机械作业费用,计算机械作业成本,应在"机械作业"科目下,按机械类别或者每台机械设置明细账,并按成本项目分设专栏,进行明细核算。

(1)自有机械费的归集。施工企业使用自有施工机械和运输设备进行机械作业所发生的各项费用,主要包括人工费、燃料及动力费、折旧费及修理费、其他直接费用和间接费用。施工企业所属内部独立核算的机械站和运输队,应根据上述成本项目,归集当月实际发生的机械作业费用总额,计算当月机械作业的总成本,并根据当月机械运转台班或完成的工程量,计算当月机械作业的实际单位成本。施工企业所属各施工单位的自有施工机械设备,一

一般只计算机械作业的直接费成本，而将间接费用直接分配计入各工程成本核算对象的间接费用成本项目。

表 7-7　机械作业费用明细表

2014 年 1 月　　　　金额单位：元

费用支出	挖土机
人员工资	5 500
耗用燃油	50 000
支付水电费	30 000
计提折旧	40 000
合计	125 500

【例 7-12】　某建筑股份有限公司自有施工机械本月发生费用见表 7-7。

作账务处理如下：

借：机械作业——挖土机（人工费）　　5 500
　　贷：应付职工薪酬　　　　　　　　　　　5 500
借：机械作业——挖土机（燃料及动力）50 000
　　贷：原材料——其他材料　　　　　　　50 000
借：机械作业——挖土机（水电费）　30 000
　　贷：银行存款　　　　　　　　　　　　30 000
借：机械作业——挖土机（折旧、修理费）20 000
　　贷：累计折旧　　　　　　　　　　　　20 000

（2）自有机械费用的分配。月末应将归集的机械作业费用按一定方法分配计入各工程成本。具体的分配方法有作业量分配法、台班分配法、预算分配法。这里仅以作业量分配法为例进行介绍。

所谓作业量分配法，即以各种机械所完成的作业量为基础进行分配的方法。计算公式如下

某种机械单位作业量实际成本 = 该种机械实际发生作业费用总额 ÷ 该种机械实际完成作业量

某受益成本核算对象应负担的该种机械使用费
　　= 该种机械单位作业量实际成本 × 该种机械为受益成本核算对象提供的作业量

作业量分配法一般适用于能计算完成作业量的单台或某类机械，如汽车运输作业，按单台或一个种类汽车提供的吨公里计算作业量。

【例 7-13】　某建筑股份有限公司自有载重汽车 3 辆，本月实际发生费用 60 000 元，提供运输作业 6 000 吨/公里，其中，为 A 工程提供的作业量 3 500 吨/公里，为 B 工程提供的作业量 2 500 吨/公里。按作业量分配。分配情况见表7-8。

表 7-8　机械作业费用分配表

2014 年 1 月

工程成本核算对象	载重汽车	
	作业量（吨/公里）	金额（元）
A 工程	3 500	35 000
B 工程	2 500	25 000
合计	6 000	60 000

根据上表账务处理如下：

借：工程施工——A 工程（机械使用费）　35 000
　　工程施工——B 工程（机械使用费）　25 000
　　贷：机械作业——载重汽车　　　　　　　60 000

四、其他直接费用的核算

建筑安装工程成本中的其他直接费，是指施工过程中发生的除人工费、材料费、机械使用费以外的直接与工程施工有关的其他费用，主要包括材料二次搬运费、临时设施摊销费、

生产工具用具使用费、检验试验费、工程定位复测费、工程点交费、场地清理费等。

【例 7-14】 某建筑股份有限公司 2014 年 1 月发生下列有关其他直接费的经济业务：

(1) 结转本月由企业内部非独立核算的生产部门为 A 工程和 B 工程提供业务所发生的费用 440 000 元。账务处理如下：

借：工程施工——其他直接费　　　　　　440 000
　　贷：生产成本　　　　　　　　　　　　　　　440 000

(2) 摊销本月施工生产用的工具使用费 69 000 元，账务处理如下：

借：工程施工——其他直接费　　　　　　69 000
　　贷：周转材料——周转材料摊销　　　　　　　69 000

(3) 以银行存款支付检验费和场地清理费等 160 300 元，账务处理如下：

借：工程施工——其他直接费　　　　　　160 300
　　贷：银行存款　　　　　　　　　　　　　　　160 300

(4) 将本月发生的其他直接费按工程的料工机实际成本分配，则 A 工程和 B 工程应负担的其他直接费计算如下：

A 工程料工机实际成本 = 7 734 000(元)
B 工程料工机实际成本 = 5 652 000(元)
其他直接费总额 = 440 000 + 69 000 + 160 300 = 669 300(元)
其他直接费分配率 = 669 300 ÷ (7 734 000 + 5 652 000) × 100% = 5%
A 工程应分配的其他直接费 = 7 734 000 × 5% = 386 700(元)
B 工程应分配的其他直接费 = 5 652 000 × 5% = 282 600(元)

账务处理如下：

借：工程施工——A 工程　　　　　　　　386 700
　　工程施工——B 工程　　　　　　　　282 600
　　贷：工程施工——其他直接费　　　　　　　　669 300

五、间接费用的核算

间接费用是指企业各施工单位为组织和管理工程施工所发生的全部支出，包括施工单位管理人员工资、奖金、职工福利费、固定资产折旧费及修理费、物料消耗、低值易耗品摊销、取暖费、水电费、办公费、差旅费、财产保险费、检验试验费、工程保修费、劳动保护费、排污费及其他费用等。

间接费用虽然也构成了工程成本的组成内容，但是间接费用在发生时一般不易直接划清受益对象，这是因为，间接费用是在企业下属的直接组织和管理施工生产活动的单位发生的费用，这些单位如果同时组织实施几项合同工程，则其发生的费用应由这几项合同工程的成本共同负担，因此，间接费用应在期末按照系统、合理的方法分摊计入合同成本。在会计实务中，发生的间接费用一般先在"工程施工——间接费用"科目借方进行归集，期末再按一定的方法分配计入有关工程成本核算对象的成本。

间接费用的分配方法主要有人工费用比例法、直接费用比例法等。

(一) 人工费用比例法

人工费用比例法是以各工程成本核算对象实际发生的人工费为基数分配间接费用的一种方法。计算公式如下

间接费用分配率＝当期实际发生的全部间接费用÷
当期各工程发生的人工费之和某项工程应负担的间接费用
＝该项工程当期实际发生的人工费×间接费用分配率

（二）直接费用比例法

直接费用比例法是以各成本对象发生的直接费用为基数分配间接费用的一种方法。计算公式如下：

间接费用分配率＝当期实际发生的全部间接费用÷当期各工程发生的直接费用之和

某项工程当期应负担的间接费用＝该工程当期实际发生的直接费用×间接费用分配率

【例 7-15】 某建筑股份有限公司 2014 年 1 月承建的两项工程共发生间接费用 51 408 元，采用人工费用比例法进行分配，编制"间接费用分配表"见表 7-9。

表 7-9　　　　　　　　　　间接费用分配表
2012 年 1 月　　　　　　　　　　金额单位：元

工程成本核算对象	人工费用	分配率（%）	间接费用
厂房工程	157 080		31 416
仓库工程	99 960		19 992
合计	257 040	20	51 408

其中，间接费用分配率＝51 408/257 040×100%＝20%。

会计处理如下：

借：工程施工——厂房工程（间接费用）　　　31 416
　　工程施工——仓库工程（间接费用）　　　19 992
　　贷：工程施工——间接费用　　　　　　　　51 408

7.2.5　期间费用

期间费用是企业当期发生与本期经营活动有关的不能直接或间接归入某种产品成本的、应直接计入当期损益的各项费用。施工企业的期间费用包括管理费用、财务费用和销售费用。

一、管理费用

管理费用是指企业行政管理部门为管理和组织经营活动而发生的各项费用，包括公司经费、工会经费、职工教育经费、劳动保险费、待业保险费、董事会费、咨询费、审计费、诉讼费、排污费、绿化费、税金、土地使用费、土地损失补偿费、技术转让费、技术开发费、无形资产摊销、开办费摊销、业务招待费、坏账损失、提取的存货跌价准备、存货盘亏、毁损和报废（减盘盈）损失，以及其他管理费用。

公司经费包括公司总部管理人员工资、奖金、职工福利费、差旅费、办公费、折旧费、修理费、物料消耗、低值易耗品摊销以及其他公司经费。

工会经费是指按职工工资总额 2% 计提拨交给工会的经费。

职工教育经费是指企业为职工学习先进和提高文化水平而支付的费用，按照职工工资总额的 1.5% 计提。

业务招待费是指企业为业务经营的合理需要而支付的招待费用，在下列限额内据实列入管理费用：全年销售（营业）收入净额在 1 500 万元及其以下的，不超过全年销售（营业）

收入净额的 5‰；全年销售（营业）收入净额超过 1 500 万元的，不超过全年销售（营业）收入的 3‰。

企业发生的管理费用，在"管理费用"科目核算，并在"管理费用"科目中按费用项目设置明细账，进行明细核算。期末，"管理费用"科目的余额结转"本年利润"科目后无余额。

【例 7-16】 某建筑股份有限公司 2014 年 1 月发生管理费用情况及会计处理如下：
(1) 总经理办公室工作人员报销差旅费 20 000 元。
 借：管理费用　　　　　　　20 000
　　贷：其他应收款（或现金）　　20 000
(2) 用支票支付本年度审计费 60 000 元。
 借：管理费用　　　　　　　60 000
　　贷：银行存款　　　　　　60 000
(3) 计提公司办公和管理用具摊销额 5 000 元。
 借：管理费用　　　　　　　5 000
　　贷：低值易耗品　　　　　5 000
(4) 分配管理人员工资 110 000 元。
 借：管理费用　　　　　　　110 000
　　贷：应付职工薪酬　　　　110 000
(5) 摊销无形资产价值 11 000 元。
 借：管理费用　　　　　　　11 000
　　贷：无形资产　　　　　　11 000
(6) 支付业务招待费 28 000 元。
 借：管理费用　　　　　　　28 000
　　贷：银行存款　　　　　　28 000
(7) 月末，结转"管理费用"科目余额 336 000 元。
 借：本年利润　　　　　　　336 000
　　贷：管理费用　　　　　　336 000

二、财务费用

财务费用是指企业为筹集资金而发生的各项费用，包括企业经营期间发生的利息净支出、汇兑净损失、调剂外汇手续费、金融机械手续费，以及企业筹资发生的其他财务费用。

企业发生财务费用，在"财务费用"科目核算，并在"财务费用"科目中按费用项目设置明细账，进行明细核算。期末，"财务费用"科目的余额结转"本年利润"科目后无余额。

【例 7-17】 某建筑股份有限公司 2013 年 1 月发生的财务费用情况及会计处理如下：
(1) 收到开户行通知，已从企业存款账户扣收银行结算业务手续费 5 000 元。
 借：财务费用　　　　　　　5 000
　　贷：银行存款　　　　　　5 000
(2) 计提本月应负担短期借款利息 33 000 元。
 借：财务费用　　　　　　　33 000
　　贷：预提费用　　　　　　33 000

(3) 接到银行通知企业发生银行存款利息收入 7 000 元。
  借：银行存款   7 000
    贷：财务费用   7 000
(4) 月末，结转"财务费用"科目余额 31 000 元。
  借：本年利润   31 000
    贷：财务费用   31 000

三、销售费用

销售费用是指企业在销售产品或提供劳务等过程中发生的各项费用以及专设销售机构的各项费用。包括应由企业负担的运输费、装卸费、包装费、保险费、维修费、展览费、差旅费、广告费、代销手续费、销售服务费，以及专设销售机构的人员工资、奖金、福利费、折旧费、修理费、物料消耗和其他经费等。

由于施工企业主要从事建筑安装工程的施工生产活动，一般是先有买主（发包单位），后有产品（房屋、建筑物），企业一般不单独设置销售机构，发生的营业费用数额一般较少，因此，施工企业通常不单独设置"销售费用"科目。在实际工作中，施工企业发生的销售费用可并入"管理费用"科目中核算。施工企业的附属工业企业，如果发生的营业费用数额较大，可以增设"销售费用"科目单独进行核算，其具体的核算方法与管理费用基本相同。

7.3 利　　润

7.3.1 利润概述

利润，是指企业在一定会计期间的经营成果。施工企业的利润包括收入减去费用后的净额、直接计入当期利润的利得和损失等。对利润进行核算，可及时反映企业在一定会计期间的经营业绩和获利能力，反映企业的投入产出效果和经营效益，有助于企业投资者和债权人据此进行盈利预测，做出正确的决策。

利润主要由营业利润、投资净收益、营业外收支净额等组成。

> **小知识**
>
> 利润是指由企业非日常活动所形成的，会导致所有者权益增加的与所有者投入资本无关的经济利益流入；损失是指企业非日常活动所产生的，会导致所有者权益减少的，与所有者分配利润无关的经济利益的流出。

一、营业利润

营业利润是企业利润的主要来源，施工企业的营业利润是指施工企业一定时期内从事施工生产经营活动实现的利润，包括工程结算利润、产品销售利润、劳务作业利润、材料销售利润、多种经营利润和其他（包括技术转让利润、联合承包节省投资分成收入、提前竣工投产利润分成收入等）。

施工企业营业利润按经营业务的主次可以划分为主营业务利润和其他业务利润。

(1) 主营业务利润是指施工企业从事工程施工业务所实现的利润。它在数量上等于主营

业务收入净额减去主营业务成本的主营业务应负担的流转税后的余额,通常称为毛利,其计算公式如下

$$主营业务利润=主营业务收入-主营业务成本-主营业务税金及附加$$

(2) 其他业务利润率是指施工企业因从事工程施工业务以外的其他业务经营而实现的利润。企业的其他业务收入减去其他业务支出后的差额,即为其他业务利润。其他业务支出包括其他业务所发生的成本以及由其他业务负担的流转税。其计算公式为

$$其他业务利润=其他业务收入-其他业务支出$$

主营业务利润与其他业务利润之和再扣除期间费用即得营业利润,营业利润这一指标能够比较恰当地代表企业管理者的经营业绩,计算公式如下

$$营业利润=主营业务利润+其他业务利润-期间费用$$

$$期间费用=管理费用+财务费用+营业费用$$

二、投资净收益

投资净收益是指施工企业对外投资取得的投资收益减去投资损失后的净额。

投资收益包括对外投资应享有的利润、股利、债券利息、投资到期收回或中途转让取得款项高于账面价值的差额,以及按照权益法核算的股权投资在被投资单位增加的净资产中所拥有的数额等。

投资损失包括对外投资分担的亏损、投资到期收回或者中途转让取得款项低于账面价值的差额,以及按照权益法核算的股权投资在被投资单位减少的净资产中所分担的数额等。

三、营业外收支净额

营业外收支净额是指施工企业的营业外收入减去营业外支出后的差额。营业外收支虽然与企业的生产经营活动没有直接关系,但从企业主体来考虑,同样是增加或减少利润的因素,对企业的利润总额及净利润会产生较大的影响。

(一) 营业外收入

它是指与企业生产经营活动没有直接关系的各项收入。营业外收入并不是企业经营资金耗费所产生的,一般不需要企业付出代价,不需要与有关费用进行配比。

施工企业的营业外收入主要包括固定资产盘盈、处置固定资产净收益、出售无形资产净收益、罚款收入、非货币性交易收益、接受捐赠、教育费附加返还款等。营业外收入应当按照实际发生的金额进行核算。发生营业外收入时,增加企业当期的利润总额。

(二) 营业外支出

它是指与企业生产经营活动没有直接关系,但应从企业实现的利润总额中扣除的支出。施工企业的营业外支出主要包括固定资产盘亏、处置固定资产净损失、处置无形资产净损失、非常损失、罚款支出、债务重组损失、捐赠支出等。

四、利润总额及净利润

企业在工程施工生产过程中,取得工程价款收入、机械作业收入等,扣除投入的成本及其他一系列费用,再加上或减去非经营性质的收支及投资损益,即为企业的利润总额(或亏损总额)。其计算过程可用公式表示如下

$$利润总额=营业利润+投资净收益+营业外收支净额+补贴收入$$

企业的净利润为利润总额减去企业所得税后的余额,其计算公式为

$$净利润=利润总额-所得税费用$$

7.3.2* 利润的核算

一、利润形成的核算

（一）营业外收入的核算

为了反映和核算营业外收入的发生和结转情况，施工企业应设置"营业外收入"科目（T型账户如图 7-7 所示）进行核算。该科目属于损益类科目，其贷方登记企业取得的各项营业外收入；借方登记期末转入"本年利润"科目的营业外收入总额；期末结转后，本科目应无余额。企业确认营业外收入，借记"固定资产清理""银行存款""库存现金""应付账款"等科目，贷记"营业外收入"科目。期末，应将"营业外收入"科目余额转入"本年利润"科目，结转后本科目应无余额。

营业外收入	
登记期末转入"本年利润"科目的营业外收入总额	登记企业取得的各项营业外收入

图 7-7 "营业外收入"账户

【例 7-18】 某建筑股份有限公司 2013 年 1 月出售一台不需用的设备，结转该项固定资产清理所取得的净收益 11 000 元。

作会计处理如下：

借：固定资产清理　　　　　　　　　　11 000
　　贷：营业外收入——处置固定资产净收益　11 000

【例 7-19】 某建筑股份有限公司 2013 年 1 月取得一项罚款收入 2 000 元，存入银行。

作会计处理如下：

借：银行存款　　　　　　2 000
　　贷：营业外收入——罚款收入　2 000

（二）营业外支出的核算

为了反映和核算营业外支出的发生和结转情况，施工企业设置"营业外支出"科目（T型账户如图 7-8 所示）进行核算。该科目属于损益类科目，其借方登记企业发生的各项营业外支出；贷方登记期末转入"本年利润"科目的营业外支出总额；期末结转后，本科目应无余额。企业发生营业外支出时，借记"营业外支出"科目，贷记"固定资产清理""待处理财产损溢""库存现金""银行存款"等科目。期末，应将"营业外支出"科目余额转入"本年利润"科目，结转后本科目应无余额。

营业外支出	
登记企业发生的各项营业外支出	期末转入"本年利润"科目的营业外支出总额

图 7-8 "营业外支出"账户

【例 7-20】 某建筑股份有限公司 2013 年 1 月报废一项固定资产，结转该项固定资产清理的净损失 1 200 元。

作会计处理如下：

借：营业外支出——处置固定资产净损失　1 200
　　贷：固定资产清理　　　　　　　　　　1 200

【例 7-21】 某建筑股份有限公司 2013 年 1 月在清查财产过程中，发现盘亏设备一台。该设备账面价值 18 000 元。

作会计处理如下：

借：营业外支出——盘亏损失　　　　　18 000
　　贷：待处理财产损溢　　　　　　　　　　　18 000

【例 7-22】　某建筑股份有限公司 2013 年 1 月支付违约罚款 1 800 元。

作会计处理如下：

借：营业外支出——罚款支出　　　　　1 800
　　贷：银行存款　　　　　　　　　　　　　　　1 800

（三）利润形成的核算

施工企业应设置"本年利润"科目（T 型账户如图 7-9 所示），核算企业实现的净利润或发生的净亏损。该科目属于所有者权益类科目，其贷方登记期末转入的"主营业务收入""其他业务收入""营业外收入"等科目贷方余额，借方登记期末转入的"主营业务成本""其他业务成本""营业税金及附加""管理费用""财务费用""资产减值损失""营业外支出""所得税费用"等科目的借方余

本 年 利 润	
登记期末转入的"主营业务成本""其他业务成本""营业税金及附加""管理费用""财务费用""资产减值损失""营业外支出""所得税费用"等科目的借方余额	登记期末转入的"主营业务收入""其他业务收入""营业外收入"等科目贷方余额

图 7-9　"本年利润"账户

额；企业还应将"公允价值变动损益""投资收益"科目的净收益转入"本年利润"的贷方，将"公允价值变动损益""投资收益"科目的净损失转入"本年利润"的借方。结转后"本年利润"科目如为贷方余额，表示当年实现的净利润；如为借方余额，表示当年发生的净亏损。年度终了，企业还应将"本年利润"科目的本年累计余额转入"利润分配——未分配利润"科目。如"本年利润"为贷方余额，借记"本年利润"科目，贷记"利润分配——未分配利润"科目；如为借方余额，则做相反的会计分录。结转后，"本年利润"科目应无余额。具体核算时，根据施工企业的特点，有账结法和表结法两种方式。

（1）账结法。账结法是指在每月月末将所有损益类科目的余额转入"本年利润"科目，借记所有收入类科目，贷记"本年利润"科目；借记"本年利润"科目，贷记所有成本费用类科目。结转后，损益类科目月末无余额；"本年利润"科目的贷方余额表示年度内累计实现的净利润，借方余额表示年度内累计发生的净亏损。

（2）表结法。表结法是指各月月末不结转本年利润，只有在年末时才将各损益类科目余额转入"本年利润"。表结法各损益类科目的月末余额表示自年初累计实现的收入或发生的费用，"本年利润"科目自 1 月至 11 月不作任何记录。12 月末结转本年利润，借记所有收入类科目，贷记"本年利润"科目；借记"本年利润"科目，贷记所有成本、费用类科目。年末，损益类科目没有余额。"本年利润"若为贷方余额，表示全年累计实现的净利润；若为借方余额，表示全年累计发生的净亏损。

一般来说，所得税费用若采用分月结转方式，本年利润的结转既可以采用账结法也可以采用表结法；如果所得税费用采用年末一次结转方式，由于平时不结转所得税费用，费用构成不完整，只宜采用表结法。

【例 7 - 23】 某建筑股份有限公司采用表结法结转本年利润，2012 年 12 月 31 日，各损益类账户余额见表 7 - 10。

表 7 - 10 　　　　　　　　　某建筑公司各损益类科目余额表
2012 年 12 月 31 日　　　　　　　　　金额单位：元

账户名称	余额方向	金额	账户名称	余额方向	金额
主营业务收入	贷	1 500 000	其他业务成本	借	70 000
主营业务成本	借	700 000	公允价值变动损益	贷	100 000
营业税金及附加	借	50 000	投资收益	贷	26 000
管理费用	借	68 000	营业外收入	贷	2 000
财务费用	借	12 000	营业外支出	借	1 600
其他业务收入	贷	80 000	所得税费用	借	121 505

根据上述资料，会计处理如下：

(1) 将各收益类账户余额转入"本年利润"科目。

借：主营业务收入　　　　　　　　1 500 000
　　其他业务收入　　　　　　　　　　80 000
　　公允价值变动损益　　　　　　　 100 000
　　投资收益　　　　　　　　　　　　26 000
　　营业外收入　　　　　　　　　　　 2 000
　　贷：本年利润　　　　　　　　　　　　　1 708 000

(2) 将各成本、费用类账户余额转入"本年利润"科目。

借：本年利润　　　　　　　　　　1 023 105
　　贷：主营业务成本　　　　　　　　　　　700 000
　　　　营业税金及附加　　　　　　　　　　 50 000
　　　　管理费用　　　　　　　　　　　　　 68 000
　　　　财务费用　　　　　　　　　　　　　 12 000
　　　　其他业务成本　　　　　　　　　　　 70 000
　　　　营业外支出　　　　　　　　　　　　　1 600
　　　　所得税费用　　　　　　　　　　　　121 505

通过上述结转，"本年利润"科目的贷方余额为 684 895 元，即企业本年实现的净利润。

二、利润分配的核算

（一）利润分配的内容

施工企业实现的利润在缴纳了所得税后，就是净利润。根据我国有关法规的规定，一般企业和股份有限公司每期实现的净利润，首先是弥补以前年度尚未弥补的亏损，然后应按下面顺序进行分配：

(1) 提取法定盈余公积。法定盈余公积要按照本年实现利润的一定比例提取。按《公司法》规定，股份制企业应按净利润的 10% 提取；其他企业可以根据需要确定提取比例，但至少不应低于 10%。当企业提取的法定盈余公积累计超过其注册资本的 50% 以上时，可不再提取。法定盈余公积主要用于弥补亏损、转增股本和发放现金股利或利润。

（2）提取任意盈余公积。任意盈余公积是企业自愿提取的，由董事会决定要留在企业里的利润。任意盈余公积的提取比例，由企业自行决定。

（3）向投资者分配现金股利或股票股利是在上述必要利润分配后，企业根据股东大会或类似机构审议批准的利润分配方案确定分配给投资者的现金股利或股票股利。

可供投资者分配的利润，以及经过上述分配后剩余的利润即为未分配利润（或未弥补亏损）。未分配利润可留待以后年度进行分配。企业如发生亏损，可以按规定由以后年度利润进行弥补。企业未分配的利润（或未弥补的亏损）应当在资产负债表的所有者权益项目中单独反映。

（二）利润分配的会计处理

施工企业应当设置"利润分配"科目（T型账户如图7-10所示），核算企业利润的分配（或亏损的弥补）和历年分配（或弥补亏损）后的积存余额。该科目属于所有者权益类科目，其贷方登记转入的本年利润数额

利润分配	
分配的利润数额和转入的本年亏损额	登记转入的本年利润数额和用盈余公积弥补的亏损数
余额反映历年积存的未弥补的亏损	余额反映历年积存的未分配利润

图7-10 "利润分配"账户

和用盈余公积弥补的亏损数；借方登记分配的利润数额和转入的本年亏损额；年末贷方余额反映历年积存的未分配利润，年末借方余额反映历年积存的未弥补的亏损。

为了完整反映企业的利润分配情况，"利润分配"科目应当设置"提取法定盈余公积""提取任意盈余公积""应付现金股利或利润""盈余公积补亏""未分配利润"等明细科目。

企业按规定从净利润中提取的盈余公积时，应借记"利润分配——提取法定盈余公积""利润分配——提取任意盈余公积"科目，贷记"盈余公积——法定盈余公积""盈余公积——任意盈余公积"科目；对于企业应当分配给投资者或股东的现金股利或利润，应借记"利润分配——应付现金股利"科目，贷记"应付股利或利润"科目；当企业用盈余公积弥补亏损时，则应借记"盈余公积"科目，贷记"利润分配——盈余公积补亏"科目。

施工企业在年度终了实施利润分配并作相应的账务处理后，将"本年利润"科目的本年累计余额转入"利润分配——未分配利润"科目、将"利润分配"科目下的各有关明细科目的余额转入"利润分配——未分配利润"科目。这样结转后，除"利润分配——未分配利润"明细科目外，"利润分配"科目的其他明细科目在年末应当无余额。"未分配利润"明细科目如为贷方余额，反映企业历年积存的尚未分配的利润；如为借方余额，则反映企业累积未弥补的亏损。

【例7-24】 某建筑股份有限公司2013年年初未分配利润为80万元，本年实现净利润246.9万元，公司按本年实现利润的10%提取法定盈余公积，并向股东分配现金股利240万元。

根据上述业务，会计处理如下：

（1）结转本年利润。

借：本年利润　　　　　　　　　　　　　　　　　2 469 000
　　贷：利润分配——未分配利润　　　　　　　　　　　　2 469 000

（2）提取法定盈余公积。

```
借：利润分配——提取法定盈余公积         246 900
    贷：盈余公积                                    246 900
```
（3）分配利润。
```
借：利润分配——应付普通股股利           2 400 000
    贷：应付股利                                  2 400 000
```
（4）结转利润分配科目所属的明细科目。
```
借：利润分配——未分配利润               2 646 900
    贷：利润分配——提取法定盈余公积           246 900
          ——应付现金股利或利润              2 400 000
```

本章小结

本章主要介绍了建造合同收入的特点及类型，建造合同收入的核算，其他业务收入的核算，工程成本及费用的构成、工程成本核算内容，以及利润的构成及其核算。

习题

一、思考题

1. 如何确认建造合同收入？
2. 如何按完工百分比法确认建造合同收入？
3. 什么是工程成本核算对象？施工企业应如何确定工程成本核算对象？
4. 工程成本核算程序具体包括哪些内容？
5. 利润总额是怎样构成的？
6. 施工企业利润分配的基本程序分为哪几个步骤？

二、单项选择题

1. 当采用含（增值）税价格计算销售收入和原材料、燃料及动力成本时，现金流量表中应单列（　　）科目。
   A. 营业税　　　　　B. 增值税　　　　　C. 资源税　　　　　D. 消费税

2. 在现金流量表中，通常以经营成本代替总成本费用，列为现金流出，其目的主要是为了（　　）。
   A. 减少现金流出　　B. 避免计算遗漏　　C. 增加现金流出　　D. 避免计算重复

3. 某机电安装公司 2009 年 10 月发生施工材料费用 60 万元，人工费 25 万元，机械使用费用 5 万元，财产保险费 5 万元。根据企业会计准则及其相关规定吗，则此项工程成本是（　　）。
   A. 30 万元　　　　B. 95 万元　　　　C. 90 万元　　　　D. 65 万元

4. 某路桥施工企业与 A 交通局签订了一项修建 150km 公路的施工合同，合同约定工程总造价为 9000 万元，建设周期为 3 年。改施工企业第一年完成了 45km，第二年完成了 75km。则第二年合同完工进度为（　　）。
   A. 30%　　　　　　B. 80%　　　　　　C. 60%　　　　　　D. 50%

5. 某施工企业 2009 年 7 月 1 日同某建设单位签订建造一栋高层住宅楼合同，工期为 20

个月，合同总造价 5 800 万元，工程于 2011 年 2 月 28 日按期完工，2009 年年底累计确认收入 1 500 万元，2010 年共确认合收入 3 800 万元，2011 年应确认的合同收入为（　　）万元。

　　A. 5 300　　　　　B. 3 800　　　　　C. 2 000　　　　　D. 500

6. 企业对当期可供分配的利润，应首先提取（　　）。

　　A. 普通股股利　　　　　　　　　B. 法定盈余公积金
　　C. 优先股股利　　　　　　　　　D. 资本公积

7. 某装饰工程直接工程费 500 万元，直接工程费中人工费为 30 万元，措施费中人工费为 20 万元，间接费费率为 50%，利润率 40%，若以人工费为计算基数，则该工程的利润额为（　　）万元。

　　A. 45　　　　　　B. 30　　　　　　C. 20　　　　　　D. 18

8. 根据《建筑安装工程费用项目组成》（建标〔2003〕206 号）文件的规定，下列属于直接工程费中人工费的是（　　）。

　　A. 6 个月以上的病假人员的工资　　　B. 装载机司机工资
　　C. 公司安全监督人员工资　　　　　　D. 电焊工产、婚假期的工资

三、多项选择题

1. 下列关于收入确认的表述中，正确的有（　　）。
   A. 合同或协议价款的收取采用递延方式，如分期收款销售商品，实质上具有融资性质的，应当按照应收的合同或协议价款的公允价值确定销售商品入金额
   B. 卖方仅仅为了到期收回货款而保留商品的法定产权，则销售成立，相应的收入应予以确认
   C. 根据收入和费用配比要求，与同一项销售有关的收入和成本应在同一会计期间予以确认；成本不能可靠计量，相关的收入也不能确认
   D. 销售商品涉及现金折扣的，应当按照扣除现金折扣后的金额确定销售商品收入金额

2. 关于销售商品收入的确认和计量，下列说法中正确的有（　　）。
   A. 采用托收承付方式销售商品的，应在办妥托收手续时确认收入
   B. 采用预收款方式销售商品的，应在预收货款时确认为收入
   C. 附有销售退回条件的商品销售，根据以往经验能够合理估计退货可能性且确认与退货相关负债的，应在发出商品时确认收入；不能合理估计退货可能性的，应在售出商品退货期满时确认收入
   D. 售出商品需要安装和检验的，在购买方接受交货以及安装和检验完毕前，不应确认收入。如果安装程序比较简单或检验是为了最终确定合同或协议价格而必须进行的程序，可以在发出商品时确认收入

3. 关于销售商品收入的确认和计量，下列说法中正确的有（　　）。
   A. 采用托收承付方式销售商品的，应在发出商品时确认收入
   B. 采用预收款方式销售商品的，应在预收货款时确认为收入
   C. 附有销售退回条件的商品销售，根据以往经验能够合理估计退货可能性且能够确认与退货相关负债的，应在发出商品时确认收入；不能合理估计退货可能性的，应在售出商品退货期满时确认收入

D. 售出商品需要安装和检验的，在购买方接受交货以及安装和检验完毕前，不应确认收入。如果安装程序比较简单或检验是为了最终确定合同或协议价格而必须进行的程序，可以在发出商品时确认收入

4. 下列关于商业折扣、现金折扣和销售折让的说法中，正确的有（　　）。
A. 商业折扣是企业为促进商品销售而在商品标价上给予的价格扣除，因而不影响销售商品收入的计量
B. 现金折扣是在销售商品收入金额确定的情况下，债权人为鼓励债务人在规定的期限内付款而向债务人提供的债务扣除
C. 现金折扣实际发生时，应冲减企业原确认的营业收入
D. 对于销售折让，一般销售行为在先，购货方希望售价减让在后，销售折让发生时（非日后期间），应当直接冲减当期销售商品收入

5. 城市维护建设税和教育费附加，以（　　）为税基乘以相应的税率计算。
A. 所得税　　　　　B. 营业税　　　　　C. 消费税　　　　　D. 资源税
E. 增值税

6. 施工企业的流动负债包括（　　）。
A. 专项应付款　　　B. 应付债券　　　　C. 应付账款　　　　D. 预收账款
E. 短期借款

7. 经营活动流入的现金主要包括（　　）。
A. 承包工程收到的现金　　　　　　　　B. 收到的税费返还
C. 处置固定资产收回的现金净额　　　　D. 销售商品收到的现金
E. 提供劳务收到的现金

8. 下列费用中，应列入建筑安装工程人工费中的是（　　）。
A. 生产职工教育经费　　　　　　　　　B. 生产工人劳动保护费
C. 生产工人退休工资　　　　　　　　　D. 生产工人辅助工资
E. 职工福利费

9. 建筑安装工程税金包括（　　）等。
A. 印花税　　　　　　　　　　　　　　B. 增值税
C. 土地使用税　　　　　　　　　　　　D. 城市维护建设税
E. 教育费附加

10. 当建筑企业不能可靠地估计施工合同的结果时，对当期合同收入和费用的确认方法是（　　）。
A. 合同成本能够收回的，只据实确认合同收入，不确认费用
B. 合同成本能够收回的，据实确认合同收入，同时确认费用
C. 合同成本不能够收回的，只据实确认费用，不确认合同收入
D. 合同成本不能够收回的，据实确认合同收入，同时确认费用
E. 合同成本不能够收回的，据实确认合同收入，不确认费用

四、计算及账务处理题

业务（一）

1. 目的：练习工程价款结算的会计处理。

2. 资料：甲建筑公司 2013 年 1 月 1 日，承建乙公司办公楼建造工程，合同规定按月结算工程价款。公司发生与工程价款结算有关的经济业务如下：

（1）工程开工前，根据工程承包合同规定，向乙公司收取工程备料款 38.5 万元。

（2）月中，按上半月实际工程进度填列"工程价款预支账单"，向乙公司预收工程款 26 万元。

（3）月末，根据"工程价款结算账单"结算当月工程价款，并经发包单位签字确认：已完工程价款 53.4 万元，按规定扣还预收工程款 26 万元，预收备料款 11.2 万元。

（4）月末，结转已完工程实际成本 41.8 万元。

（5）月末，根据本月工程价款结算收入计算应负担的营业税、城市维护建设税及教育费附加。

3. 要求：编制有关会计分录。

业务（二）

1. 目的：练习按完工百分比法确认收入和费用的核算。

2. 资料：甲建筑公司 2010 年 1 月 1 日签订了一项总金额为 200 万元的建造合同，合同规定的工期为三年。该建造合同的结果能够可靠地估计，在资产负债表日按完工百分比法确认合同收入和费用。有关资料见表 7-11。

表 7-11　　　　　　　　　　　　　　有　关　资　料

年份	2010 年	2011 年	2012 年	合计
合同总价款	—	—	—	2 000 000
实际发生成本	450 000	734 000	566 000	1 750 000
估计至完工尚需投入成本	1 050 000	666 000	—	
开出账单金额	400 000	700 000	900 000	2 000 000
实际收到款项	300 000	650 000	1 050 000	2 000 000

3. 要求（只做一年的）：

（1）2014 年记录实际发生的合同成本的账务处理；

（2）2014 年开出账单结算工程价款时的账务处理；

（3）2014 年收到工程价款时的账务处理；

（4）2014 年确认和计量当年的合同收入和费用，并登记入账；

（5）2014 年根据实现的主营业务收入计算应交纳的营业税、城市维护建设税、教育费附加的账务处理。

业务（三）

1. 目的：练习间接费用归集与分配的会计处理。

2. 资料：甲建筑公司 2014 年 1 月实际发生的间接费用总额为 122 010 元。假设本月份只有乙纺织厂纺纱车间厂房工程和织布车间厂房工程两项建筑工程的施工任务，没有发生对外销售产品、劳务、作业等业务。因此，本月实际发生的全部间接费用，可采用直接费用比例法进行分配。具体资料见表 7-12。

表 7 - 12　　　　　　　　　　　间 接 费 用 分 配 表

2014 年 1 月　　　　　　　　　　　　　　　　金额单位：元

工程成本核算对象	直接费用	分配率	分配金额
乙纺织厂纺纱车间厂房工程	728 280	—	—
乙纺织厂织布车间厂房工程	491 820		
合计	1 220 100	—	1 220 100

3. 要求：

(1) 根据资料，进行计算，编制"间接费用分配表"；

(2) 根据"间接费用分配表"，作会计分录。

业务（四）

1. 目的：练习营业外收支的会计处理。

2. 资料：甲建筑公司 2013 年 1 月发生下列经济业务：

(1) 经批准，将盘盈的设备的净值 35 000 元，转作营业外收入。

(2) 经批准，转销库存材料的非常损失 10 000 元。

(3) 向希望工程捐款 50 000 元。

(4) 月末，结转"营业外收入"科目和"营业外支出"科目余额。

3. 要求：根据上述资料作会计分录。

业务（五）[*]

1. 目的：练习利润分配的核算。

2. 资料：甲建筑公司 2013 年 12 月，根据公司董事会决定进行如下利润分配：

(1) 按规定计提法定盈余公积金 440 000 元，法定公益金 220 000 元；

(2) 企业按规定应分配给普通股股东现金股利 1 500 000 元；

(3) 年终，将"本年利润"科目的贷方余额 4 400 000 元予以结转；

(4) 年终，结转"利润分配"科目各明细科目的余额。

3. 要求：根据上述资料作会计分录。

中篇

第8章 财务管理概述

知识目标
- 理解施工企业财务管理的概念、研究对象和资金运动的规律;
- 掌握施工企业财务管理的目标;
- 理解施工企业财务管理的所处的经济环境、金融环境及法律环境;
- 掌握施工企业财务管理的观念。

能力目标
- 能够运用单利法及复利法计算资金时间价值;
- 能够熟练计算普通年金和预付年金的终值及现值;
- 能够正确计算递延年金的终至及现值,能够计算永续年金的现值。

8.1 施工企业财务管理内容

施工企业在施工过程中,实物性资产不断地运动,实物性资产的价值形态也不断地发生变化,由实物形态转化为货币形态,再转化为实物形态,周而复始,不断循环,形成了资金运动。资金运动是企业再生产过程的价值体现,它以价值形式综合地反映着企业的再生产过程。企业的资金运动,构成企业经济活动的一个独立方面,具有自己的运动规律,这就是施工企业的财务活动。

施工企业财务管理是基于企业再生产过程中客观存在的财务活动和财务关系而产生的,是施工企业组织财务活动、处理与各方面财务关系的一项经济管理工作。因此,要了解什么是施工企业财务管理,必须先分析施工企业的财务活动和财务关系。

8.1.1 施工企业财务活动

施工企业财务活动包括资金筹集、投资、资金运营和资金分配四个方面的经济内容。

一、资金筹集活动

施工企业可以通过吸收拨款、发行股票等方式从投资者取得资金。还可以通过向银行借款、发行债券、应付款项等方式来借入资金,形成负债。筹集资金是资金运动的起点,也是投资的必要前提。

二、投资活动

施工企业筹集的资金要投放于经营资产上,通过购买、建造等过程形成各种生产资料,进行固定资产投资,另外购买原材料、燃料等形成流动资产投资。企业也可以采用现金、实物或无形资产向其他单位投资,形成短期投资和长期投资。投资是资金运动的中心环节。

三、资金运营活动

在施工过程中，施工企业要耗费材料并损耗固定资产，支付工资及其他相关费用形成成本，这就是生产经营中的资金耗费。资金耗费是资金运动的基础环节，也是企业利润水平的决定性因素。施工企业取得销售收入不仅可以弥补资金耗费，而且可以实现企业的利润。资金收入是资金运动的关键环节，收入的取得是进行资金分配的前提。

四、资金分配活动

工程结算收入要弥补施工生产耗费，缴纳流转税，形成施工企业的营业利润、营业利润、投资收益和其他净收入构成企业的利润总额。利润总额缴纳所得税后提取盈余公积，其余作为投资收益分配给投资者，施工企业经营中收回的货币资金向债权人还本付息。资金分配是一次资金运动过程的终点，也是下一次资金运动过程开始的前奏。

以上财务活动的四个方面，不是相互割裂、互不相关的，而是相互联系、相互依存的。正是上述互相联系又有一定区别的四个方面，构成了完整的施工企业财务活动。

8.1.2 施工企业的财务关系

施工企业财务关系是指施工企业在组织财务活动过程中与有关各方所发生的经济利益关系，施工企业资金筹集、投放、使用、收入和分配，与企业上下左右各方面有着广泛的联系。施工企业的财务关系可概括为以下几个方面。

一、企业与政府之间的财务关系

中央政府和地方政府作为社会管理者，担负着维持社会正常秩序、保卫国家安全、组织和管理社会活动等任务，行使政府行政职能。政府依据这一身份，无偿参与企业利润的分配。企业必须按照税法规定向中央和地方政府缴纳各种税款，包括所得税、流转税、资源税、财产税和行为税等。这种关系体现一种强制和无偿的分配关系。

二、企业与投资者之间的财务关系

这主要是指企业的投资者向企业投入资金，企业向其投资者支付投资报酬所形成的经济关系。企业的所有者主要包括国家、法人和个人。企业的所有者要按照投资合同、协议、章程的约定履行出资义务以便于工作及时形成企业的资本。企业利用资本进行营运，实现利润后，应该按照出资比例或合同、章程的规定，向其所有者支付报酬。一般而言，所有者的出资不同，他们各自对企业承担的责任也不同，相应对企业享有的权利和利益也不相同。但他们通常与企业发生以下财务关系：

（1）投资者能对企业进行何种程度的控制。
（2）投资者对企业获取的利润能在多大的份额上参与分配。
（3）投资者对企业的净资产享有多大的分配权。
（4）投资者对企业承担怎样的责任。

投资者和企业均要依据上述四个方面合理地选择接受投资企业和投资方，最终实现双方之间的利益均衡。

三、企业与债权人之间的财务关系

这主要是指企业向债权人借入资金，并按借款合同的规定按时支付利息和归还本金所形成的经济关系。企业除利用资本进行经营活动外，还要借入一定数量的资金，以便降低企业资金成本，扩大企业经营规模。企业的债权人主要有债券持有人、贷款机构、商业信用提供者、其他出借资金给企业的单位和个人。企业利用债权人的资金，要按约定的利息率，及时向债权人支付利息；债务到期时，要合理调度资金，按时向债权人归还本金。企业同其债权人的财务关系在性质上属于债务与债权关系。

四、企业与受资者之间的财务关系

这主要是企业以购买股票或直接投资的形式向其他企业投资所形成的经济关系。随着市场经济的不断深入发展，企业经营规模和经营范围不断扩大，这种关系将会越来越广泛。企业向其他单位投资，应按约定履行出资义务，并依据其出资份额参与受资者的经营管理和利润分配。企业与受资者的财务关系是体现所有权性质的投资与受资的关系。

五、企业与债务人之间的财务关系

这主要是指企业将其资金以购买债券、提供借款或商业信用等形式出借给其他单位所形成的经济关系。企业将资金借出后，有权要求其债务人按约定的条件支付利息和归还本金。企业同其债务人的关系体现的是债权与债务关系。

六、企业内部各单位之间的财务关系

这主要是指企业内部各单位之间在生产经营各环节中相互提供产品或劳务所形成的经济关系。企业内部各职能部门和生产单位既分工又合作，共同形成一个企业系统。只有这些子系统功能的执行与协调，整个系统才能具有稳定功能，从而达到企业预期的经济效益。因此，企业在实行企业内部经济核算制和经营责任制的条件下，企业供、产、销各个部门以及各个生产单位之间，相互提供劳务和产品也要计价结算。这种在企业内部形成的资金结算关系，体现了企业内部各单位之间的利益关系。

七、企业与职工之间的财务关系

这主要是指企业向职工支付劳动报酬过程中所形成的经济关系。职工是企业的劳动者，他们以自身提供的劳动作为参加企业分配的依据。企业根据劳动者的劳动情况，用其收入向职工支付工资、津贴和奖金，并按规定提取公益金等，体现着职工个人和集体在劳动成果上的分配关系。进一步分析，企业与职工的分配关系还将直接影响企业利润并由此而影响所有者权益，因此职工分配最终会导致所有者权益的变动。

8.1.3 施工企业财务管理的环节

财务管理的实施体现为一定的工作步骤和程序，财务管理的环节是指财务管理的工作步骤与一般程序。企业财务管理体现为以下几个环节。

一、企业财务预测

企业财务预测是按照财务活动的历史资料，根据现实的要求和条件，对企业未来的财务活动和财务成果作出科学的预计和测算。企业财务预测环节主要包括以下几个步骤：

（1）明确预测目标。财务预测的目标就是财务预测的对象和目的。由于预测目标不同，预测资料的搜集、预测模型的建立、预测方法的选择预测结果的表现方式等也有不同的要求。为达到预期效果，一定要根据管理决策的需要，明确预测的具体对象和目的，例如降低成本、增加利润、加快资金周转等，从而规定预测的范围。

（2）搜集有关资料。根据预测对象的目的，应广泛搜集与预测目标有关的各种资料信息，主要包括内部信息资料和外部信息资料、财务信息资料和生产技术资料、计划和统计信

息资料等。对于所搜集的资料要进行可靠性、完整性和典型性的检查，还要进行归类、汇总、调整等加工处理，使这些信息资料符合预测需要。

(3) 建立预测模型。根据影响预测对象的各个因素之间的相互联系，建立相应的财务预测模型，一般的财务预测模型包括因果关系预测模型、时间序列预测模型及回归分析预测模型等。

(4) 实施财务预测。把经过加工整理的财务信息资料代入财务预测模型，选取有效的预测方法，进行定性、定量分析，确定预测的结果。

二、财务决策

财务决策是财务人员根据财务目标的总体要求，从各种备选方案中选择出的最佳方案。财务管理的核心是财务决策，财务预测为财务决策服务，财务决策关系到企业的兴衰。财务决策环节的工作一般包括以下步骤：

(1) 确定财务决策目标。因各种不同的财务决策目标所需的决策分析资料不同，采取的决策依据也不同，只有明确财务决策目标，就可有针对性地做好各个阶段的财务决策分析。

(2) 提出备选方案。依据财务决策目标，运用一定的财务预测方法，对搜集的资料进行加工、整理，提出实现目标的各种可供选择的方案。

(3) 选择最优方案。在各种选择财务方案提出后，根据财务决策目标，采用一定的方法、标准，分析、评价各种方案的经济效益，进行综合权衡，从中选择出一个最优方案。

三、财务预算

财务预算是运用科学的技术手段和数量方法，对财务目标进行综合平衡，制订主要的财务计划指标，拟订增产节约措施，协调各项计划指标。财务预算是以财务决策确立的方案和财务预测提供的信息为基础编制的，是财务预测和财务决策的具体化，是控制财务活动的依据。财务预算的编制主要包括以下步骤：

(1) 分析财务环境，确定预算指标。根据企业的外部宏观环境和内部微观状况，运用科学方法，分析与所确定的经营目标有关的各种因素，按照总体经济效益的要求，确定出主要的预算指标。

(2) 协调财务能力，组织综合平衡。企业应合理安排人力、物力、财力，使它们与经营目标的要求相适应，资金运用同资金来源平衡，财务收入同财务支出平衡。应充分挖掘企业潜力，以提高经济效益为中心，对企业各方面的经营活动提出要求，制订好各单位的预算指标。

(3) 选择预算方法，编制财务预算。以经营目标为核心，以平均先进定额为基础，编制企业的财务预算，并检查各项有关的预算指标是否密切衔接、协调平衡。

四、财务控制

财务控制是在财务管理的过程中，运用有关信息和财务手段，对企业财务活动进行调节，以实现预算指标、提高经济效益。实行财务控制是落实预算任务、保证预算实现的有效措施。财务控制应经过以下步骤进行：

(1) 制订控制标准，分解落实责任。按照责权利相结合的要求，把预算任务以标准和指标的形式分解到车间、科室、班组以个人，企业内部每个单位、每个职工均有明确的工作要求，便于落实责任、检查考核。

(2) 实施追踪控制，调整误差。在企业财务活动中，要采取各种手段对资金的收付、费用的支出、物资的占用等实施事先控制。符合标准的，应予以支持，并给以机动权限；不符合标准的，要加以限制。在预算执行过程中还要对结果与目标的差异进行调整，以使预算顺利执行。要详细记录预算的执行情况。把实际数与预算数或其他标准数进行对比，考察可能出现的变动趋势，确定差异的程度和性质，确定导致差异的责任方，调节实际过程，消除差异，实现预算指标。

（3）分析执行差异，搞好考核奖惩。企业在一定时期，要对各责任单位的预算执行情况实施分析、评价，考核各个财务指标的执行结果，将财务指标的考核纳入各级岗位责任制，运用激励机制。

五、财务分析

财务分析是根据核算资料，运用特定方法，对企业财务活动过程及结果进行分析和评价的工作。通过财务分析，掌握各项财务计划的完成情况，评价财务状况，掌握企业财务活动的规律性，改善财务预测、决策、预算和控制，改善企业经营管理水平，提高企业经济效益。财务分析包括以下几个方面：

（1）占有资料，掌握信息。进行财务分析要充分占有相关资料和信息。运用的资料一般包括财务预算等计划资料、本期财务报表等实际资料、财务历史资料及市场调查资料。

（2）指标对比，揭露发现问题。对比分析是揭露、发现问题的基本方法。应在充分占有资料的基础上，通过数量指标的对比评价企业业绩，发现问题，找出差异。

（3）分析原因，明确责任。影响企业财务活动的因素，一般有技术的因素，有生产因素；有经济管理因素，也有思想政治方面因素；有企业内部的，也有企业外部的。这就要求财务人员要运用一定的方法从各种因素的相互作用中找出影响财务指标的主要因素，分清责任，抓住关键。

（4）提出措施，改进财务工作。应在掌握大量信息资料的基础上，找出各种财务活动及财务活动同其他经济活动之间的内在联系，提出改进措施，并且明确具体，切实可行，通过改进措施的落实，提高企业财务管理。

8.2 施工企业财务管理目标

8.2.1 施工企业财务管理总体目标

财务管理的目标又称理财目标，是指企业进行财务活动所要达到的根本目的，它决定着企业财务管理的基本方向。在充分研究财务活动客观规律的基础上，根据实际情况和未来变动趋势，确定财务管理目标，是财务管理主体必须首先解决的一个理论和实践问题。

一、财务管理主体的目标

企业是财务管理的主体，它是以营利为目的的组织，其出发点和归宿是盈利。企业一旦成立，就会面临竞争，并始终处于生存和倒闭、发展和萎缩的矛盾之中，企业必须生存下去才能有活力，必须不断发展才能求得生存。因此，企业目标可以具体细分为生存、发展和获利。

（一）生存

企业只有生存，才可能获利。企业在市场中生存下去的基本条件是以收抵支。企业一方面支付货币资金从市场上取得所需的实物资产；另一方面提供市场需要的商品或服务，从市场上挽回货币。企业从市场上获得的货币至少要等于付出的货币，才能维持继续经营，这是企业长期存续的基本条件。

企业生存的另一个基本条件是到期偿债。企业为扩大业务规模或满足经营周转的临时需要，可以对外借债。国家为维持市场经济秩序，从法律上保证债权人的利益，要求企业到期必须偿还本金和利息。否则，就可能被债权人接管或被法院判定破产。

(二) 发展

企业是在发展中求得生存的。企业的生产经营如"逆水行舟，不进则退"。在科技不断进步的今天，企业只有不断推出更好、更新、更受顾客欢迎的产品，才能在市场中立足。一个企业如不能不断提高产品和服务的质量，不能扩大自己的市场份额，就不能发展，就有可能产生生存危机，就有可能被其他企业排挤出去。

(三) 获利

企业只有能够获利，才有存在的价值。建立企业的目的是盈利，盈利不但体现了企业的出发点和归宿，而且可以反映其他目标的实现程度，并有助于其他目标的实现。

二、企业目标对财务管理的要求

(一) 生存目标对财务管理的要求

如上所述，企业生存的威胁主要来自两个方面：一个是长期亏损，它是企业终止的根本原因；另一个是不能偿还到期债务，它是企业终止的直接原因。亏损企业为维持运营被迫进行偿债性融资，借新债还旧债，如不能扭亏为盈，迟早会因借不到钱而无法周转，从而不能偿还到期债务。盈利企业也可能出现破产的情况，如借款扩大规模，但由于各种原因导致投资失败，为偿债必须出售企业的资产，使生产经营无法持续下去。为此，力求保持以收抵支和偿还到期债务的能力，减少破产的风险，使企业能够长期、稳定地生存下去，是对财务管理的第一个要求。

(二) 发展目标对财务管理的要求

企业的发展集中表现为扩大收入。扩大收入的根本途径是提高产品的质量，扩大销售的数量，这就要求不断更新设备、技术和工艺，并不断提高各种人员的素质，也就是要投入更多、更好的物质资源、人力资源，并改进技术和管理。在市场经济中，各种资源的取得，都需要付出货币。企业的发展离不开资金。因此，筹集企业发展所需的资金，是对财务管理的第二个要求。

(三) 获利目标对财务管理的要求

从财务的角度看，盈利就是使资产获得超过其投资的回报。在市场经济中，没有"免费使用"的资金，资金的每项来源都有其成本。每项资产都是投资，都应获得相应的报酬。财务人员要对企业正常经营产生的和从外部获得的资金加以有效利用，这是对财务管理的第三个要求。

8.2.2 施工企业财务管理具体目标

一、财务管理目标的含义

从根本上说，财务目标取决于企业生存目的或企业目标，取决于特定的社会经济模式。企业财务目标具有体制性特征，整个社会经济体制、经济模式和企业所采用的组织制度，在很大程度上决定企业财务目标的取向。根据现代企业财务管理理论和实践，最具有代表性的财务管理目标主要有以下几种观点。

（一）利润最大化

利润最大化即假定在企业的投资预期收益确定的情况下，财务管理行为将朝着有利于企业利润最大化的方向发展。以追逐利润最大化作为财务管理的目标，其主要原因有三：

（1）人类从事生产经营活动的目的是为了创造更多的剩余产品，在商品经济条件下，剩余产品的多少可以用利润这个价值指标来衡量；

（2）在自由竞争的资本市场中，资本的使用权最终属于获利最多的企业；

（3）只有每个企业都最大限度地获得利润，整个社会的财富才可能实现最大化，从而带来社会的进步和发展。

在社会主义市场经济条件下，企业作为自主经营的主体，所创利润是企业在一定期间全部收入和全部费用的差额，是按照收入与费用配比原则加以计算的，它不仅直接反映企业创造剩余产品的多少，而且也从一定程度上反映出企业经济效益的高低和对社会贡献的大小。同时，利润是企业补充资本、扩大经营规模的源泉。因此，以利润最大化为理财目标是有一定道理的。

利润最大化目标在实践中存在一些难以解决的问题：这里的利润是指企业一定时期实现的利润总额，它没有考虑资金时间价值；没有反映创造的利润与投入的资本之间的关系，因而不利于不同资本规模的企业或同一企业不同期间之间的比较；没有考虑风险因素，高额利润往往要承担过大的风险；片面追求利润最大化，可能导致企业短期行为，如忽视产品开发、人才开发、生产安全、技术装备水平、生活福利设施、履行社会责任等。

（二）资本利润率最大化或每股利润最大化

资本利润率是利润额与资本额的比率。每股利润是利润额与普通股股数的比值。这里利润额是税后净利润。所有者作为企业的投资者，其投资目标是取得资本收益，具体表现为税后净利润与出资额或股份数（普通股）的对比关系。这个目标的优点是把企业实现的利润额同投入的资本或股本数进行对比，能够说明企业的盈利水平，可以在不同资本规模的企业或同一企业不同期间之间进行比较，提示其盈利水平的差异。但该指标仍然没有考虑资金时间价值和风险因素，也不能避免企业的短期行为。

（三）企业价值最大化

投资者建立企业的重要目的，在于创造尽可能多的财富。这种财富首先表现为企业的价值。企业价值通俗地说是指企业本身值多少钱。企业虽不是一般意义上的商品，但也可以被买卖。要买卖必然要对企业进行市场评价，通过市场评价来确定企业的市场价值或者企业价值。在对企业评价时，看重的不是企业已经获得的利润水平，而是企业潜在的获利能力。投资者在评价企业价值时，是以投资者预期投资时间为起点的，并将未来收入按预期投资时间的同一口径进行折现，未来收入的多少按可能实现的概率进行计算。可见，这种计算办法考虑了资金的时间价值和风险问题。企业所得的收益越多，实现收益的时间越近，应得的报酬越是确定，则企业的价值或股东财富越大。以企业价值最大化作为财务管理的目标，其优点主要表现在：这一目标考虑了资金的时间价值和投资的风险价值，有利于统筹安排长短期规划、合理选择投资方案、有效筹措资金、合理制订股利政策等。这一目标反映了对企业资产保值增值的要求，从某种意义上说，股东财富越多，企业市场价值就越大，追求股东财富最大化的结果可促使企业资产保值或增值；而且这一目标有利于克服管理上的片面性和短期行为；这一目标有利于社会资源合理配置，有利于实现社会效益最大化。

以企业价值最大化作为财务管理的目标也存在一些问题。对于上市公司，虽可通过股票价格的变动揭示企业价值，但是股价是受多种因素影响的结果，特别在市场上的股价不一定能够直接揭示企业的获利能力。为了控股或稳定购销关系，现代企业不少采用环形持股的方式，相互持股。法人股东对股票市价的敏感程度远不及个人股东，对股价最大化目标没有足够的兴趣。对于非股票上市企业，只有对企业进行专门的评估才能真正确定其价值，而在评估企业的资产时，由于受评估标准和评估方式的影响，这种估价不易做到客观和准确，这也导致企业价值确定的困难。

应当指出的是，企业作为市场主体，它不仅要为其所有者提供收益，而且还要承担相应的社会责任，如保护生态平衡、防治环境污染、支持社区文化教育和福利事业等。适当从事一些社会公益活动，有助于提高企业的知名度，进而提高股票市价。但是，过分地强调社会责任而使股东财富减少，可能导致整个社会资金运用的次优化。因此，企业管理当局必须在各种法规约束下追求每股利润最大化或企业价值最大化。

在我国，企业管理的基本目标是提高经济效益。所谓效益是指投入与产出的关系，即以一定的资源消耗获得最大限度的收益。这是一个比利润更广义的概念，通常是三类量化指标的综合：

（1）第一是价值量指标，如资金、成本、利润以及相应的相对数指标等；

（2）第二是实物量指标，如产量、质量、市场份额等；

（3）第三是效率指标，如劳动生产率、资产利用率、资产保值增值率等。

如果第一类指标反映的是企业现实盈利水平，那么第二类和第三类指标反映的则是企业未来潜在的盈利水平，或企业未来的增值能力。因此可以把效益看成是利润和预期利润的综合，也就是在利润中加入了时间因素。

企业价值最大化有利于体现企业管理的目标，更能揭示市场认可企业的价值，而且它也考虑了资金的时间价值和风险价值，所以，通常被认为是一个较为合理的财务管理目标。

二、财务管理目标的协调

企业财务管理目标是企业价值最大化，在这一目标上，财务活动所涉及的不同利益主体如何进行协调是财务管理必须解决的问题。

（一）所有者与经营者的矛盾与协调

企业价值最大化直接反映了企业所有者的利益，与企业经营者没有直接的利益关系。对所有者来讲，所放弃的利益也就是经营者所得的利益。在西方，这种被放弃的利益也称为所有者支付给经营者的享受成本。但问题的关键不是享受成本多少，而是在增加享受成本的同时，是否更多地提高了企业价值。因而，经营者和所有者的主要矛盾就是经营者希望在提高企业价值和股东财富的同时，能更多地增加享受成本；而所有者和股东则希望以较小的享受成本支出带来更高的企业价值或股东财富。为了解决这一矛盾，应采取让经营者的报酬与绩效相联系的办法，并辅之以一定的监督措施。

（1）解聘。这是一种通过所有者约束经营者的办法。所有者对经营者予以监督，如果经营者未能使企业价值达到最大，就解聘经营者，经营者害怕被解聘而被迫实现财务管理目标。

(2) 接收。这是一种通过市场约束经营者的办法。如果经营者经营决策失误、经营不力，未能采取一切有效措施使企业价值提高，该公司就可能被其他公司强行接收或吞并，相应经营者也会被解聘。为此，经营者为了避免这种接收，必须采取一切措施提高股票市价。

(3) 激励。即将经营者的报酬与其绩效挂钩，以使经营者自觉采取能满足企业价值最大化的措施。激励有两种基本方式：

1)"股票选择权"方式。它是允许经营者以固定的价格购买一定数量的公司股票，当股票的价格越高于固定价格时，经营者所得的报酬就越多，经营者为了获取更大的股票涨价益处，就必然主动采取能够提高股份的行动。

2)"绩效股"形式。它是公司运用每股利润、资产报酬率等指标来评价经营者的业绩，视其业绩大小给予经营者数量不等的股票作为报酬。如果公司的经营业绩未能达到规定目标时，经营者不仅为了多得"绩效股"而不断采取措施提高公司的经营业绩，而且为了使每股市价最大化，也采取各种措施使股票市价稳定上升。

(二) 所有者与债权人的矛盾与协调

所有者的财务目标可能与债权人期望实现的目标发生矛盾。首先，所有者可能未经债权人同意，要求经营者投资于比债权人预计风险要高的项目，这会增大偿债的风险，债权人的负债价值也必然会实际降低。若高风险的项目成功，额外的利润就会被所有者独享；但若失败，债权人却要与所有者共同负担由此而造成的损失，这对债权人来说风险与收益是不对称的。其次，所有者或股东未征得现有债权人同意，而要求经营者发行新债券或举借新债，致使旧债券或老债的价值降低（因为相应的偿债风险增加）。

企业为协调所有者与债权人的上述矛盾，通常可采用以下方式：

(1) 限制性借债。即在借款合同中加入某些限制性条款，如规定借款的用途、借款的担保条款和借款的信用条件等。

(2) 收回借款或不再借款。即当债权人发现公司有侵蚀其债权价值的意图时，采取收回债权和不给予公司重新放款，从而保护自身权益。

8.3 施工企业财务管理环境

所谓环境就是存在于研究系统之外的，对研究系统有影响作用的一切系统的总和。如果把财务管理作为一个系统，那么，财务管理以外的、对财务管理系统有影响作用的一切系统的总和，便构成财务管理的环境。因此，所谓财务管理环境就是对企业财务活动和财务管理产生影响作用的企业内外的各种条件。财务管理环境是企业财务管理赖以生存的土壤，是企业开展财务活动的舞台。企业进行财务决策、制定财务策略都离不开对财务环境的研究。

企业的财务活动的动作是受财务管理环境制约的，企事业内外的生产、技术、供销、市场、物价、金融、税收等因素，对企业财务活动都有重大的影响。也就是说，企业只有在财务管理环境的各种因素作用下实现财务活动的协调平衡，才能生存和发展。如果财务管理人员善于研究财务管理环境，科学地预测环境的变化，从而采取有效的措施，也会对财务管理环境起到影响作用。因此，进行财务管理必须以财务管理环境为依据，正确地制定财务管理策略。本节主要讨论对企业财务管理影响比较大的经济环境、法律环境和金融环境。

8.3.1 经济环境

财务管理的经济环境是指影响企业财务管理的各种经济因素,主要包括经济周期、经济发展水平和经济政策等。

一、经济周期

市场经济条件下,经济发展与运行带有一定的波动性。这种波动大体上经历复苏、繁荣、衰退和萧条几个阶段的循环,这种循环称为经济周期。资本主义经济周期是人所共知的现象,西方财务学者曾探讨了经济周期中的经营理财策略。现择其要点归纳于表8-1中。

表8-1　　　　　　　　　　经营理财策略要点归纳

复苏	繁荣	衰退	萧条
(1) 增加厂房设备	(1) 扩充厂房设备	(1) 停止扩张	(1) 建立投资标准
(2) 实行长期租赁	(2) 继续建立存货	(2) 出售多余设备	(2) 保持市场份额
(3) 建立存货	(3) 提高价格	(3) 停止不利产品	(3) 缩减管理费用
(4) 引入新产品	(4) 开展营销规划	(4) 停止长期采购	(4) 放弃次要利益
(5) 增加劳动力	(5) 增加劳动力	(5) 削减存货	(5) 削减存货
		(6) 停止扩招雇员	(6) 裁减雇员

我国的经济发展与运行也呈现其特有的周期特征,带有一定的经济波动。过去曾经历过若干次投资膨胀、生产高涨到控制投资、紧缩银根进行正常发展的过程,从而促进了经济的持续发展。企业的筹资、投资和资产运营等理财活动都要受这种经济波动的影响,比如在治理紧缩时期,社会资金十分短缺,利率上涨,会使企业的筹资非常困难甚至影响到企业的正常生产经营活动。相应企业的投资方向会因为市场利率的上涨而转向本币存款或贷款。此外,由于国际经济交流与合作的发展,西方的经济周期影响也不同程度地波及我国。因此,企业财务人员必须认识到经济周期的影响,掌握在经济发展的波动中理财的本领。

二、经济发展水平

进入21世纪以来,我国的国民经济和人民生活正经历着翻天覆地的变化。国民经济的飞速发展,给企业扩大规模、调整方向、打开市场以及拓宽财务活动的领域带来了机遇。同时,在高速发展中资金紧张将是长期存在的矛盾,这又给企业财务管理带来严峻的挑战。财务管理应当以宏观经济发展目标为导向,从业务工作角度保证企业经营目标和经营战略的实现。

三、经济政策

我国经济体制改革的目标是建立社会主义市场经济体制,以进一步解放和发展生产力。在这个总目标的指导下,我国已经并正在进行财税体制、金融体制、外汇体制、外贸体制、计划体制、价格体制、投资体制、社会保障制度等项改革。所有这些改革措施,深刻地影响着我国的经济生活,也深刻地影响着我国企业的发展和财务活动的运行。如金融政策中货币的发行量、信贷规模都能影响企业投资的资金来源和投资的预期收益;价格政策能影响决定资金的投放和投资的回收期及预期收益等。可见,经济政策对企业财务的影响是非常大的。这就要求企业财务人员必须把握经济政策,更好地为企业的经营理财活动服务。

8.3.2 法律环境

市场经济是以法律规范来维系市场运转的经济。在市场经济条件下,企业总是在一定的法律环境下从事各项业务活动的。一方面,法律提出了企业从事各项业务活动必须遵守的规范,从而对企业的行为进行约束;另一方面,法律也为企业守法从事各项业务活动提供了保护。在市场经济中,通常要建立一个完整的法律体系来维护市场秩序。从企业的角度看,这个法律体系涉及企业设立、企业运转、企业合并、分立和解散破产清算。其中企业运转又分为企业从事施工生产经营活动的法律法规,以及企业从事财务活动的法律法规。一般来说,企业设立、合并、分立和企业解散破产清算是通过公司法等进行约束的。企业施工生产经营活动主要是通过经济合同法、建筑安装工程招标投标法、建筑安装工程承包合同条例、工程质量监督条例等进行约束。这些法律法规,不仅对企业施工生产经营过程该履行的手续和应达到的标准进行了规定,而且,为了保护与企业施工生产经营活动相关的利益关系人的利益,以及社会整体利益和整个市场体系的稳定性,也制定了相应的法律法规。此外,企业财务活动是通过税法、证券交易法、票据法、结算法、银行法、会计法、会计准则、财务通则和企业会计财务制度等进行约束的。这些法律法规不仅对企业筹资、投资、分配等财务活动过程的手续和应达到的目标进行了规定,而且,为了保护与企业财务活动相关的利益关系人,以及社会总资金的平衡运转,也规定了相关的法律法规。值得指出的是,在企业设立、合并、分立、解散、破产清算有关法律法规中,其主要的内容都直接与财务活动相联系,将这些内容与对财务活动运行过程进行规定的法律法规联结起来,就形成一个完整的有关财务活动的法律体系。它对企业财务管理产生的影响和制约都是直接和强制的。

8.3.3 金融环境

企业总是需要资金从事投资和经营活动。而资金的取得,除了自有资金外,主要从金融机构和金融市场取得。金融政策的变化必然影响企业的筹资、投资和资金运营活动。所以,金融环境是企业最为主要的环境因素。

一、金融机构

社会资金从资金供应者手中转移到资金需求者手中,大多要通过金融机构。金融机构主要包括以下几种。

(一) 银行

银行是指经营存款、放款、储蓄等金融业务,承担信用中介的金融机构。银行的主要职能是充当信用中介、充当企业之间的支付中介、提供信用工具、充当投资手段和充当国民经济的宏观调控手段。我国银行主要包括:中央银行,即中国人民银行;国家专业银行,如中国工商银行、中国农业银行、中国银行和中国建设银行;国家政策性银行,如中国进出口银行、国家开发银行;其他银行,如交通银行、中信实业银行、广东发展银行、招商银行、光大银行等。

(二) 非银行金融机构

非银行金融机构主要包括信托投资公司、租赁公司等。信托投资公司,主要办理信托存款和信托投资业务,在国外发行债券和股票,办理国际租赁等,如中国国际信托投资公司。租赁公司则介于金融机构与企业之间,它先筹集资金购买各种租赁物,然后出租给企业。租赁公司的经营租赁等于向企业提供了短期资金，融资租赁则向企业提供了中长期资金。

二、金融市场

金融市场是指资金供应者和资金需求者双方通过信用工具进行交易而融通资金的市场，广而言之，是实现货币借贷和资金融通、办理各种票据和进行有价证券交易活动的市场。金融市场的种类很多，可以用图8-1表示。

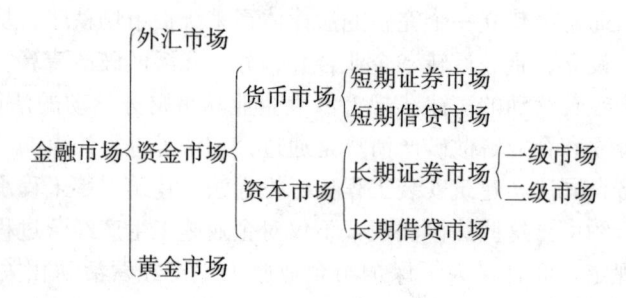

```
                    ┌ 外汇市场
                    │          ┌ 货币市场 ┌ 短期证券市场
                    │          │          └ 短期借贷市场
         金融市场 ─┤ 资金市场 ┤          ┌ 长期证券市场 ┌ 一级市场
                    │          │          │                └ 二级市场
                    │          └ 资本市场 ┤
                    │                     └ 长期借贷市场
                    └ 黄金市场
```

图8-1 金融市场分类示意图

需要强调的是：

金融市场是以资金为交易对象的市场，在金融市场上，资金被当作一种"特殊商品"来交易。金融市场可以是有形的市场，也可以是无形的市场。前者有固定的场所和工作设备，如银行、证券交易所；后者利用电脑、电传、电话等设施通过经纪人进行资金商品交易活动，而且可以跨越城市、地区和国界。

金融市场对于商品经济的运动，具有充当金融中介、调节资金余缺的功能。从总体上看，建立金融市场，有利于广泛地积聚社会资金，有利于促进地区间的资金协作，有利于开展资金融通方面的竞争，提高资金使用效益，有利于国家控制信贷规模和调节货币流通。从企业财务管理角度来看，金融市场作为资金融通的场所，是企业向社会筹集资金必不可少的条件。财务管理人员必须熟悉金融市场的各种类型和管理规则，有效地利用金融市场来组织资金的供应和进行资本投资等活动。

三、利息率

利息率简称利率，是资金的增值额同投入资金价值的比率，是衡量资金增值程度的数量指标。从资金借贷关系看，利率是一定时期运用资金这一资源的交易价格。资金作为一种特殊商品，以利率作为价格标准，其融通实质上是资源通过利率这个价格标准实行再分配。因此利率在资金分配及企业财务决策中起着重要作用。

利率可按照不同的标准进行分类。

（一）按利率之间的变动关系分类

按利率之间的变动关系，分为基准利率和套算利率。基准利率又称基本利率，是指在多种利率并存的条件下起决定作用的利率，所谓起决定作用是说，这种利率变动，其他利率也相应变动。因此，了解基准利率水平的变化趋势，就可了解全部利率的变化趋势。基准利率在西方通常是中央银行的再贴现率，在我国是中国人民银行对商业银行贷款的利率。套算利率是指在基准利率确定后，各金融机构根据基准利率和借贷款项的特点而换算出的利率。例如，某金融机构规定，贷款AAA级、AA级、A级企业的利率，应分别在基准利率基础上加0.5%、1%、1.5%，加总计算所得的利率便是套算利率。

（二）按债权人取得的报酬情况分类

按债权人取得的报酬情况，分为实际利率和名义利率。实际利率是指在物价有变而货币购买力不变的情况下的利率，或者是在物价有变化时，扣除通货膨胀补偿后的利率。名义利率是指包含对通货膨胀补偿后的利率。两者之间的关系是

$$名义利率 = 实际利率 + 预计通货膨胀率$$

（三）按利率与市场资金供求情况的关系分类

按利率与市场资金供求情况的关系，分为固定利率和浮动利率。固定利率是指在借贷期内固定不变的利率。受通货膨胀的影响，实行固定利率会使债权人利益受到损害。浮动利率是指在借贷期间内可以调整的利率。在通货膨胀条件下采用浮动利率，可使债权人减少损失。

（四）按利率变动与市场的关系分类

按利率变动与市场的关系，分为市场利率和法定利率。市场利率是指根据资金市场上的供求关系，随着市场而自由变动的利率。法定利率是指由政府金融管理部门或者中央银行确定的利率。

正如任何商品的价格均由供应和需求两方面来决定一样，资金这种特殊商品的价格——利率，也主要由供给与需求来决定。但除这两个因素外，经济周期、通货膨胀、国家货币政策和财政政策、国际经济政治关系、国家利率管制程度等，对利率的变动均有不同程度的影响。因此，资金的利率通常由三部分组成：纯利率、通货膨胀补偿（或称通货膨胀贴水）、风险报酬率。利率的一般计算公式可表示如下

$$利率 = 纯利率 + 通货膨胀补偿率 + 风险报酬率$$

纯利率是指没有风险和通货膨胀情况下的均衡点利率，即资金的时间价值；通货膨胀补偿率是指由于持续的通货膨胀会不断降低货币的实际购买力，为补偿其购买力损失而要求提高的利率；风险报酬率是指投资者因冒风险进行投资而要求的额外报酬率。

8.4　施工企业财务管理概念

8.4.1　资金时间价值

一、资金时间价值的概念

资金时间价值是指一定量资金在不同时点上的价值量的差额，也指资金在运动过程中随着时间的推移而发生的增值，主要有两种表现形式，即利润和利息。在商品经济条件下，即使不存在通货膨胀，等量资金在不同时点上的价值量也不相等，今天的1元钱和将来的1元钱不等值，前者要比后者的经济价值大。比如银行存款年利率为10%，将今天的1元钱存入银行一年以后就会是1.10元。可见，经过一年时间，年初的1元钱与年末的1.10元等值。这种资金在使用过程中随时间的推移而发生的增值，即为资金的时间价值。

通常情况下，资金的时间价值被认为是没有风险和没有通货膨胀条件下的社会平均资金利润率，这是利润平均化规律作用的结果。有关时间价值的计算方法同有关利息的计算方法相同，因而时间价值与利率容易被混为一谈。实际上，财务管理活动总是或多或少地存在风险，而通货膨胀也是市场经济中客观存在的经济现象。因此，利率不仅包含时间价值，而且

也包含风险价值和通货膨胀的因素。只有在购买国库券等政府债券时几乎没有风险,如果通货膨胀率很低,政府债券利率可视同时间价值。

资金的时间价值是一个客观存在的经济现象,是财务管理中必须考虑的重要因素。我国过去曾长期忽视资金时间价值理论的运用,并给经济工作带来许多危害,资金使用效率低下。比如,国拨资金无偿使用;企业争投资、争设备,许多固定资产闲置,材料物资大量积压,流动资金占用过多;不少项目建设工期长,资金回收慢,投资效果差。我国实行改革开放以来,社会主义市场经济蓬勃发展,逐步开放了各种资金市场,包括建立以国家银行为主的各种形式的金融机构,以银行信用为主、实行商业信用、国家信用和消费信用等多种信用方式,运用债券、股票、本票、商业票据等多种信用工具,货币借贷关系普遍存在。而商品经济的大力发展和借贷关系的普遍存在正是资金时间价值产生的前提和基础。由此可见,我国不仅有资金时间价值存在的客观基础,而且有充分运用它的迫切要求。把资金时间价值引入财务管理,在资金筹集、运用和分配等各方面考虑这一因素,是提高财务管理水平,搞好筹资、投资、分配决策的有效保证。

二、资金时间价值的计算

(一)单利终值与单利现值

在某一特定时点上一次性支付(或收取),经过一段时间后再相应地一次性收取(或支付)的款项,即为一次性收付款项。这种性质的款项在日常生活中十分常见。比如存入银行一笔现金100元,年利率为复利10%,经过3年后一次性取出本利和133.10元,这里所涉及的收付款项就属于一次性收付款项。

终值又称将来值,是现在一定量现金在未来某一时点上的价值,俗称本利和。在前面讲述中,3年后的本利和133.10元即为终值。

现值又称本金,是指未来某一时点上的一定量现金折合到现在的价值。如前面讲述中3年后的本利和133.10元折合到现在的价值为100元,这100元即为现值。

终值与现值的计算涉及利息计算方式的选择。目前有两种利息计算方式,即单利和复利。单利方式下,每期都按初始本金计算利息,当期利息不计入下期本金,计算基础不变。复利方式下,以当期末本利和为计息基础计算下期利息,即利上加利。现代财务管理中一般用复利方式计算终值与现值,因此也有人称一次性收付款的现值和终值为复利现值和复利终值。

为便于同后面介绍的复利计算方式相比较,加深对复利的理解,这里先介绍单利的有关计算。按照单利计算法则,利息的计算公式为

$$I = P \times i \times n$$

式中 I——利息;

P——现值;

i——每一利息期的利率(折现率);

n——计算利息的期数。

【例8-1】 某人持有一张带息票据,面额为2 000元,票面利率5%,出票日期为8月12日,到期日为11月10日(90天),求到期利息。

则该持有者到期可得利息为

$$I = 2\,000 \times 5\% \times 90 \div 360$$

$$= 25 \, \text{元}$$

除非特别指明,在计算利息时,给出的利率均为年利率,对于不足一年的利息,以一年等于360天来折算。

单利终值的计算可依照如下公式

$$F = P + P \times i \times n$$
$$= P \times (1 + i \times n)$$

【例8-2】 设 P 为100元,i 为10%,n 为3,求单利终值。

则单利方式下各期终值为

$$F_1 = 100 \times (1 + 1 \times 10\%) = 110(\text{元})$$
$$F_2 = 100 \times (1 + 2 \times 10\%) = 120(\text{元})$$
$$F_3 = 100 \times (1 + 3 \times 10\%) = 130(\text{元})$$

可以看出,第一期的利息为10元,到第二期,利息是10元的2倍,即20元,也就是说,第二期利息仍按原始本金100元计算,而不按第一期的本利和110元计算。

单利现值的计算同单利终值的计算是互逆的,由终值计算现值称为折现。将单利终值计算公式变形,即可得到单利现值计算公式

$$P = \frac{F}{1 + i \times n}$$

【例8-3】 某人希望在5年后取得本利和1 000元,用以支付一笔款项。则在利率为5%,单利方式计算条件下,此人现在需存入银行多少款项?

$$P = \frac{1\,000}{1 + 5 \times 5\%} = 800(\text{元})$$

即此人现在只需在银行存入800元,5年后就可得到资金1 000元。

(二) 复利终值与复利现值

(1) 复利终值(已知现值 P,求终值 F)。资金时间价值通常是按复利计算的。复利不同于单利,它是指在一定期间(如一年)按一定利率将本金所生利息加入本金再计利息,俗称"驴打滚""利滚利"。也就是说,它既涉及本金上的利息,也涉及利息上所生的利息。

复利终值是指一定量的本金按复利计算若干期后的本利和。

【例8-4】 某人将20 000元存放于银行,存款利率为6%,求第一、二、…、n 年的本利。

则经过一年时间的本利和为

$$F = P + I = P + P \times i = P \times (1 + i)$$
$$= 20\,000 \times (1 + 6\%)$$
$$= 21\,200(\text{元})$$

如此人并不提出现金,而将这21 200元继续存在银行,则到第二年末本利和为

$$F = [P \times (1 + i)] \times (1 + i) = P \times (1 + i)^2$$
$$= 20\,000 \times (1 + 6\%)^2$$
$$= 22\,472(\text{元})$$

同理,第三年年末的本利和为

$$F = [P \times (1+i)^2] \times (1+i) = P \times (1+i)^3$$
$$= 20\,000 \times (1+6\%)^3$$
$$= 23\,820 (元)$$

以此类推，则可得到第 n 年的本利和为

$$F = P \times (1+i)^n$$

式中，$(1+i)^n$ 通常称作"一次性收付款项终值系数"，简称"复利终值系数"，用符号 $(F/P, i, n)$ 表示。如本例 $(F/P, 6\%, 3)$ 表示利率为 6%，3 期复利终值的系数。复利终值系数可以通过查阅"1 元复利终值系数表"直接获得。上式也可写作

$$F = P(F/P, i, n)$$

"1 元复利终值系数表"的第一行是利率 i，第一列是计息期数 n，相应的 $(1+i)^n$ 在其纵横相交处。通过该表可查出 $(F/P, 6\%, 3) = 1.191$。即在时间价值为 6% 的情况下，现在的 1 元和 3 年后的 1.191 元在经济上是等额的，根据这个系数可以把现值换算成终值。

(2) 复利现值（已知终值 F，求现值 P）。复利现值是复利终值的逆运算，它是指今后某一特定时间收到或付出的一笔款项，按折现率 i 所计算的现在时点价值。其计算公式为

$$P = F \times (1+i)^{-n} = F \times \frac{1}{(1+i)^n}$$

式中，$(1+i)^{-n}$ 通常称作"一次性收付款项现值系数"，简称"复利现值系数"，用符号 $(P/F, i, n)$ 表示，可以直接查阅"1 元复利现值系数表"。上式也可写作

$$P = F(P/F, i, n)$$

【例 8-5】 某投资项目预计 6 年后可获得收益 800 万元，按年利率（折现率）12% 计算，则这笔收益的现在价值为

$$P = F \times (1+i)^{-n} = F \times (F/P, i, n)$$
$$= 800 \times (1+12\%)^{-6}$$
$$= 800 \times (F/P, 12\%, 6)$$
$$= 405.28 (万元)$$

特别提示 注册结构师《基础课》、注册造价师《工程造价的计价与控制》、招投标师《招投标实务》、注册一级建造师《工程经济》等可参考本部分内容。

(三) 普通年金的终值与现值

上面介绍了一次性收付款项除此之外，在现实经济生活中，还存在一定时期内多次收付的款项，即系列收付款项，如果每次收付的金额相等，则这样的系列收付款项便称为年金。简言之，年金是指一定时期内每次等额收付的系列款项，通常记作 A。

年金形式多种多样，如保险费、折旧、租金、等额分期收款、等额分期付款以及零存整取或整存零取储蓄等，都存在年金问题。

年金按其每次收付发生的时点不同，可分为普通年金、即付年金、递延年金和永续年金等几种。

(1) 普通年金终值的计算（已知年金 A，求终值 F）。普通年金是指一定时期内每期期末等额收付的系列款项，又称后付年金。

年金终值犹如零存整取的本利和，它是一定时期内每期期末收付款项的复利终值之和。其计算办法如图8-2所示。

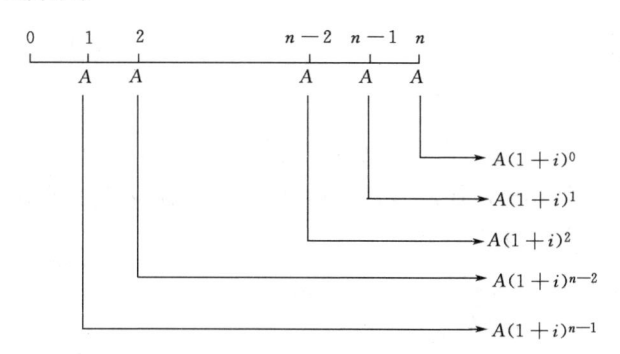

图8-2 普通年金终值计算示意图

由图8-2可知，普通年金终值的计算公式为

$$F = A \times (1+i)^0 + A \times (1+i)^1 + \cdots + A \times (1+i)^{n-2} + A \times (1+i)^{n-1} \quad ①$$

将式①两边同时乘以$(1+i)$得

$$F \times (1+i) = A \times (1+i)^1 + A \times (1+i)^2 + \cdots + A \times (1+i)^{n-1} + A \times (1+i)^n \quad ②$$

用式②－式①，并整理可得普通年金终值公式

$$F = A \times \frac{(1+i)^n - 1}{i}$$

式中，$\frac{(1+i)^{n-1}}{i}$通常称作"年金终值系数"，记作$(F/A, i, n)$，可直接查阅"1元年金终值系数表"。上式也可写作

$$F = A(F/A, i, n)$$

【例8-6】 假设某项目在5年建设期内每年年末向银行借款100万元，借款年利率为10%，则该项目竣工时应付本息的总额是多少？

则该项目竣工时应付本息的总额为

$$\begin{aligned}
F &= 100 \times \frac{(1+10\%)^5 - 1}{10\%} \\
&= 100 \times (F/A, 10\%, 5) \\
&= 100 \times 6.1051 \\
&= 610.51(万元)
\end{aligned}$$

偿债基金系数的计算（已知终值F，求年金A）。

偿债基金是指为了在约定的未来某一时点清偿某笔债务或积聚一定数额的资金而必须分次等额提取的存款准备金。由于每次提取的等额的资金类似年金存款，因而同样可以获得按复利计算的利息，所以债务实际上等于年金终值，每年提取的偿债基金等于年金A。也就是说，偿债基金的计算实际上是年金终值的逆算。其计算公式为

$$A = F \times \frac{i}{(1+i)^n - 1}$$

式中，$\frac{i}{(1+i)^n - 1}$被称作"偿债基金系数"记作$(A/F, i, n)$，可直接查阅"偿债基金系

数表"或通过年金终值系数倒数推算出来。上式也可作

$$A = F \times (A/F, i, n)$$

或

$$A = F \times \frac{i}{(F/A, i, n)}$$

【例 8-7】 假设某企业有一笔 4 年后到期的借款，数额为 1 000 万元，为此设置偿债基金，年复利率为 10%，到期一次还清借款，则每年年末应存入的金额是多少？

每年年末应存入的金额为

$$\begin{aligned}
A &= 1\,000 \times \frac{10\%}{(1+10\%)^4 - 1} \\
&= 1\,000 \times (A/F, 10\%, 5) \\
&= 1\,000 \times 0.215\,4 \\
&= 215.4(万元)
\end{aligned}$$

即每年年末应存入的金额是 215.4 万元。

(2) 普通年金现值的计算（已知年金 A，求现值 P）。年金现值是指一定时期内每期期末收付款项的复利现值之和。根据公式

$$P = A \times (1+i)^{-1} + A \times (1+i)^{-2} + \cdots + A \times (1+i)^{-(n-1)} + A \times (1+i)^{-n}$$

经整理可得年金现值的计算公式为

$$P = A \times \frac{1-(1+i)^{-n}}{i}$$

式中，$\frac{1-(1+i)^{-n}}{i}$ 被称作"年金现值系数"，记作 $(P/A, i, n)$，可直接查阅"1 元年金现值系数表"。上式也可以写作

$$P = A \times (P/A, i, n)$$

【例 8-8】 企业租用某设备，每年年末需要支付租金 12 万元，年利率为 10%，则 5 年内应支付的租金总额的现值是多少？

5 年内应支付的租金总额的现值为

$$\begin{aligned}
P &= 12 \times \frac{1-(1+10\%)^{-5}}{10\%} \\
&= 12 \times (P/A, 10\%, 5) \\
&= 12 \times 3.790\,8 \\
&= 45.5(万元)
\end{aligned}$$

资本回收系数的计算（已知现值 P，求年金 A）。

资本回收是指在给定的年限内等额回收初始投入的资本或清偿所欠的债务。其中未收回部分要按复利计息构成偿债的内容。年资本回收额是年金现值的逆运算。其计算公式为

$$A = P \times \frac{i}{1-(1+i)^{-n}}$$

式中，$\frac{i}{1-(1+i)^{-n}}$ 称作"资本回收系数"，记作 $(A/P, i, n)$，可直接查阅"资本回收系

数表"或利用年金现值系数的倒数求得。上式也可写作

$$A = P \times (A/P, i, n)$$

或

$$A = P \times \frac{1}{(P/A, i, n)}$$

【例 8-9】 企业现在借得 1 000 万元的贷款，在 10 年内以年利率 12% 均匀偿还，每年应付的金额是多少？

每年应付的金额为

$$A = 1\,000 \times \frac{12\%}{1-(1+12\%)^{10}}$$
$$= 1\,000 \times (A/P, 12\%, 10)$$
$$= 1\,000 \times 0.177\,0$$
$$= 177(万元)$$

即每年支付的金额是 177 万元。

（四）即付年金终值与现值

即付年金是指一定时期内每期期初等额收付的系列项，又称先付年金、预付年金。即付年金与普通年金的区别仅在于付款时间的不同。

（1）即付年金终值的计算。即付年金的终值是其最后一期期末时的本利和，是各期收付款项的复利终值之和。

n 期即付年金终值与 n 期普通年金终值之间的关系可以用图 8-3 加以说明。

从图 8-3 可以看出，n 期即付年金与 n 期普通年金的付款次数相同，但由于其付款时间不同，n 期即付年金终值比 n 期普通年金的终值多计算一期利息。

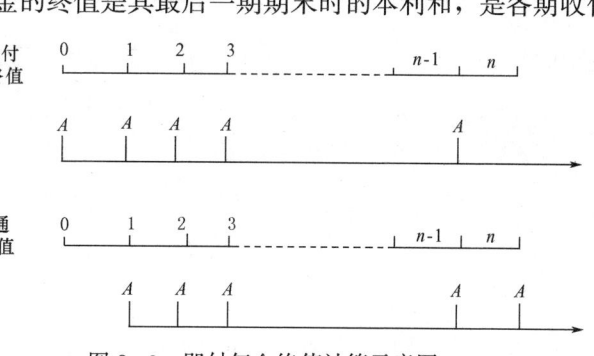

图 8-3 即付年金终值计算示意图

因此，在 n 期普通年金终值的基础上乘上 $(1+i)$ 就是 n 期即付所金的终值。

$$F = A \times \frac{(1+i)^n - 1}{i} \times (1+i)$$
$$= A \times \frac{(1+i)^{n+1} - (1+i)}{i}$$
$$= A \times \left[\frac{(1+i)^{n+1} - 1}{i} - 1\right]$$

式中，$\frac{(1+i)^{n+1}-1}{i}-1$ 称作"即付年金终值系数"，它是在普通年金终值系数的基础上，期数加 1，系数减 1 所得的结果。通常记作

$$[(F/A, i, n+1)-1]$$

这样，通过查阅"一元年金终值表"得 $(n+1)$ 期的值，然后减去 1 便可得相应的即付年金系数的值。这时可用如下公式计算即付年金的终值

$$F = A \times [(F/A, i, n+1) - 1]$$

【例 8-10】 某公司决定连续 5 年于每年年初存入 100 万元作为住房基金,银行存入利率为 10%。则该公司在第 5 年末能一次取出本利和多少钱?

该公司在第 5 年末能一次取出本利和为

$$F = A \times [(F/A, i, n+1) - 1]$$
$$= 100 \times [(F/A, 10\%, 5+1) - 1]$$
$$= 100 \times (7.7156 - 1)$$
$$= 671.56(万元)$$

即该公司在第 5 年末能一次取出本利和 671.56 万元。

(2) 即付年金现值的计算。n 期即付年金现值与 n 期普通年金现值之间的关系,可用图 8-4 加以说明。

从图 8-4 可以看出,n 期即付年金现值与 n 期普通年金现值的期限相同,但由于其付款时间不同,n 期即付年金现值比 n 期普通年金现值多折现一期。因此,在 n 期普通年金现值的基础上乘以 $(1+i)$,便可求出 n 期即付年金的现值。

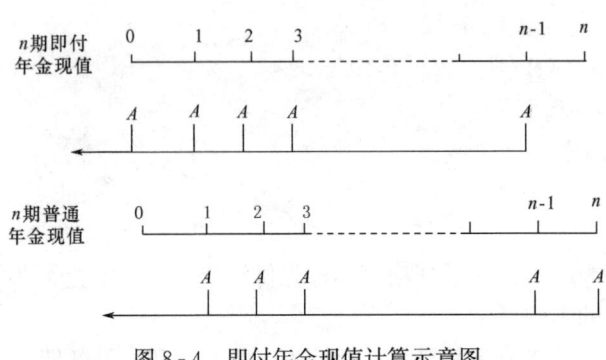

图 8-4 即付年金现值计算示意图

$$P = A \times \left[\frac{1-(1+i)^{-n}}{i} \times (1+i)\right]$$
$$= A \times \frac{(1+i)-(1+i)^{-(n-1)}}{i}$$
$$= A \times \left[\frac{1-(1+i)^{-(n-1)}}{i} + 1\right]$$

式中,$\frac{1-(1+i)^{-(n-1)}}{i} + 1$ 称作"即付年金现值系数",它是在普通年金系数的基础上,期数减 1,系数加 1 所得的结果。通常记作

$$[(P/A, i, n-1) + 1]$$

(五) 递延年金和永续年金的现值

(1) 递延年金现值的计算。递延年金是指第一次收付款发生时间不在第一期末,而是隔若干期后才开始发生的系列等收付款项。它是普通年金的特殊形式,凡不是从第一期开始的年金都是递延年金,m 期以后的 n 期递延年金可用图 8-5 表示。

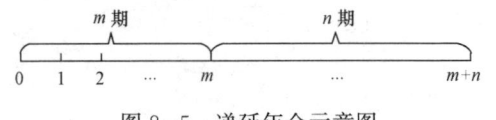

图 8-5 递延年金示意图

递延年金的现值是自若干时期后开始每期款项的现值之和,其计算公式为

$$P = A \times \left[\frac{1-(1+i)^{-(m+n)}}{i} - \frac{1-(1+i)^{-m}}{i}\right]$$
$$= A \times [(P/A, i, m+n) - (P/A, i, m)] \quad ①$$

或

$$P = A \times \frac{1-(1+i)^{-n}}{i} \times (1+i)^{-m}$$
$$= A \times (P/A, i, n) \times (P/F, i, m) \qquad ②$$

上述公式是先计算出 $m+n$ 期的普通年金现值，然后减去前 m 期的普通年金现值，即得递延年金的现值；公式②是先将此递延年金视为 n 期普通年金，求出在第 $m+1$ 期期初的现值，然后折算到第 1 期期初。

【例 8-11】 某人拟在年初存入一笔资金，以便在第 6 年年末起每年取出 1 000 元，至第 10 年末取完。在银行存款利率为 10% 的情况下，此人应在最初一次存入银行多少钱？

此人应在最初一次存入银行钱数为

$$P = A \times [(P/A, 10\%, 10) - (P/A, 10\%, 5)]$$
$$= 1\,000 \times (6.144\,6 - 3.790\,8)$$
$$= 2\,353.8 (元)$$

或

$$P = A \times (P/A, 10\%, 5) \times (P/F, 10\%, 5)$$
$$= 1\,000 \times 3.790\,8 \times 0.620\,9$$
$$= 2\,353.71 (元)$$

（2）永续年金现值的计算。

永续年金是指无限期等额收（付）的特种年金，可视为普通年金的特殊形式，即期限趋于无穷的普通年金。存本取息就是常见的永续年金的例子。此外，也可将利率较高、持续期限较长的年金视同永续年金计算。

由于永续年金持续期无限，没有终止的时间，因此没有终值，只有现值。通过普通年金现值计算可推导出永续年金现值的计算公式为

$$P = \frac{A}{i}$$

【例 8-12】 某人持有的某公司优先股，每年每股股利为 2 元，若此人想长期持有，在利率为 10% 的情况下，请对该项股股票投资进行估价。

这是一个求永续年金现值的问题，即假设该优先股每股股利固定且持续较长时期，计算出这些股利的现值之和。即为该股票的估价。

$$P = \frac{2}{10\%} = 20 (元)$$

（六）折现率（利率）和期间的推算

（1）折现率（利率）的推算。

对于一次性收付款项，根据其复利终值（或现值）的计算公式可得折现率的计算公式为

$$i = (F/P)^{-n} - 1$$

因此，若已知 F、P、n，不用查表便可直接计算出一次性收付款项的折现率（利率）i。

永续年金折现率（利率）i 的计算也很方便。若 P、A 已知，则根据公式 $P = \frac{A}{i}$，变形即得 i 的计算公式为

$$i = \frac{A}{P}$$

普通年金折现率（利率）的推算比较复杂，无法直接套用公式，而必须利用有关的系数表，有时还会牵涉内插法的运用。下面着重对此加以介绍。

普通年金终值 F、现值 P 的计算公式分别为

$$F = P(F/P, i, n) \quad ①$$

$$P = F(P/F, i, n) \quad ②$$

将式①、式②变形得相应的公式为

$$F/A = (F/A, i, n) \quad ③$$

$$P/A = (P/A, i, n) \quad ④$$

从式③、式④两式可看出，两式右边分别为普通年金终值系数和普通年金现值系数。若 F、A、n 已知，则可利用式③，查普通年金终值系数表，找出系数值为 F/A 的对应的 i 即可；若 P、A、n 已知，则可利用式④，查普通年金现值系数表，找出系数值为 P/A 的对应的 i 即可。若找不到完全对应的 i，就需要运用内插法求得。

可见，利用式③或式④求 i 的基本原理和步骤是一致的。现以式④为例，即已知 P、A、n，说明求 i 的基本方法。

若 P、A、n 已知，可按以下步骤推算：

计算出 P/A 的值，假设 $P/A = \alpha$。

查普通年金现值系数表。沿着已知 n 所在的列纵向查找，若恰好能找到某一系数值等于 α，则该系数值所在的行相对应的利率便为所求的 i 值。

若无法找到恰好等于 α 的系数值，就应在表中 n 列上找与 α 最接近的两个上下临界系数值，设为 β_1、β_2（$\beta_1 > \alpha > \beta_2$，或 $\beta_1 < \alpha < \beta_2$）。读出 β_1、β_2 所对应的临界利率，然后进一步运用内插法求得 i 的值。其计算公式如下

$$i = i_1 + \frac{\beta_1 - \alpha}{\beta_1 - \beta_2} \times (i_2 - i_1)$$

式中　i——折现率，利率；

　　　α——对应的年金现值系数；

　i_1、i_2——分别为与 i 相邻的两个折现率，且 $i_1 < i < i_2$；

　β_1、β_2——分别为与 i_1、i_2 对应的年金现值系数。

【例 8-13】　某公司于第一年初借款 20 000 元，每年年末还本付息额均为 4 000 元，连续 9 年还清。则借款利率为多少？

根据题意，已知 $P = 20\,000$ 元，$A = 4\,000$ 元，$n = 9$ 年，则

$$P/A = \frac{20\,000}{4\,000} = 5 = \alpha$$

即

$$\alpha = 5 = (P/A, i, 9)$$

查 $n = 9$ 年的普通年金现值系数表。在 $n = 9$ 年一行上无法找到恰好为 $\alpha(\alpha = 5)$ 的系数值，于是找大于和小于 5 的临界系数值，分别为 $\beta_1 = 5.328\,25 > 5$，$\beta_2 = 4.947\,37 < 5$。同时读出临界利率为 $i_1 = 12\%$，$i_2 = 14\%$。则

$$i = i_1 + \frac{\beta_1 - \alpha}{\beta_1 - \beta_2} \times (i_2 - i_1)$$

$$= 12\% + \frac{5.32825 - 5}{5.32825 - 4.94737} \times (14\% - 12\%)$$
$$= 13.719\%$$

即该笔借款的利率为 13.719%。

按照上述方法，若利用式③，则计算出 F/A 的值，设为 α，然后查普通年金终值系数表求 i。

对于一次性收付款项，若应用查表法求 i，可先计算出 F/P 的值，设其为 α，然后查复利终值系数表；或先计算出 P/F 的值，设其为 α，然后查复利现值系数表。

对于即付年金利率 i 的推算，同样可遵照上述方法。先求出 F/A 的值，令 $\alpha = F/A + 1$，然后沿 $(n+1)$ 所在的列纵向在普通年金值系数表中查找，若恰好找到等于 α，则该系数值所在行所对应的利率便为所求的 i，否则便查找临界系数值和对应的临界利率，应用内插法求出利率 i。

(2) 期间的推算。期间 n 的推算，其原理和步骤同折现率（利率）i 的推算是一样的。

现以普通年金为例，说明在 P、A 和 i 已知情况下，推算期间 n 的基本步骤。

计算出 P/A，设为 α。

查普通年金现值系数表。沿着已知 i 所在行横向查找，若能找到恰好等于 α 的系数值，其对应的 n 值即为所求的期间值。

若找不到恰好为 α 的系数值，则查找是为接近 α 值的左右临界系数 β_1、β_2 以及临界期间 n_1、n_2，然后应用内插法求 n，公式为

$$n = n_1 + \frac{\beta_1 - \alpha}{\beta_1 - \beta_2} \times (n_2 - n_1)$$

式中　　n——折现期间；

　　　　α——对应的年金现值系数；

n_1, n_2——分别为相邻的两个折现期间，且 $n_1 < n < n_2$；

β_1, β_2——分别为与 n_1、n_2 对应的年金现值系数。

【例 8-14】　某企业拟购买一台柴油机，更新目前的汽油机。柴油机价格较汽油机高出 2 000 元，但每年节约燃料费用 500 元。若利率为 10%，则柴油机应至少使用多少年对企业而言才有利？

依题意，已知 $P = 2\,000$ 元，$A = 500$ 元，$i = 10\%$，则

$$P/A = \frac{2\,000}{500} = 4 = \alpha$$

即

$$(P/A, 10\%, n) = \alpha = 4$$

查普通年金现值系数表，在 $i = 10\%$ 的列上纵向查找，无法找到恰好为 $\alpha(\alpha=4)$ 的系数值，于是查找大于和小于 4 的临界系数值 $\beta_1 = 4.35526 > 4$，$\beta_2 = 3.79079 < 4$，对应的临界期间为 $n_1 = 6$，$n_2 = 5$。则

$$n = n_1 + \frac{\beta_1 - \alpha}{\beta_1 - \beta_2} \times (n_2 - n_1)$$

$$=6+\frac{4.35526-4}{4.35526-3.79079}\times(5-6)$$
$$=5.4 \text{ 年}$$

即柴油机至少使用 5.4 年对企业才有利。

(3) 名义利率与实际利率的换算。上面讨论的有关计算均假定利率为年利率，每年复利一次。但实际上，复利的计息不一定是一年，有可能是季度、月份或日。比如某些债券半年计息一次；有的抵押贷款每月计息一次；银行之间拆借资金均为每天计息一次。当每年复利次数超过一次时，这时的年利率称为名义利率，而每年只复利一次的利率才是实际利率，即有效利率。企业把规定的年利率称为名义利率，名义利率除以计息次数为计算期利率。

对于一年内多次复利的情况，可采取两种方法计算时间价值。

第一种方法是按如下公式将名义利率调整为实际利率，然后按实际利率计算时间价值。

$$i=\left(1+\frac{r}{m}\right)^m-1$$

式中　　i——实际利率；

　　　　r——名义利率；

　　　　m——每年复利次数。

【例 8-15】　某企业于年初存入 10 万元，在年利率为 10%，半年复利一次的情况下，到第 10 年末，该企业能得本利和为多少？

依题意，$P=10$ 万元，$r=10\%$，$m=2$，$n=10$

$$i=\left(1+\frac{r}{m}\right)^m-1=\left(1+\frac{10\%}{2}\right)^2-1=10.25\%$$

$$F=P(1+i)^n=10\times(1+10.25\%)^{10}=26.53(\text{万元})$$

因此企业于第 10 年末可得本利和 26.53 万元。

第二种方法是不计算实际利率，而是相应调整有关指标，即利率变为 r/m，期数相应为 $m\times n$。

【例 8-16】　利用上例中的有关数据，用第二种方法计算本利和。

$$F=P\left(1+\frac{r}{m}\right)^{m\times n}=10\times\left(1+\frac{10\%}{2}\right)^{2\times 10}=26.53(\text{万元})$$

当一年中复利次数超过一次时，实际利率要比名义利率更高。

8.4.2　施工企业风险分析与风险报酬

施工企业的经济活动大都是在风险和不确定的情况下进行的，离开了风险因素就无法正确评价企业收益的高低。风险价值原理揭示了风险同收益之间的关系，它同资金时间价值原理一样，是财务管理的基本依据。

一、风险的概念与类别

风险一般是指某一行动的结果具有变动性。人们只能够事先确定采取某种行动可能形成的结果，以及每种结果出现的可能性的程度，而行动的最终结果究竟会怎样，人们不得而知。比如，向上抛一枚硬币，可以事先肯定，当硬币落到地面上时，有正面朝上和朝下两种结果，而且这两种结果出现的可能性各占 50%，但究竟会是正面朝上还是朝下，谁也不能肯定。

与风险相联系的另一个概念是不确定性,即人们事先只知道采取某种行动可能形成的各种结果,但不知道它们出现的概率,或者两者都不知道,而只能作些粗略的估计。例如,企业试制一种新产品,事先只能肯定该种产品试制成功或失败的两种可能,但不会知道这两种后果出现可能性的大小。又如购买股票,投资者事实上不可能事先确定所有可能达到的报酬率及其出现的概率大小,所以经营决策一般都是在不确定的情况下作出的。若某一行动的结果具有多种可能而不肯定,称为风险;反之,若某一行动的结果很肯定,就称为无风险。从财务管理的角度而言,风险也就是企业在各项财务活动过程中,由于各种难以预料或无法控制的因素作用,使企业的实际收益与预期收益发生背离,从而有蒙受经济损失的可能性。由于人们普遍具有风险反感心理,因而一提到风险,多数都将其错误地理解为与损失是同一概念。事实上,风险本身未必就是能带来超出预期的损失,呈现其不利的一面,风险也可带来超出预期的收益,而呈现其有利的一面。

财务管理中的风险按形成的原因一般可分为经营风险和财务风险两大类。

(一) 经营风险

经营风险是指因生产经营方面的原因给企业盈利带来的不确定性。企业生产经营的许多方面都会受到来源于企业外部和内部的诸多因素的影响,具有很大的不确定性。比如,由于原材料供应地政治经济情况的变动,运输路线改变,原材料价格变动,新材料、新设备的出现等因素带来的供应方面的风险;由于产品生产方向不对头,产品更新时期掌握不好,生产质量不合格,新产品、新技术开发试验不成功,生产组织不合理等因素带来的生产方面的风险;由于出现新的竞争对手,消费者爱好发生变化,销售决策失误,产品广告推销不力以及货款回收不及时等因素带来的销售方面的风险;此外,还存在劳动力市场供求关系变化,发生通货膨胀,自然气候恶化,税收调整以及宏观经济政策的变化等方面的因素,也会直接或间接地影响企业正常经济活动。这些生产经营方面的不确定性,都会引起企业的利润或利润率的高低变化,从而给企业带来风险。

(二) 财务风险

财务风险又称筹资风险,是指由于举债而给企业财务成果带来的不确定性。企业举债经营,全部资金中除自有资金外还有一部分借入资金,这会对自有资金的盈利能力造成影响;同时,借入资金需还本付息,一旦无力偿付到期债务,企业便会陷入财务困境甚至破产。当企业息税前资金利润率高于借入资金利息率时,使用借入资金获得的利润率除了补偿利息外还有剩余,因而使自有资金利润率提高。但是,若企业息税前资金利润率低于借入资金利息率,这时,使用借入资金获得的利润还不够支付利息,还需动用自有资金的一部分利润来支付利息,从而使自有资金利润率降低。如果企业息税前利润还不够支付利息,就要用自有资金来支付,使企业发生亏损。若企业亏损严重,财务状况恶化,丧失支付能力,就会出现无法还本付息甚至招致破产的危险。总之,由于许多因素的影响,企业息税前资金利润率和借入资金利息率差额具有不确定性,从而引起自有资金利润率的高低变化,这种风险即为筹资风险。这种风险程度的大小受借入资金对自有资金比例的影响,借入资金比例越大,风险程度随之增大;借入资金比例越小,风险程度也随之减少。对财务风险的管理,关键是要保证有一个合理的资金结构,维持适当的负债水平,既要充分利用举债经营这一手段获取财务杠杆收益,提高自有资金盈利能力,同时也要注意防止过度举债而引起的财务风险的加大,避免陷入财务困境。

二、风险识别

感知风险和分析风险。感知风险是通过系统化的方法发现商业银行所面临的风险种类、性质；分析风险是深入理解各种风险内在的风险因素。

制作风险清单是商业银行识别风险的最基本、最常用的方法，备忘录形式。

（1）专家调查列举法。

（2）资产财务状况分析法。

（3）情景分析法。

（4）分解分析法、举例。

（5）失误树分析方法。

宏观方面、中观方面、微观方面进行分析。

三、风险分析

风险客观存在，广泛影响着企业的财务和经营活动，因此，正视风险并将风险程度予以量化，进行较为准确的衡量，便成为企业财务管理中的一项重要工作。对于投资活动来讲，由于风险是与投资收益的不确定相联系的，对风险的计量必须从投资收益的概率分布开始分析，尤其是在长期投资决策中，投资者必须考虑风险，而且还要对风险程度进行衡量。

（一）概率分布

在现实生活中，某一事件在完全相同的条件下可能发生也可能不发生，即可能出现这种结果也可能出现那种结果，称此类事件为随机事件。概率就是用百分数或小数来表示随机事件发生可能性及出现某种结果可能性大小的数值。用 X 表示随机事件，X_i 表示随机事件的第 i 种结果，P_i 为出现该种结果的相应概率。若 X_i 出现，则 $P_i=1$。若不出现，则 $P_i=0$，同时，所有可能结果出现的概率之和必定为 1。因此，概率必须符合下列两个要求

$$0 \leqslant P_i \leqslant 1$$

$$\sum_{i=1}^{n} P_i = 1$$

将随机事件各种可能的结果按一定的规则进行排列，同时列出各结果出现的相应概率，这一完整的描述称为概率分布。

【例 8-17】 某企业甲产品投产后预计收益情况和市场销量有关，可用表 8-2 描述各种可能的收益概率分布。

概率分布可以用可能结果为横轴，以概率为纵轴的坐标表示，如图 8-6 所示。

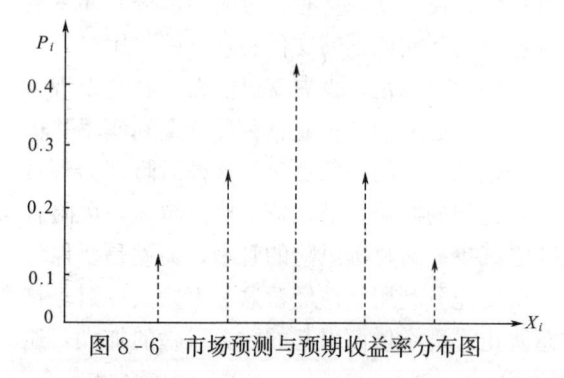

图 8-6 市场预测与预期收益率分布图

表 8-2 市场预测和预期收益概率分布表

市场情况	年收益 X_i（万元）	概率 P_i
销量很好	5	0.1
销量较好	4	0.2
销量一般	3	0.4
销量较差	2	0.2
销量很差	1	0.1
合计		1

概率分布为两种类型,一种是不连续的概率分布,如图 8-6 所示,其特点是概率分布在各个特定的点(指 X 值)上。另一种是连续的概率分布,其特点是概率分布在连续图像的两点之间的区间上,如图 8-7 所示。

(二)期望值

期望值是一个概率分布中的所有可能结果,以各自相应的概率为权数计算的加权平均的中心值,其计算公式如下

$$\overline{E} = \sum_{i=1}^{n} X_i P_i$$

式中　$\overline{E}$——期望值,期望收益率,期望报酬率;

　　　X_i——第 i 种可能实现的报酬率;

　　　P_i——第 i 种可能的结果发生的概率;

　　　n——可能结果的个数。

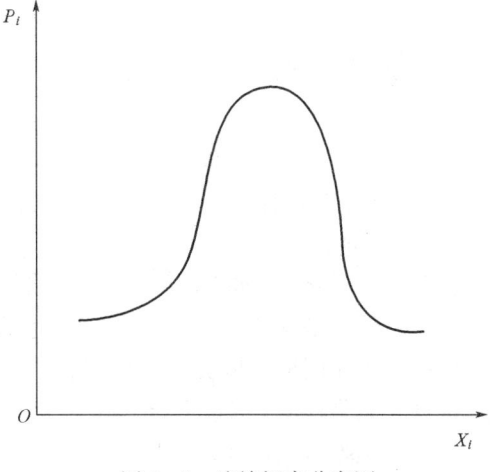

图 8-7　连续概率分布图

【例 8-18】　以例 8-17 中有关数据为依据,计算甲产品投产后预计收益的期望值。

$$\overline{E} = 5 \times 0.1 + 4 \times 0.2 + 3 \times 0.4 + 2 \times 0.2 + 1 \times 0.1$$
$$= 0.5 + 0.8 + 1.2 + 0.4 + 0.1$$
$$= 3(万元)$$

期望收益反映预计收益的平均化,在各种不确定性因素(本例中假定只有市场情况因素影响产品收益)影响下,它代表着投资者的合理预期。

(三)标准离差

实际生活中存在着很多投资机会,它们的期望收益相同,但是它们的收益率概率分布差别很大,也就是说它们能否达到期望收益的可能性相差很大,这就是投资风险。为了定量地衡量风险大小,最常用表示随机变量离散程度的指标是标准离差和标准离差率。

标准离差是反映概率分布中各种可能结果对期望值的偏离程度,也即离散程度的一个数值,通常以符号 σ 表示,其计算公式为

$$\sigma = \sqrt{\sum_{i=1}^{n}(X_i - \overline{E})^2 \cdot P_i}$$

式中　σ——标准离差;

　　　$\overline{E}$——期望值,期望收益率,期望报酬率;

　　　X_i——第 i 种可能实现的报酬率;

　　　P_i——第 i 种可能的结果发生的概率;

　　　n——可能结果的个数。

标准离差以绝对数衡量决策方案的风险,在期望值相同的情况下,标准离差越大,风险越大;反之标准离差越小,则风险越小。

【例 8-19】　以例 8-17 中的数据为例,计算甲产品预计年收益与期望值收益的标准离差。

$$\sigma = \sqrt{(5-3)^2 \times 0.1 + (4-3)^2 \times 0.2 + (3-3)^2 \times 0.4 + (2-3)^2 \times 0.2 + (1-3)^2 \times 0.1}$$
$$= \sqrt{0.4 + 0.2 + 0 + 0.2 + 0.4} = 1.095$$

(四) 标准离差率

标准离差率是标准离差同期望值之比，通常用符号 q 表示，其计算公式为

$$q = \frac{\sigma}{\overline{E}}$$

式中　q——标准离差率；

　　　σ——标准离差；

　　　$\overline{E}$——期望值，期望收益率，期望报酬率。

标准离差率是一个相对指标，它以相对数反映决策方案的风险程度。标准离差作为绝对数，只适用于相同期望值决策方案风险程度的比较，对于期望值不同的决策方案，评价和比较其各自的风险程度只能借助于标准离差率这一相对数值。在期望值不同的情况下，标准离差率越大，风险越大；反之，标准离差率越小，风险越小。

【例 8-20】　现仍以例 8-17 中的有关数据为例，计算甲产品预计年收益的标准离差率。

$$q = \frac{\sigma}{\overline{E}} = \frac{1.095}{3} = 0.365$$

通过上述方法将决策方案的风险加以量化后，决策者便可据此作出决策。对于单个方案，决策者可根据其标准离差或标准离差率的大小，并将其同设定的可接受的此项指标最高限值对比，看前者是否低于后者，然后做出取舍。对于多方案择优，决定决策者的行动准则应是选择低风险高收益的方案，即选择标准离差最低、期望值收益最高的方案。然而高收益往往伴有高风险，低收益方案其风险程度往往也较低，选择何种方案，就要权衡期望收益与风险，而且还要视决策者对风险的态度而定。对风险比较反感的人可能会选择期望收益较低同时风险也较低的方案，喜冒风险的人则可能选择风险高但同时收益也高的方案。

四、风险报酬率

资金时间价值是投资者在无风险条件下进行投资所要求的报酬率（这里暂不考虑通货膨胀的因素）。但是，企业财务和经营管理活动都处于或大或小的风险之中，任何经济预测的准确性都是相对的，预测的时间越短，不确定的程度就越低。因此，为了简化决策分析工作，在短期财务决策中一般不考虑风险因素。而在长期财务决策中，则不得不考虑风险因素，计量风险程度。

任何投资者宁愿要肯定的某一报酬率，而不愿意要不肯定的同一报酬率，这种现象称为风险反感。在风险反感普遍存在的情况下，诱使投资者进行风险投资的，是超过时间价值（也即无风险报酬率）的那部分额外报酬率，即风险报酬率。所谓风险报酬率，就是指投资者因冒风险进行投资而要求的，超过资金时间价值的那部分额外报酬率。

期望投资报酬率、标准离差、标准离差率只能用来衡量风险的大小，但并不能反映风险报酬的高低。从理论上讲，风险与报酬呈正相关的关系，风险大，报酬高；风险小，报酬低。风险报酬率可以通过以下公式计算

$$R_r = b \times q$$

式中　R_r——风险报酬率；
　　　b——风险价值系数；
　　　q——标准离差率。

【例 8-21】 公司甲投资项目有甲、乙两个方案，经计算两方案的标准离差率分别为 50%和 130%，并根据经验判断，两方案的风险价值系数分别为 15%和 20%，据此确定两方案的风险报酬。

甲方案
$$R_r = b \times q = 15\% \times 50\% = 7.5\%$$

乙方案
$$R_r = b \times q = 20\% \times 130\% = 26\%$$

如果不考虑通货膨胀，投资者进行风险投资所要求或期望的投资报酬率便是资金的时间价值（无风险报酬率）与风险报酬率之和，即

$$投资报酬率 = 无风险报酬率 + 风险报酬率$$
$$= 资金时间价值 + 投资风险价值$$

【例 8-22】 承前例，假定以银行利率 6%作为无风险报酬，分别确定甲、乙两方案的投资报酬率。

甲方案
$$投资报酬率 = 7.5\% + 6\% = 13.5\%$$

乙方案
$$投资报酬率 = 26\% + 6\% = 32\%$$

应当注意，风险报酬率、投资报酬率等指标的计算均有一定的假设性，其结果并不准确。分析研究风险报酬问题，主要是为树立风险意识及风险观念。

五、风险对策

(1) 规避风险。任何经济单位对风险的对策，首先考虑到的是避免风险，凡风险所造成的损失不能由该项目可能获得的利润予以抵消时，避免风险是最可行的简单方法。比如拒绝与不守信用的厂商业务往来；放弃可能明显导致亏损的投资项目；新产品在试制阶段发现诸多问题而果断停止试制。

(2) 减少风险。实现从制度、文化、决策、组织和控制上，从培育核心能力上提高企业防御风险的能力。减少风险主要有两方面意思：

1) 控制风险因素，减少风险发生；
2) 控制风险发生的频率和降低风险损害程度。

减少风险的常用方法有：进行准确的预测，如对汇率预测、利率预测、债务人信用评估等；对决策进行多方案优选和相机替代；及时与政府部门沟通获取政策信息；在发展新产品前，充分进行市场调研；实行设备预防检修制度以减少设备事故；选择有弹性的、抗风险能力强的技术方案，进行预先的技术模拟试验，采用可靠的保护和安全措施；采取多领域、多地域、多项目、多品种的投资以分散风险。

(3) 转移风险。企业以一定代价（如保险费、盈利机会、担保费和利息等），采取某种

方式（如参加保险、信用担保、租赁经营、套期交易、票据贴现等），将风险损失转嫁给他人承担，以避免可能给企业带来灾难性损失。如向专业性保险公司投保；采取合资、联营、增发新股、发行债券、联合开发等措施实现风险共担；通过技术转让、特许经营、战略联盟、租赁经营和业务外包等实现风险转移。

（4）接受风险。对于损失较小的风险，如果企业有足够的财力和能力承受风险损失时，可以采取风险自担和风险自保自行消化风险损失。风险自担就是风险损失发生时，直接将损失摊入成本或费用，或冲减利润；风险自保就是企业预留一笔风险金或随着生产经营的进行，有计划地计提风险基金，如坏账准备、存货跌价准备等。

六、风险控制

风险控制是对经过识别和计量的风险采取分散、对冲、转移、规避和补偿等措施，进行有效管理和控制的过程。

（一）风险控制的目标

（1）风险管理战略和策略符合经营目标的要求。
（2）成本/收益平衡。
（3）通过对风险诱因的分析，发现管理中存在的问题，以完善风险管理程序。
（4）所有风险管理措施所产生的副作用都能得到合理的安排和处置。

（二）风险控制架构

（1）基层业务部门配备风险管理专业人员。
（2）每个业务领域配备风险管理委员会。
（3）最高管理层或风险总监直接领导银行最高风险管理委员会。

特别提示　注册咨询工程师（投资）《项目决策分析与评价》可参考本部分内容。

本章小结

本章主要介绍了财务管理的概念、财务管理的内容、财务管理的目标、财务管理的环境、财务管理的观念等几个问题。施工企业财务管理的研究对象是指施工企业的资金运动，资金运动具有共存性和继起性的规律。施工企业财务管理的目标分为总体目标和具体目标，企业主要有利润最大化、资本利润率最大化和企业价值最大化作为企业财务管理的具体目标。本章还对施工企业财务管理所处的环境进行阐述，包括经济环境、金融环境及法律环境。本章最为重要的内容是掌握施工企业财务管理的观念，包括资金时间价值及风险的衡量。

本章讲述了两个重要的经济观念：
（1）资金时间价值观念。
（2）投资风险价值观念。

资金时间价值是指资金在周转使用中，随着时间的推移而形成的增值，即一定量的货币资金在不同时点上具有不同的价值。资金时间价值的大小，取决于资金量、时间及收益率等因素。资金时间价值的计算，按利息部分是否计息，分单利和复利两种；按确定的可比基准日不同可分为现值、终值和年金三种，现将基本计算公式总结见表 8-3。

表 8-3　　　　　　　　　　　　　基 本 计 算 公 式 总 结

项目	公式	项目	公式
单利终值	$F = P(1 + i \times n)$	单利现值	$P = \dfrac{F}{1 + i \times n}$
复利终值	$F = P(1 + i)^n$	复利现值	$P = \dfrac{F}{(1 + i)^n}$
普通年金终值	$F = A \dfrac{(1 + i)^n - 1}{i}$	普通年金现值	$P = A \times \dfrac{1 - (1 + i)^{-n}}{i}$
即付年金终值	$F = A \times \dfrac{(1 + i)^n - 1}{i} \times (1 + i)$	即付年金现值	$P = A \times \left[\dfrac{1 - (1 + i)^{-(n-1)}}{i} + 1 \right]$
递延年金现值	$P = A \times \left[\dfrac{1 - (1 + i)^{-(m+n)}}{i} - \dfrac{1 - (1 + i)^{-m}}{i} \right]$， $P = A \times \dfrac{1 - (1 + i)^{-n}}{i} \times (1 + i)^{-m}$	永续年金现值	$P = \dfrac{A}{i}$

年金可以分为普通年金、即付年金、递延年金和永续年金四种类型。

按国际惯例，公式中的 i 未作特殊说明时，就是指年利率。当计息期短于一年，而给定的利率又是年利率时，则应计算实际年利率或实际期利率，计算公式分别为

$$\text{实际年利率} = \left(1 + \frac{r}{m}\right)^m - 1$$

$$\text{实际期利率} = \frac{r}{m}$$

表 8-3 中的资金等值变换公式，在实际应用中可以结合内插法，用来推算折现率（利率）和期间。

风险是指某一行动的结果具有变动性，人们能够事先确定采取这种行动可能形成的结果，以及每种结果出现的概率，但行动的最终结果究竟会怎样，人们不能确定。风险按其形成的原因可分为经营风险和财务风险两大类。经营风险是指因生产经营方面的原因给企业带来的不确定性。财务风险是指由于举债而给企业财务成果带来的不确定性。

风险的衡量要经过以下几个步骤的计算，见表 8-4。

表 8-4　　　　　　　　　　　　　风 险 衡 量 步 骤

步骤	公式	结论
(1) 确定某一事件的概率分布		
(2) 根据该事件的概率分布，计算期望值，即加权平均数	$\overline{E} = \sum\limits_{i=1}^{n} X_i P_i$	反映预期收益的平均值，不能直接用来衡量风险
(3) 根据该事件的概率分布和期望值，计算标准差	$\sigma = \sqrt{\sum\limits_{i=1}^{n} (X_i - \overline{E})^2 P_i}$	期望值相同的情况下，标准差越大风险越大
(4) 根据该事件的期望值和标准差，计算标准离差率	$q = \dfrac{\sigma}{\overline{E}}$	期望值不同的情况下，标准离差率越大，风险越大

根据标准离差率，风险收益率可以通过以下公式计算

$$R_r = b \times q$$

在风险反感普遍存在的情况下，诱使投资者进行风险投资的是超过资金时间价值的那部

分额外报酬,即风险报酬。在不考虑通货膨胀的情况下投资者进行风险投资所要求或期望的投资报酬率是

$$期望投资报酬率=资金时间价值(无风险报酬率)+风险报酬率$$

风险对策包括:规避风险、减少风险、转移风险、接受风险。

习 题

一、思考题

1. 什么是资金时间价值?
2. 在财务管理中为什么要考虑资金时间价值?
3. 如何计算资金时间价值?
4. 计算资金时间价值的基本公式有哪些?
5. 企业的风险主要有哪些?
6. 如何衡量对企业的风险?
7. 企业可采取哪些风险对策?

二、单项选择题

1. 一定时期内每期期初等额收付的系列款项是( )。
   A. 即付年金　　　B. 永续年金　　　C. 递延年金　　　D. 普通年金

2. 甲某拟存入一笔资金以备三年后使用。假定银行三年期存款年利率为5%,甲某三年后需用的资金总额为34 500元,则在单利计算情况下,目前需存入的资金为( )元。
   A. 30 000　　　B. 29 803.04　　　C. 32 857.14　　　D. 31 500

3. 当一年内复利 m 次时,其名义利率 r 与实际利率 i 之间的关系是( )。
   A. $i=(1+r/m)m-1$
   B. $i=(1+r/m)-1$
   C. $i=(1+r/m)-m-1$
   D. $i=1-(1+r/m)$

4. 下列各项中,代表即付年金现值系数的是( )。
   A. $[(P/A, i, n+1)+1]$
   B. $[(P/A, i, n+1)+1]$
   C. $[(P/A, i, n-1)-1]$
   D. $[(P/A, i, n-1)+1]$

5. 已知 $(F/A, 10\%, 9)=13.579$,$(F/A, 10\%, 11)=18.531$。则10年10%的即付年金终值系数为( )。
   A. 17.531　　　B. 15.937　　　C. 14.579　　　D. 12.579

6. 根据资金时间价值理论,在普通年金现值系数的基础上,期数减1,系数加1的计算结果,应当等于( )。
   A. 递延年金现值系数
   B. 后付年金现值系数
   C. 即付年金现值系数
   D. 永续年金现值系数

7. 在下列各期资金时间价值系数中,与资本回收系数互为倒数关系的是( )。
   A. $(P/F, i, n)$　　B. $(P/A, i, n)$　　C. $(F/P, i, n)$　　D. $(F/A, i, n)$

8. 某人想在5年内每年年末收回1 000万元,当年利率为10%时,则开始需要一次投资( )万元。
   A. 7 123　　　B. 7 582　　　C. 7 647　　　D. 7 835

9. 某企业拟进行一项存在一定风险的完整工业项目投资，有甲、乙两个方案可供选择：已知甲方案净现值的期望值为 1 000 万元，标准离差为 300 万元；乙方案净现值的期望值为 1 200 万元，标准离差为 330 万元。下列结论中正确的是（　　）。
   A. 甲方案优于乙方案　　　　　　　　B. 甲方案的风险大于乙方案
   C. 甲方案的风险小于乙方案　　　　　D. 无法评价甲乙方案的风险大小

10. 已知甲方案投资收益率的期望值为 15%，乙方案投资收益率的期望值为 12%，两个方案都存在投资风险。比较甲、乙两方案风险大小应采用的指标是（　　）。
    A. 方差　　　　　B. 净现值　　　　　C. 标准离差　　　　　D. 标准离差率

11. 下列关于建设工程风险和风险识别特点的表述中错误的是（　　）。
    A. 不同类型建设工程的风险是不同的
    B. 建设工程的建造地点不同，风险是不同的
    C. 建造地点确定的建设工程，如果由不同的承包商建造，风险是不同的
    D. 风险是客观的，不同的是对建设工程风险识别的结果应是相同的

12. 风险识别的工作成果是（　　）。
    A. 确定建设工程风险因素，风险事件及后果
    B. 定量确定建设工程风险事件发生概率
    C. 定量确定建设工程风险事件损失的严重程度
    D. 建立建设工程风险清单

13. 将一项特定的生产或经营活动按步骤或阶段顺序组成若干个模块，在每个模块中都标出各种潜在的风险因素或风险事件，从而给决策者一个清晰总体印象，这种风险识别方法是（　　）。
    A. 财务报表法　　　　　　　　　　B. 初始清单法
    C. 经验数据法　　　　　　　　　　D. 流程图法

14. 在施工阶段，业主改变项目使用功能而造成投资额增大的风险属于（　　）。
    A. 纯风险　　　　　　　　　　　　B. 技术风险
    C. 自然风险　　　　　　　　　　　D. 投机风险

15. 下列风险识别方法中，有可能发现其他识别方法难以识别出的工程风险的方法是（　　）。
    A. 流程图法　　　　　　　　　　　B. 初始清单法
    C. 经验数据法　　　　　　　　　　D. 风险调查法

16. 承包商要求业主提供付款担保，属于承包商的（　　）的风险对策。
    A. 保险转移　　　　　　　　　　　B. 非保险转移
    C. 损失控制　　　　　　　　　　　D. 风险回避

17. 风险识别的特点之一是不确定性，这是风险识别（　　）的结果。
    A. 个别性和主观性　　　　　　　　B. 个别性和复杂性
    C. 主观性和复杂性　　　　　　　　D. 复杂性和相关性

18. 若开标后中标人发现自己的报价存在严重的误算和漏算，因而拒绝与业主签订施工合同，这一对策为（　　）。
    A. 风险回避　　　　B. 损失控制　　　　C. 风险自留　　　　D. 风险转移

19. 对于业主来说，建设工程实施阶段的风险主要是（　　）。
   A. 基本风险　　　　B. 社会风险　　　　C. 投机风险　　　　D. 纯风险
20. 建设工程风险识别的结果是（　　）。
   A. 建设工程风险分解
   B. 建立建设工程风险清单
   C. 建立建设工程初始风险清单
   D. 识别建设工程风险因素、风险事件及后果
21. 某投标人在招标工程开标后发现自己由于报价失误，比正常报价少报 20%，虽然被确定为中标人，但拒绝与业主签订施工合同，该风险对策为（　　）。
   A. 风险回避　　　　B. 损失控制　　　　C. 风险自留　　　　D. 风险转移
22. 是否采用计划性风险自留对策，应从费用折旧、期望损失、（　　）等方面与工程保险比较后能得出结论。
   A. 风险概率、机会成本、服务质量　　　B. 风险概率、机会成本、税收
   C. 机会成本、服务质量、税收　　　　　D. 服务质量、税收、风险概率
23. 风险识别的原则之一是"由粗及细，由细及粗"，中"由粗及细"的作用在于（　　）。
   A. 得到工程初始风险清单
   B. 确定风险评价和风险对策决策的主要对象
   C. 严格界定风险内涵
   D. 寻找风险因素之间的相关性
24. 下列风险识别的方法中，（　　）的作用在于建立最终风险清单。
   A. 经验数据法　　　　　　　　　　B. 风险调查法
   C. 专家调查法　　　　　　　　　　D. 财务报表法
25. 不属于风险识别特点的是（　　）。
   A. 个别性　　　　B. 主观性　　　　C. 复杂性　　　　D. 可行性

三、多项选择题

1. 下列各项中，属于普通年金形式的项目有（　　）。
   A. 零存整取储蓄存款的整取额　　　　B. 定期定额支付的养老金
   C. 年资本回收额　　　　　　　　　　D. 偿债基金
2. 在下列各种情况下，会给企业带来经营风险的有（　　）。
   A. 企业举债过度　　　　　　　　　　B. 原材料价格发生变动
   C. 企业产品更新换代周期过长　　　　D. 企业产品的生产质量不稳定
3. 财务管理的目标主要有（　　）。
   A. 产值最大化　　　　B. 利润最大化　　　　C. 财富最大化
   D. 最好的财务关系　　E. 减少或转移风险
4. 影响企业财务活动的外部财务环境包括（　　）。
   A. 政治环境　　　　　B. 经济环境　　　　　C. 技术环境
   D. 国际环境　　　　　E. 产品生产环境
5. 财务预测按其预测的内容划分，可以分为（　　）。

A. 客观预测   B. 微观预测   C. 资金预测
D. 成本费用预测   E. 利润预测

6. 下列关于风险回避对策的表述中，正确的有（　　）。
A. 相当成熟的技术不存在风险，所以不需要采用风险回避对策
B. 在风险对策的决策中应首先考虑选择风险回避
C. 就投机风险而言，回避风险的同时也失去了从风险中获益的可能性
D. 风险回避尽管是一种消极的风险对策，但有时是最佳的风险对策
E. 建设工程风险定义的范围越广或分解得越粗，回避风险的可能性就越小

7. 灾难计划是针对严重风险事件制定的，其内容应满足（　　）的要求。
A. 援救及处理伤亡人员
B. 调整建设工程施工计划
C. 保证受影响区域的安全尽快恢复正常
D. 使因严重风险事件而中断的工程实施过程尽快全面恢复
E. 控制事故的进一步发展，最大限度地减少资产和环境损害

8. 下列关于风险管理目标的表述中，正确的有（　　）。
A. 风险管理的目标与项目管理的目标是一致的
B. 风险事件发生前与风险事件发生后的风险管理目标是一致的
C. 风险管理是为目标控制服务的
D. 风险管理服从于目标规划
E. 风险对策是为风险管理目标服务的

9. 下列风险对策中，属于非保险转移的有（　　）。
A. 业主与承包商签订固定总价合同
B. 在外资项目上采用多种货币结算
C. 设立风险专用基金
D. 总承包商将专业工程内容分包
E. 业主要求承包商提供履约保证

10. 损失控制预防计划中，管理措施有（　　）等。
A. 风险分隔   B. 风险回避   C. 风险分担
D. 风险分散   E. 风险转移

四、计算分析题

1. 某企业年初从银行贷款 120 万元，并计划从第二年开始，每年年末偿还 25 万元。已知银行利率为 6%，问该企业在第几年时，才能还完这笔贷款？

2. 某企业拟向国外银行商业贷款 1 500 万美元，5 年后一次性还清。现有一家美国银行可按年利率 17% 贷出，按年计息。另有一家日本银行愿按年利率 16% 贷出，按月计息：问该企业从哪家银行贷款较合算？

3. 某企业拟购买一套分析检测设备，若货款一次付清，需 10 万元；若分 3 年，每年年末付款 4 万元，则共付款 12 万元。如果利率为 10%，选择哪种支付方式经济上更有利？

4. 某公司拟购置一处房产，房产提出两种付款方案：
(1) 从现在起，每年年初支付 20 万元，连续支付 10 次，共 200 万元；

(2) 从第 5 年起，每年年初支付 25 万元，连续支付 10 次，共 250 万元。

假设该公司的资金成本率（即最低报酬率）为 10%，你认为该公司该选择哪个方案？

5.* 在市场上新出现一种性能更佳的高压泵，售价为 5.4 万元。如果用该新型的高压泵取代现有的同类设备，估计每年可增加收益 2 万元，使用期为 7 年，期末残值为 0。若预期年利率为 10%，现用的老式设备的现在残值为 0.4 万元。问从经济上看，能否购买新设备取代现有设备？

6.* 工厂拟更换一台设备，其新增的收益额第一年为 10 000 元，以后连续 5 年因设备磨损、维护费用增大，使年收益逐年下降。设每年收益下降额均为 300 元，年利率为 10%，试求该设备 5 年的收益现值。

7.* 某企业有 A、B 两个投资项目，计划投资额均为 1 000 万元，其收益（净现值）的概率分布见表 8-5。

表 8-5　　　　　　　　收益（净现值）的概率分布

时常状况	概　率	A 项目净现值（万元）	B 项目净现值（万元）
好	0.2	200	300
一般	0.6	100	100
差	0.2	50	−50

要求：

(1) 分别计算 A、B 两个项目净现值的期望值。

(2) 分别计算 A、B 两个项目期望值的标准离差。

(3) 判断 A、B 两个投资项目的优劣。

第 9 章

施工企业资金筹集与资金成本

知识目标

- 了解施工企业资金筹集的目的、原则、筹资渠道及方式；
- 理解权益资金和债务资金的区别及各自的取得渠道；
- 理解资金成本的概念，掌握各种筹资渠道下资金成本的计算；
- 理解资金结构的概念及最佳资金结构。

能力目标

- 能够熟练计算各种筹资渠道下资金成本的计算；
- 能够通过计算确定最佳资金结构。

9.1 施工企业资金筹集概述

资金是企业维持生产经营，扩大生产规模的必要资源，是企业正常运转的血液。当前，建筑市场竞争异常激烈，施工企业要想取得、巩固、扩大市场份额，必须具备强大的竞争实力，而充裕的资金是竞争实力的基础。因此，如何选用有效的筹资渠道和筹资方式进行资金筹集，即成为施工企业财务管理的重要内容之一。

9.1.1 施工企业资金筹集的目的

一、筹集注册资本，满足《公司法》设立企业的要求

按照我国企业法人登记管理条例的规定，企业申请开业，必须要有法定的注册资本。企业的注册资本是企业的登记机关登记注册的资本额，也称法定资本。注册资本反映的是公司法人财产权，所有的股东投入的资本一律不得抽回，由公司行使财产权，非经法定程序，不得随意增减。因此，要想设立企业，必须通过一定的筹资渠道筹集资金，以便形成企业的注册资本。

二、满足施工企业经营的需要

施工企业进行生产经营，需要储备一定量的生产资料和劳动资料，生产资料和劳动资料的形成需要相应的资金。随着生产规模的不断扩大，还需要对机械设备、构件加工厂等进行投资，同时增加对资金的需求量。所以，要满足施工企业生产经营的需要，就要有充裕的资金作为保障，以维持施工企业资金链的畅通。

三、满足施工企业资金结构调整的需要

资金结构是指企业各种资金的构成及其比例关系。资金结构的调整是企业为了降低资金成本、回避筹资风险而对权益资金与债务资金之间比例关系的调整。资金结构调整的方式有很多，如可为增加企业权益资金比例而增资，为提高资本利润率和降低资金成本而增加债务资金，为合理债务期限结构而进行长短期债务搭配等。

9.1.2 施工企业资金筹集渠道及方式

一、筹资渠道

筹资渠道是指客观存在的筹措资金的来源方向和通道，体现着资金的源泉和流量。施工企业的筹资渠道主要有如下几种：

（1）财政资金。在我国，国有企业的资本大部分来源于国家财政资金的投入。尽管近几年国有企业进行了大规模的股份制改革，国家投资在企业的各种资金来源中仍占有重要的地位。

（2）银行信贷资金。银行的资金有个人储蓄、单位存款等较稳定的来源，财力雄厚、贷款方式灵活，能适应企业的各种需要，且有利于国家的宏观调控。

（3）非银行金融机构信贷资金。非银行金融机构主要指信用社、保险公司、投资公司及租赁公司等。这部分金融机构的资金流量大，适用于企业进行短期的筹资。

（4）其他企业单位资金。各企业在其生产经营过程中，往往有部分暂时闲置的资金，可在企业之间相互调剂使用。企业同企业之间的经济联合和资金融通日益广泛，既有长期稳定的资金联合，又有短期临时的资金融通。

（5）居民个人资金。

（6）企业留存收益。企业留存收益是指企业在税后利润中提取的盈余公积和未分配利润。盈余公积和未分配利润在一定条件下可以转化为经营资金。

（7）外商资金。

二、筹资方式

筹资方式，是指企业筹集资金所采用的具体形式。施工企业筹集资金的方式有如下几种：

（1）吸收直接投资；

（2）发行股票；

（3）银行借款；

（4）发行企业债券；

（5）融资租赁；

（6）商业信用。

三、筹资渠道与筹资方式的对应关系

筹资渠道解决的是资金来源问题，筹资方式则解决通过何种方式取得资金的问题，它们之间存在一定的对应关系。一定的筹资方式可能只适用于某一特定的筹资渠道（如向银行借款），但是同一渠道的资金往往可采用不同的方式取得，同一筹资方式又往往适用于不同的筹资渠道。因此，企业在筹资时，应实现两者的合理配合。

9.1.3 施工企业资金筹集的原则

建筑施工企业在筹集资金过程中，必须对影响筹资活动的各项因素，如资金成本、筹资风险、资金结构、投资项目的经济效益、筹资难易程度等进行综合分析，因此，建筑施工企业的筹资活动应遵循以下原则：

（1）根据资金需要，合理确定筹资规模。

(2) 研究资金投向，讲求资金使用效益。
(3) 选择资金渠道，力求降低资金成本。
(4) 适度负债经营，防范筹资风险。

9.2 权益资金筹集

权益资金也称自有资金，是企业一次筹集并长期拥有、自主调配使用的资金来源。该资金是通过国家财政资金、其他企业资金、民间资金、外商资金等渠道，采用吸收直接投资、发行股票和利用留存收益等方式筹措形成的。

9.2.1 权益资金筹集来源

一、国家投资

国家投资是指有权代表国家的政府部门或者机构以国有资产进行的投资，该种投资形成的资金称国家资本金。国家投资具有以下特点：

(1) 产权归属国家；
(2) 投资数额较大；
(3) 在国有企业中采用较为广泛。

二、法人投资

法人投资是指法人单位以其可以支配的资产进行的投资，该种投资形成的资金称法人资本金。法人投资具有以下特点：

(1) 产权归属企业；
(2) 以获取企业利润为目的；
(3) 出资方式较为灵活。

三、国内个人投资

个人投资是指社会个人或本企业内部职工以个人合法财产进行的投资，该种投资形成的资金称为个人资本金。个人投资具有以下特点：

(1) 直接动员社会资金对企业的投入；
(2) 每人投资的数额相对较少；
(3) 投资者以参与企业利润分配为目的。

四、外商投资

外商投资是指外国投资者以及我国香港、澳门和台湾地区投资者对企业进行的投资，该种投资形成的资金称外商资本金。外商投资具有以下特点：

(1) 可以筹集外汇资金；
(2) 形成中外合资企业；
(3) 投资者以参与企业经营、赚取利润为目的。

9.2.2 权益资金筹集方式

一、吸收直接投资

吸收直接投资是指企业以合同、协议等形式吸收国家、其他企业、个人和外商等直接投入资金,形成企业资本金的一种筹资方式。吸收直接投资不以股票为媒介,适用于非股份制企业,它是非股份制企业筹措自有资金的一种基本方式。吸收直接投资中的出资者都是企业的所有者,他们对企业拥有经营管理权,企业经营状况与各方利益挂钩,在企业经营状况良好并获取盈利时,各方按出资额的比例分享利润,反之,按比例承担损失。

(一) 吸收直接投资的种类

企业吸收直接投资方式筹集的资金主要有以下三种:

(1) 吸收国家投资。国家投资是指有权代表国家投资的政府部门或机构以国有资产投入企业,在这种情况下形成的资本称为国家资本。吸收国家投资是国有企业筹集自有资金的主要方式。

(2) 吸收法人投资。法人投资是指法人单位以其依法可以支配的资产投入企业,这种情况下形成的资本称为法人资本。

(3) 吸收个人投资。个人投资是指社会个人或本企业内部职工以个人合法财产投入企业,在这种情况下形成的资本称为个人资本。

(二) 吸收直接投资的出资方式

吸收直接投资中投资者可以采用多种形式向企业投资,主要有以下出资形式:

(1) 以现金出资。以现金出资是吸收投资中一种最重要的投资方式。企业有了货币资金,便可获得其他物质资源,支付各种费用,可以有很大的灵活性,因此企业应尽量动员投资者采用现金方式出资。

(2) 以实物出资。以实物出资是投资者以房屋、建筑物、设备等固定资产和材料、商品等流动资产所进行的投资。

(3) 以工业产权出资。以工业产权出资是指投资者以商标权、专利权、专有技术等无形资产所进行的投资。这里需要注意的是,吸收工业产权和非专利技术投资,实际上是把有关技术转化为资本,使技术的价值固定化起来。而各种先进的技术经过一定时期总是要陈旧老化的,其价值则不断降低以致丧失。因此,在吸收这项投资时,要进行周密的可行性研究,分析其先进性、效益性和技术更新的速度,并合理作价,以免吸收以后在短期内就发生明显的贬值。

(4) 以土地使用权出资。土地使用权是指土地经营者对依法取得的土地在一定期限内,有进行建筑、生产或其他活动的权利。

(三) 吸收直接投资的评价

(1) 有利于增强企业信誉。吸收直接投资所筹集的资金属于企业的自有资金,能提高企业的贷款能力,对扩大生产经营、树立企业形象具有重要作用。

(2) 有利于降低财务风险。使用同等数额的资金,企业没有到期偿债的压力,可以根据其经营状况向投资者支付报酬:经营状况好,向投资者多支付一些报酬;反之,则少支付报酬,与负债相比财务风险较小。

(3) 有利于尽快形成生产能力。吸收直接投资不仅可以筹集现金,而且能直接获得所需的先进设备和技术,有利于尽快形成生产能力,尽快开拓市场。

(4) 资金成本较高。

(5) 容易分散企业控制权。因投资者一般都要求获得与投资数量相当的经营管理权,当外部投资者投资数额较大时,投资者有可能对企业实行控制。

二、发行普通股

股票是股份有限公司为筹集自有资金而发行的有价证券,是公司签发的证明股东所持股份的凭证,它代表了股东对股份制公司的所有权。

(一) 股票的分类

(1) 普通股票和优先股票。以股东享受的权利和承担的义务大小为标准,可将股票分为普通股票和优先股票。普通股票亦称普通股,是股份有限公司依法发行的具有管理权、股利不固定的股票,也是最基本、最标准的股份。优先股票亦称优先股,是股份有限公司依法发行的具有一定优先权的股票。从法律上讲,企业对优先股不承担法定的还本义务,是企业自有资金的一部分。

(2) 记名股票和不记名股票。按股票票面上有无记名分类,可将股票分为记名股票和不记名股票。记名股票是在股票票面上记载股东姓名或名称的股票,并将其记入公司股东名册,记名股票要同时附有股票手册,只有同时具备股票和股东手册,才能领取股息和红利。该股票的转让、继承有严格的法律程序和手续。不记名股票是指在票面上不记载股东姓名或名称的股票。这类股票的持有人即为股份的所有人,具有股东资格,股票的转让也比较自由、方便,无须办理过户手续。公司向发行人、国家授权投资的机构和法人发行的股票,应当为记名股票。对社会公众发行的股票,可以为记名股票,也可以为不记名股票。

(3) 面值股票和无面值股票。按股票票面上有无标明金额,可将股票分为面值股票和无面值股票。面值股票是在票面上标有一定金额的股票,持这种股票的股东,对公司享有权利和承担义务的大小,以其所持有的股票票面金额占公司发行在外的股票总面值的比例而定。无面值股票是不在票面上标出金额,只载明所占公司股本总额的比例或股份数的股票。无面值股票的价值随公司财产的增减而变动,而股东对公司享有的权利和承担义务的大小直接以股票标明的比例而定。

(4) A股、B股、H股和N股。按发行对象和上市地区的不同分类,可将股票分为A股、B股、H股和N股等。A股是以人民币标明票面金额并以人民币认购和交易的股票;B股是以人民币标明票面金额,以外币认购和交易的股票;在我国内地,有A股和B股。H股是指在香港上市的股票;N股是指在纽约上市的股票。

(二) 股票的发行

股份有限公司在设立时要发行股票。此外,公司设立后,为了扩大经营、改善资本结构也会增资发行新股。股票的发行,实行公开、公平、公正的原则,必须同股同权,同股同利。同次发行的股票,每股的发行条件和价格应当相同。任何单位或个人所认购的股份,每股应支付相同的价款。同时,发行股票还应接受国务院证券监督管理机构的管理和监督。股票发行应符合发行的条件,执行发行的程序。

(1) 新设立的股份有限公司申请公开发行股票,应当符合下列条件:生产经营符合国家产业政策;发行普通股限于一种,同股同权,同股同利;在募集方式下,发起人认购的股份不少于公司拟发行股份总数的35%;发起人在近三年内没有重大违法行为;证监会规定的其他条件。

(2) 国有企业改组设立股份有限公司申请公开发行股票,除应当符合上述各项条件外,还应当符合下列条件:发行前一年末,净资产在总资产中所占比例不低于30%,无形资产在净资产中所占比例不高于20%,但证监会另有规定的除外;近三年连续盈利;国有企业改组设立股份有限公司公开发行股票的，国家拥有的股份在公司拟发行股本总额中所占的比例，由国务院授权的部门决定；必须采取募集方式。

（3）股份有限公司增资申请发行股票，必须具备下列条件：前一次发行的股份已募足，并间隔一年以上；公司在近三年内连续盈利，并可向股东支付股利；公司在最近三年内财务会计文件无虚假记载；公司预期利润率可达同期银行存款利率。

（三）普通股筹资的评价

（1）有利于增强企业信誉。普通股筹资形成稳定而长期占用的资本，有利于增强公司的资信，为债务筹资提供基础。

（2）普通股筹资的风险小。普通股股本不存在固定的到期日，也不存在固定的股利支付义务。因此，公司筹集的股本没有还本付息的风险。

（3）筹资限制少。由于普通股筹集的股本形成公司完整的法人资本，在使用上不受投资者的干预，因此，相对于其他筹资方式，股本的使用较为灵活。既可用于长期资产投资，也可用于流动资产投资。

（4）普通股筹资的成本较高。一般来说，普通股筹资的成本要大于债务资本，这主要是投资者期望的投资报酬率高，使公司通过股本筹资的期望资金成本也加大；股利要从净利润中支付，而债务资金的利息可在税前扣除；另外，普通股票的发行成本相对于其他筹资方式也较高。

（5）容易分散控制权。新股发行会稀释原有股权结构，分散公司的经营控制权。

三、发行优先股

优先股是一种特别股票，主要表现为优先分配股息和优先分配公司剩余财产，它与普通股有许多相似之处，但又有债券的某些特征。因此，习惯上被称为混合证券。但从法律的角度来讲，优先股属于自有资金。

（一）优先股的基本特征

优先股具有普通股的一些基本特征，表现在：优先股筹资构成股本，大多数情况下没有到期日，没有固定的股息支付义务，股息从税后净利润中支取，能分配公司剩余财产，并承担有限责任。同时，优先股还兼有债券筹资的一些特征，表现在：股息固定，不受公司经营状况和盈利水平的影响；没有表决权和管理权；在公司章程或发行协议中，可能规定有收回或赎回的条款，具有还本的特征；由于股息固定，对普通股东权益变动而言，也存在财务杠杆作用。

（二）优先股发行的目的及发行时机

股份有限公司发行优先股主要出于筹集自有资本的需要。但是，由于优先股固有的基本特征，使优先股的发行具有出于其他动机的考虑。

（1）防止股权分散。优先股不具有公司表决权，发行普通股会稀释其股权。因此在资本额一定的情况下，公司发行一定数量的优先股可以保护原有普通股东对公司经营权的控制。

（2）维持举债能力。由于优先股筹资属于主权资本筹资的范围，因此，它可作为公司举债的基础，以提高其负债能力。

（3）增加普通股股东权益。由于优先股的股息固定，且优先股东对公司留存收益不具有要求权，因此在公司收益一定的情况下，提高优先股的比重，会相应提高普通股股东的权益，提高每股净收益额，因此具有杠杆作用。

(4) 调整资本结构。由于优先股在特定情况下具有"可转换性"和"可赎回性",因此公司在安排自有资本与对外负债关系时,可借助于优先股的这些特征,来调整公司的资本结构,达到公司目的。

也正是由于上述动机的需要,因此,按照国外的经验,公司在发行优先股时都要就某一目的或动机来配合选择发行时机。大体来看,优先股的发行一般选择以下几种情况:公司初创,继续筹集资本时期;公司财务状况欠佳,不能追加债务或公司发生财务重整时;为避免股权稀释时等。

(三) 优先股筹资的评价

(1) 筹资风险小。优先股没有固定到期日,不用偿还本金,事实上等于使用的是一笔无限期的贷款,无还本金义务,也无需做再筹资计划。

(2) 股利支付既固定,又有一定弹性。优先股采用固定股利,支付股利不构成公司法定义务,如果财务状况不佳时,可暂时不支付优先股股利。

(3) 有利于增强公司信誉。优先股筹资属于自有资金、权益资金,增加了公司的信誉,增强了公司的借款能力。

(4) 筹资成本高,优先股股利从税后净利润中支付,因此,优先股成本较高。特别当利润下降时,会加大公司较重的财务负担。

(5) 筹资限制较多。发行优先股,通常有许多限制条款。

特别提示 注册结构师《基础课》可参考本部分内容。

9.3 债务资金筹集

债务资金亦称借入资金、负债资金,是企业依法筹措并依法使用、按期偿还的资金。该资金通过银行信贷资金、非银行金融机构资金、其他企业资金、民间资金等渠道,采用向银行借款、发行公司债券、融资租赁等方式筹措形成。

9.3.1 债务资金筹集来源

债务资金亦称借入资金、负债资金,是企业依法筹措并依法使用、按期偿还的资金。该资金通过银行信贷资金、非银行金融机构资金、其他企业资金、民间资金等渠道,采用向银行借款、发行公司债券、融资租赁等方式筹措形成。

9.3.2 债务资金筹集方式

一、向银行借款

建筑施工企业在施工生产经营过程中,如要扩大施工生产经营规模,进行基本建设、更新改造工程和补充流动资金,在自有资金不足的情况下,可向银行或其他金融机构借款。

(一) 银行借款的种类

银行借款按照借款期限的长短,分为长期借款和短期借款。凡借入的期限在1年以下的各种借款,称为短期借款,属于流动负债。凡借入的期限在1年以上的各种借款,称为长期借款,属于长期负债。

银行借款按其用途分为基本建设投资借款、技措借款和流动资金借款。

(1) 基本建设投资借款。基本建设投资借款是建筑施工企业借入用于新建、扩建等建设项目（如建筑构件加工厂等）的投资借款。

基本建设投资借款由于数额较大、建设工期较长，借款期限都在1年以上，因此均属长期借款。

(2) 技措借款。技措借款也称为更新改造借款。它是建筑施工企业在施工生产经营过程中为了固定资产更新改造的需要而向银行和其他金融机构借入的款项。

技措借款进行的技措工程如果规模较大、工期较长，要在1年以上还本付息的，属于长期借款。如果借款进行的是小型技措工程，能在短期内完工，并在1年以内归还本息的，属于短期借款。

(3) 流动资金借款。建筑施工企业的流动资金借款，可分为如下两个部分：一部分是用以补充正常施工生产经营所需流动资金的不足；一部分是用以补充季节性储备所需超定额流动资金的不足。前一部分流动资金借款，起着企业正常施工生产经营所需铺底资金的作用，只要企业继续经营，就得占用这笔资金，在企业没有其他资金来源时，就需继续借用，因此，属于长期借款。后一部分季节性储备超定额流动资金借款，是用以补充季节性工作量扩大超定额储备和季节性材料超定额储备所需的流动资金，是临时性的，一般在6个月内就能归还，因此，属于短期借款。因为施工生产大都在露天进行，要受气候的影响，在有些季节，施工生产比较集中，所需材料储备就要增加。某些建筑材料，在生产、供应、运输等方面也存在季节性因素，需要提前采购储备，如河捞卵石只能在雨季或汛期前供应；北方水运原木要在封冻期前储备等。这样建筑施工企业在某一时期实际需要的流动资金，就会超出定额流动资金，如果企业没有多余流动资金，就得向银行或其他金融机构举借季节性储备贷款。

(二) 银行借款筹资的评价

(1) 借款筹资速度快。企业利用银行借款筹资一般所需时间较短，程序较为简单，可以快速获得所需资金。

(2) 借款成本较低。就目前我国情况看，利用银行借款所支付的利息比发行债券所支付的利息低，另外也无须支付大量的发行费用。

(3) 借款弹性较大。在借款时，企业与银行直接商定贷款的时间、数额和利率等；在用款期间，企业如因财务状况发生某些变化，也可与银行再行协商，变更借款数量及还款期限等。因此，长期借款筹集资金对企业具有较大的灵活性。

(4) 可以发挥财务杠杆的作用进行税收筹划。

(5) 财务风险较高。借款通常有固定的利息负担和固定的偿付期限，故借款企业的财务风险较高。

(6) 限制条件较多。这可能会影响到企业以后的筹资和投资活动。

(7) 筹资数量有限。一般不如股票、债券那样可以一次筹集到大批资金，利用银行借款筹资都有一定的上限。

二、发行公司债券

公司债券又称企业债券，它是企业为筹集资金而发行的有价证券，是持券人拥有企业债权的债权证书。它代表持券人同企业之间的债权债务关系。但它与股票持有人的股票不同，无权参与企业施工生产经营管理决策，不能参加企业分红，持券人对企业的经营亏损也不承担责任。

（一）企业债券的类型

（1）抵押债券和信用债券。企业债券按其有无财产担保，分为抵押债券和信用债券。抵押债券是指发行企业有特定的财产作为担保品的债券。它按担保品不同，又可分为不动产抵押债券、动产抵押债券和信托抵押债券。其中信托抵押债券是以企业持有的有价证券为担保而发行的债券。设定为抵押担保的财产，企业没有处置权，如债券到期不能偿还，持券人可行使其抵押权，拍卖抵押品作为补偿。信用债券是指发行企业没有设定担保品，而仅凭其信用发行的债券，通常由信用较好、盈利水平较高的企业发行。

（2）记名债券和无记名债券。企业债券按其记名与否，分为记名债券和无记名债券。记名债券是在券面上记有持券人的姓名或名称的债券。企业发行此类债券时，只对记名人付息、还本。记名债券的转让，由债券持有人以背书等方式进行，并由发行企业将受让人的姓名或名称记载于企业债券存根簿。无记名债券是指在券面上不记有持券人姓名或名称的债券。付息还本以债券为凭，一般采用检票付息方式，流动比较方便。

（3）定期偿还债券和随时偿还债券。企业债券按其偿还方式的不同，分为定期偿还债券和随时偿还债券。定期偿还债券包括期满偿还和分期偿还两种：前者指到期全额偿还本息的债券；后者指按规定时间分批偿还部分本息的债券。随时偿还债券包括抽签偿还和买入偿还两种：前者指按抽签确定的债券号码偿还本息的债券；后者指由发行企业根据资金余缺情况通知持券人还本付息的债券。

（4）短期债券和长期债券。企业债券按筹资期限长短，分为短期债券和长期债。短期债券是指筹资期在1年或1年以内的债券，它主要用于满足临时性的资金周转需要。长期债券是指筹资期在1年以上的债券，它主要用于满足企业长期、稳定的资产占用需要。

（5）可转换债券和不可转换债券。企业债券按其能否转换为公司股票，分为可转换债券和不可转换债券。可转换债券是指根据发行契约允许持券人按预定的条件、时间和转换率将持有的债券转换为公司普通股股票的债券。按照公司法的规定，上市公司经股东大会决议和国务院证券管理部门的批准，可发行可转换为股票的公司债券。发行可转换债券的企业，除具备发行企业债券的条件外，还应符合发行股票的条件。不可转换债券指不能转换为公司股票的债券。

（二）企业债券筹资的条件

为了加强企业债券的管理，引导资金的合理流向，有效地利用社会闲散资金，保护各方合法权益，在公司法中对发行企业债券作了规范化的规定，明确国务院证券管理部门是企业债券的主管机关。

企业发行债券，必须符合以下条件：

（1）股份有限公司的净资产不低于人民币3 000万元，有限责任公司的净资产不低于人民币6 000万元。

（2）累积债券总额不超过企业净资产的40%。

（3）最近3年平均可分配利润足以支付企业债券1年的利息。

（4）筹集资金的投向符合国家产业政策。

（5）债券的利率不得超过国务院限定的利率水平等。发行企业债券筹集的资金，必须用于审批机关批准的用途，不得用于弥补亏损和非生产性支出。

(三) 债券筹资的评价

(1) 债券资金成本较低。债券的筹资成本比股票筹资的成本低，这主要是债券的利息允许在所得税前支付，且发行费用较低。

(2) 可利用财务杠杆。无论发行公司盈利多少，债券持有人一般只收取固定的利息，而更多的收益可用于分配给股东或留用公司经营，从而增加股东和公司的财富。

(3) 保障股东控制权。债券持有人无权参与发行公司的管理决策。因此，公司发行债券不会像增发新股票那样会分散股东对公司的控制权。

(4) 财务风险较高。债券有固定的到期日，并需定期支付利息，发行公司必须承担按期还本付息的义务。在公司经营不景气时，依序向债券持有人还本付息，这会给公司带来更大的财务困难，有时甚至导致破产。

(5) 限制条件较多。发行债券的限制条件一般要比长期借款、租赁筹资的限制条件都多且严格，限制了公司债券筹资方式的使用，甚至影响公司以后的筹资能力。

(6) 筹资数量有限。公司利用债券筹资一般受一定额度的限制。我国《公司法》规定，发行公司流通在外的债券累计总额不得超过公司净资产的40%。

三、融资租赁

建筑施工企业需要大型机械设备，在没有资金来源时，可采用融资租赁的办法获得所需的机械设备。所谓融资租赁，就是租赁公司按承租单位要求融通资金购买机械设备，在较长的契约或合同期内提供承租单位使用的租赁业务。它是以融通资金为主要目的的租赁，是融资与融物相结合的、带有商品销售性质的借贷活动，是现代企业筹集资金的一种新形式。

(一) 融资租赁业务的特征

融资租赁业务与传统的经营租赁业务比较，具有如下特征：

(1) 兼有融资、融物两种职能。它既为企业融资，又为企业购买所需设备，并将所购设备租给企业使用。

(2) 涉及三方当事人的关系，至少订立两个合同：一个是出租方与承租方之间订立的一个租赁合同；另一个是出租方与供货方之间订立的一个购货合同。这两个合同是相互联系、同时订立的。在两个合同的条款中，都需明确规定相互间的关系、权利和义务，如在租赁合同中，要规定承租方负责验收设备，出租方不负责所购设备质量、数量不符的责任，但出租方授权承租方负责向供货方交涉索赔。在购货合同中，则规定所购设备系出租方给承租方使用，授权承租方验收设备和索赔。租赁合同一经订立，任何一方不得撤销。为了保护各方利益，承租方不能因为市场利率降低而在租赁期未到期前提前终止合同，也不能因为有了新型高效率设备而撤销合同，退还设备。同样，出租方也不能因为市场利率提高或设备涨价而要求提高租赁费。

(3) 承租方对设备和供货商有选择的权利。在融资租赁中，设备是由出租方根据承租方的设备清单和选定的厂商购买，承租方参加谈判，设备按承租方所指定的地点由供货方直接运交承租方。并由承租方对设备的质量、规格、技术性能、数量等方面进行验收。出租方凭承租方的验收合格通知书向供货方支付货款。

(4) 租赁期满，承租方对设备的处置，按合同中规定归承租方留购、续租或退回出租方。租赁期满的设备通常都以低价卖给承租企业或无偿赠送给承租企业。

（二）融资租入固定资产的评价

（1）筹资速度快。融资租赁集"融资"与"融物"于一身，一般要比先筹措现金后购置设备来得更快，可使企业尽快形成生产能力，有利于企业尽快占领市场，打开销路。

（2）限制条款少。如前所述，企业运用股票、债券、长期借款等筹资方式，都受相当多的资格条件限制。相比之下，融资租赁的限制条件较少。

（3）设备淘汰风险小。当今，科学技术迅速发展，固定资产更新周期日趋缩短。企业设备陈旧过时的风险很大，利用融资租赁筹资可以减少这一风险。这是因为融资租赁的期限一般为资产使用年限的75%，不会像自己购买设备那样整个期间都承担风险，且多数租赁协议都规定由出租人承担设备陈旧过时的风险。

（4）财务风险小。租金在整个租期内分摊，不用到期归还大量本金，把到期不能偿还的风险在整个租期内分摊，可适当减少不能偿付的风险。

（5）税收负担轻。租金可在税前扣除，具有抵免所得税的作用。

（6）成本较高。租金总额通常要高于设备价值30%，因此，租金比借款、债券的利息高很多。

（7）负担较重。承租企业在财务困难时期，支付固定的租金也将构成一项沉重的负担。

四、利用商业信用

商业信用是企业在商品购销活动过程中因预收货款或延期付款而形成的借贷关系。它是由于商品交易中货与钱在时间上的分离而形成的企业间的直接信用行为。因此，在西方国家又称之为自然筹资方式。由于商业信用是企业间相互提供的，因此在大多数情况下，商业信用筹资属于免费资金。

（一）可利用的商业信用的形式

（1）预收工程款。预收工程款是因建筑安装工程建设周期长、造价高，建筑施工企业难以垫支施工期间所需流动资金情况下，向发包建设单位预收的工程款。

在一般情况下，采用按月结算工程价款的建筑施工企业，可在每月月中预收上半月的工程款。采用分段结算工程价款或竣工后一次结算工程价款的建筑施工企业，可按月预收当月工程款。预收工程款在结算工程价款时从应收工程款中扣除。

建筑施工企业如承包交通不便、建筑材料市场不发达地区的工程，还可向发包建设单位预收采购储备主要建筑材料的备料款。不过随着生产资料市场的开放，建筑施工企业所需的建筑材料，大都可从当地市场采购，一般也就没必要再向发包建设单位预收备料款了。

预收工程款和预收备料款，都是企业之间的直接信用行为。它不但可以缓和建筑施工企业经营收支不平衡的矛盾，而且可以防止发包建设单位在投资留有缺口或因通货膨胀导致投资不足时拖欠工程款，给建筑施工企业流动资金周转带来的困难。

（2）应付账款。应付账款是赊销商品或延期支付劳务款时的应付欠款，是一种典型的商业信用形式，建筑施工企业向销货单位购买设备、材料，延期在收到货物后一定时期内付款，在这段时期内，等于建筑施工企业向销货单位借了款。这种方式可以弥补企业暂时的资金短缺。对于销货单位来说，也易于推销商品。应付账款不同于应付票据，它采用"欠账方式"，买方不提供正式借据，完全依据企业之间的信用来维系。一旦买方资金紧张，就会造成长期拖欠，甚至形成连环拖欠（即通常所说"三角债"）。所以这种形式，一般只在卖方掌握买方财务信誉的情况下采用。

(3) 应付票据。应付票据是买方根据购销合同,向卖方开出或承兑的商业票据。应付票据的付款期限最长不超过 6 个月,如属分期付款,应一次签发若干张不同期限的票据。应付票据分为带息和不带息两种,带息票据要加计利息,不属免费资金。我国目前大多数票据属于不带息票据。应付票据筹资,其基本属性和应付账款相似,所不同的,只是其期限比应付账款长些。

(二) 商业信用融资的评价

(1) 筹资方便。商业信用的使用权由买方自行掌握,卖方什么时候需要以及需要多少,在规定的额度内由其自行决定,可以随购销行为的产生而得到该项资金。

(2) 限制条件少。商业信用无需抵押、担保,选择余地大。

(3) 筹资成本低。大多数商业信用都是由买方免费提供的,因此与其他筹资方式相比,成本低。

(4) 期限短。它属于短期筹资方式,不能用于长期资产占用。

(5) 风险大。由于各种应付款项经常发生,次数频繁,因此需要企业随时安排资金的调度。

> **特别提示** 注册结构师《基础课》可参考本部分内容。

9.4 资金成本

任何企业筹集资金,必须在考虑资金时间价值的同时考虑资金成本,建筑施工企业也不例外,只有项目投资收益率大于资金成本时,才能在资金运用时取得良好的经济效益。

9.4.1 资金成本概述

一、资金成本的含义

在市场经济条件下,企业筹集和使用资金,往往要付出代价。企业这种为筹措和使用资金而付出的代价即为资金成本,也称为资本成本。资金成本不构成产品或经营费用的组成部分,由企业息税前利润补偿,从这个意义来讲,企业不论是通过利息、股息的形式向投资者支付报酬还是直接向投资者分配利润,其实质是属于收益分配的范畴。资金成本包括筹资费用和使用费用两部分。

(一) 资金筹集费用

它是指企业在资金筹集过程中发生的各项费用,如银行手续费,因发行股票、债券等而支付的发行费用等。它通常是在筹资时一次全部支付的,在获得资本后的使用资本过程中不再发生,因而属于固定性的资本成本,可视做对筹资额的一项扣除。

(二) 资金使用费用

它指因使用资金而向资金所有者支付的报酬,如支付给股东的股息或红利,支付给债权人的利息等。使用费用是资本成本的主要内容。

企业进行筹资的总成本应等于企业筹资费用与资金使用费用之和。

资本成本可以用绝对数表示,也可以用相对数表示,但资金成本往往是指单位资金成本,或称资金成本率,它的一般计算公式为

$$资金成本率 = 资金使用费用 / (筹资金额 - 筹资费用)$$

＝资金使用费用／筹资金额×（1－筹资费用率）

或

$$K = \frac{D}{P - F}$$

$$K = \frac{D}{P(1 - f)}$$

式中　K——资金成本率；

　　　D——资金使用费；

　　　P——筹资金额；

　　　F——筹资费用；

　　　f——投资备用率。

二、资金成本的作用

资本成本是财务管理中一个非常重要的概念，是企业进行筹资决策和投资决策时必须考虑的一项重要指标。资本成本是企业选择资金来源、确定资本结构的重要依据，是评价各种投资项目是否可行的常用标准，它对衡量企业的经营成果也具有重要的作用。企业为了实现财富最大化的理财目标，应千方百计地降低各种资本成本。

资金成本具有以下作用。

（一）资金成本是选择筹资方式、进行资本结构决策和选择追加筹资方案的依据

企业长期资本的筹集有多种筹资方式可供选择，包括长期借款、发行债券、发行股票等。这些长期筹资方式的资金成本率的高低不同，可作为比较选择各种筹资方式的一个依据；企业的全部长期资本通常是由多种长期资本筹资类型组合而成的。企业长期资本的筹资有多个组合方案可供选择。不同筹资组合的综合资金成本率的高低，可以用作比较各个筹资组合方案，作出资本结构决策的一个依据；企业为了扩大生产经营规模，往往需要追加筹资。不同追加筹资方案的边际成本率的高低，可以作为比较选择追加筹资方案的一个依据。

（二）资金成本是评价投资项目、比较投资方案和进行投资决策的经济标准

一般而言，一个投资项目，只有当其投资收益率高于其资本成本率，在经济上才是合理的；否则，该项目将无利可图，甚至发生亏损。因此，国际上通常将资本成本率视为一个投资项目必须赚得的"最低报酬率"，视为是否采纳一个投资项目的"取舍率"，作为比较选择投资方案的一个经济标准。

（三）资金成本可以作为评价企业整个经营业绩的基准

企业的整个经营业绩可以用企业全部投资的利润率来衡量，并可与企业全部资本的成本率相比较，如果利润率高于成本率，可以认为企业经营有利；反之，如果利润率低于资金成本率，则可认为企业经营不利，业绩不佳，需要改善经营管理，提高企业全部资本的利润率和降低资金成本率。

资金成本有多种计量形式，在比较各种筹资方式时，使用个别资金成本，包括普通股成本、留存收益成本、长期借款成本、债券成本等；在进行资本结构决策时，使用加权平均资金成本；在进行追加筹资决策时，则使用边际资金成本。

9.4.2　各种筹资方式下的资金成本计算

企业在各种筹资方式下的资金成本主要包括债券成本、长期借款成本、优先股成本、普通

股成本和留存收益成本，前两者称为债务成本，后三者统称为权益成本。现分别说明如下。

一、债务成本

债务成本包括长期借款成本、债券成本。由于债务的利息均在税前支付，因此企业实际负担的利息为

$$企业实际负担的利息 = 利息 \times (1 - 所得税税率)$$

（一）长期借款成本

长期借款成本的计算公式为

$$K_L = \frac{I_L(1-T)}{L(1-f)}$$

式中 K_L——长期借款成本；
I_L——长期借款年利息；
T——企业所得税税率；
L——长期借款筹资额，即借款本金；
f——长期借款筹资费用率。

上列公式还可以写成如下形式

$$K_L = \frac{i(1-T)}{1-f}$$

式中 i——借款年利率。

在长期银行借款附加补偿性余额的情况下，长期借款筹资额应扣除补偿性余额，从而长期借款成本将会提高。

【例 9-1】某建筑施工企业取得长期借款 100 万元，年利率 10%，期限 3 年，到期一次还本。筹措这批借款的费用率为 0.2%，企业所得税税率为 40%，计算这笔长期借款的成本。

$$长期借款成本 = \frac{100 \times 10\% \times (1-40\%)}{100 \times (1-0.2\%)} \times 100\% = 6.01\%$$

长期借款的筹资费用主要是借款手续费，一般数额很小，有时亦可略去不计。这时，长期借款成本可按下列公式计算

$$K_L = i(1-T)$$

仍用例 9-1 资料，长期借款成本为

$$10\% \times (1-40\%) = 6\%$$

（二）债券成本

发行债券的成本主要指债务利息和筹资费用。债券成本中的利息在税前支付，具有减税效应。债券的筹资费用一般较高，这类费用主要包括申请发行债券的手续费、债券注册费、印刷费、上市费以及推销费用等。其中有些费用按一定标准（定额或定率）支付，有的并无固定的标准。

由于债券票面利率与市场利率的差异，债券的发行价格可能出现三种情况，即溢价、等价和折价。当票面利率高于市场利率时，债券高于其面值溢价发行；当票面利率等于市场利率时，债券等于其面值发行；当票面利率低于市场利率时，债券低于其面值折价发行。债券利息按面额（即本金）和票面利率确定，但债券的筹资额应按具体发行价格计算，以便正确计算债券成本。

债券成本的计算公式为

$$K_B = \frac{I_B(1-T)}{B(1-f)}$$

式中　K_B——债券成本；
　　　I_B——债券年利息，按票面价值×票面利率计算；
　　　T——企业所得税税率；
　　　B——债券筹资额，按发行价格确定；
　　　f——债券筹资费用率。

【例 9 - 2】　某建筑施工企业发行总面额为 400 万元的债券，总价格 420 万元，票面利率 10%，发行费用占发行价格的 5%，公司所得税税率为 33%。计算该批债券成本。

$$债券成本 = \frac{400 \times 10\% \times (1-33\%)}{420 \times (1-5\%)} = 6.72\%$$

在实际中，由于债券利率水平通常高于长期借款，同时债券发行费用较多。因此，债券成本一般高于长期借款成本。

二、权益成本

包括优先股成本、普通股成本、留存收益成本等。由于这类资本的使用费用（股利等）均从税后支付，因此不存在节税功能。

（一）优先股成本

企业发行优先股，既要支付筹资费用，又要定期支付股利。它与债券不同的是股利在税后支付，且没有固定到期日。优先股成本的计算公式为

$$K_P = \frac{D_P}{P_P(1-f)}$$

式中　K_P——优先股成本；
　　　D_P——优先股股利；
　　　P_P——优先股筹资额，按优先股的发行价格确定；
　　　f——优先股筹资费用。

【例 9 - 3】　某公司按发行 100 万元的优先股，筹资费用率为 3%，每年支付 10% 的股利，则优先股的成本为

$$优先股成本 = \frac{100 \times 10\%}{100 \times (1-3\%)} = 10.31\%$$

企业破产时，优先股股东的求偿权位于债券持有人之后，优先股股东的风险大于债券持有人的风险，这就使得优先股的股利率一般要大于债券的利息率。另外，优先股股利要从净利润中支付，优先股成本通常要高于债券成本。

（二）普通股成本

普通股成本的计算相对复杂。从理论上看，普通股的成本是普通股股东在一定风险条件下所要求的最低投资报酬率。普通股成本的确定方法与优先股成本基本相同，但是，普通股的股利一般不是固定的，在正常情况下，这种最低投资报酬率应该表现为逐年增长。因此，基于上述分析，普通股成本按股利增长模型法计算，其公式为

$$K_S = \frac{D_1}{P_0(1-f)} + G$$

式中　K_S——普通股成本；
　　　D_1——第一年的预计股利额；
　　　G——普通股股利的预计年增长率；
　　　P_0——普通股筹资总额，按发行价格计算；
　　　f——普通股筹资费用率。

普通股与留存收益都属于所有者权益，股利的支付不固定。企业破产后，普通股股东的求偿权位于最后，与其他投资者相比，普通股股东所承担的风险最大，因此，普通股的报酬也应最高。所以，在各种资金来源中，普通股的成本最高。

【例 9-4】 某公司普通股每股发行价为 100 元，筹资费用率为 3%，第一年末每股发放股利 12 元，以后每年增长 4%，则

$$普通股成本 = \frac{12}{100 \times (1-3\%)} + 4\% \approx 16.37\%$$

（三）留存收益成本

一般企业都不会把全部收益以股利形式分给股东，除用以支付股息以外，总要留一部分用以发展生产，追加投资。这部分不做分配的留用利润，称为留存收益。企业留存收益，等于股东对企业进行追加投资，股东对这部分投资与以前缴给企业的股本一样，也要求有一定的报酬，所以，留存收益也要计算成本。留存收益成本的计算与普通股基本相同，但不用考虑筹资费用。其计算公式为

$$K_e = \frac{D_1}{P_0} + G$$

式中　K_e——留存收益成本；
　　　D_1——第一年的预计股利额；
　　　G——普通股股利的预计年增长率；
　　　P_0——普通股筹资总额，按发行价格计算。

【例 9-5】 某公司本年有可分配利润 800 万元，若将其中的 500 万元作为留存收益，当年预计股利率为 10%，同时估计未来股利每年递增 5%，则留存收益成本为

$$留存收益成本 = \frac{500 \times 10\%}{500} + 5\% = 15\%$$

以上分析了股份公司权益资金成本的确定。关于非股份公司企业，其权益资金主要由吸收直接投资和留存收益构成。它们的成本确定一般是按吸收投资协议或合同约定的固定分配比率计算，类似于优先股成本的计算。

三、综合资金成本

由于受多种因素的制约，企业不可能只使用某种单一的筹资方式，往往需要通过多种方式筹集所需资本。为进行筹资决策，就要计算确定企业全部长期资本的综合资本成本。所谓综合资金成本是以各种资金占全部资金的比重为权数，对个别资金成本进行加权平均确定的，故而又称为加权平均资金成本。其计算公式为

$$K_W = \sum_{i=1}^{n} W_i K_i$$

式中　K_W——加权平均资金成本；
　　　W_i——第 i 种个别资金占全部资金的比重；

K_i——第 i 种个别资金成本。

应该指出，企业的综合资金成本率是各种资金来源的加权平均资金成本率，其高低除了取决于个别资金成本率这一因素以外，还取决于各种资金来源在资金总额中所占的比重大小。某种资金来源所占比重改变，引起企业财务状况发生变化，从而某些个别资金成本率发生变动，最终影响综合资金成本率的水平。由此可见，企业各种资金来源的安排应该适当，企业资金结构的确定应该合理。

【例 9-6】 某公司有长期资本（账面价值）100 万元，其中长期借款 15 万元、债券 20 万元、优先股 10 万元、普通股 30 万元、留用利润 25 万元，其成本分别为 5.60％、6.00％、10.50％、15.60％、15.00％。则

各种资本占全部资本的比重

长期借款　　　　　　$W_l = 15/100 = 0.15$

债券　　　　　　　　$W_b = 20/100 = 0.20$

优先股　　　　　　　$W_P = 10/100 = 0.10$

普通股　　　　　　　$W_c = 30/100 = 0.30$

留用利润　　　　　　$W_r = 25/100 = 0.25$

计算加权平均资本成本

$$K_W = 5.6\% \times 0.15 + 6\% \times 0.20 + 10.5\% \times 0.10 + 15.6\% \times 0.30 + 15\% \times 0.25$$
$$= 0.84\% + 1.20\% + 1.05\% + 4.68\% + 3.75\%$$
$$= 11.52\%$$

上述加权平均资本成本计算中的权数是按账面价值确定的，使用账面价值权数易于从资产负债表上取得这种资料；但若债券和股票的市场价值已脱离账面价值许多，就会误估加权平均资本，不利于筹资决策。

在实际中，加权平均资本成本的权数还有两种选择，即市场价值权数和目标价值权数。在个别资本成本一定的情况下，公司的综合资本成本的高低由资本结构所决定。

特别提示　注册结构师《基础课》可参考本部分内容。

9.5 资 金 结 构

资金结构是企业筹资决策的核心问题。企业应综合考虑有关影响因素，运用适当的方法确定最佳资本结构，并在以后追加筹资中继续保持。企业现有资金结构不合理的，应通过筹资活动主动调整，使其趋于合理，达到最优化。

9.5.1 资金结构概述

一、资金结构的含义

资金结构是指企业各种资金的构成及其比例关系。一个企业资金结构，可以用绝对数（金额）来反映，亦可用相对数（比例）来表示。一般用相对数表示。在实务中，资金结构有广义和狭义之分。广义的资金结构是指企业全部资金的构成，不仅包括长期资金，还包括短期资金，主要指短期债务资金。狭义的资金结构是指长期资金结构，在这种情况下，短期债务资金列入营运资金来管理。

企业的资金结构是由企业采用各种筹资方式筹资而形成的。各种筹资方式的不同组合类型决定着企业的资金结构及其变化。通常情况下，企业都采用债务筹资和权益筹资组合，所以资金结构问题总的来说是债务资金比例问题，即债务资金在资金结构中安排多大的比例。

二、影响资金结构的因素

在施工企业财务管理的实际工作中，影响资金结构的因素有很多，除了资金成本、财务风险以外，还有如下一些重要因素：

（一）企业所处的发展阶段

一般说来，发展初期的企业，可以只通过留用利润来补充资金，而高速成长期的企业则必须依赖于外部筹资。

（二）企业的财务状况

如果企业现金流量稳定，支付能力较强，则所允许的负债筹资额就较大。所以，企业财务人员在进行负债筹资时，必须对企业未来现金流量进行预测，并与偿付债务时的现金需求量进行比较，凡没有充足现金流量作保证的，并预计会引起企业较大财务风险的，则不应采用负债筹资。

（三）贷款人与信用评价机构的态度

不管企业财务人员认为最适当的财务杠杆是什么，或最合理的资金结构的综合资金成本是多少，贷款人和信用等级评估机构对企业的信用评价结果往往是决定资金结构的关键因素。如果企业运用过高的财务杠杆，并对其前景过于乐观，而评估机构认为企业潜在风险将会增大，信用等级将有所下降，或者贷款人则持不同的态度，认为风险太大，表示不愿意贷款。在这种情况下，就会使更多的贷款人不愿意向企业贷款，从而影响到企业的资金结构。

（四）企业决策者对待风险的态度

采取何种资金结构，选择何种筹资方式，与决策者的态度有关，即与他们的风险意识和对业绩重视程度有关。如果决策者敢于冒险，并乐于显示其业绩和才能，则可能尽量采用负债筹资；否则，就可能减少利用财务杠杆，尽量减低负债资金的比重。

（五）税收因素

利息费用可以抵税，而股利则不能抵税，因此企业的所得税率越高，举债的好处就越大。所以，税收客观上对企业负债筹资有一定的刺激作用。

9.5.2 最佳资金结构

一、最佳资金结构的含义

最佳资金结构是指企业在一定时期内，使其综合资金成本最低、企业价值最大的资金结构，其衡量标准主要有以下几种：

(1) 综合资金成本最低，企业为筹集资金所花费的代价最少。
(2) 股票市价上升，股东财富最大，企业总体价值最大。
(3) 资本结构具有弹性，使企业筹集的资金能确保企业长短期经营和发展的需要。

二、最佳资金结构的确定

通常，确定企业最佳资金结构的方法一般有比较资金成本法和每股利润分析法。

（1）比较成本法。比较成本法是通过计算不同资金结构的综合资金成本，并以此为标准，从中选择综合资金成本最低的资金结构的一种决策方法。它以资本成本的高低作为确定最佳资本结构的唯一标准，计算过程较为简单，又因所拟订的方案数量有限，有把最优方案漏掉的可能。

比较成本法决策过程包括：确定各方案的资金结构；确定各结构的加权资金成本；进行比较，选择加权资金成本最低的结构为最佳结构。

【例 9-7】 某公司在初创时需资本总额 5 000 万元，表 9-1 中有三个筹资组合方案可供选择：单位（万元）。

表 9-1   三个筹资组合方案

筹资方案	甲方案		乙方案		丙方案	
	筹资额	资金成本	筹资额	资金成本	筹资额	资金成本
长期借款	400	6%	500	6.5%	800	7%
长期债券	1 000	7%	1 500	8%	1 200	7.5%
优先股	600	12%	1 000	12%	500	12%
普通股	3 000	15%	2 000	15%	2 500	15%
合计	5 000		5 000		5 000	

依据以上资料，为企业确定最佳筹资方案。

计算甲方案的各种资金的比重和资金成本分别为

$$W_{b1} = \frac{400}{5\,000} \times 100\% = 8\%$$

$$W_{b2} = \frac{1\,000}{5\,000} \times 100\% = 20\%$$

$$W_{b3} = \frac{600}{5\,000} \times 100\% = 12\%$$

$$W_{b4} = \frac{3\,000}{5\,000} \times 100\% = 60\%$$

$$K_1 = 6\%$$
$$K_2 = 7\%$$
$$K_3 = 12\%$$
$$K_4 = 15\%$$

甲方案的加权平均资金成本为

$$K_{W1} = 8\% \times 6\% + 20\% \times 7\% + 12\% \times 12\% + 60\% \times 15\% = 12.32\%$$

计算乙方案的各种资金的比重和资金成本分别为

$$W_{b1} = \frac{500}{5\,000} \times 100\% = 10\%$$

$$W_{b2} = \frac{1\,500}{5\,000} \times 100\% = 30\%$$

$$W_{b3} = \frac{1\ 000}{5\ 000} \times 100\% = 20\%$$

$$W_{b4} = \frac{2\ 000}{5\ 000} \times 100\% = 40\%$$

$$K_1 = 6.5\%$$
$$K_2 = 8\%$$
$$K_3 = 12\%$$
$$K_4 = 15\%$$

乙方案加权平均资金成本为

$$K_{W2} = 10\% \times 6.5\% + 30\% \times 8\% + 20\% \times 12\% + 40\% \times 15\% = 11.45\%$$

计算丙方案的各种资金的比重和资金成本分别为

$$W_{b1} = \frac{800}{5\ 000} \times 100\% = 16\%$$

$$W_{b2} = \frac{1\ 200}{5\ 000} \times 100\% = 24\%$$

$$W_{b3} = \frac{500}{5\ 000} \times 100\% = 10\%$$

$$W_{b4} = \frac{2\ 500}{5\ 000} \times 100\% = 50\%$$

$$K_1 = 7\%$$
$$K_2 = 7.5\%$$
$$K_3 = 12\%$$
$$K_4 = 15\%$$

丙方案加权平均资金成本为

$$K_{W2} = 16\% \times 7\% + 24\% \times 7.5\% + 10\% \times 12\% + 50\% \times 15\% = 11.62\%$$

从以上计算可以看出，乙方案的加权平均资金成本最低，所以应选用乙方案，即选择乙方案中的筹资结构。

(2)* 每股利润分析法。每股利润分析法也称每股利润无差别点法，是通过分析资金结构与每股利润之间的关系，进而来确定合理的资金结构的方法。一般来说，凡能提高每股盈利的资金结构是合理的；反之则认为是不够合理的资金结构，每股盈利的变化，不仅受资金结构的影响，还受到企业未来盈利能力的影响，企业的盈利能力一般用息税前利润（$EBIT$）表示。分析资金结构与每股利润之间的关系，通常采取确定"每股利润无差别点"的方法来分析。所谓每股利润无差别点，是指每股利润不受筹资方式影响的息税前利润水平，或者说是使不同的资本结构每股利润相等的息税前利润水平。企业的盈利能力是用息税前利润（$EBIT$）表示的，股东财富用每股利润（EPS）来表示。将以上两个方面联系起来，每股利润分析法简写为 $EBIT$-EPS 分析法。这种方法要确定每股利润的无差异点，所以又称为每股利润无差异点法。其计算公式为

$$\frac{(EBIT - I_1)(1-T) - D_1}{N_1} = \frac{(EBIT - I_2)(1-T) - D_2}{N_2}$$

式中 $EBIT$——息税前利润；

I_1、I_2——分别为两筹资方案的债务利息；
D_1、D_2——两种投资方式下的优先股股利；
N_1、N_2——分别为两筹资方案的普通股股数。

这种方法，优点是简单明了，但只考虑了资金结构对每股利润的影响，并假定每股利润最大，股票价格也就最高。但把资金结构对风险的影响置之不理，是不全面的。因为随着负债的增加，投资者的风险加大，股票价格和企业价值也会有下降的趋势，所以，单纯地用 $EBIT$-EPS 分析法有时会作出错误的决策。但在市场不完善的时候，投资人主要根据每股利润的多少来作出决策，每股利润的增加也的确有利于股票价格的上升。

9.5.3 资金结构的调整

一、资本结构调整的原因

尽管影响资本结构变动因素有很多，但就某一具体企业而言，资本结构变动或调整有其直接的原因。这些原因，归纳起来有：

（1）成本过高。即综合资本成本过高，从而使得利润下降。

（2）风险过大。虽然负债筹资能降低资本成本，提高利润，但财务风险较大。如果财务风险过大，以至于公司无法承担，则破产成本就会直接抵减因负债筹资而取得的杠杆收益。

（3）约束过严。不同的筹资方式下，投资者对筹资者的约束程度是不同的。约束过严，在一定程度上有损于公司财务自主权，有损于公司灵活调度与使用资金。正是因为如此，有时公司宁愿付出较高的代价而选择那些约束相对较松的筹资方式。

二、资本结构的弹性

资本结构的弹性，是指资本结构对理财环境和财务目标变动的适应程度以及相应调整的余地和幅度。其大小是判断资本结构是否健全的标志之一。使资本结构具有一定的弹性，是对资本结构进行调整的前提之一。如果弹性不足，公司就很难对其资本结构加以调整；反过来，这也是促使公司调整其资本结构的原因之一。任何公司在设计资本结构时，均应留有一定的余地，使之能适应理财环境的变化和不测事件的发生。

资本结构的弹性，主要表现在以下几方面。

（一）筹资数量的弹性

在通常情况下，公司要适当进行筹资能量的储备，使实际筹资数量低于公司的可能筹资能力。

（二）筹资工具的弹性

不同的筹资工具具有不同的融资弹性。如发行股票的弹性就较低；而发行可转换证券、认股权证、可提前赎回债券等证券，则其弹性较大。

（三）筹资方式的弹性

一般认为，负债资本筹集方式的弹性要强于主权资本筹集方式的弹性。因此，过多地使用主权资本筹集方式将降低公司资本结构的弹性。

（四）筹资时机的弹性

比如，某公司刚完成一项新产品研究论证工作，并预计不久会产生高额利润，但因目前外部投资者不知此情，良好的效益并没有在公司报表或股价中反映出来，这时公司不宜采用股票方式筹资，而应采用负债方式筹资，待实现高效益时，再发行股票筹资，清偿债务，从而使资本结构具有一定的弹性。

（五）筹资成本的弹性

比如，公司预计目前市场利率较低，不久将会上升，这时就可以发行利率稍高且固定的长期债券；否则，就应发行利率浮动的短期债券。

三、资本结构调整的方法

调整资本结构的方法，可归纳为如下三种：

（一）存量调整

存量调整是指公司在不改变现有资产规模的基础上，根据目标资本结构的要求对现有资本结构进行必要的调整。具体方式有：

（1）在债务资本过高时，将部分债务资本转化为主权资本。如将可转换债券转为普通股等方式。

（2）在债务资本过高时，将长期债务赎回或提前归还，而筹集相应的主权资本额。

（3）在主权资本过高时，通过减资并增加相应的负债额，来调整资本结构。

（二）增量调整

增量调整是指通过追加筹资量，从而增加资产总量的方式，来调整资本结构。具体方式有：

（1）在债务资本过高时，通过追加主权资本来改善资本结构。如将公积金转化为资本，或者直接增加资本。

（2）在债务资本过低时，通过追加负债筹资规模来提高债务资本的比重。

（3）在主权资本过低时，可通过筹集主权资本来提高主权资本的比重。

（三）减量调整

减量调整是指通过减少资产总额的方式来调整资本结构。具体方式有：

（1）在主权资本过高时，通过减资来降低其比重，如公司购回部分普通股票等。

（2）在债务资本过高时，利用税后留存归还债务，以减少资产总量，并相应减少债务比重。

> **特别提示** 注册咨询工程师（投资）《项目决策分析与评价》可参考本部分内容。

本章小结

本章主要介绍了资金的筹集及资金筹集所要付出的成本。筹集资金的渠道是企业取得资金的来源。筹集资金的方式是企业取得资金的具体形式。目前我国筹集资金的渠道有国家财政资金、银行信贷资金等7种，筹集资金的方式有吸收直接投资、发行股票等7种形式。权益资金和负债资金的筹集是本章的主要内容。权益资金筹集方式主要有吸收直接投资、发行股票和留存收益等；负债资金筹集方式有银行借款、发行债券、融资租赁、商业信用等。企业筹集和使用资金，往往要付出代价。企业这种为筹措和使用资金而付出的代价即为资金成本。资金成本的计算，包括个别资金成本和综合资金成本的计算。资本结构是指企业各种资本的构成及其比例关系，是企业筹资决策的核心问题。企业应综合考虑有关影响因素，运用适当的方法确定最佳资本结构。企业现有资本结构不合理的，应通过筹资活动主动调整，使其趋于合理,达到最优化。资本结构涉及最佳资本结构的标准、影响资本结构的因素、最佳资本结构的确定方法以及资本结构的弹性和调整等问题。

习　题

一、思考题

1. 什么是企业的债务资金?企业筹集债务资金的渠道有哪些?
2. 什么是企业的权益资金?企业筹集权益资金的渠道有哪些?
3. 什么是资金成本?如何计算不同种筹资方式下的资金成本?
4. 什么是企业筹资的最佳资金结构?确定最佳资金结构可采用哪些方法?
5. 如何调整现有的资金结构?

二、单项选择题

1. 相对于银行借款筹资而言,股票筹资的特点是(　　)。
   A. 筹资速度快　　B. 筹资成本高　　C. 弹性好　　D. 财务风险大
2. 一般而言,下列企业资本成本最高的筹资方式是(　　)。
   A. 发行公司债券　　B. 长期借款　　C. 短期借款　　D. 融资租赁
3. 某公司普通股目前的股价为25元/股,筹资费率为6%,刚刚支付的每股股利为2元,股利固定增长率2%,则该企业利用留存收益的资本成本为(　　)。
   A. 10.16%　　B. 10%　　C. 8%　　D. 8.16%
4.* 下列各项中,不影响经营杠杆系数的是(　　)。
   A. 产品销售数量　　　　　　B. 产品销售价格
   C. 固定成本　　　　　　　　D. 利息费用
5. 某企业发行普通股1 000万股,每股面值1元,发行价格为每股5元,筹资费率为4%,每年股利固定为每股0.20元,则该普通股资本成本为(　　)。
   A. 4%　　B. 4.17%　　C. 16.17%　　D. 20%

三、多项选择题

1. 短期有价证券的特点有(　　)。
   A. 变现性强　　　　　　　　B. 偿还期明确
   C. 有一定的风险性　　　　　D. 免征所得税
   E. 价格有一定的波动性
2. 目前企业主要的社会资金筹集方式有(　　)。
   A. 股票　　B. 债券　　C. 租赁　　D. 吸收投资
   E. 商业信用
3. 企业内部直接财务环境主要包括企业的(　　)。
   A. 生产能力　　B. 聚财能力　　C. 用财能力　　D. 生财能力
   E. 理财人员素质
4. 企业从事短期有价证券投资所关心的因素是证券的(　　)。
   A. 安全性　　B. 稳健性　　C. 变现性　　D. 风险性
   E. 收益性

5. 财务预测的作用主要表现在（　　）。
   A. 是财务决策的基础　　　　　　B. 是编制财务计划的前提
   C. 是财务管理的核心　　　　　　D. 是编制财务计划的依据
   E. 是组织日常财务活动的必要条件
6. 下列各项中，属于留存收益区别于"发行普通股"筹资方式的特点的有（　　）。
   A. 筹资数额有限　　　　　　　　B. 财务风险大
   C. 不会分散控制权　　　　　　　D. 资金成本高
7. 下列成本费用中属于资本成本中的占用费用的有（　　）。
   A. 借款手续费　　B. 股票发行费　　C. 利息　　D. 股利
8. 以下事项中，会导致公司资本成本降低的有（　　）。
   A. 因总体经济环境变化，导致无风险报酬率降低
   B. 企业经营风险高，财务风险大
   C. 公司股票上市交易，改善了股票的市场流动性
   D. 企业一次性需要筹集的资金规模大、占用资金时限长
9. 在计算个别资本成本时，不需考虑所得税影响的是（　　）。
   A. 债券资本成本　　　　　　　　B. 长期借款资本成本
   C. 普通股资本成本　　　　　　　D. 吸收直接投资资本成本
10. 下列各项中，影响财务杠杆系数的因素有（　　）。
    A. 销售收入　　B. 变动成本　　C. 固定成本　　D. 财务费用
11. 下列有关杠杆的表述正确的是（　　）。
    A. 经营杠杆表明产销量变动对息税前利润变动的影响
    B. 财务杠杆表明息税前利润变动对每股收益的影响
    C. 总杠杆表明产销量变动对每股收益的影响
    D. 经营杠杆系数、财务杠杆系数以及总杠杆系数恒大于1
12. 下列各项中，可用于确定企业最优资本结构的方法有（　　）。
    A. 高低点法　　　　　　　　　　B. 公司价值分析法
    C. 平均资本成本比较法　　　　　D. 每股收益分析法

四、练习题

1. 甲公司发行期限为5年、利率为12%的债券一批，发行总价格为250万元，发行费率3.25%；该公司所得税税率规定为33%。试测算甲公司该债券的资本成本率。

2. 乙公司拟发行优先股150万元，预定年股利率12.5%，预计筹资费用5万元。试测算乙公司该优先股的资本成本率。

3. 丙股份有限公司普通股现行市价每股20元，现增发新股80 000股，预计筹资费用率6%，第一年每股发放股利2元，股利增长率5%。试测算本次增发普通股的资本成本率。

第 10 章

施工企业资产管理

知识目标

- 掌握施工企业现金、应收账款、存货管理的概念、内容,了解现金流量的概念、内容;
- 掌握施工企业现金、应收账款、存货管理的计算公式和应用条件,了解如何运用科学、合理的方式进行施工企业资产的管理。

能力目标

- 能够运用公式对企业的主要资产进行管理、控制;
- 能够结合本章中所举的例题理解其中的管理方法;
- 能够独立进行案例的处理与分析。

资产是指企业过去的交易或者事项形成的、由企业拥有或者控制的、预期给企业带来经济利益的资源。

施工企业在生产经营过程中必须拥有或控制一定量的资产,以达到维持企业正常运作,实现经济效益的目的。对企业掌控的资产进行管理,势在必行。施工企业资产管理过程中,主要应当进行现金、应收账款、存货以及固定资产的管理。

10.1 现金的管理

10.1.1 持有现金的动机

企业持有现金的动机主要包括支付的动机、预防的动机、投机的动机三个方面。

一、支付的动机

支付的动机是指持有现金以便满足日常支付的需要。如用于购买材料、支付工资、缴纳税款、支付股利等。企业每天的现金收入和现金支出很少同步,保留一定现金余额可使企业在现金支出大于现金收入时,不致中断正常营业活动。支付需要现金的数量,取决于其销售水平。正常营业活动所产生的现金收入和现金支出以及它们的差额,一般同销售量呈正比例变化。其他方面的现金收支,如买卖有价证券、购入机器设备、偿还债务等,较难预测,但随着销售量的增加,都有增加的倾向。

二、预防的动机

预防的动机是指持有现金以应付意外事件对现金的需求。企业预计的现金需要量一般是指正常情况下的需要量,但有许多意外事件会影响企业现金的收入与支出。比如地震、水灾、火灾等自然灾害、生产事故、主要顾客未能及时付款等,都会打破企业的现金收支计划,使现金收支出现不平衡。持有较多的现金,可使企业更好地应付这些意外情况。预防动机所需要现金的多少取决于以下三个因素:现金收支预测的可靠程度、临时举债能力、愿意承担风险的程度。

三、投机的动机

投机的动机是指企业持有现金以便在有价证券价格变动幅度很大时,从事投机活动,获取收益。但应注意,企业的投机活动不能影响其正常生产经营活动。

10.1.2 现金的成本

企业持有现金的成本主要包括以下四个部分。

一、管理成本

管理成本指企业因保持一定的现金余额而增加的相关费用,如管理人员工资、银行手续费及安全保障措施支出等,这部分费用相对固定,其发生额与现金持有量的多少无直接关系,因而可以看成是现金持有成本中的固定成本部分。

二、机会成本

机会成本指企业因持有现金而丧失的其他投资机会可能获取的收益。企业持有现金,相应地就放弃了将这部分资产投资于其他方面而获取相关收益的机会,如购买股票、债券等,这就构成持有现金的机会成本。这项成本的高低与现金持有量的多少成正比例变动,其数额可按下式计算

$$现金的机会成本 = 现金持有量 \times 机会成本率(投资收益率)$$

三、短缺成本

短缺成本指企业因现金持有量不足而遭受的损失,如丧失购买机会、造成信用损失、得不到折扣好处等。该项成本的高低与现金持有量成反向变动关系,即现金持有量越高,现金的短缺成本就会越低。

四、转换成本

转换成本指企业用现金购入有价证券以及转让有价证券换取现金时付出的交易费用中,与证券变现次数密切相关的部分,如委托买卖佣金、证券过户费、交割手续费等。转换成本与证券变现次数成正比例变动,其计算公式如下

$$现金转换成本 = 证券变现次数 \times 证券每次转换费用$$

证券转换成本与现金持有量的关系是:在现金总需求量既定的前提下,现金持有量越多,要求证券变现次数就越少,相应的转换成本也越低;反之转换成本越高。也即两者成反向变动关系。

10.1.3 最佳现金持有量

确定最佳现金持有量的常用方法有成本分析模式、现金周转期模式、存货模式等。

一、成本分析模式

成本分析模式是根据现金持有成本的特点,通过分析不同方案下的现金持有成本的构成情况,选择使总成本最低的方案来确定最佳现金持有量的方法。运用成本分析模式确定最佳现金持有量,只考虑因持有一定量现金而产生的管理成本、机会成本和短缺成本,对转换成本不予考虑,具体可采用测算表或成本模型图进行。

（一）最佳现金持有量测算表法

这种方法的步骤是：

第一步，根据需要拟订各种现金持有量方案。

第二步，计算不同方案下的现金持有成本并编制最佳现金持有量测算表。

第三步，找出测算表中总成本最低的方案即为最佳现金持有量方案。

【例 10-1】 某建筑施工企业拟订四种现金持有量方案，每种方案下的各项现金持有成本见表 10-1。

表 10-1　　　　　　　　　　　现金持有量方案　　　　　　　　　金额单位：元

项　目	方案一	方案二	方案三	方案四
现金持有量	6 250	12 500	18 750	25 000
管理成本	5 000	5 000	5 000	5 000
机会成本	625	1 250	1 875	2 500
短缺成本	3 000	1 685	600	0

该企业的投资收益率为 10%，根据表 10-1 编制现金持有量测算表 10-2。

表 10-2　　　　　　　　　　　现金持有量测算表　　　　　　　　　金额单位：元

项　目	方案一	方案二	方案三	方案四
管理成本	5 000	5 000	5 000	5 000
机会成本	625	1 250	1 875	2 500
短缺成本	3 000	1 685	600	0
总成本	8 625	7 935	7 475	7 500

比较表中各方案下的现金持有总成本发现，方案三的总成本最低，所以该企业的最佳现金持有量应为 18 750 元。

（二）成本分析模型图法

这是一种通过在坐标图中绘制各项现金持有成本及总成本模型，并据以确定最佳现金持有量的方法。具体步骤如下：

第一步，在坐标图中分别描出管理成本、机会成本、短缺成本模型。

第二步，根据第一步的结果绘制总成本模型。

第三步，找出总成本模型的最低点并向横坐标轴作引线，该引线与横坐标轴的交点即为最佳现金持有量，如图 10-1 所示。

二、现金周转期模式

现金周转期模式是根据现金周转期

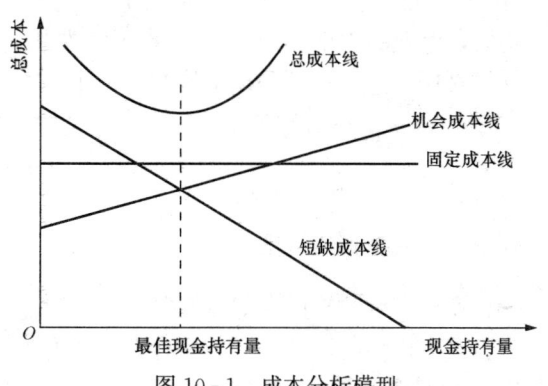

图 10-1　成本分析模型

和计划期每日现金需求量确定最佳现金持有量的方法。现金周转期是指企业从购买材料支付现金到销售商品收回现金的时间，包括：

(1) 存货周转期，指从原材料购买到制成产品并实现销售的时间；
(2) 应收账款周转期，指从产品销售到收回现金的时间，即应收账款的收款天数；
(3) 应付账款周转期，指收到原材料到付出现金的时间，即应付账款的付款天数。现金周转模式下的最佳现金持有量计算模型如下：

$$最佳现金持有量 = \frac{计划年度现金总需求量}{360} \times 现金周转期$$

$$现金周转期 = 存货周转期 + 应收账款周转期 - 应付账款周转期$$

【例 10-2】 某建筑施工企业年度现金需求量为 180 万元，该企业的平均存货周转期为 90 天，应付款的平均付款期为 50 天，应收款的平均收款期限为 60 天，要求计算该企业年度最佳现金持有量。

$$现金周转期 = 90 + 60 - 50 = 100（天）$$

$$最佳现金持有量 = \frac{180}{360} \times 100 = 50（万元）$$

三、存货模式

存货模式是一种利用存货最佳经济批量模型确定最佳现金持有量的方法。基于存货模型及各项现金持有成本的特点，在此模型的运用中，只考虑持有现金的机会成本和转换成本。存货模式下的最佳现金持有量计算公式如下：

$$最佳现金持有量 = \sqrt{\frac{2 \times 计划年度现金总需求量 \times 证券每次转换费用}{证券利息率}}$$

这时的现金持有总成本可按下式计算：

$$持有现金总成本 = \sqrt{2 \times 计划年度现金总需求量 \times 证券每次转换费用 \times 证券利息率}$$

值得注意的是，运用存货模式确定最佳现金持有量，必须具备以下基本条件：

(1) 企业所需要的现金可通过证券变现取得，且证券变现的不确定性很小；
(2) 企业预期现金需要总量可以预测；
(3) 企业未来现金支出比较均匀、波动较小；
(4) 证券收益率及每次固定性交易费用为已知。

【例 10-3】 某建筑施工企业预计下月份现金支付总量为 40 万元，且月份中现金支付较为均匀，企业每次转换有价证券的固定费用为 800 元。所持有价证券的年利率为 10%，要求计算最佳先进持有量和现金持有总成本。

$$最佳现金持有量 = \sqrt{2 \times 400\,000 \times 800 \div 10\%} = 80\,000（元）$$

$$现金持有总成本 = \sqrt{2 \times 400\,000 \times 800 \times 10\%} = 8\,000（元）$$

10.1.4 现金日常管理

一、完善现金收支的内部管理制度

现金具有极强的流动性，容易存在弊端和发生差错，需要严格的管理制度和办法才能保证其安全。一般而言，企业应在以下几方面强化内部管理和制度的建设。

（一）建立和健全严密的内部牵制制度

现金日常管理要做到钱账分管，使出纳人员和会计人员能互相制约，互相监督。对于任何形式的现金收支，都应坚持复核制度，以堵塞漏洞。有条件的企业，可采用定期换岗制度，当出纳人员调换时，应办必要的交接手续，以明确责任。

（二）及时进行现金清理

现金收支要做到日清月结，确保库存现金的实际金额与账面余额相符合，银行存款余额与银行对账单相符合，现金、银行存款日记账与其总账相符合，务必做到账实相符、账账相符。

（三）严格库存现金的开支范围

企业需严格执行国家有关制度对现金支付范围的规定，不得任意扩大开支范围。

（四）加强库存现金限额管理，不得任意扩大开支范围

企业大额现金支付一般均通过银行办理结算，出纳人员手头现金不应太多。企业可根据生产经营规模及提现的难易程度，核定库存现金限额，一旦库存现金超过核定的金额，就应当及时送存银行。此外，企业在使用现金时，严禁坐支现金。

二、控制支出

企业在收款时，应尽量加快收款的速度，而在管理支出时，应尽量延缓现金支出的时间，在西方财务管理中，控制现金支出的方法有以下几种。

（一）使用现金浮游量

现金浮游量是指企业账户上存款余额与银行账户上所示的存款余额之间的差额。由于支票结算期及计算时间的客观存在，企业可将这笔现金用作短期需要。值得注意的是，现金浮游量的使用必须把握好时间限制，避免出现透支。

（二）控制支出时间

为了最大限度地利用现金，合理地控制现金支出的时间是十分必要的。例如，企业在采购材料时，如果付款条件时"$2/10, n/45$"，应安排在发票开出日期后的第 10 天付款，这样，企业可以最大限度地利用现金而又不丧失现金折扣。

（三）工资支出模式

许多企业都为支付工资而设立一个存款账户。这种存款账户的余额的多少，当然也会影响企业现金总额。为了减少这一存款数额，企业必须合理预测所开出支付工资支票到银行兑现的具体时间。假设某企业在 1 月 3 日支付工资 20 万元，根据历史资料，3 日、4 日、5 日、6 日、7 日及 7 日以后的兑现比率分别为 20%、40%、20%、10%、5% 和 5%。这样，企业就不必在 3 日存够 20 万元，再结合其他因素，企业就能求出应存入银行的应付工资支票的大概金额。

10.2 应收账款的管理

10.2.1 应收账款的功能

应收账款的功能是指它在生产经营中的作用。主要有以下两个方面。

一、增加销售的功能

在市场竞争比较激烈的情况下，赊销是促进销售的一种重要方式。进行赊销的企业，实

际上是向顾客提供了两项交易：

（1）向顾客销售产品；

（2）在一个有限的时间内向顾客提供资金。

虽然赊销仅仅是影响销售量的因素之一，但在银根紧缩、市场疲软、资金匮乏的情况下，赊销的促销作用是十分明显的。特别是在企业销售新产品、开拓新市场时，赊销更具有重要意义。

二、减少存货的功能

企业持有产成品存货，要追加管理费、仓储费和保险费等支出；相反，企业持有应收账款，则无需上述支出。因此，无论是季节性生产企业还是非季节性生产企业，当产成品存货较多时，一般都可采用较为优惠的信用条件进行赊销，把存货转化为应收账款，减少产成品存货，节约各种支出。

10.2.2 应收账款的成本

应收账款的成本是指因持有应收账款而付出的代价，包括机会成本、管理成本和坏账成本。

一、应收账款的机会成本

应收账款的机会成本是指因进行应收账款投资而丧失其他投资机会可能获取的收益。计算公式如下

$$应收账款维持赊销业务机会成本 = 维持赊销所需要的资金 \times 证券收益率$$

$$维持赊销所需要的资金 = 应收账款平均余额 \times 变动成本率$$

$$= \frac{赊销收入净额}{应收账款周转次数} \times \frac{变动成本}{销售收入}$$

二、应收账款的管理成本

应收账款的管理成本是指企业对应收账款进行管理而耗费的支出，如对客户的资信调查费用、收集各种信息费用、收账费用、账簿记录费用及其他费用等。

三、应收账款的坏账成本

应收账款的坏账成本是指因应收账款不能收回而造成的损失。这项成本与应收账款的数量成正比例关系可按下列公式计算

$$坏账成本 = 应收账款平均余额 \times 坏账损失率$$

10.2.3 信用政策

制定合理的信用政策是加强应收账款管理，提高应收账款投资效益的重要前提。信用政策即应收账款的管理政策，是指企业为对应收账款投资进行规划与控制而确立的基本原则与行为规范，包括信用标准、信用条件和收账方针三部分内容。

一、信用标准

信用标准是指卖方企业在给买方客户提供商业信用时，要求客户达到的信用程度，通常以预期的坏账损失率表示。信用标准的高低决定了企业信用政策的严格程度，也间接影响企业的销售水平及应收账款的风险与成本。在严格的信用条件下，对客户要求的信用标准就高，使达不到要求的客户被拒之门外，并因此减少销售的实现，但这时的应收账款风险和成

本都会比较低；相反，若采用很低的信用标准，必然在一定程度上扩大销售和市场占有率，但相应地也会使应收账款上的风险和成本有较大的提高。对此应进行认真的分析与权衡，找出最恰当的信用标准水平，通常可从定性和定量两方面进行分析。

(一) 信用标准的定性分析

信用标准的定性分析即影响因素分析，影响企业信用标准的基本因素包括：同行业竞争对手的情况、企业自身风险承受能力、客户的资信程度等三方面：

(1) 同行业竞争对手的情况。企业应对同行业市场占有率的分配情况进行调查和分析确定自身在行业中所处的地位及主要竞争优势，据以确定出企业的主要竞争对手，在此基础上调查了解主要竞争对手所执行的信用标准。对于实力强劲的对手，应采用比其更低的信用标准来争取客户，扩大市场占有率；对于实力相当的对手，则应通过与之联合的方式，在保证各自市场份额的同时避免不必要的竞争损失。

(2) 企业自身承受风险的能力。当风险承受能力较强时，可采用较宽松的信用标准，以扩大市场占有率；相反则应采用较严格的信用标准。以保证企业经营活动正常、持续进行。

(3) 客户的资信程度。一般而言，资信越好的客户的坏账风险越小，因而可以使用较宽松的信用标准。判断客户的资信程度可运用"5C"系统，即对客户的信用品质、偿付能力、资本、抵押品、经济状况等五个方面进行综合分析与评价。

1) 信用品质。信用品质是指客户履行其偿债义务的可能性，是评价客户资信程度的首要因素。可通过调查客户履行付款义务的历史记录进行评价。

2) 偿付能力。偿付能力是指客户履行付款义务的能力。这一因素取决于客户资产的流动性及其财务能力的强弱。判断客户的偿付能力，一方面可分析客户的有关偿债能力指标，如流动比率、速动比率、现金比率；另一方面可调查客户的财务融资能力。

3) 资本。资本是指客户财务状况及经济实力，是客户偿付债务的最终保障。通常可通过对客户的负债比率、有形资产负债率、产权比率、已获利息倍数等财务指标进行判断。

4) 抵押品。抵押品是指客户提供的作为资信担保的资产，当客户资情状况不好或不了解时，通常应比较注重客户的抵押品。

5) 经济状况。经济状况是指经济发展趋势或某些特殊发展环境对客户债偿能力可能产生的影响，以及客户对环境因素的应变能力。

(二) 信用标准的定量分析

信用标准的定量分析即评价信用等级、确定信用额度，评价客户的信用等级是通过计算信用等级评价指标进行的。具体步骤如下：

(1) 设定信用等级评价指标。通常以一组具有代表性、能够说明付款能力和财务状况的比率作为信用等级评价指标，包括流动比率、速动比率、应收账款周转率、存货周转率、产权比率或负债比率、赊购付款履约率等，根据数年内最坏年景的相关数据，计算出信用好和信用坏两类顾客的上述比率的平均值，见表 10-3，以此平均值作为对其他客户信用等级进行评价的信用标准。

(2) 确定拒付风险系数。根据客户的财务报表数据计算表中列示的各项指标，将计算结果与表中标准值进行比较。比较的方法是：若某客户的某项指标值等于或低于坏的信用标准，则该客户的拒付风险系数（即坏账损失率）增加 10%；若客户的某项指标值介于好与坏信用标准之间，则其拒付风险系数（即坏账损失率）增加 5%；若客户某项目指标值等于或高于好的信用指标时,则视该客户的拒付风险系数为0;最后,将客户的各项指标的拒付风险系数累加,即为该客户发生坏账损失的总比率。

表 10-3　　　　　　　　　　　　信用标准指标值

指标	信用标准		指标	信用标准	
	信用好	信用坏		信用好	信用坏
流动比率	2.3:1	1.6:1	有形资产负债率	1.9:1	2.5:1
速动比率	1.1:1	0.8:1	应收账款周转率(次数)	12次	7次
现金比率	0.4:1	0.2:1	存货周转率(次数)	6次	3次
产权比率	2:1	4:1	总资产报酬率	35%	18%
已获利息倍数	3:1	1.6:1	赊购付款履约情况	及时	拖欠

【例10-4】　某建筑施工企业甲客户的各项指标及累计风险系数,见表10-4。

表 10-4　　　　　　　　　　　甲客户的各项指标及累计风险率数

指标	甲客户信用状况		指标	甲客户信用状况	
	信用状况	拒付风险系数		信用状况	拒付风险系数
流动比率	2.5:1	0	应收账款周转率(次数)	10次	5%
速动比率	1.2:1	0	存货周转率(次数)	7次	0
现金比率	0.3:1	5%	总资产报酬率	35%	0
产权比率	2:1	0	赊购付款履约情况	及时	0
已获利息倍数	3.1:1	0	累计拒付风险系数	—	15%
有形资产负债率	2.3:1	5%			

表10-4中,甲客户的流动比率、速动比率、产权比率、已获利息倍数、存货周转率、总资产报酬率、赊购付款履约情况等指标均高于或等于好的信用标准值,因此,这些指标产生拒付风险的系数为0;而现金比率、有形资产债务率、应收账款周转率三指标值则界于信用好与信用坏标准值之间,各自发生拒付风险的系数为5%,累计15%。这样,即可认为该客户预期可能发生坏账损失率为15%。

当然,企业为了能够更加详尽地对客户的拒付风险作出准确的判断,也可以设置并分析更多的指标数值,如增加为20项,各项最高风险损失率为5%,界于信用好与信用坏之间的,每项增加2.5%的风险系数。

(3)进行风险排队并确定各有关客户的信用等级。依据上述风险系数分析数据,按照客户累计风险系数由小到大进行排序。然后,结合企业承受违约风险的能力及市场竞争的需要,具体划分客户的信用等级,如累计拒付风险系数5%以内的为A级客户,5%与10%之间的为B级客户等。对于不同信用等级的客户,分别采取不同的信用对策,包括拒绝或接受客户信用订单,以及给予不同的信用优惠条件或附加某些限制条款等。

二、信用条件

信用条件就是指企业接受客户信用订单时所提出的付款要求。主要包括信用期限、折扣期限及现金折扣等。信用条件的基本表示方式如"3/15,$n/60$"。意思是:若客户能够在发票开出后的 15 日内付款，可以享受 3％的现金折扣率；如果放弃折扣优惠，则全部款项必须在 60 天内付清。在此，60 天为信用期限，15 天为折扣期限，3％为现金折扣率。

（一）信用期限

信用期限是企业要求客户付款的最长期限，只要客户在此期限内能够付清账款，便认为客户没有违约。不同的行业，信用期限不同。一般地，企业设置信用期限时，必须考虑如下三个因素：

（1）购买者拒付的概率。购买者若处于高风险行业，企业也许提供相当苛刻的信用条件。

（2）交易额的大小。如果交易额小，信用期限可相对短一些，小金额应收账款的管理费相对较高，而且，小客户的重要性也低一些。

（3）商品是否易保存。如果存货的变现价值低，而且不能长时间保存，企业应提供比较宽松的信用期限。

信用期限太短，不能吸引顾客，从而不能达到促销的目的；但是如果信用期限太长，虽然会增加销售额，但由此而来的费用可能会使企业得不偿失。信用期限的确定主要结合分析现行信用期限对收入和成本的影响。延长信用期限会增加企业的销售收入，产生有利影响；为此会增加应收账款占用资金的利息、增加收账费用和坏账损失，产生不利影响。当前者大于后者时可以延长信用期限，否则不能延长信用期限。

（二）折扣期限与现金折扣

为了更多地招揽客户，扩大销售，加速账款收回，减少应收账款投资的机会成本与坏账损失等，企业制定了信用期限后，通常还会对客户提前付款给予不同程度的现金折扣优惠。

企业究竟应当核定多长的现金折扣期限以及给予客户怎样程度的现金折扣优惠，必须将其与信用期限及加速收款所得到的收益、付出的现金折扣成本结合起来考虑。因为同延长信用期限一样，采用现金折扣方式在有利于刺激销售的同时，也要付出一定的成本代价，即给予客户现金折扣造成的价格损失。如果加速收款带来的机会收益能够绰绰有余地补偿现金折扣成本，企业可以采取现金折扣或进一步改变当前的折扣方针，否则就不应采取现金折扣优惠或继续维持当前的折扣方针。当然，如果加速收款的机会收益不能补偿现金折扣成本的话，现金折扣优惠条件便被认为是不恰当的。

需要说明的是，容易与现金折扣混淆的概念是商业折扣。商业折扣也称价格折扣，企业为了鼓励顾客多买而给予的价格优惠，每次购买的数额越多，价格也就越便宜。在这种情况下，销售企业的销售收入是按商业折扣后的价格计算的，因此不存在调整销售收入的问题。而现金折扣的主要目的则是为了刺激客户尽快付款，因此，当客户接受了现金折扣优惠时，就会影响企业原来计算的销售收入额，即企业销售收入净额等于账面销售收入剔除现金折扣额。

三、收账方针

收账方针也称收账政策，是指当客户违反了信用条件，拖欠甚至拒付账款时企业所采取的收账策略与措施。

在企业向客户提供商业信用时，必须考虑三个问题：

（1）客户是否会拖欠或拒付账款，程度如何；

（2）怎样最大限度地防止客户拖欠账款；

（3）一旦账款遭到拖欠或拒付，企业应采取什么样的对策。

第一和第二个问题主要依靠信用调查和信用审批制度来进行控制，第三个问题则必须通过制定完善的收账方针，采取有效的收账措施予以解决。可见，在企业向客户提供信用之前或当时，就应当对发生账款拖欠或拒付的各种可能性进行合理预期，并制定相应的收账方针，防患于未然，而不能在账款实际已被拖欠或拒付时才消极被动地进行，收账方针是企业整个信用政策实施过程的一个有机组成部分。

从法律上讲，履约付款是客户不容置疑的责任，但如果销货企业对所有客户拖欠或拒付账款的行为均付诸法律解决，往往并不是最有效的办法，因为企业解决与客户账款纠纷的目的，主要不是争论谁是谁非，而在于怎样最有成效地将账款收回。实际上，各个客户拖欠或拒付账款的原因不尽相同，许多信用品质良好的客户也可能因为某些原因而无法如期付款。此时，如果企业直接向法院起诉，不仅需要花费相当数额的诉讼费用，而且除非法院裁决客户破产（这通常需要经过极为复杂的程序和相当长的时间），否则，效果往往也不是很理想。所以，通过法院强制收回账款一般是企业不得已而为之的最后的办法。基于这种考虑，企业如果能够同客户商量出妥协的方案，也许能够将大部分账款收回。

在购货方预期拖欠或拒付时，销货方通常采用的收账管理办法是：首先，企业应当检讨现有的信用标准及信用审批制度是否存在纰漏，并重新对违约客户的资信等级进行调查、评价。其次，对于信用品质低劣的客户应当从企业信用名单中剔除，对其所拖欠的款项可先通过信函、电讯甚至派员的方式进行催收，态度可以渐加强硬，并提出警告。最后，当这些措施无效时，可以通过法院裁决。为了提高诉讼效果，有必要联合其他经常被该客户拖欠或拒付账款的企业协同向法院起诉，以增强该客户信用品质不佳的证据力。当然，对于信用记录一向正常的客户，在去电、去函的基础上，不妨派人与客户直接进行协商，彼此沟通意见，达成谅解妥协，既密切了相互之间的关系，又有助于解决账款拖欠问题，如果双方无法取得谅解，也只能付诸法律进行最后裁决。

除了上述收账对策外，一些国家还兴起了一种新的收账代理业务，即企业可以委托收账代理机构催收账款。但由于委托手续费往往高达应收账款的50%，所以这一途径对许多企业，尤其是资财弱小、经济效益不佳的企业很难借鉴。

同其他事情一样，在组织账款催收时，企业也必须权衡催账费用与预期的催账收益的关系。一般而言，在一定限度内，催账费用花费越多，措施越加得力，坏账损失也就越小，即催账效益越加明显。但二者并非呈线性关系，最初支出的催账费用也许不会使坏账减少多少，以后陆续支出的催账费用将对坏账损失的减少产生越来越大的效应，但超过某一限度（即饱和点）后，催账费用的增加对进一步降低坏账损失的效力便会逐渐减弱，以致得不偿失。对此，企业在组织催账时必须予以分析、考虑。判断催账费用是否已临饱和点的基本方法是：随着催账费用支出效果的减弱，如果坏账的边际减少额加上其边际再投资收益等于催账费用的边际增加额时，通常可以认为催账费用已抵饱和点。

10.2.4 应收账款日常管理

制定合理的信用政策，优化应收账款的投资决策，是提高应收账款投资效率，降低风险损失的基本保障。为了更有效地促进应收账款投资的良性循环，企业还必须进一步强化日常管理工作，健全应收账款管理的责任制度与控制措施，以期顺利地实现应收账款投资的基本目标。

对于已经发生的应收账款，企业必须进行分析、控制，及时发现问题，提前采取适宜对策，加速应收账款的收回，最大限度地减少坏账损失对企业产生的不利影响。可以从以下几方面做好应收账款的日常管理工作。

一、做好基础记录

了解用户（包括子公司）付款的及时程度，基础记录工作包括企业对用户提供的信用条件，建立信用关系的日期，用户付款的时间，目前尚欠款数额以及用户信用等级变化等，企业只有掌握这些信息，才能及时采取相应的对策。

二、检查用户是否突破信用额度

企业对用户提供的每一笔赊销业务，都要检查是否有超过信用期限的记录，并注意检验用户所欠债务总额是否突破了信用额度。

三、掌握用户情况

掌握用户已过信用期限的债务，密切监控用户已到期债务的增减动态，以便及时采取措施与用户联系提醒其尽快付款。

四、分析应收账款周转率和平均收账期

看流动资金是否处于正常水平，企业可通过该项指标，与以前实际、现在计划及同行业相比，借以评价应收账款管理中的成绩与不足，并修正信用条件。

五、考察账款

考察拒付状况，考察应收账款被拒付的百分比，即坏账损失率，以决定企业信用政策是否应改变，如实际坏账损失率大于或低于预计坏账损失率，企业必须看信用标准是否过于严格或太松，从而修正信用标准。

六、编制账龄分析表

检查应收账款的实际占用天数，企业对应收账款的监督，可通过编制账龄分析表进行，据此了解，有多少欠款尚在信用期内，应及时监督，有多少欠款已超过信用期，计算出超时长短的款项各占多少百分比，估计有多少欠款会造成坏账，如有大部分超期，企业应检查其信用政策。

七、加强应收账款的事后管理

收账管理包括如下两部分工作。

（一）合理的收账程序

收账款的程序一般为：信函通知、电报电话传真催收、派人面谈、诉诸法律，在采取法律行动前应考虑成本效益原则，遇以下几种情况则不必起诉：诉讼费用超过债务求偿额；客户抵押品折现可冲销债务；客户的债款额不大，起诉可能使企业运行受到损害；起诉后收回账款的可能性有限。

（二）确定合理的讨债方法

若客户确实遇到暂时的困难，经努力可东山再起，企业应帮助其渡过难关，以便收回账款，一般做法为进行应收账款债权重整：接受欠款户按市价以低于债务额的非货币性资产予以抵偿；改变债务形式为"长期应收款"，确定一个合理利率，同意用户制定分期偿债计划；修改债务条件，延长付款期，甚至减少本金，激励其还款；在共同经济利益驱动下，将债权转变为对用户的"长期投资"，协助启动亏损企业，达到收回款项的目的。如客户已达到破产界限的情况，则应及时向法院起诉，以期在破产清算时得到部分清偿。

10.3 存货的管理

10.3.1 存货的概念及分类

存货是指在日常生产经营过程中持有已备出售，或者仍然处在生产过程，或者在生产或提供劳务过程中将消耗的材料或物料等，包括库存的、加工中的、在途的各种材料、商品、在产品、产成品、半成品、包装物、低值易耗品等。

不同的行业，其存货的类别和构成内容不完全相同。施工企业在生产经营过程中为销售或耗用而储备的存货品种繁多，其具体特点和管理要求各不相同，他们在生产经营过程中的用途不同，所起的作用也不尽相同。按照存货的经济用途不同，建筑施工企业的存货一般可分为以下几种类型。

一、原材料

原材料存货是企业用于工程施工或产品制造并构成工程或产品实体的材料物资，包括主要材料和结构件等。这部分存货是企业准备用于建筑安装工程施工或产品生产的必要储备，经过施工或工业生产活动，会构成工程或产品的实体。

二、生产用品

生产用品存货是企业为了进行建筑安装工程施工生产或产品生产所需的用品存货，包括机械配件、其他材料、周转材料和低值易耗品等。生产用品存货与原材料存货不同，原材料存货在施工生产过程中将被消耗并形成工程或产品实体，而生产用品存货虽然是施工或生产活动所必不可少的，但它们的事物本身并不构成工程或产品的一部分。

三、在产品

在产品存货是企业已经投入人工、材料等进行施工或生产，但尚未全部完工，在交付使用或销售之前还需要进一步加工的存货，包括企业中在施工中的未完工程以及附属工业企业和辅助生产部门尚未完工的产品。

四、产成品

产成品存货是企业已经完成全部生产过程，可以对外销售的制成产品，包括企业备做商品房销售的已完工建筑产品以及附属工业企业和辅助生产部门的库存产成品。

五、商品

商品存货是企业购入以备转手销售的各种货品。商品存货在其销售以前无需加工，仍保持其原有的实物形态。

在上述各类存货中，本节主要介绍各种材料存货的管理，存货的另外一个重要组成部分——已完工程和未完工程的管理将在第12章工程成本管理中作详细介绍。

材料是建筑施工企业施工生产过程中的劳动对象，是施工生产经营活动不可缺少的物质要素。不同的材料在施工生产过程中发挥着不同的作用。有的材料经过加工后，构成工程或产品的实体，如各种主要材料、结构件等；有的材料虽不构成工程或产品的实体，但有助于工程或产品实体的形成，如各种燃料、油料以及零星消耗用的材料等；有的材料在施工生产过程中被劳动资料、劳动工具所消耗，如机械配件、零件等。除周转材料和低值易耗品外，各种材料虽然在施工生产过程中所起的作用不同，但它们都具有共同

的特点:

(1) 从其参加生产过程来看,材料是一次参加生产过程,一经投入施工生产后就要全部被消耗或改变其原有实物形态;

(2) 从其价值补偿形式来看,材料的价值是一次性全部转移到企业承包的工程或生产的产品中去,构成工程或产品成本的一个重要组成部分,然后通过工程价款结算或产品销售,其价值一次性获得补偿。

为了保证施工生产的连续进行,建筑施工企业必须及时组织材料供应,不断补充施工生产中消耗的材料,并保持一定数量的材料储备。企业为储备材料而占用的资金,称为储备资金。由于材料储备资金一般在企业全部流动资金中占有较大的比重,而且材料费用又是工程或产品成本的重要组成部分,因此,做好材料的核算和管理工作,对于满足施工生产的需要,促进企业节约、合理地使用材料,不断降低材料消耗,减少流动资金占用,加速资金周转,降低工程或产品成本,都具有非常重要的意义。

10.3.2 存货的管理

一、ABC 分析法

ABC 分析法是按照一定的标准,将企业的材料划分为 A、B、C 三类,分别实行按品种重点管理,按类别一般控制和按总额灵活掌握的材料管理方法。

运用到建筑施工企业,所谓对工程项目施工估料的审核,就是对施工所使用的各种材料,按其需用量大小,占用资金多少,结合重要程度分成 A、B、C 三类,审核估料时采取不同的办法。

根据施工工程材料的特点,对需用量大、占用资金多、专用材料或备料难度大的 A 类材料,必须严格按照设计施工图,逐项进行认真仔细的审核,做到规格、型号、数量完全准确。对资金占用少、需用量小、比较次要的 C 类材料,可采用较为简便的系数调整办法加以估计。对处于中间状态的通用主材、资金占用属中等的辅材等 B 类材料,估料审核时一般按常规的计算公式和预算定额含量确定。

应用 ABC 分析法控制材料的一般步骤如下:

首先,计算每一种存货在一定时间(一般为一年)内的资金占用额。

其次,计算每一种存货占用资金在全部存货资金总额中的比例,并按大小顺序排列,编成表格。

然后,根据事先确定的标准把重要的材料划为 A 类,把一般的材料划为 B 类,把不重要的材料划为 C 类。一般使 A 类材种类占存货种类总数的 10% 左右,但占用的资金占材料总资金的 70% 左右;使 B 类材料种类占材料种类总数的 20% 左右,但占用的资金占材料总资金的 20% 左右;使 C 类材料种类占材料种类总数的 70% 左右,但占用的资金占材料总资金的 10% 左右。

最后,对 A 类材料进行重点规划和控制,对 B 类材料进行次重点管理、对 C 类材料只进行一般管理。

ABC 类材料的分布状况如图 10-2 所示。

将材料分类,目的是对材料实行重点管理。A 类材料种类虽少,但占用资金最多,应集中主要力量进行管理;对其最佳经济批量应认真规划,对其收入、发出应进行严格控制。C

类材料种类虽多，但占用资金最少，不必花费大量人力、物力对其进行管理，其最佳经济批量可以凭经验确定。B类存货介于A类存货和C类存货之间，也应该给予相当重视，但不必像对A类存货那样进行严格的控制。

【例10-5】 某建筑施工企业一项目部共有材料25种，共占用资金800 000元，采用ABC分析法管理材料，各种材料的归类情况详见表10-5。

根据以上分类，该项目部对A、B、C三类材料的不同控制措施：

A类材料品种少，资金占用大，其管理的好坏关系极大，是材料管理的重点。抓好A类材料的管理，有利于降低成本，节约资金占用。对于A类材料要实行分品种重点规划的和管理，科学确定经济订货批量，经常检查其库存情况，严格控制库存数量，对材料的收、发、存进行详细记录，定期盘点，并努力加快其周转速度。

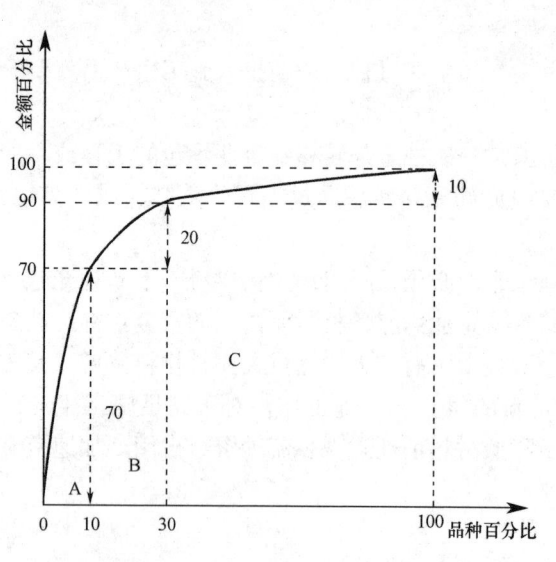

图10-2 ABC类材料的分布状况

表10-5　　　　　　　材　料　ABC　分　析　表

类　别	品种数量	品种比重（％）	资金数额（元）	资金比重（％）
A类存货	3	12	580 000	72.5
B类存货	7	28	172 000	21.5
C类存货	15	60	48 000	6
合计	25	100	800 000	100

C类材料品种繁多，资金占用较少，一般可以采用比较简化的方法进行管理，通常采用总额控制的方式。可根据经验确定其资金占用量，或者规定一个订货点，当材料低于这个订货点时就组织进货，酌量增大每次订货量，减少订货次数。

B类材料介于A、C两类之间，实行次重点管理，一般可按材料类别进行控制。可适当放宽经济批量，尽量节约人力、物力，以降低其成本。

二、库存储存量控制

控制材料库存储存量是加强材料资金管理的重要环节。为了做好这项工作，就要分清正常库存和超出积压的界限。库存储存量控制可以通过最高储备量、最低储备量和采购点储备量等三个指标来反映。最高储备量是指供应间隔期储存的材料数量，加上加工整理材料和保险储备。它是库存材料及将超储的极限，在正常的情况下，应停止进料。最低储备量是指为供应间隔储备的材料已经用完，库中仅存加工整理材料和保险储备。它是库存材料即将不足的储量，应采取措施立即进料，以保证施工生产需要。采购点储备量也称为订货点储备量，它是采购材料的信号，当库存材料达到采购点储备量时，应及时组织进料，使库存材料保持必要的储备量。这里的主要问题是要正确地确定采购周期。所谓采购周期就是指从办理订货手续到材料入库的全部时间。它是从发出订单、办理订货手续、运输到入库前验收等时间的总和。正确地确定采购周期，使企业仓库保持合理储备的重要环节。如果采购周期过长，材料储备就会过多；反之，采购周期过短，材料储备就会过少，影响施工生产的正常进行。最高储备量、最低储备量和采购点储备量的计算公式及它们之间的关系如图10-3所示。

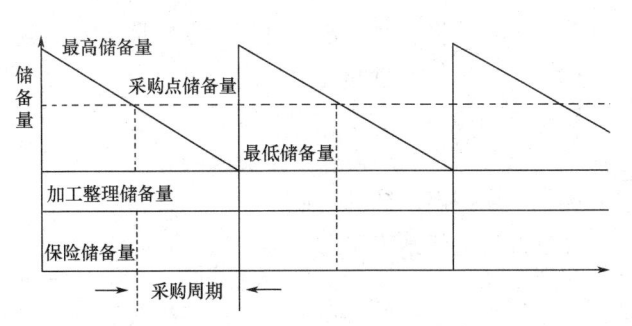

图10-3 最高储备量、最低储备量和采购点储备量关系图

最高储备量＝平均每天耗用量×（供应间隔天数＋加工整理天数＋保险天数）

最低储备量＝平均每天耗用量×（加工整理天数＋保险天数）

采购点储备量＝平均每天耗用量×（加工整理天数＋保险天数＋采购周期）

采购点在实际工作中又可分为定量采购点和定期采购点两种：

定量采购点是指库存数量固定，订货时间不固定，当库存量下降到采购点时，就发出订货单，而库存数量必须选择最经济合理的批量。这种方法一般适用于A类材料，以利于严格控制材料储备数量及其占用的资金。

定期采购点是指订货时间固定，库存数量不固定，按规定订货时间发出订单。这种方法适用于B类和C类材料，可以大大的简化管理工作。如果企业人力许可，B类材料也可采用定量采购点，以利提高经济效益。

三、最佳经济批量

要想持有一定的材料，必定会有一定的成本支出。与材料有关的成本有以下几项。

（一）采购成本

采购成本是由买价、运杂费等构成的。采购成本一般与采购数量成正比例变化。为了降低采购成本，企业应该研究材料的供应情况，货比三家，价比三家，争取采购质量好、价格低的材料物资。

（二）订货成本

订货成本是指为订购材料、商品而发生的成本。订货成本一般与订货数量无关，而与订货次数有关。企业要想降低订货成本，需要大批量采购，以减少订货次数。

（三）储存成本

指在物资储存过程中发生的仓储费、搬运费、保险费、占用资金支付的利息费等。一定时期内的储存成本总额，等于该期内平均货量与单位储存成本之积。企业要想降低储存成本，则需要小批量采购，减少储存数量。

此外，企业还应考虑由于物资储存过多、时间过长而发生的变质与过时的损失，由于物资储存过少不能满足生产和销售需要而造成的损失。

经济订货量是指能够使一定时期材料总成本达到最低时的订货量。经济订货量的基本模型是一种理想的市场状况，其基本假设为：

（1）企业一定时期的进货总量可以较为准确地预测。

（2）材料的耗用或者销售比较均衡。

(3) 材料价格比较稳定，且不存在数量折扣优惠。

(4) 每次进货数量和进货日期完全由企业自行决定，且每当材料量降为零时，下一批材料能够一次到位。

(5) 仓储条件及所需资金不受限制。

(6) 不允许出现缺货情形。

经济订货量的基本模型为

$$Q = \sqrt{\frac{2K \times D}{K_C}}$$

式中　Q——材料的经济订货量；

　　　K——材料的一次订货成本，且与订货次数呈正比；

　　　D——材料每年耗用量且为已知；

　　　K_C——该材料的单位储存成本。

【例10-6】　某企业每年耗用甲材料16 000千克，该材料的单位购置成本为1 000元，单位储存成本为800元，一次订货成本为3 600元。则

$$Q = \sqrt{\frac{2 \times K \times D}{K_C}} = \sqrt{\frac{2 \times 3\,600 \times 1\,600}{800}} = 1\,200(千克)$$

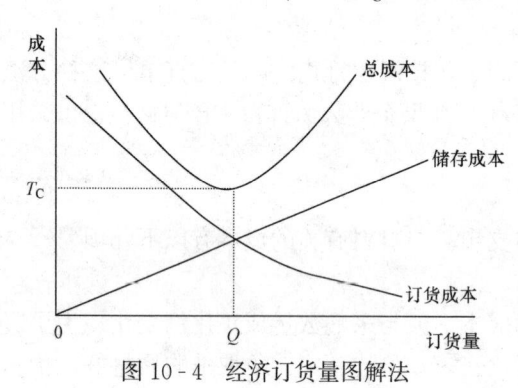

经济订货量也可以通过图解法求得。其方法是：

(1) 首先计算出一系列不同批量的各种有关成本；

(2) 然后在坐标系上描绘出有关成本构成的订货成本线、储存成本线和总成本线；

(3) 总成本线的最低点，也就是订货成本和储存成本的交叉点对相应的批量即为经济订货量，如图10-4所示。

图10-4　经济订货量图解法

10.4　固定资产的管理

10.4.1　固定资产的管理要点

在市场经济体制下，企业面临着复杂的理财环境。企业如何正确地进行固定资产筹资和投资决策，节约固定资产投资，提高固定资产利用效果，加速固定资产更新改造，增强企业经济实力，是企业财务管理工作的一项重要任务。企业的固定资产管理，应遵循以下基本要求。

一、合理地进行固定资产预测

固定资产预测是指根据已经掌握的信息和有关资料，采用科学的方法，对企业未来时期的固定资产需要量和固定资产投资所做出的合乎规律的测算分析工作。固定资产预测主要包括固定资产需要量的预测和固定资产投资效益的预测两方面。

随着企业生产经营的不断发展，企业所需固定资产的数量、结构、效能也随之发生变化。正确预测固定资产需要量，是固定资产管理的一项基础工作，也是固定资产管理的首要

环节。企业应根据生产经营的任务、生产规模、生产能力等因素，采用科学的方法预测各类固定资产的需用量，并合理加以配置，以尽可能少的固定资产满足企业生产经营的需要。预测固定资产需用量，不仅有助于企业摸清固定资产存量，平衡生产任务和生产能力，挖掘固定资产潜力，提高固定资产的利用效果，还可以为企业进行固定资产投资决策提供重要依据。

二、科学地进行固定资产投资的预测分析

固定资产使用时间长，投资数额大，一旦投资决策失误，不仅会造成投资本身的巨大浪费，而且会因"先天不足"而导致企业"后天"经营上的困难。企业在固定资产投资时，必须根据企业的具体情况和投资环境，认真研究投资项目的必要性，分析技术上的可行性，对各种投资方案的经济效益进行预测，在各种投资方案中，选择投资少、效益高、回收期短的最佳方案，在此基础上，再对固定资产的投资支出、投资来源和投资效果做出合理的计划安排，使固定资产投资建立在科学的基础上。

三、正确确定固定资产价值

对固定资产的计价，传统上以历史成本（原始价值）为基础。此外，考虑到固定资产价值较大，其价值会随着损耗而逐渐减少，还需要揭示固定资产的折余价值。因此，固定资产的计价主要有三种方法。

（一）按历史成本计价

历史成本亦称原始购置成本或原始价值，是指企业购置、建造或获得某项固定资产所支付的全部货币支出。现行企业财务制度规定：购入的固定资产，按照买价加上支付的运输费、保险费、包装费、安装成本和缴纳的税金等计价；自行建造的固定资产，按照建造过程中实际发生的全部支出计价；融资租入的固定资产，按照租赁协议或者合同确定的价款加运输费、保险费、安装调试费等计价；在原有的固定资产基础上进行改建扩建的固定资产，按照固定资产原价，加上改扩建发生的支出，减去改扩建过程中发生的固定资产变价收入后的余额计价。由于这种计价方法具有客观性和可验证性的特点，它成为固定资产的基本计价标准。

（二）按重置完全价值计价

重置完全价值指按当前生产条件和市场情况，全新购建固定资产所需的全部支出。在企业取得的固定资产无法确定其历史成本时，如盘盈或接受捐赠的固定资产，可以按照重置完全价值计价。

（三）按净值计价

固定资产净值也称为折余价值，是指固定资产原始价值减去已计提折旧后的净额。它可以反映企业实际占用在固定资产上的资金数额和固定资产的新旧程度。这种计价方法主要用于计算盘亏、毁损固定资产的溢余或损失等。

四、正确地计提固定资产折旧

固定资产在使用过程中发生的价值损耗，是通过计提折旧的方式加以合理补偿的。企业提取的折旧，是固定资产更新的资金来源。只有正确编制固定资产折旧计划，及时提取固定资产折旧，使固定资产在生产中的损耗足额得到补偿，才能保证固定资产再生产的顺利进行。对于固定资产折旧形成的这一部分资金来源，应加以有效地使用和管理。

五、切实做好固定资产的保全

固定资产是企业的重要资源，保证固定资产的完整无缺，是固定资产管理的基本要求。为此，企业必须做好固定资产管理的各项基础工作，包括：制定固定资产目录，明确固定资

产的管理范围；建立固定资产登记账、卡，及时准确地反映各种固定资产的增减变动，使用和节余情况；定期进行清查盘点，切实做到账、卡、物三相符。在做好以上各项基础工作的同时，还要建立、健全固定资产竣工验收、调拨转移、清理报废等各项管理制度，这是实现固定资产完整无缺的保证。

六、不断提高固定资产的利用效果

企业通过有效的固定资产管理工作，可以节省固定资产的投资，最大限度地发挥固定资产的效能，降低产品成本中的折旧费用，为企业提供更多的盈利。企业在固定资产的投资决策、固定资产的购建、固定资产的使用及固定资产的更新改造等各环节的管理工作中均应注意提高固定资产的利用效果。

10.4.2 固定资产折旧和折旧政策

一、固定资产损耗的分类

企业的固定资产可以长期参加生产经营而仍保持其原有的实物形态，但其在使用过程中，会不断发生损耗，价值将随着固定资产的不断使用而逐渐转移到产品成本或企业的期间费用中去。固定资产的损耗分为有形损耗和无形损耗。

（一）有形损耗

固定资产由于使用而发生的机械磨损以及由于自然力作用所引起的自然损耗，称为固定资产的有形损耗。固定资产自全新投入使用起，直到完全报废为止的使用年限就称为固定资产的物理使用年限。固定资产物理使用期限的长短取决于固定资产本身的质量和使用条件。正确确定固定资产的物理使用年限，是正确计提折旧的前提。

（二）无形损耗

固定资产的无形损耗是在科学技术进步和劳动生产率不断提高的条件下引起的固定资产价值损失。固定资产的无形损耗有两种形式：一种是由于劳动生产率提高，生产同样效能的设备花费的社会必要劳动量减少，成本降低，同样效能的设备价格便宜，使原有设备的价值相应降低所造成的损失。另一种是由于科学技术进步，出现新的效能更高的设备，使原有设备不得不提前报废所造成的损失，这种损耗只有通过缩短固定资产的使用期限才能避免。

考虑无形损耗后确定的折旧年限，称为固定资产的经济折旧年限。固定资产的经济折旧年限比物理折旧年限短。因此，建筑施工企业在确定固定资产的使用寿命时，主要应当考虑下列因素：

（1）该资产的预计生产能力或实物产量。

（2）该资产的有形损耗，如设备使用中发生磨损、房屋建筑物受到自然侵蚀等。

（3）该资产的无形损耗，如因新技术的出现而使现有的资产技术水平相对陈旧、市场需求变化使产品过时等。

（4）有关资产使用的法律或者类似的限制。

二、固定资产折旧计提范围

（一）计提折旧的固定资产

除以下情况外，企业应对所有固定资产计提折旧：①已提足折旧仍继续使用的固定资产；②按照规定单独估价作为固定资产入账的土地。

计提固定资产折旧应注意以下情况：

(1) 按月计提折旧。固定资产应当按月计提折旧，并根据用途分别计入相关资产的成本或当期费用。企业在实际计提固定资产折旧时，当月增加的固定资产，当月不提折旧，从下月起计提折旧；当月减少的固定资产，当月仍提折旧，从下月起停止计提折旧。

(2) 不使用、不需用、大修理停用的固定资产应计提折旧。不使用、不需用、大修理停用的固定资产仍存在无形损耗或有形损耗，应计提固定资产折旧。

(3) 已达到预定可使用状态的固定资产，在年度内办理竣工决算手续的，按照实际成本调整原来的暂估价值，并调整已计提的折旧额，作为调整当月的成本、费用处理。如果在年度内尚未办理竣工决算的，应当按照估计价值暂估入账，并计提折旧；待办理了竣工决算手续后，再按照实际成本调整原来的暂估价值，调整原已计提的折旧。

(4) 企业对固定资产进行更新改造时，应将更新改造的固定资产的账面价值转入在建工程，并在此基础上确定更新改造后的固定资产原价。处于更新改造过程而停止使用的固定资产，因已转入在建工程，因此不计提折旧，待更新改造项目达到预定可使用状态转为固定资产后，再按重新确定的折旧方法和该项固定资产尚可使用年限计提折旧。

(5) 对于接受捐赠的旧固定资产，企业应当按照规定的固定资产入账价值、预计尚可使用年限、预计净残值，以及企业所选用的折旧方法计提折旧。

(6) 融资租入的固定资产，应当采用与自有应计提折旧资产相一致的折旧政策。能够合理确定租赁期届满时将会取得租赁资产所有权的，应当在租赁资产尚可使用年限内计提折旧；无法合理确定租赁期届满时能够取得租赁资产所有权的，应当在租赁期与租赁资产尚可使用年限两者中较短的期间内计提折旧。

(二) 不提折旧的固定资产

(1) 已提足折旧继续使用的固定资产。固定资产提足折旧后，不论能否继续使用，均不再提取折旧。所谓提足折旧是指已经提足该项固定资产应提的折旧总额。应提的折旧总额为固定资产原价减去预计残值。

(2) 提前报废的固定资产。固定资产提前报废，即使该项固定资产没有提足折旧，也不再补提折旧。

(3) 按规定单独估价作为固定资产入账的土地。

(4) 以经营租赁方式租入的固定资产。

(5) 已全额计提固定资产减值准备的固定资产。

(三) 固定资产折旧政策

固定资产折旧政策有：

(1) 折旧政策及其种类。固定资产折旧政策，是指企业根据自身的财务状况及其变动趋势，对固定资产折旧方法和折旧年限所作的选择。因为固定资产的折旧方法和折旧年限，直接关系企业提取的折旧，不仅影响工程和产品成本，而且影响企业利润和利润分配，影响固定资产更新资金的现金流量和应纳所得税等，从而影响企业的财务状况，产生了财务管理中的折旧政策。建筑施工企业的折旧政策，主要可归纳为三种：

1) 快速折旧政策。快速折旧政策要求固定资产的折旧在较短年限内平均提取完毕，使固定资产资产投资的回收均匀分布在较短折旧年限内。

2) 递减折旧政策。递减折旧政策要求固定资产折旧的提取在折旧年限内依时间的顺序先多后少，使固定资产投资的回收在前期较多、后期逐步递减。

3）慢速折旧政策。慢速折旧政策要求固定资产的折旧在较长年限内平均提取完毕，使固定资产投资的回收均匀分布在较长折旧年限内。

(2) 折旧政策对企业财务的影响。固定资产折旧政策对企业筹资、投资和分配都会产生较大的影响。

1）对筹资的影响。对企业某一具体会计年度而言，固定资产提取折旧越多，意味着企业可用于以后年度的固定资产更新资金越多，这笔资金在没有用于固定资产更新以前，企业可用资金越多，就可相应减少对外筹集资金。反之，固定资产提取折旧越少，意味着企业可用于以后年度的固定资产更新资金越少，企业可用资金越少，就会相应增加对外筹集资金。

2）对投资的影响。固定资产折旧政策对投资的影响，主要表现在以下两个方面：一是折旧政策的选择，会影响固定资产投资的规模。因为折旧政策影响提取的折旧和固定资产更新资金的多少。采用快速折旧政策，企业留用固定资产更新资金较多，有利于扩大企业固定资产投资规模，采用慢速折旧政策，企业留用固定资产更新资金较少，不利于扩大企业固定资产投资规模。二是折旧政策的选择，会影响固定资产的更新速度。采用快速和递减折旧政策，折旧年限短，固定资产更新速度快；采用慢速折旧政策，折旧年限长，固定资产更新速度慢。固定资产折旧政策，还能对固定资产投资风险产生影响。

3）对分配的影响。固定资产折旧政策的选择，直接影响计入工程、产品成本和管理费用中的折旧费。采用快速折旧政策，提取的固定资产折旧费多，在其他条件不变的情况下，企业的利润和可分配利润就会减少；采用慢速折旧政策，企业的利润和可分配利润就会相应增加。

(3) 选择折旧政策需要考虑的因素：

1）固定资产投资的回收。选择折旧政策，首先要考虑固定资产投资的回收，要充分考虑固定资产的无形损耗。

2）财务、税法规定各类固定资产折旧年限的弹性。企业的折旧政策，可以在行业财务制度规定的各类折旧年限的弹性范围内，做出选择。

3）企业现金流量状况。当企业出现现金盈余时，可以选择慢速折旧政策；当企业出现现金短缺时，可以选择快速或递减折旧政策，以增加企业留用固定资产更新资金的现金流入量。

4）企业盈利水平。当需要提高盈利水平时，可以采用慢速折旧政策；当需要降低盈利水平时，可以采用快速折旧政策。

10.4.3 固定资产需要量的查定

一、固定资产需要量查定的意义

建筑施工企业要搞好固定资产管理，提高固定资产的利用效果，必须根据生产任务查定企业所需的固定资产。通过固定资产需要量的查定，及时补充固定资产的不足，同时对多余固定资产及时处理，减少企业资金的占用量，促使企业充分利用现有固定资产。

要查定固定资产的需要量，必须先进行以下清查工作：

(1) 查清固定资产的实有数量，做到账实相符。

(2) 查清固定资产的质量，对机械设备逐个进行性能检查。

(3) 查清固定资产的生产能力，分别查明单台机械设备的生产能力，或完成某项工种工程（或某种产品）的有关机械设备的综合生产能力，并计算机械设备的利用率。

二、固定资产需要量预测的方法

固定资产需要量的预测是指建筑施工企业根据经营任务、经营能力和经营方向，对计划期内企业各类固定资产所需数量所进行的测算和分析工作。常用的预测方法有直接查定法和产值资金率法。

（一）直接查定法

直接查定法是指在查定固定资产实物量的基础上，通过企业预测期生产任务与各种固定资产生产能力相平衡来直接确定固定资产需要量的方法。

生产设备是进行生产经营的主要物质技术基础，是决定产品产量和质量的关键，应作为预测固定资产需求量的重点，通常按其实物量逐项测定。在正确计算生产设备需要量的基础上，其他种类设备可以根据生产设备配套的需要确定其合理的需要量。至于其他非生产用固定资产，可以根据企业实际需要和可能条件来确定。

确定生产设备需要量的基本方法是：根据预测期生产任务和单台设备生产能力来测算某项生产设备需要量，计算公式为

$$某项生产设备需要量 = \frac{预测期生产任务}{单台设备生产能力}$$

直接查定法具体步骤是：

（1）清查生产设备数量。
（2）测算预测年度生产任务。
（3）测算生产设备需要量。
（4）确定需追加设备量。根据生产设备需要量和实有生产设备数量、变动情况等，确定需追加设备量。

运用直接查定法测算比较准确，但需要占用大量信息资源，计算过程比较复杂。

（二）产值资金率法

产值资金率法是以某一正常生产年度产值固定资产率（按不变价格计算），来综合测算固定资产的需要量的方法，计算公式如下

$$固定资产需要量 = 计划年度总产值 \times 正常年度产值固定资产率 \times \left(1 - \frac{计划年度固定资产}{利用率提高百分比}\right)$$

$$正常年度产值固定资产率 = \frac{正常年度固定资产平均总值}{正常年度实际总产值} \times 100\%$$

采用产值资金率法预测固定资产需要量，计算工作量小，容易掌握，但测算结果较为粗略，只适用于生产条件变化不大的企业。

对于生产能力不足的设备，应首先立足于充分挖掘内部潜力，采取措施，进一步压缩单位产品台时定额，或把一部分任务委托外单位加工，使之在不增加设备的前提下，保证完成生产任务。只有在采取措施后，设备仍然不足时，才考虑进行固定资产投资，购置设备，满足企业生产和发展的需要。

10.4.4 固定资产的日常管理

一、实行固定资产归口分级管理

企业的固定资产种类繁多，其使用单位和地点又很分散。为此，要建立各职能部门、各

级单位在固定资产管理方面的责任制，实行固定资产的归口分级管理。

归口管理就是把固定资产按不同类别交相应职能部门负责管理。具体做法是：生产设备归生产部门管理；动力设备归动力部门管理；运输设备归运输部门管理；房屋、家具用具归总务部门管理；各种科研开发设备由技术部门管理。各归口管理部门要对所分管的固定资产负责，保证固定资产的安全完整。

分级管理就是按固定资产的使用地点，由各级使用单位负责具体管理，并进一步落实到部门、落实到个人。做到层层有人负责，物物有人管理，保证固定资产的安全管理和有效利用。

二、编制固定资产目录

为了加强固定资产的管理，企业财务部门要会同固定资产的使用和管理部门，按照国家规定的固定资产划分标准，分类详细编制"固定资产目录"。在编制固定资产目录时，要统一固定资产的分类编号，各管理部门和各使用部门的账、卡、物要统一用此编号。

三、建立固定资产卡片或登记簿

固定资产卡片实际上是以每一独立的固定资产项目为对象开设的明细账，企业在收入固定资产时设立卡片，登记固定资产的名称、类别、编号、预计使用年限、原始价值、建造单位等原始资料，还要登记有关验收、启用、大修、内部转移、调出及报废清理等内容。实行这种办法有利于保护企业固定资产的完整无缺，促进使用单位关心对设备的保养和维护，提高设备的完好程度，有利于做到账账、账实相符，为提高固定资产的利用效果打下良好的基础。

四、正确地核算和提取折旧

固定资产的价值是在再生产过程中逐渐地损耗、并转移到产品中去的。为了保证固定资产在报废时能够得到更新，在其正常使用过程中，要正确计算固定资产的折旧，以便合理地计入相关成本和费用中，并以折旧的形式收回，以保证再生产活动的持续进行。

五、合理安排固定资产的修理

为了保持固定资产经常处于良好的使用状态和充分发挥工作能力，必须经常对其进行维修和保养。固定资产修理费一般直接计入有关费用。

六、科学地进行固定资产更新

财务管理的一项重要内容是根据企业折旧积累的程度和企业发展的需要，建立起企业固定资产适时更新规划，满足企业周期性固定资产更新改造的要求。

（一）制订分阶段固定资产更新改造的规划

必须尽可能地确定具体更新改造固定资产的种类、数量和质量标准。根据不同的更新种类和数量，确定预计要达到的经济合理的经营规模；然后再根据不同的质量要求，选择先进的技术装备。

（二）提出合理的固定资产更新的预算资金

企业应根据分阶段固定资产更新改造的规划，制订出各期所需资金量。企业内部资金积累包括一定时期的累计折旧、企业的盈余公积及未分配利润等。若企业现有资金不足，则再考虑对外筹措。

（三）正确估计配套流动资金的需要量

固定资产的更新改造要结合流动资产的投入一并预算和规划，同时必须考虑各更新项目工程完工后将要配套发生的流动资金数。这样，固定资产的更新改造才能为企业形成预定的生产能力。

七、建立固定资产清查盘点制度

为了保证固定资产的完整无缺，必须定期对固定资产进行清查盘点，每年至少一次。清查时，除了点清固定资产数量外，还要检查固定资产的使用情况和维护情况，检查有无长期闲置的不适用或多余不需要用的固定资产，有无使用不当、保管不妥、维护保养不善的固定资产。对存在问题，要提出措施，及时加以改进。

本章小结

现金管理的根本目标是在保证企业高效、高质地开展经营活动的情况下，尽可能地保持最低现金占用量。因此，掌握现金持有的动机，明确现金的持有成本，确定最佳现金持有量是现金管理的重要内容之一。确定最佳现金持有量的方法主要有成本分析模式、现金周转期模式、存货模式等。

应收账款的管理目标是在发挥应收账款强化竞争，扩大销售的同时，尽可能降低投资的机会成本、坏账损失与管理成本，最大限度地提高应收账款投资的效益。信用政策是企业财务政策的一个重要组成部分，主要包括信用标准、信用条件和收账政策三部分。不同的信用政策对企业的收益产生不同的影响。应收账款的管理还包括应收账款的日常管理。

材料在存货中占有非常重要的地位。材料在建筑施工企业中起着非常重要的作用，因而材料管理尤为重要，材料的管理方法主要是经济批量控制法和材料的日常管理，如材料储存期控制、ABC分析法等。

固定资产是指使用期限超过一年，单位价值较高，并且在使用过程中保持原有实物形态的资产，包括房屋及建筑物、机械设备、运输设备、工具器具等。固定资产具有以下基本特征：固定资产的使用期限超过一年或长于一年的一个经营周期，且在使用过程中保持原来的物质形态不变；固定资产的使用寿命是有限的（土地除外）；固定资产是用于生产经营活动，而不是为了出售。

固定资产投资具有投资的回收期较长、固定资产的变现能力较差、风险较大、资金占用数量相对稳定、实物形态和价值形态可以分离等特点。

固定资产管理的要点是合理地进行固定资产需要量预测、科学地进行固定资产投资的预测分析、正确确定固定资产价值、正确地计提固定资产折旧、切实做好固定资产的保全、不断提高固定资产的利用效果等。

习题

一、判断题

1. 固定资产是用于生产经营而不是为了出售。　　　　　　　　　　　　　（　　）
2. 提前报废的固定资产照提折旧。　　　　　　　　　　　　　　　　　　（　　）
3. 拥有大量现金的企业具有较强的偿债能力和承担风险的能力，因此，企业单位应该尽量多地拥有现金。　　　　　　　　　　　　　　　　　　　　　　　　（　　）
4. 企业进行有价证券投资，既能带来较多的收益，又能增强企业资产的流动性，降低企业的财务风险。   （   ）
5. 如果一个企业的流动资产比较多，流动负债比较少，说明短期偿债能力较弱。（   ）
6. 企业持有现金的动机主要是交易的动机和预防的动机。   （   ）
7. 现金管理的目的是在保证企业生产经营所需要的现金的同时，节约使用资金，并从暂时闲置的现金中获得最多的利息收入。   （   ）
8. 当企业实际的现金余额与最佳的现金余额不一致时，可采用短期融资策略或投资于有价证券等策略来达到理想状况。   （   ）
9. 现金余缺是指计划期现金期末余额与预计现金余额之间的差额。   （   ）
10. 对于现金余额，不能只考虑风险，也不能只考虑报酬，必须将风险与报酬相互权衡，一起考虑。   （   ）
11. 现金周转期就是存货周转期与应收账款周转期之和。   （   ）
12. 现金持有成本与现金余额成正比例变化，而现金转换成本与现金余额成反比例变化。   （   ）
13. 现金持有成本和现金转换成本的合计最低条件下的现金余额即为最佳现金余额。
                                                                （   ）
14. 因素分析模式假设现金需求量与营业量成反比例增长。   （   ）
15. 企业加速收款的任务不仅是要尽量使顾客早付款，而且要尽快地使这些付款转化为可用现金。   （   ）
16. 赊销是扩大销售的有力手段之一，企业应尽可能放宽信用条件，增加赊销量。（   ）
17. 应收账款管理的基本目标，就是尽量减少应收账款的数量，降低应收账款投资的成本。   （   ）
18. 企业拥有现金所发生的管理成本是一种固定成本，与现金持有量之间无明显的比例关系。   （   ）
19. 订货成本的高低取决于订货的数量与质量。   （   ）
20. 要制定最优的信用政策，应把信用标准、信用条件、收账政策结合起来，考虑其综合变化对销售额、应收账款机会成本、坏账成本和收账成本的影响。（   ）

二、单项选择题

1. 经济批量是指（   ）。
   A. 采购成本最低的采购批量   B. 订货成本最低的采购批量
   C. 储存成本最低的采购批量   D. 存货总成本最低的采购批量
2. 下列对信用期限的描述中正确的是（   ）。
   A. 缩短信用期限，有利于销售收入的扩大
   B. 信用期限越短，企业坏账风险越大
   C. 信用期限越长，表明客户享受的信用条件越优越
   D. 信用期限越短，应收账款的机会成本越高
3. 在下列各项中，属于应收账款机会成本的是（   ）。
   A. 坏账损失   B. 收账费用
   C. 对客户信用进行调查的费用   D. 应收账款占用资金的应计利息
4. 信用条件"1/10，$n/30$"表示（   ）。

A. 信用期限为 10 天，折扣期限为 30 天
B. 如果在开票后 10～30 天内付款可享受 10％的折扣
C. 信用期限为 30 天，现金折扣为 10％
D. 如果在 10 天内付款，可享受 1％的现金折扣，否则应在 30 天内全额付款

5. 在对材料采用 ABC 法进行控制时，应当重点控制的是（　　）。
   A. 数量较大的存货　　　　　　　　B. 占用资金较多的存货
   C. 品种多的存货　　　　　　　　　D. 价格昂贵的存货

6. 当预期利率上升，有价证券的价格将要下跌时，投机的动机就会鼓励企业（　　）。
   A. 将现金投资于有价证券
   B. 暂时持有现金，直到利率停止上升为止
   C. 将现金投资于短期证券
   D. 将现金投资于长期证券

7. 现金余缺是指（　　）与最佳现金余额相比之后的差额。
   A. 预计现金收入　　　　　　　　　B. 预计现金支出
   C. 计划期现金期末余额　　　　　　D. 计划期现金期初余额

8. 下列关于信用标准的说法不正确的是（　　）。
   A. 信用标准是企业同意向顾客提供商业信用而提出的基本要求
   B. 信用标准主要是规定企业只能对信誉很好，坏账损失率很低的顾客给予赊销
   C. 如果企业的信用标准较严，则会减少坏账损失，减少应收账款的机会成本
   D. 如果信用标准较宽，虽然会增加销售，但会相应增加坏账损失和应收账款的机会成本

9. 关于现金管理的目的说法不正确的是（　　）。
   A. 现金管理的目的，是尽量节约使用资金，并从暂时闲置的现金中获得最多的利息收入
   B. 现金管理应使企业的现金非常充足，不出现短缺的情况
   C. 现金管理应做到保证企业交易所需的资金
   D. 现金管理应不使企业有过多的闲置现金

10. 应收账款的功能是（　　）
    A. 增强竞争力，减少损失　　　　　B. 向顾客提供商业信用
    C. 加强流动资金的周转　　　　　　D. 增加销售、减少存货

11. 某企业预计存货周转期为 60 天，应收账款周转期为 30 天，应会账款周转期为 20 天，预计全年需要现金 360 万元。则最佳现金余额为（　　）。
    A. 90 万元　　　　B. 70 万元　　　　C. 100 万元　　　　D. 20 万元

12. 下列关于现金的说法不正确的是（　　）。
    A. 现金是指可以用来购买物品、支付各项费用或用来偿还债务的交换媒介或支付手段
    B. 现金主要包括库存现金和银行活期及定期存款
    C. 现金是流动资产中流动性最强的资产，可直接支用，也可立即投入流通
    D. 现金拥有较多的企业具有较强的偿债能力和承担风险的能力

13. 企业愿意向客户提供商业信用所要求的关于客户信用状况方面的最低标准，称为（　　）。
    A. 信用条件　　　　B. 信用额度　　　　C. 信用标准　　　　D. 信用期限

14. 企业对外销售产品时，由于产品经营和品种不符合规定要求，而适当降价，称作（　　）。

　　A. 销售退回　　　　B. 价格折扣　　　　C. 销售折让　　　　D. 销售折扣

15. 商业信用条件为"3/10, n/30"，购货方决定放弃现金折扣，则使用该商业信用的成本为（　　）。

　　A. 55.8%　　　　　B. 51.2%　　　　　C. 47.5%　　　　　D. 33.7%

三、多项选择题

1. 提供比较优惠的信用条件，可增加销售量，但也会付出一定代价，主要有（　　）。
   A. 应收账款机会成本　　　B. 坏账损失　　　C. 收账费用落千丈
   D. 现金折扣成本　　　　　E. 顾客信用调查费用

2. 评估顾客信用的5C评估法中的"5C"包括（　　）。
   A. 品德　　B. 能力　　C. 利润　　D. 资本　　E. 情况

3. 预防动机所需要现金的多少取决于（　　）。
   A. 利率和有价证券价格水平　　　　B. 现金收支预测的可靠程度
   C. 企业日常支付的需要　　　　　　D. 企业临时借款能力
   E. 企业愿意承担的风险程度

4. 关于现金，下列说法正确的是（　　）。
   A. 因为库存现金没有收益，所以应该尽量减少现金的持有量
   B. 现金结余过多，会降低企业的成本
   C. 当现金短缺时，应该采用短期融资战略
   D. 现金太少，可能会出现现金短缺，影响生产经营活动
   E. 在现金余额问题上，也存在风险与报酬的权衡问题，因此应该找出最佳现金余额

5. 关于最佳现金余额下列说法正确的是（　　）。
   A. 确定最佳现金余额的方法有现金周转模式、存货模式和因素分析模式等多种方法
   B. 现金余额总成本包括现金持有成本和现金转换成本等两个方面
   C. 如果现金余额大，则持有现金的机会成本高，但转换成本可减少
   D. 现金持有成本和现金转换成本的合计最低条件下的现金余额即为最佳现金余额
   E. 因素分析模式是根据上年现金占用额和有关因素的变动情况来确定最佳现金余额的一种方法

6. 在西方财务管理中，控制现金支出的方法有（　　）。
   A. 运用"浮游"量，以节约资金
   B. 控制支出的时间，以最大限度地利用现金而又不丧失现金折扣
   C. 运用适当的工资支出模式
   D. 建立严格的现金支出审核制度
   E. 削减不必要的现金支出额

7. 应收账款的管理成本主要包括（　　）。
   A. 调查顾客信用情况的费用　　　B. 收集各种信息的费用
   C. 账簿的记录费用　　　　　　　D. 应收账款的坏账损失
   E. 收账费用

8. 为了评价两个可选择的信用标准孰优孰劣，必须计算两个方各自带来的利润和成本，为此应测试的项目有（   ）。
   A. 信用条件的变化情况　　　　　　B. 销售量变化对利润销售的影响
   C. 应收账款投资及其机会成本的变化　D. 坏账成本的变化
   E. 管理成本的变化
9. 信用条件是指企业要求顾客支付赊销款项的条件，包括（   ）。
   A. 信用期限　　B. 现金折扣　　C. 折扣期限　　D. 机会成本　　E. 坏账成本
10. 现金折扣是在顾客提前付款时给予的优惠，"2/10，$n/30$"的含义是（   ）。
    A. 如果在发票开出 10 天内付款，可以享受 2% 的折扣
    B. 如果在发票开出 10 天内付款，可以享受 20% 的折扣
    C. 如果不想取得折扣，这笔货款必须在 30 天内付清
    D. 如果不想取得折扣，这笔货款必须在 20 天内付清
    E. 如果不想取得折扣，这笔货款必须在 20 天内付清，且利率另议
11. 按照收账费用与坏账损失的关系，可以得出（   ）。
    A. 收账费用支出越多，坏账损失越少，两者成反比例关系
    B. 开始花费一些收账费用，应收账款和坏账损失有小幅度降低
    C. 收账费用继续增加，应收账款和坏账损失明显减少
    D. 达到饱和点时，应收账款和坏账损失的减少就不再明显了
    E. 随着收账费用的增加，坏账损失呈递减变化
12. 营运资金的特点有（   ）。
    A. 营运资金的来源较固定，比较有保证　B. 营运资金的数量具有波动性
    C. 营运资金的实物形态具有易变现性　　D. 营运资金的周转具有短期性
    E. 营运资金的实物形态具有变动性
13. 下列关于营运资金的说法正确的是（   ）。
    A. 营运资金是企业占用在流动资产上的资金
    B. 营运资金就是毛营运资金，指企业流动资产的总额
    C. 营运资金有广义和狭义之分
    D. 狭义的营运资金是指流动资产减流动负债后的余额
    E. 营运资金的管理既包括流动资产的管理，又包括流动负债的管理
14. 固定资产的折旧方法包括（   ）。
    A. 工作量法　　B. 平均年限法　　C. 年数总和法　　D. 双倍余额递减法
15. 属于固定资产需要量预测的方法是（   ）。
    A. 直接查定法　B. 比率分析法　　C. 产值资金率法　D. 比较分析法
16. 属于固定资产投资特点的是（   ）。
    A. 回收期长　　B. 投资风险大　　C. 变现能力差　　D. 资金占用相对稳定
17. 不应计提折旧的是（   ）。
    A. 当月增加的固定资产　　　　　　B. 当月减少的固定资产
    C. 提足折旧继续使用的固定资产　　D. 提前报废的固定资产

下 篇

第 11 章 财 产 清 查

知识目标
- 掌握财产盘存制度;
- 熟练掌握财产清查的方法和财产清查结果的账务处理;
- 了解财产清查的意义和作用。

能力目标
- 能够熟悉财产清查的意义和种类;
- 能够熟练运用财产清查的方法进行案例的处理;
- 能够独立进行案例的处理与分析。

11.1 财产清查概述

11.1.1 财产清查概念

财产清查也称财产检查,就是通过对实物、现金的实地盘点和对银行存款、债权债务的查对,来确定各项财产物资、货币资金、债权债务的实存数,并查明实存数同账存数是否相符的一种方法。

财产实际上就是企业掌握的用以创造经济效益的资本,归企业拥有或控制,其潜在利益归企业占有。既然财产如此重要,那对其进行管理则是必须的和必要的。

企业的会计工作,都要通过会计凭证的填制和审核,然后及时地在账簿中进行连续登记。应该说,这一过程能保证账簿纪录的正确性,也能真实反映企业各项财产的实有数,各项财产的账实应该是一致的。但是,在实际工作中,由于种种原因,账簿记录会发生差错,各项财产的实际结存数也会发生差错,最终导致账存数与实存数发生差异。其常见的原因有:

(1) 在收发物资中,由于计量、检验不准确;
(2) 财产物资在运输、保管、收发过程中,在数量上发生自然增减变化;
(3) 在财产增减变动中,由于手续不齐或计算、登记上发生错误;
(4) 由于管理不善或工作人员失职,造成财产损失、变质或短缺等;
(5) 贪污盗窃、营私舞弊造成的损失;
(6) 自然灾害造成的非常损失;
(7) 未达账项。

上述种种原因都会影响账实的一致性。因此,运用财产清查的手段,对各种财产物资进行定期或不定期的核对和盘点,具有十分重要的意义。财产清查的必要性和重要性可见一斑。

11.1.2　财产清查作用

(1) 保证会计资料的真实性，提高会计信息质量。通过财产清查，可以确定各项财产的实有数，将实有数和账面数进行对比，将盘盈或盘亏数及时调整入账，做到账实相符，以保证账簿记录的真实正确，为编制报表做好准备。

(2) 加强企业财产物资的管理，提高经济效益。通过财产清查，可以找到财产账实不符的原因，从而发现企业财产管理上存在的问题，并在此基础上采取措施，堵塞漏洞，健全企业的财产物资管理制度，以保证财产物资的安全完整。同时，通过财产清查可以查明各项财产物资的使用情况，有无闲置、超储或不足的现象，从而充分发挥财产物资的潜力，加速资金周转，提高经济效益。

11.2　财产清查的种类和方法

11.2.1　财产清查的种类

在会计实务中，财产清查的种类很多，可以按不同的标志进行分类。通常主要有以下两种分类。

一、按清查对象的范围进行分类

财产清查按其清查范围的大小，可分为全面清查和局部清查。

（一）全面清查

全面清查就是对属于本单位或存放在本单位的所有财产物资、货币资金和各项债权债务进行全面盘点和核对。对资产负债表所列项目，要逐一盘点、核对。全面清查的内容多，范围广，一般出现以下情况就必须进行一次全面清查。

(1) 年终决算之前，要进行一次全面清查。

(2) 单位撤并，或者改变其隶属关系时，要进行一次全面清查，以明确经济责任。

(3) 开展资产评估，清产核资等专项经济活动，需要进行全面清查，摸清家底，以便有针对性地组织资金供应。

（二）局部清查

局部清查就是根据管理的需要或依据有关规定，对部分财产物资、债权债务进行盘点和核对。通常情况下，对于流动性较大的材料物资，除年度清查外，年内还要轮流盘点或重点抽查；对于贵重物资，每月都应清查盘点一次；对于现金，应由出纳人员当日清点核对；对于银行存款，每月要同银行核对一次；对于各种应收账款，每年至少核对一至两次。

二、按照清查的时间划分

财产清查按照清查时间是否事先有计划，可分为定期清查和不定期（临时）清查。

（一）定期清查

定期清盘就是按事先的计划安排时间对财产物资、债权债务进行的清查。一般是放在年度、季度、月份、每日结账时进行。例如，每日结账时，要对现金进行账实核对；每月结账时，要对银行存款日记账进行对账。定期清查可以是全面清查，也可以是局部清查。

（二）不定期清查

不定期清查是事先并无计划安排，而是根据实际需要所进行的临时性清查。通常在出现以下几种情况时，就需要开展不定期检查。

(1) 在单位更换现金出纳和财产物资保管人员时，应对相关的出纳人员和实物保管人员进行清查以分清经济责任。

(2) 当单位发生意外损失和非常灾害时，就应该对单位所受损失的相关财产物资进行清算，以查明损失情况。

(3) 当单位撤销、合并或改变隶属关系时，应对相关单位的各项财产物资、货币资金、债权、债务进行及时清查，以摸清家底。不定期清查，可以是局部清查，也可以是全面清查。

11.2.2 财产清查的方法

一、清查前的准备

财产清查是一项非常复杂细致的工作，它不仅是会计部门的一项重要任务，而且是各个财产物资经营部门的一项重要职责。为了妥善地做好财产清查工作，使它发挥应有的积极作用，必须在清查前，特别是全面清查以前，协调各方面力量，做好充分准备，成立清查组织。由于全面清查，涉及面较广，工作量较大，必须成立专门的清查组织，具体负责财产清查的组织和管理。清查组织应由会计、业务、仓储等相关业务部门的人员组成，并由相关的主管人员负责清查组织的各项工作。

其次，还应该做好业务准备工作。为做好财产清查工作，会计部门以及相关业务部门应在清查组织的指导下，做好各项相关的业务准备工作，重点是做好以下三方面工作：

(1) 会计部门应在财产清查之前，将有关账簿登记齐全，结出余额，做好账簿准备，为账实核对提供正确的账簿资料。

(2) 财产物资的保管使用等相关业务部门，应登记好所经管的全部财产物资明细账，并结出余额。将所保管以及所用的各种财产物资归位整理好，贴上标签，标明品种、规格和结存数量，以便盘点核对。

(3) 准备好各种计量器具和清查登记用的清单、表册。通常有"盘存表""实存账存对照表""未达账项登记表"等。

在完成以上各项准备工作以后，就应该由清查人员依据清查对象的特点，预先确定的清查目的，采用合适的清查方法，实施财产清查和盘点。

在盘点财产物资时，财产物资的保管人员必须在场；在盘点现金时，出纳人员必须在场。实施盘点时，应由盘点人员做好盘点记录；盘点结束后，盘点人员应根据财产物资的盘点记录，编制"盘存表"，并由参与盘点人员，财产物资保管人员及其相关责任人签名盖章。同时应就盘存表的资料以及相关账簿资料填制"实存账存对比表"，并据以检查账面数额与实际数额是否相符，同时根据对比结果调整账簿记录，分析差异原因，做出相应处理。

对银行存款的清查，我们应该将银行存款日记账，同银行对账单逐日逐笔进行核对，将一方已经记账而另一方尚未入账的收付款事项填制"未达账项登记表"；对于开户银行实行计算机自动查询的各开户单位，应常查对银行记录，并及时登记"未达账项登记表"，同时对已经入账的"未达账项"应随时注销。

对于各种债权债务的清查，则应通过信函、电函、面询等多种方式，查询核对各种应收、应付款的实际情况，并根据查询结果，填制"结算款项登记表"，经过分析研究后，据以做出处理。

二、财产清查的一般方法

财产清查是为了确认其实存数，查明实存数与账存数是否一致的一种专门方法。因此，进行财产清查，首先就要清查其实际结存数量和金额，确定其账面结存数量和金额，有了实存数量和金额以及账存数量和金额进行比较，就可以查明实存数与账存数是否相符。

（一）清查单位财产物资实存数的方法

对于单位的各项财产物资实存数量的清查，一般是采用实地盘点法或技术推算法。

（1）实地盘点法是通过实地逐一清点数量，或者用计量器具确定实存数量的一种常用方法。例如用秤计量铜材的吨位重量，逐一清点机器设备的台数等。

（2）技术推算法是通过技术推算确定实存数的一种方法。对于一些数量大、价值低，又不便于逐一过秤、点数的材料物资，例如原煤、砂石等，都可以在抽样盘点的基础上，进行技术推算，从而确定其实存数量。

（二）清查财产物资金额的方法

在清查物资的实存数量确定以后，就应进一步确定其金额。对有些物资没有实存数量，只有金额时，就直接确定其金额数量。对于各项物资实存金额的清查，通常采用账面价值法、评估确认法、协商议价法和查询核实法等。

（1）账面价值法是根据财产物资的账面单位价值来确定实存金额的方法。也就是根据各项财产物资的实存数量乘上账面单位价值，计算出各项财产物资的实存金额的方法。

（2）评估确认法是根据资产评估的价值来确定财产物资实存数额的办法。这种办法是根据资产的特点，由专门的资产评估机构依据资产评估的方法对相关财产物资进行评估，以评估确认的价值作为财产物资的实存金额。这种方法适用于企业改组、隶属关系发生变化、联营投资、单位撤销、清产核资等情况。

（3）协商议价法是根据涉及资产利益的有关各方，按照互惠互利的原则，参考目前市场价格，协商确定财产物资实存金额的方法。这种方法是根据协商议价的结果作为财产物资的价值，适用于企业联营投资，或者以企业资产对外投资时采用。

（4）查询核实法是一种依据账簿记录，采用一定的查询方式，进行清查财产物资、货币资金、债权债务的数量以及价值的方法。这种方法根据查询结果进行分析，来确定相关的财产物资、货币资金、债权债务的实物数量和价值量，适用于债权债务、出租出借的财产物资以及外埠存款的查询和核实。

（三）通用方法

（1）实地盘存制，实地盘存制是在期末通过盘点实物，来确定存货的数量，并据以计算出期末存货成本和本期销售成本的一种存货盘存制度。特点：平时只登记存货的增加数，不登记减少数，到月末，通过对财产物资的实地盘点确定期末实存数，倒挤出各项财产物资减少数，公式为

本期减少数＝账面期初余额＋本期增加额－期末实际库存

（2）永续盘存制，永续盘存制又称账面盘存制，是通过设置财产物资明细账，逐日逐笔登记财产收入发出数，并随时结出账面余额的一种存货盘存制度。特点：对财产物资的增加、减少数都要进行登记，并能够随时结出账面余额，公式为

账面期末余额＝账面期初余额＋本期增加额－本期减少额

11.3* 财产清查结果的处理

企业和经济单位进行财产清查以后，通常都能发现会计工作，财产物资的管理工作上存在的问题。如何妥善处理好这些问题是财产清查工作中的主要目的之一，也是财产清查发挥积极作用的最终体现。对于财产清查的结果进行处理，不应当只仅仅着眼于财务处理，做到账实相符，更重要的是要提出改进物资财产管理的措施，充分实现会计的管理职能。所以财产物资的清查结果的处理应该包括以下几方面内容。

一、查明各种财产物资的盘盈、盘亏原因并按财务制度规定进行处理

就财产物资盘盈、盘亏广义地说，应当包括各种固定资产、原材料、产成品、商品等实物财产的溢余、短缺、货币资金的溢缺，以及应收、应付款项的账面余额与查询核实数额之间的差异。对以上各种财产物资的盘盈盘亏，必须通过调查研究，查明原因，分清责任，按相关规定进行处理。

对于定额以内的或自然原因引起的盘盈、盘亏，应当按规定办理手续及时调整账项，办理转账。

对于有争议的应收、应付款项应当按照国家法令以及经济合同、购销协议，做出结论，或是提请有关部门仲裁。

对于那些由于保管人员失职而引起的盘亏或损失，必须清查失职的情节，按规定报请有关领导做出处理。对于贪污盗窃案件，应当会同相关部门或报送有关单位处理。

对于那些由于自然灾害等引起的财产损失，如属已经向保险公司投保的财产，还应向保险公司索取赔偿。

二、检查各项物资储备定额的遵守情况，及时采取改进措施

对于各种已经制订储备定额的财产物资，在财产清查后，还应当全面地检查物资储备的定额执行情况。储备不足的物质，应当及时通知有关部门，补充储备；对于多余、积压的物资应当查明原因，分别处理。

由于盲目采购，盲目建造或者生产任务改变而造成的积压、多余物资，应当积极组织销售或另行处理。对于那些稍加改制即可利用的物资，应当设法改制和利用。对于因品种不配套而造成的半成品积压，应当调整生产计划，组织均衡生产，消除半成品的积压。

在处理积压、多余物资的同时。对于利用率不高或闲置不用的固定资产，也必须查明原因积极处理，使所有固定资产都能充分加以利用，从而提高固定资产的使用效率。

三、及时调整账目，进行必要的账务处理

财产清查后，如实存数与账存数一致、账实相符，不必进行任何账户处理。如果出现实存数与账存数不一致，一般会出现两种情况。当实存数大于账存数时，称之为盘盈，当实存数小于账存数时，称之为盘亏；当实存数与账存数虽然一致，但实存的财产物资出现严重质量问题，而不能按正常的财产物资使用时，称为毁损。对上述问题，不论是盘盈、盘亏，或者毁损，都应该进行账务处理，调整账存数，使账存数与实存数保持一致，以保证账实相符。

盘盈时，调增账存数，使其与实存数一致，盘亏时或毁损时，调减账存数，使其与实存数一致。盘盈、盘亏、毁损等都说明企业在经营管理中、财产物资的保留中存在一定的问题。因此，一旦发现账实不符时，应该立即核准数字，同时进一步分析差异的形成原因，明确经济责任，并提出相应的处理意见。经财务制度规定的程序批准后，才能对差异进行处理。

财产清查结果的账务处理一般分两个步骤：

（1）应该根据查明属实的财产盘盈、盘亏或毁损的数字编制"实存账存对比表"，填制记账凭证，并据以登记账簿，调整账簿记录，使各项财产物资的实存数和账存数一致。

（2）待查清原因，明确责任以后，再根据审批后的处理决定文件，填制记账凭证，分别将其记入有关账户。对于各种结算款项，如在清查中发现差错，应立即调整账目。对于确定无法收回的应收款项，应按规定手续经过批准后予以转销。

为了核算和监督财产清查结果的财务处理情况，需设置"待处理财产损溢"账户。该账户的借方用来登记发生的待处理盘亏、毁损的金额。等到盘亏、毁损的原因查明后，经过审批再从该账户贷方转入相关账户的借方；而待处理财产损溢账户的贷方则先用来登记发生的待处理盘盈的金额，一旦查明原因，经审批后，将盘盈金额，再从该账户的借方转入有关账户的贷方。其借方余额，则表示尚未处理的盘亏金额；而贷方余额则表示尚未处理的盘盈物资金额。

在"待处理财产损溢"的总账账户下还应该设置"待处理流动资产损溢"和"待处理固定资产损溢"两个明细分类账户，分别对相关的流动资产和固定资产损溢进行核算。

【例11-1】 某公司在财产清查中，盘盈原材料6吨，价值18 000元。

报经批准前，根据实存账存对比表的记录，编制会计记录：

借：原材料　　　　　　　　　　　　　　　　　　18 000
　　贷：待处理财产损溢——待处理流动资产损溢　　　　18 000

经查明，这项盘盈材料因计量仪器不准造成生产领用少发多计，经批准冲减本月管理费用，编制会计分录如下：

借：待处理财产损溢——待处理流动资产损溢　　　　18 000
　　贷：管理费用　　　　　　　　　　　　　　　　　　18 000

【例11-2】 某公司在财产清查中，发现购进的甲材料实际库存较账面库存短缺10 000元，该批材料的进项税额为1 700元。

（1）报经批准前，先调整账面余额，编制会计分录如下：

借：待处理财产损溢——待处理流动资产损溢　　　　11 700
　　贷：原材料——甲材料　　　　　　　　　　　　　　10 000
　　　　应交税费——应交增值税　　　　　　　　　　　1 700

（2）报经批准，如属于定额内的自然损耗，则应作为管理费用，计入本期损益，编制会计分如下：

借：管理费用　　　　　　　　　　　　　　　　　　11 700
　　贷：待处理财产损溢——待处理流动资产损溢　　　　11 700

（3）如果经查实，上述盘亏材料属于管理人员过失造成，应由过失人赔偿，企业应编制会计分录如下：

借：其他应收款——过失人　　　　　　　　　　　　11 700
　　贷：待处理财产损溢——待处理流动资产损溢　　　　11 700

（4）如果属于非常灾害造成的损失，经批准列作营业外支出，编制会计分录如下：

借：营业外支出　　　　　　　　　　　　　　　　　11 700
　　贷：待处理财产损溢——待处理流动资产损溢　　　　11 700

本章小结

本章主要介绍了财产清查的概念、种类、方法和财产清查结果的账务处理。财产清查是为了保证账簿记录与财产物资相符合的一种方法。在做好对账、组织准备等相应的准备工作后，企业有必要通过账单核对法，核对结算款项是否存在，是否与债务债权单位的债权、债务金额一致；通过实地盘点法核对现金日记账余额与库存现金金额是否一致，是否存在白条抵库等不合规行为；通过编制银行余额调节表排除未达账项影响，来核对银行存款日记账与银行对账单是否一致；通过技术推算法，实地盘点法核查各项存货的实存数与账面数是否一致，同时查明是否有报废损失和积压物资等；核查需要清查、核实的其他内容。在清查对象的实存数量确定后，就要进一步确定其金额。有些财产物资没有实存数量只有金额，可直接确定其金额。清查的会计处理是通过"待处理财产损溢"账户进行的。

习题

一、思考题

1. 简述财产清查的概念、种类。
2. 财产清查的方法有哪些？
3. 财产清查的结果如何处理？

二、单项选择题

1. 对实物资产进行清查盘点时，（　　）必须在场。
   A. 实物保管员　　　B. 记账人员　　　C. 会计主管　　　D. 单位领导

2. 企业通过实地盘点法先确定期末存货的数量，然后倒挤出本期发出存货的数量，这种处理制度称为（　　）。
   A. 权责发生制　　　B. 收付实现制　　　C. 账面盘存制　　　D. 实地盘存制

3. 对银行存款进行清查时，应将（　　）与银行对账单逐笔核对。
   A. 银行存款总账　　　　　　　　　B. 银行存款日记账
   C. 银行支票备查簿　　　　　　　　D. 现金日记账

4. 对于应收账款进行清查应采用的方法是（　　）。
   A. 技术推算法　　　B. 实地盘点法　　　C. 询证核对法　　　D. 抽样盘点法

5. 在实际工作中，企业一般以（　　）作为财产物资的盘存制度。
   A. 收付实现制　　　B. 权责发生制　　　C. 永续盘存制　　　D. 实地盘存制

6. 银行存款清查中发现的未达账项应编制（　　）来检查调整后的余额是否相等。
   A. 对账单　　　　　　　　　　　B. 银行存款余额调节表
   C. 盘存单　　　　　　　　　　　D. 实存账存对比表

7. 银行存款余额调节表中调节后的余额是（　　）。
   A. 银行存款账面余额　　　　　　　B. 对账单余额与日记账余额的平均数
   C. 对账日企业可以动用的银行存款实有数额　　　D. 银行方面的账面余额

8. 在财产清查中，实物盘点的结果应如实登记在（　　）。

A. 盘存单　　　　　　　　　　　　B. 账存实存对比表
C. 对账单　　　　　　　　　　　　D. 盘盈盘亏报告表

9. 对价值小、数量多，不便于一一清点的财产应该采用（　　）进行盘点。
A. 逐一盘点法　　B. 测量计算法　　C. 对账单法　　D. 抽样盘点法

10. 对于大量堆积的煤炭清查，一般采用的方法为（　　）。
A. 实地盘点　　B. 抽查检验　　C. 技术推算盘点　　D. 查询核对

11. 银行存款的清查方法，应采用（　　）。
A. 实地盘点法　　B. 技术分析法　　C. 对账单法　　D. 询证法

三、多项选择题

1. 以下情形中，应该对财产进行不定期清查的是（　　）。
A. 发现财产被盗　　　　　　　　　B. 与其他企业合并
C. 财产保管人员变动　　　　　　　D. 自然灾害造成部分财产损失

2. "银行存款余额调节表"是（　　）。
A. 原始凭证　　　　　　　　　　　B. 盘存表的表现形式
C. 只起到对账作用　　　　　　　　D. 银行存款清查的方法

3. 以下资产可以采用实地盘点法进行清查的是（　　）。
A. 现金　　　　B. 原材料　　　　C. 银行存款　　　　D. 固定资产

4. 财产清查的种类有许多分类方法，主要包括（　　）。
A. 按财产清查的方法，分为实地盘存法和技术推算法
B. 按财产清查的时间，分为定期清查和不定期清查
C. 按财产清查的内容，分为重点项目清查和一般项目清查
D. 按财产清查的范围，分为全面清查和局部清查

5. 下列各项中，需要对单位的财产进行全面清查的有（　　）。
A. 单位撤销　　　　　　　　　　　B. 单位与国内企业联营
C. 单位主要负责人调离工作　　　　D. 单位仓库保管员调动工作

四、*计算及账务处理题

业务（一）

1. 目的：练习盘盈资产的账务处理。
2. 资料：某公司在财产清查中，盘盈机床1台，价值18 000元。请进行账务处理。
3. 要求：根据以上经济业务编制会计分录。

业务（二）

1. 目的：练习存货盘亏的核算。
2. 资料：某公司在材料的清查盘点中发现盘亏和损毁水泥10吨，每吨300元；经查明，盘亏和毁损水泥3 000元中，应由过失人赔偿600元，自然灾害造成的损失1 500元，一般管理损失900元，经批准后予以转销。
3. 要求：进行材料盘亏的账务处理。

第 12 章

工程成本管理

知识目标

- 了解工程成本预测的内容，掌握工程成本预测的程序和方法；
- 掌握施工企业成本计划的编制程序；
- 掌握工程成本控制的作用和内容；
- 掌握工程成本分析的原则和方法；
- 了解施工企业成本考核的意义和方法。

能力目标

- 能够准确地进行工程成本预测；
- 能够详细地编制工程成本计划；
- 能够根据工程成本预测，做好工程成本控制工作；
- 能够结合实际进行工程成本分析，并且有效地做好工程成本考核工作。

施工企业成本是指在建设工程项目的施工过程中所发生的全部生产费用的总和，包括所消耗的原材料、辅助材料、构配件等的费用，周转材料的摊销或租赁费等，施工机械的使用费或租赁费等，支付给生产工人的工资、奖金、工资性质的津贴等，以及进行施工组织与管理所发生的全部费用支出。

建设工程项目施工成本由直接成本和间接成本组成。

直接成本是指施工过程中耗费的构成工程实体或有助于工程实体形成的各项费用支出，其是可以直接计入工程对象的费用，包括人工费、材料费、施工机械使用费和施工措施费等。

间接成本是指为施工准备、组织和管理施工生产的全部费用的支出，是非直接用于也无法直接计入工程对象，但为进行工程施工所必须发生的费用，包括管理人员工资、办公费、差旅交通费等。

根据建筑产品成本运行规律，成本管理责任体系应包括组织管理层和项目经理部。组织管理层的成本管理除生产成本外，还包括经营管理费用；项目管理层应对生产成本进行管理。组织管理层贯穿于项目投标、实施和结算过程，体现效益中心的管理体制职能；项目管理层则着眼于执行组织确定的施工成本管理目标，发挥现场生产成本控制中心的管理职能。

工程成本管理旨在预测和计划工程成本，并控制工程成本确保工程在预算的约束条件下完成。施工企业成本管理的任务主要包括：

（1）施工成本预测；
（2）施工成本计划；
（3）施工成本控制；

(4) 施工成本核算；
(5) 施工成本分析；
(6) 施工成本考核。

12.1 工程成本的预测

在进行成本分析的基础上，对成本做出科学的预测，是保证成本决策的正确性和整个成本管理工作的有效性的一个重要前提。工程成本预测是根据成本信息和施工项目的具体情况，以成本的历史资料或相关资料为依据，利用影响成本的各种因素与成本的关系，结合企业发展前景规划，运用科学的方法，对未来的成本水平及其变化趋势所进行的测算。

12.1.1 工程成本预测的意义及内容

一、工程成本预测的意义

科学地进行工程成本预测，对于保证工程成本决策的正确性和整个工程成本管理工作的有效性，降低成本，提高经济效益，在竞争中求生存、求发展，有着重要的意义。

（一）工程成本预测是做出正确经营决策的依据

施工企业的一些重要的经营活动，都需要经营者做出决策，在各种不同的备选方案中，要求经营者选出成本低、效益好的最佳成本方案。对未来的成本水平和发展趋势所进行的科学预测，是做出正确经营决策的重要依据。

（二）工程成本预测是编制成本计划的基础

计划是为实施决策所选定的方案而做出的具体安排。企业编制工程成本计划和利用计划前，首先必须进行工程成本预测和决策，看成本利润指标能否达到预期目标。如果达不到，则需进一步采取措施，挖掘降低成本的潜力，使其先进可行，在此基础上，才能编制工程成本计划。

（三）工程成本预测是加强工程成本控制，提高经济效益的重要措施

控制主要是为保证计划的实现，并以计划为依据而实施的。通过工程成本分析和成本预测，可以预先知道哪些工程项目成本最低，经济效益最高，以便企业领导在现有的条件下，选择最优方案，提高经济效益，保证成本计划或目标的实现。

二、工程成本预测的内容

成本预测是成本计划的基础，为编制科学、合理的成本控制目标提供依据。因此，成本预测对提高成本计划的科学性、降低成本和提高经济效益，具有重要的作用。加强成本控制，首先要抓成本预测。成本预测的内容主要是使用科学的方法，结合中标价根据各项目的施工条件、机械设备、人员素质等对项目的成本目标进行预测。

（一）工、料、费用预测

（1）首先分析工程项目采用的人工费单价，再分析工人的工资水平及社会劳务的市场行情，根据工期及准备投入的人员数量分析该项工程合同价中人工费是否包干。

（2）材料费占建安费的比重极大，应作为重点予以准确把握，分别对主材、地材、辅材、其他材料费进行逐项分析，重新核定材料的供应地点、购买价、运输方式及装卸费，分析定额中规定的材料规格与实际采用的材料规格的不同，对比实际采用配合比的水泥用量与定额用量

的差异，汇总分析预算中的其他材料费，在混凝土实际操作中要掺一定量的外加剂等。

（3）机械使用费。投标施组中的机械设备的型号，数量一般是采用定额中的施工方法套算出来的，与工地实际施工有一定差异，工作效率也有不同，因此要测算实际将要发生的机械使用费。同时，还得计算可能发生的机械租赁费及需新购置的机械设备费的摊销费，对主要机械重新核定台班产量定额。

（二）施工方案引起费用变化的预测

工程项目中标后，必须结合施工现场的实际情况制定技术上先进可行和经济合理的实施性施工组织设计，结合项目所在地的经济、自然地理条件、施工工艺、设备选择、工期安排的实际情况，比较实施性施工组织设计所采用的施工方法与标书编制时的不同，或与定额中施工方法的不同，以据实做出正确的预测。

（三）辅助工程费的预测

辅助工程量是指工程量清单或设计图纸中没有给定，而又是施工中不可缺少的，例如混凝土拌和站、隧道施工中的三管两线，高压进洞等，也需根据实施性施工组织设计作好具体实际的预测。

（四）大型临时设施费的预测

大型临时工作费的预测应详细地调查，充分地比选论证，从而确定合理的目标值。

（五）小型临时设施费、工地转移费的预测

小型临时设施费的内容包括：临时设施的搭设，需根据工期的长短和拟投入的人员、设备的多少来确定临时设施的规模和标准，按实际发生并参考以往工程施工中包干控制的历史数据确定目标值。工地转移费应根据转移距离的远近和拟转移人员，设备的多少核定预测目标值。

（六）成本失控的风险预测

项目成本目标的风险分析，就是对在本项目中实施可能影响目标实现的因素进行事前分析，通常可以从以下几方面来进行分析：

（1）对工程项目技术特征的认识，如结构特征，地质特征等。

（2）对业主单位有关情况的分析，包括业主单位的信用、资金到位情况、组织协调能力等。

（3）对项目组织系统内部的分析，包括施工组织设计、资源配备、队伍素质等方面。

（4）对项目所在地的交通、能源、电力的分析。

（5）对气候的分析。

总之，通过对上述几种主要费用的预测，即可确定工、料、机及间接费的控制标准，也可确定必须在多长工期内完成该项目，才能完成管理费的目标控制。所以说，成本预测是成本控制的基础。

12.1.2 工程造价构成

工程造价构成由预备费、建设期贷款利息组成。

一、预备费

按我国现行规定，包括基本预备费和涨价预备费。

（一）基本预备费

基本预备费是指在初步设计及概算内难以预料的工程费用，费用内容包括：

(1) 在批准的初步设计范围内,技术设计、施工图设计及施工过程中所增加的工程费用;设计变更、局部地基处理等增加的费用。

(2) 一般自然灾害造成的损失和预防自然灾害所采取的措施费用。实行工程保险的工程项目费用应适当降低。

(3) 竣工验收时为鉴定工程质量对隐蔽工程进行必要的挖掘和修复费用。

基本预备费是按设备及工器具购置费、建筑安装工程费用和工程建设其他费用三者之和为计取基础,乘以基本预备费率进行计算。

计算公式为

$$基本预备费=(工程费用+工程建设其他费用)\times 基本预备费费率$$

(二)涨价预备费

涨价预备费是指建设项目在建设期间内由于价格等变化引起工程造价变化的预测预留费用。费从内容包括:人工、设备、材料、施工机械的价差费,建筑安装工程费及工程建设其他费用调整,利率、汇率调整等增加的费用。计算公式为

$$PF = \sum_{t=1}^{n} I_t [(1+f)^m (1+f)^{0.5} (1+f)^{t-1} - 1]$$

式中　n——建设期年份数;

　　　I_t——建设期中第 t 年的投资计划额,包括工程费用、工程建设其他费用及基本预备费,即第 t 年的静态投资;

　　　f——年均投资价格上涨率;

　　　m——建设前期年限(从编制估算到开工建设),年。

【例 12-1】 某建设项目,经投资估算确定的工程费用与工程建设其他费用合计为 2 000 万元,项目建设期为 2 年,每年各完成投资计划 50%。在基本预备费为 5%。年均投资价格上涨率为 10% 的情况下,求该项目建设期的涨价预备费。

解 基本预备费 = 2 000 × 5% = 100(万元)

静态投资 = 2 000 + 100 = 2 100(万元)

建设期第一年完成投资 = 2 100 × 50% = 1 050(万元)

若项目建设准备期为 1 年,则计算过程如下

第一年涨价预备费为 $PF_1 = I_1[(1+f)(1+f) \times 0.5 - 1] = 161.385(万元)$

第二年完成投资 = 2 100 × 50% = 1 050(万元)

第二年涨价预备费为 $PF_2 = I_2[(1+f)(1+f)0.5(1+f) - 1] = 282.555(万元)$

所以,建设期的涨价预备费为 $PF = 161.385 + 282.555 = 443.94(万元)$

二、建设期贷款利息

建设期贷款利息包括向国内银行和其他非银行金融机构贷款、出口信贷、外国政府贷款、国际商业银行贷款以及在境内外发行的债券等在建设期间内应偿还的贷款利息。

当总贷款是分年均额发放时,建设期利息的计算可按当年借款在年终支用考虑,即当年贷款按半年计息,上年贷款按全年计息,计算公式为

$$q_j = (p_{j-1} + 0.5A_j) \times i$$

式中　q_j——建设期第 j 年应计利息;

　　　p_{j-1}——建设期第 $(j-1)$ 年末贷款累计金额与利息累计金额之和;

A_j——建设期第 j 年贷款金额；
i——年利率。

国外贷款利息的计算中，还应包括国外贷款银行根据贷款协议向贷款方以年利率的方式收取的手续费、管理费、承诺费；以及国内代理机构经国家主管部门批准的以年利率的方式向贷款单位收取的转贷费、担保费、管理费等。

【例 12-2】 某新建项目，建设期为 3 年，分年均衡进行贷款，第一年贷款 1 000 万元，第二年贷款 2 000 万元，第三年贷款 500 万元，年贷款利率为 6%，建设期间只计息不支付。则该项目第三年贷款利息为多少？

解 第一年贷款利息 （1 000/2）×6%＝30（万元）
第二年贷款利息 （1 000+30+2 000/2）×6%＝121.8（万元）
第三年贷款利息 （1 000+30+2 000+121.8+500/2）×6%＝204.108（万元）

12.1.3 建设投资估算表编制

按照费用归集形式，建设投资可按概算法或按形成资产法分类。

一、按概算法分类

建设投资由工程费用、工程建设其他费用和预备费三部分构成。建设投资由工程费用、工程建设其他费用和预备费三部分构成。其中工程费用又由建筑工程费、设备购置费（含工器具及生产家具购置费）和安装工程费构成；工程建设其他费用内容较多，且随行业和项目的不同而有所区别。预备费包括基本预备费和涨价预备费。建设投资估算表（概算法）见表12-1。

表 12-1　　　　　　　　建设投资估算表（概算法）

人民币单位：万元，外币单位：

序号	工程或费用名称	建筑工程费	设备购置费	安装工程	其他费用	合计	备注
1	工程费用						
1.1	主体工程						
1.1.1	×××						
…	…						
1.2	辅助工程						
…	…						
1.3	公用工程						
1.3.1	×××						
…	…						
1.4	服务性工程						
1.4.1	×××						
…	…						
1.5	厂外工程						

续表

序号	工程或费用名称	建筑工程费	设备购置费	安装工程	其他费用	合计	备注
1.5.1	×××						
…	…						
1.6	×××						
2	工程建设其他费用						
2.1	×××						
…	…						
3	预备费						
3.1	基本预备费						
3.2	涨价预备费						
4	建设投资合计						

二、按形成资产法分类

建设投资由形成固定资产的费用、形成无形资产的费用、形成其他资产的费用和预备费四部分组成。

（1）固定资产费用系指项目投产时将直接形成固定资产的建设投资，包括工程费用和工程建设其他费用中按规定将形成固定资产的费用，后者被称为固定资产其他费用。

（2）无形资产费用是指将直接形成无形资产的建设投资，主要是专利权、非专利技术、商标权和土地使用权等。

（3）其他资产费用是指建设投资中除形成固定资产和无形资产以外的部分，如生产准备及开办费等。

（4）为了与以后的折旧和摊销计算相协调，在建设投资估算表中通常可将土地使用权直接列入固定资产其他费用中。建设投资估算法（形成资产法）见表12-2。

表12-2　　　　　　　　建设投资估算表（形成资产法）

人民币单位：万元，外币单位：

序号	工程或费用名称	建筑工程费	设备购置费	安装工程费	其他费用	合计	其中外币	比例（%）
1	固定资产费用							
1.1	工程费用							
1.1.1	×××							
1.1.2	×××							
1.1.3	×××							
…	…							
1.2	固定资产其他费用							
…	×××							
2	无形资产费用							
2.1	×××							

续表

序号	工程或费用名称	建筑工程费	设备购置费	安装工程费	其他费用	合计	其中外币	比例（%）
…	…							
3	其他资产费用							
3.1	×××							
…	…							
4	预备费							
4.1	基本预备费							
4.2	涨价预备费							
5	建设投资合计							
	比例（%）							

三、建设期利息的估算

建设期利息是指筹措债务资金时在建设期内发生并按规定允许在投产后计入固定资产原值的利息。计算建设期利息时，为了简化计算，通常假定当年借款按半年计息，以上年度借款按全年计息，计算公式为

各年应计利息＝（年初借款本息累计＋本年借款额/2）×年利率

年初借款本息累计＝上一年年初借款本息累计＋上年借款＋上年应计利息

本年借款＝本年度固定资产投资－本年自有资金投入

对于有多种借款资金来源，每笔借款的年利率各不相同的项目，既可分别计算每笔借款的利息，也可先计算出各笔借款加权平均的年利率，并以此利率计算全部借款的利息。

在估算建设期利息时需编制建设期利息估算表，见表 12-3。

表 12-3　　　　　　　　　建设期利息估算表

人民币单位：万元

序号	项目	合计	建设期									
			1	2	3	4	5	6	7	8	9	10
1	借款											
1.1	建设期利息											
1.1.1	期初借款余额											
1.1.2	当期借款											
1.1.3	当期应计利息											
1.1.4	期末借款余额											
1.2	其他融资费用											
1.3	小计（1.1＋1.2）											
2	债券											
2.1	建设期利息											
2.1.1	期初债券余额											

续表

序号	项 目	合计	建设期									
			1	2	3	4	5	6	7	8	9	10
2.1.2	当期债券金额											
2.1.3	当期应计利息											
2.1.4	期末债券余额											
2.2	其他融资费用											
2.3	小计（2.1+2.2）											
3	合计（1.3+2.3）											
3.1	建设期利息合计（1.1+2.1）											
3.2	其他融资费用合计（1.2+2.2）											

四、流动资金估算方法

项目运营需要流动资产投资，是指生产经营性项目投产后，为进行正常生产运营，用于购买原材料、燃料，支付工资及其他运营费用所需的周转资金。流动资金估算一般采用分项详细估算法。个别情况或者小型项目可采用扩大指标法。

（一）分项详细估算法

流动资金的显著特点是在生产过程中不断周转，其周转额的大小与生产规模及周转速度直接相关。分项详细估算法是根据周转额与周转速度之间的关系，对构成流动资金的各项流动资产和流动负债分别进行估算。在可行性研究中，为简化计算，仅对存货、现金、应收账款和应付账款四项内容进行估算，计算公式为

$$流动资金＝流动资产＋流动负债$$
$$流动资产＝应收账款＋存货＋现金$$
$$流动负债＝应付账款$$
$$流动资金本年增加额＝本年流动资金－上年流动资金$$

估算的具体步骤，首先计算各类流动资产和流动负债的年周转次数，然后再分项估算占用资金额。

（1）周转次数计算。周转次数是指流动资金的各个构成项目在一年内完成多少个生产过程。

$$周转次数＝360÷最低周转次数$$

存货、现金、应收账款和应付账款的最低周转天数，可参照同类企业的平均周转天数并结合项目特点确定。又因为

$$周转次数＝周转额/各项流动资金平均占用额$$

如果周转次数已知，则

$$各项流动资金平均占用额＝周转额/周转次数$$

（2）应收账款估算。应收账款是指企业对外赊销商品、劳务而占用的资金。应收账款的周转额应为全年赊销销售收入。在可行性研究时，用销售收入代替赊销收入。计算公式为

$$应收账款＝年销售收入/应收账款周转次数$$

（3）存货估算。存货是企业为销售或者生产耗用而储备的各种物资，主要有原材料、辅

助材料、燃料、低值易耗品、维修备件、包装物、在产品、自制半成品和产成品等。为简化计算，仅考虑外购原材料、外购燃料、在产品和产成品，并分项进行计算，计算公式为

存货＝外购原材料＋外购燃料＋在产品＋产成品

外购原材料占用资金＝年外购原材料总成本/原材料周转次数

外购燃料＝年外购燃料/按种类分项周转次数

在产品＝（年外购材料、燃料＋年工资及福利费＋

年修理费＋年其他制造费）/在成品周转次数

产成品＝年经营成本/产成品周转次数

（4）现金需要量估算。项目流动资金中的现金是指货币资金，即企业生产运营活动中停留于货币形态的那部分资金，包括企业库存现金和银行存款，计算公式为

现金需要量＝（年工资及福利费＋年其他费用）/现金周转次数

年其他费用＝制造费用＋管理费用＋销售费用－（以上三项费用中所含的

工资及福利费、折旧费、维简费、摊销费、修理费）

（5）流动负债估算。流动负债是指在一年或者超过一年的一个营业周期内，需要偿还的各种债务。在可行性研究中，流动负债的估算只考虑应付账款一项，计算公式为

应付账款＝（年外购原材料＋年外购燃料）/应付账款周转次数

根据流动资金各项估算结果，编制流动资金估算表。

（二）扩大指标估算法

扩大指标估算法是根据现有同类企业的实际资料，求得各种流动资金率指标，亦可依据行业或部门给定的参考值或经验确定比率，计算公式为

年流动资金额＝年费用基数×各类流动资金率

年流动资金额＝年产量×单位产品产量占用流动资金额

（三）估算流动资金应注意的问题

（1）在采用分项详细估算法时，应根据项目实际情况分别确定现金、应收账款、存货和应付账款的最低周转天数，并考虑一定的保险系数。

（2）在不同生产负荷下的流动资金，应按不同生产负荷所需的各项费用金额，分别按照上述的计算公式进行估算，而不能直接按照100％生产负荷下的流动资金乘以生产负荷百分比求得。

（3）流动资金属于长期性（永久性）流动资产，流动资金的筹措可通过长期负债和资本金（一般要求占30％）的方式解决。

（四）流动资金估算表的编制

根据流动资金各项估算的结果，编制流动资金估算表，见表12-4。

表12-4　　　　　　　　　流动资金估算表

人民币单位：万元

序号	项目	最低周转天数	周转次数	计算期									
				1	2	3	4	5	6	7	8	9	10
1	流动资金												
1.1	应收账款												

续表

序号	项目	最低周转天数	周转次数	计算期									
				1	2	3	4	5	6	7	8	9	10
1.2	存货												
1.2.1	原材料												
1.2.2	×××												
…	…												
1.2.3	燃料												
…	×××												
1.2.4	在产品												
1.2.5	产成品												
1.3	现金												
1.4	预付账款												
…	…												
2	流动负债												
2.1	应付账款												
2.2	预收账款												
3	流动资金（1－2）												
4	流动资金当期增加额												

12.1.4 项目总投资与分年投资计划

一、项目总投资及其构成

按上述投资估算内容和估算方法估算各类投资并进行汇总，编制项目总投资估算汇总表，见表12-5。

表12-5　　　　　　　　项目总投资估算汇总表

人民币单位：万元，外币单位：

序号	费用名称	投资额		估算说明
		合计	其中：外汇	
1	建设投资			
1.1	建设投资静态部分			
1.1.1	建筑工程费			
1.1.2	设备及工器具购置费			
1.1.3	安装工程费			
1.1.4	工程建设其他费用			

续表

序号	费用名称	投资额		估算说明
		合计	其中：外汇	
1.1.5	基本预备费			
1.2	建设投资动态部分			
1.2.1	涨价预备费			
2	建设期利息			
3	流动资金			
	项目总投资（1+2+3）			

二、分年投资计划

估算出项目总投资后，应根据项目计划进度的安排，编制分年投资计划表，见表12-6。

表 12-6　　　　　　　　　分 年 投 资 计 划 表

人民币单位：万元，外币单位：

序号	项　目	人民币				外币			
		第1年	第2年	第3年	…	第1年	第2年	第3年	…
	分年计划（%）								
1	建设投资								
2	建设期利息								
3	流动资金								
4	项目投入总资金（1+2+3）								

三、营业收入与税金的估算

销售收入与税金是指在项目生产期的一定时间内，对产品各年的销售收入和税金进行测算。销售收入和税金是测算销售利润的重要依据。

（一）营业收入的估算

营业收入是指项目建成投入使用后，生产销售产品或提供劳务的所得，包括销售收入和营业收入，统称为营业收入。

营业收入的估算步骤是：

（1）确定各年运营负荷，一般有两种方式：一是经验设定法，二是营销计划法。

（2）确定产品或服务的数量。

（3）确定产品或服务的价格。

（4）确定营业收入，营业收入＝产品或服务数量量×单位价格。

（5）编制营业收入估算表。

（二）相关税金的估算

相关税金包括增值税和营业税金及附加。

关于增值税，须注意当采用含增值税价格计算销售收入和原材料、燃料动力成本时，利润和利润分配表以及现金流量表中应单列增值税科目；采用不含增值税价格计算时，利润表和利润分配表以及现金流量表中不包括增值税科目。

营业税金及附加包含在营业收入之内的营业税、消费税、资源税、城市维护建设税、教育费附加等内容，包括营业税，消费税，城市维护建设税，教育费附加，资源税。

（三）补贴收入

补贴收入应是与收益相关的政府补助。对于先征后返的增值税、按销量或工作量等依据国家规定的补助定额计算并按期给予的定额补贴，以及属于财政扶持而给予的其他形式的补贴等，应按相关规定合理估算，记作补贴收入。以上几类补贴收入，应根据财政、税务部门的规定，分别计入或不计入应税收入。

非经营性项目财务分析需要单列一个财务效益科目：补贴收入，同营业收入一样，应列入利润与利润分配表、财务计划现金流量表和项目投资现金流量表与项目资本金现金流量表，见表12-7。

表12-7　　　　　　　营业收入、营业税金及附加和增值税估算表

人民币单位：万元

序号	项　目	合计	计　算　期									
			1	2	3	4	5	6	7	8	9	10
1	营业收入											
1.1	产品A营业收入											
	单价											
	数量											
	销项税额											
1.2	产品B营业收入											
	单价											
	数量											
	销项税额											
…	…											
2	营业税金及附加											
2.1	营业税											
2.2	消费税											
2.3	城市维护建设税											
2.4	教育费附加											
3	增值税											
	销项税额											
	进项税额											

四、成本与费用的估算

在项目财务分析中，为了对运营期间的总费用一目了然，将管理费用、财务费用和营业费用这三项费用与生产成本合并为总成本费用。

成本是指企业为生产产品、提供劳务等发生的费用,可归属于产品成本、劳务成本。费用是指企业在日常活动中发生的会导致所有者权益减少的、与向所有者分配利润无关的经济利益的总流出,主要是管理费用、财务费用和营业费用这三项。

成本与费用的种类:成本与费用按其计算范围可分为单位产品成本和总成本费用;按成本与产量的关系分为固定成本和可变成本;按会计核算的要求有生产成本或称制造成本;按财务分析的特定要求有经营成本。

总成本费用是指在一定时期(如 1 年)内因生产和销售产品发生的全部费用。总成本费用的构成和估算通常采用以下两种方法。

(1) 生产成本加期间费用估算法。从总成本费用的形成过程来看,总成本由生产成本和期间费用构成,即

$$总成本费用 = 生产成本 + 期间费用$$
$$生产成本 = 直接材料费 + 直接燃料和动力费 + 直接工资及福利费 +$$
$$其他直接支出 + 制造费用$$
$$期间费用 = 管理费用 + 财务费用 + 营业费用。$$

1) 制造费用包括生产单位管理人员工资和福利费、折旧费、修理费(生产单位和管理用房屋、建筑物、设备)、办公费、水电费、机物料消耗、劳动保护费,季节性和修理期间的停工损失等。但不包括企业行政管理部门为组织和管理生产经营活动而发生的管理费用。为了简化计算常将制造费用归类为生产单位管理人员工资及福利费、折旧费、修理费和其他制造费用几部分。

2) 管理费用包括公司经费、工会经费、职工教育经费、劳动保险费、待业保险费、董事会费、咨询费、聘请中介机构费、诉讼费、业务招待费、排污费、房产税、车船使用税、土地使用税、印花税、矿产资源补偿费、技术转让费、研究与开发费、无形资产与其他资产摊销、职工教育经费、计提的坏账准备和存货跌价准备等。为了简化计算,项目评价中可将管理费用归类为管理人员工资及福利费、折旧费、无形资产和其他资产摊销、修理费和其他管理费用几部分。

3) 营业费用包括应由企业负担的运输费、装卸费、包装费、保险费、广告费、展览费以及专设销售机构人员工资及福利费、类似工程性质的费用、业务费等经营费用。为了简化计算,项目评价中将营业费用归为销售人员工资及福利费、折旧费、修理费和其他营业费用几部分。

按照生产成本加期间费用法,可编制总成本费用估算表,见表 12-8。

表 12-8　　　　　　总成本费用估算表(生产成本加期间费用法)

人民币单位:万元

序号	项目	合计	计算期									
			1	2	3	4	5	6	7	8	9	10
1	生产成本											
1.1	直接材料费											
1.2	直接燃料及动力费											
1.3	直接工资及福利费											

续表

序号	项目	合计	计算期									
			1	2	3	4	5	6	7	8	9	10
1.4	制造费用											
1.4.1	折旧费											
1.4.2	修理费											
1.4.3	其他制造费用											
2	管理费用											
2.1	无形资产摊销											
2.2	其他资产摊销											
2.3	其他管理费用											
3	财务费用											
3.1	利息支出											
3.1.1	长期借款利息											
3.1.2	流动资金借款利息											
3.1.3	短期借款利息											
4	营业费用											
5	总成本费用合计（1+2+3+4）											
5.1	其中：可变成本											
5.2	固定成本											
6	经营成本											

(2) 生产要素估算法。

总成本费用＝外购原材料、燃料及动力费＋人工工资及福利费＋折旧费＋摊销费＋
修理费＋利息支出＋其他费用

式中其他费用包括其他制造费用、其他管理费用和其他营业费用三部分。

1) 其他制造费是指由制造费用中扣除生产单位管理人员工资及福利费、折旧费、修理费后的剩余部分。常见的估算方法有按固定资产原值的百分数估算，按人员定额估算。

2) 其他管理费用是指由管理费用中扣除工资及福利费、折旧费、摊销费、修理费后的其余部分。其他管理费用常见的估算方法是按人员定额或工资及福利费总额的倍数计算。

3) 其他营业费用是指由营业费用中扣除工资及福利费、折旧费、修理费后的其余部分。其他营业费用常见的估算方法是按营业收入的百分数估算。

两种方法下总成本费用的构成分别如图 12-1 所示。

采用这种估算方法，不必考虑项目内部各生产环节的成本结转，同时也较容易计算可变成本、固定成本。按照生产要素法估算的总成本费用，可编制总成本费用估算表，见表 12-9。

```
                    ┌直接费用┌直接材料(含燃料、动力)                                    ┌外购原材料
            ┌生产成本┤        ┤直接工资及福利费    ┐直接计入成本          ┌可变成本┤外购燃料、动力
            │       │        └其他直接支出        │                    │       │计件工资及福利    ┐
总成本费用┤       └制造费用—间接费用(外摊计入成本) │          总成本费用┤       │计时工资及福利    ┤经营成本
            │       ┌管理费用                                          │       │修理费
            └期间费用┤财务费用 ┐不计入成本                              │       └其他费用
                    └销售费用                                          │       ┌折旧费
                                                                      └固定成本┤摊销费
                                                                              └利息支出

          按生产成本加期间费用法总成本费用的构成              按生产要素估算法总成本费用的构成
```

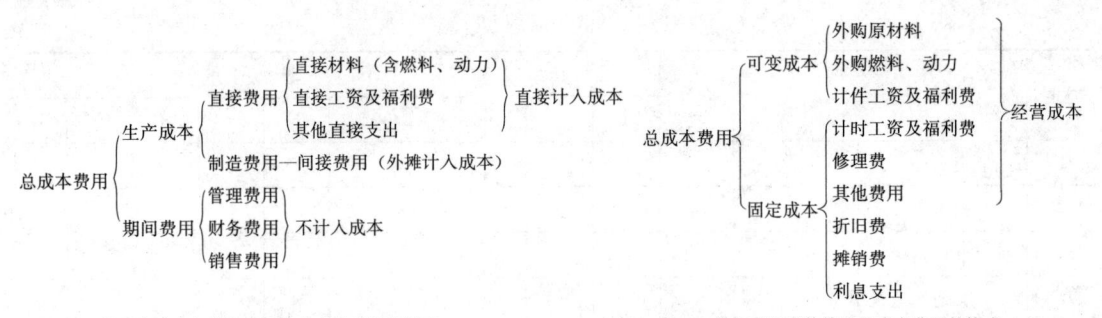

图 12-1　两种方法的总成本费用构成

表 12-9　　　　　　　　　　总成本费用估算表（生产要素法）

人民币单位：万元

序号	项　目	合计	计算期									
			1	2	3	4	5	6	7	8	9	10
1	外购原材料											
2	外购燃料及动力费											
3	工资及福利费											
4	修理费											
5	其他费用											
6	经营成本（1＋2＋3＋4＋5）											
7	折旧费											
8	摊销费											
9	利息支出											
10	总成本费用合计（6＋7＋8＋9）											
	其中：可变成本											
	固定成本											

五、经济费用效益分析主要指标

（1）经济净现值（ENPV）。经济净现值是指把项目计算期内各年的经济净效益流量折现到建设期初的现值之和，是经济费用效益分析的主要评价指标。其表达式为

$$ENPV = \sum (B-C)_t (1+i_c)^{-t}$$

式中　B——经济效益流量；

　　　C——经济费用流量；

$(B-C)_t$——第 t 期的经济净效益流量；

　　　i_c——社会折现率。

在经济费用效益分析中，如果经济净现值等于或大于 0，说明项目可达到社会折现率要求的效率水平，认为该项目从经济资源配置的角度可以被接受。

（2）经济内部收益率（EIRR）。经济内部收益率是指项目在整个计算期内经济净效益流量的现值之和等于零时的折现率，是经济费用效益分析的辅助评价指标。其表达式为

$$\sum(B-C)_t(1+EIRR)^{-t}=0$$

式中　B——经济效益流量；
　　　C——经济费用流量；
$(B-C)_t$——第 t 期的经济净效益流量；
　$EIRR$——经济内部收益率。

当经济内部收益率等于或大于社会折现率时，说明项目资源配置的经济效率达到了可以被接受的水平。

（3）效益费用比（R_{BC}）。效益费用比是建设项目在计算期内效益流量的现值与费用流量的现值的比率，是经济分析的辅助评价指标，计算公式为

$$R_{BC}=\frac{\sum_{t=1}^{n}B_t(1+i_s)^{-t}}{\sum_{t=1}^{n}C_t(1+i_s)^{-t}}$$

式中　B_t——第 t 期的经济效益；
　　　C_t——第 t 期的经济费用；
　　　i_s——社会折现率。

如果效益费用比等于或大于 1，表明项目资源配置经济效率达到了可以被接受的水平。

12.2　工程成本的计划与控制

施工企业成本计划是以货币形式编制施工项目在计划期内的生产费用、成本水平、成本降低率以及为降低成本所采取的主要措施和规划的书面方案，它是建立施工项目成本管理责任制、开展成本控制和核算的基础；它是该项目降低成本的指导文件，是设立目标成本的依据。而施工企业成本控制是指在施工过程中，对影响施工成本的各种因素加强管理，并采取各种有效措施，将施工中实际发生的各种消耗和支出严格控制在成本计划范围内，随时揭示并及时反馈，严格审查各项费用是否符合标准，计算实际成本和计划成本之间的差异并进行分析，采取多种措施，消除施工中的损失浪费现象。

12.2.1　施工企业成本计划

一、编制施工企业成本计划的要求

编制施工企业成本计划应符合以下要求：
(1) 合同规定的项目质量和工期要求；
(2) 组织对施工成本管理目标的要求；
(3) 以经济合理的项目实施方案为基础的要求；
(4) 有关定额及市场价格的要求。

二、施工企业成本计划的编制内容

大体上包括以下几个方面：

（一）编制说明

指对工程的范围、投标竞争过程及合同条件、承包人对项目经理提出的责任成本目标、施工成本计划编制的指导思想和依据等的具体说明。

（二）施工成本计划的指标

施工成本计划的指标应经过科学的分析预测确定，可以采用对比法、因素分析法等进行测定。

施工成本计划一般情况下有以下三个指标：

(1) 成本计划的数量指标，例如：

1) 按子项汇总的工程项目计划总成本指标；

2) 按分部汇总的各单位工程（或子项目）计划成本指标；

3) 按人工、材料、机械等各主要生产要素计划成本指标。

(2) 成本计划的质量指标，如施工项目总成本降低率，可采用：

设计预算成本计划降低率＝设计预算总成本计划降低额/设计预算总成本

责任目标成本计划降低率＝责任目标总成本计划降低额/责任目标总成本

(3) 成本计划的效益指标，如工程项目成本降低额：

设计预算成本计划降低额＝设计预算总成本－计划总成本

责任目标成本计划降低额＝责任目标总成本－计划总成本

（三）按工程量清单列出的单位工程计划成本汇总表

单位工程计划成本汇总表见表12-10。

表 12-10　　　　　　　　　单位工程计划成本汇总表

序号	清单项目编码	清单项目名称	合同价格	计划成本
1				
2				
…				

（四）按成本性质划分的单位工程成本汇总表

根据清单项目的造价分析，分别对人工费、材料费、机械费、措施费、企业管理费和税费进行汇总，形成单位工程成本计划表。

项目计划成本应在项目实施方案确定和不断优化的前提下进行编制，因为不同的实施方案将导致直接工程费、措施费和企业管理费的差异。成本计划的编制是施工成本预控的重要手段。因此，应在工程开工前编制完成，以便将计划成本目标分解落实，为各项成本的执行提供明确的目标、控制手段和管理措施。

三、施工企业成本计划的编制程序

施工项目的成本计划工作，是一项非常重要的工作，不应仅仅把它看作是几张计划表的编制，更重要的是项目成本管理的决策过程，即选定技术上可行、经济上合理的最优降低成本方案。同时，通过成本计划把目标成本层层分解，落实到施工过程的每个环节，以调动全体职工的积极性，有效地进行成本控制。编制成本计划的程序，因项目的规模大小、管理要求不同而不同，大中型项目一般采用分级编制的方式，即先由各部门提出部门成本计划，再由项目经理部汇总编制全项目工程的成本计划；小型项目一般采用集中编制方式，即由项目经理部先编制各部门成本计划，再汇总编制总项目的成本计划。无论采用哪种方式，其编制的基本程序如下：

(一)搜集和整理资料

广泛搜集资料并进行归纳整理是编制成本计划的必要步骤。所需搜集的资料也即是编制成本计划的依据。这些资料主要包括：

(1) 国家和上级部门有关编制成本计划的规定；
(2) 各项目经理部与企业签订的承包合同及企业下达的成本降低额、降低率和其他有关技术经济指标；
(3) 有关成本预测、决策的资料；
(4) 施工项目的施工图预算、施工预算；
(5) 施工组织设计；
(6) 施工项目使用的机械设备生产能力及其利用情况；
(7) 施工项目的材料消耗、物资供应、劳动工资及劳动效率等计划资料；
(8) 计划期内的物资消耗定额、劳动工时定额、费用定额等资料；
(9) 以往同类项目成本计划的实际执行情况及有关技术经济指标完成情况的分析资料；
(10) 同行业同类项目的成本、定额、技术经济指标资料及增产节约的经验和有效措施；
(11) 本企业的历史先进水平和当时的先进经验及采取的措施；
(12) 国外同类项目的先进成本水平情况等资料。

此外，还应深入分析当前情况和未来的发展趋势，了解影响成本升降的各种有利和不利因素，研究如何克服不利因素和降低成本的具体措施，为编制成本计划提供丰富具体和可靠的成本资料。

(二)估算计划成本，即确定目标成本

财务部门在掌握了丰富的资料，并加以整理分析，特别是在对基期成本计划完成情况进行分析的基础上，根据有关的设计、施工等计划，按照工程项目应投入的物资、材料、劳动力、机械、能源及各种设施等，结合计划期内各种因素的变化和准备采取的各种增产节约措施，进行反复测算、修订、平衡后，估算生产费用支出的总水平，进而提出全项目的成本计划控制指标，最终确定目标成本。确定目标成本以及把总的目标分解落实到各相关部门、班组大多采用工作分解法。

工作分解法又称工程分解结构，在国外被简称为 WBS (Work Breakdown Structure)，它的特点是以施工图设计为基础，以本企业做出的项目施工组织设计及技术方案为依据，以实际价格和计划的物资、材料、人工、机械等消耗量为基准，估算工程项目的实际成本费用，据以确定成本目标。具体步骤是：首先把整个工程项目逐级分解为内容单一，便于进行单位工料成本估算的小项或工序，然后按小项自下而上估算、汇总，从而得到整个工程项目的估算。估算汇总后还要考虑风险系数与物价指数，对估算结果加以修正。结构形式为：

WBS 系统进行成本估算时，工作划分的越细、越具体，价格的确定和工程量估计越容易，工作分解自上而下逐级展开，成本估算自下而上，将各级成本估算逐级累加，便得到整个工程项目的成本估算。在此基础上分级分类计算的工程项目的成本，既是投标报价的基础，又是成本控制的依据，也是与甲方工程项目预算作比较和进行盈利水平估计的基础。

(三)编制成本计划草案

对大中型项目，经项目经理部批准下达成本计划指标后，各职能部门应充分发动群众进行认真讨论，在总结上期成本计划完成情况的基础上，结合本期计划指标，找出完成计划有利和不利因素，提出挖掘潜力、克服不利因素的具体措施，以保证计划任务的完成。为了使指标真正落实，各部门应尽可能将指标分解落实下达到各班组及个人，使得目标成本的降低额和降低率得到充分讨论、反馈、再修订，使成本计划既能够切合实际，又成为群众共同奋斗的目标。

各职能部门亦应认真讨论项目经理部下达的费用控制指标，拟定具体实施的技术经济措施方案，编制各部门的费用预算。

（四）综合平衡，编制正式的成本计划

（1）在各职能部门上报了部门成本计划和费用预算后，项目经理部首先应结合各项技术经济措施，检查各计划和费用预算是否合理可行，并进行综合平衡，使各部门计划和费用预算之间相互协调、衔接。

（2）其次要从全局出发，在保证企业下达的成本降低任务或本项目目标成本实现的情况下，以生产计划为中心，分析研究成本计划与生产计划、劳动工时计划、材料成本与物资供应计划、工资成本与工资基金计划、资金计划等的相互协调平衡。

（3）经反复讨论多次综合平衡，最后确定的成本计划指标，即可作为编制成本计划的依据，项目经理部正式编制的成本计划，上报企业有关部门后即可正式下达至各职能部门执行。

四、施工企业成本计划的编制方法

施工企业成本计划的编制方法主要有直接计算法和因素测算法两种。

（一）直接计算法

直接计算法即根据各项消耗定额、费用预算等资料，按照成本组成项目，通过一定的成本计算方法，计算出各种工程及其各成本项目的计划成本，然后再汇总编制全部工程的成本计划。该法的特点是在工程开工之前按成本发生程序匡算成本费用支出；特别适应于新工程的成本计划；对已经开工的工程，如果各项消耗定额发生了变动，或耗用材料、生产工艺过程发生了较大变化，也应采用这种方法。这种方法计算详细，比较准确，但工作量大，是编制成本计划的主要方式。

（二）因素测算法

因素测算法又称试算平衡法、概算法。它要求在正式编制成本计划之前，根据现实情况和以往的经验、测算影响成本的主要因素，提出降低成本的主要措施，再在上年实际成本的基础上按各项降低措施进行调整，提出计划期的成本计划降低数。该方法的定性成分较多，其特点是以已经达到的水平为基础，尤其以上年为基础，考虑计划期各项降低成本的措施后编制的，因此适应于已经开工或正在开工的工程项目。

12.2.2 施工企业成本控制

工程项目的成本控制，是指在工程施工过程中，把控制成本的观念融入施工技术、施工方法、施工管理的措施中去，通过技术、方法比较、经济分析和效果评价，对工程施工过程中所消耗的资源和费用开支进行指导、监督、调节和限制，及时纠正将要发生和已经发生的偏差，把各项施工费用控制在成本控制预案的范围之内。

一、施工企业成本控制的作用

成本控制对于促进施工企业成本不断降低，达到以较少的劳动消耗，取得较大的经济效益的目的有着重大意义。

(1) 加强成本控制有利于降低企业工程成本，提高经济效益；

(2) 加强成本控制有利于改善企业经营管理，促进企业技术与管理互相渗透，提高现代化管理水平；

(3) 加强成本控制有利于企业内部经济核算的开展，完善和巩固内部经济责任制。

二、施工企业成本控制的要求

(1) 要按照计划成本目标值来控制生产要素的采购价格，并认真做好材料、设备进场数量和质量的检查、验收与保管；

(2) 要控制生产要素的利用效率和消耗定额，如任务单管理、限额领料、验工报告审核等，同时要做好不可预见成本风险的分析和预控，包括编制相应的应急措施等；

(3) 控制影响效率和消耗量的其他因素（如工程变更等）所引起的成本增加；

(4) 把施工成本管理责任制度与对项目管理者的激励机制结合起来，以增强管理人员的成本意识和控制能力；

(5) 承包人必须有一套健全的项目财务管理制度，按规定的权限和程序对项目资金的使用和费用的结算支付进行审核、审批，使其成为施工成本控制的一个重要手段。

三、施工企业成本控制的内容

（一）运用目标管理控制工程成本

目标成本是按单位工程施工图预算，并根据预期目标确定的。在确定每个单位工程的最低利润额后，将项目目标进行公开招标，用合同方式代替行政命令。在纵向上实行四级承包，项目经理部按核定利润（中标利润）与公司施工部门签订包工期、质量、安全、效益的项目承包合同；项目经理对各专业施工班长签订以考核工期、质量、安全、成本为主指标的分项工程承包合同；各专业施工班长将承包指标，以施工任务书形式落实到施工队（班）组；各施工队（班）组以定额工日为依据，对施工小组（人员）逐日下达施工任务。在横向上，项目经理以公司法人委托代理人的身份与公司内、外部生产、施工、经营单位签订构件（预制）外、配件加工、材料采购、外包工程等经济合同，用经济和法律手段规范项目经理部与相关单位的责任，紧紧围绕实现项目成本目标开展管理工作。

（二）加强基础管理，确保成本目标的实现

加强基础管理，应从组织、技术、经济、合同等多方面采取措施。组织上的措施是，有明确的组织机构，有专人负责和明确管理职能分工；技术上的措施是，对多种施工方案的选择；经济上的措施是，对成本进行动态管理，严格审核各项费用支出，采取对节约成本的奖励措施等；合同措施主要是，收集、整理设计变更、工程签证、费用索赔、决算书发文等。具体做法：

(1) 施工前，认真组织图纸会审和设计交底，组织学习操作规程和技术标准，编制质量保证措施、安全保证措施等。

(2) 根据设计、施工图等有关技术资料，对拟定的施工方法、施工顺序、作业组织形式、机械设备选型、技术组织措施等进行认真的研究分析，运用价格工程原理，制定出经济合理、具体明确的施工方案。

(3) 台账管理。材料台账应对预算数与实耗数差异进行分析，为成本分析提供尽可能详细的资料；对内促进管理，对外如有正式设计变更或口头变更，应及时签证补充预算，按时

收取进度款和价差；劳动定额台账侧重于定额的全面执行和结算的准确性，外来单位和用工的合理性；工程量台账应认真审核任务单位的工程量是否与预算工程量或签证工程量相符，挤出水分；财务成本台账则应认真落实预算收入，核实人工费开支、材料损耗、机械成本费用的预提、摊销分配等，以保证成本真实可靠。

（4）设立工程建设项目的合同管理机构或配备合同管理专职人员。建立合同台账统计、检查和报告制度，为企业法人和项目经理部做出管理决策、费用索赔、决算书发文等提供依据。

（三）成本控制

强化现场施工管理，节约工程成本，不但是成本控制的核心内容，也是工程项目成本控制的重点。

施工阶段是一个经由投入资源和条件的成本控制（事前控制），进而对施工过程中各环节进行材料、人工、机械进行控制（事中控制），直到对所完成的工程产品的质量检验与控制（事后控制）为止的全过程、全面、全员的系统控制过程。

（1）事前控制是指在正式施工活动开始前，对各项准备工作及影响工程施工的各因素和有关方面进行控制。

（2）事中控制是指在实际施工过程中，按成本标准控制费用，及时提示节约还是浪费，并预测今后发展趋势，把可能导致损失和浪费的苗头，消灭在萌芽状态，并随时把各种成本偏差信息，反馈给责任者，以利于及时采取纠正措施，保证成本目标的实现。具体措施有：

1）在材料费控制上，实行限额领材料制度。
2）在人工费控制上，实行按定额有计划配置。
3）施工机械、运输车辆合理调配，实行路单双向签证，费用直接进入工种成本。
4）在项目总成本上，财务部门采取定额包干的形式，对各种费用核算，实行控制。

（3）事后控制是指工程完工后的综合分析和考核。主要是对实际成本脱离目标（计划）成本的原因进行深入分析，查明差异形成的主客观原因，确定责任归属，提出改进措施，并为下一个工程提出积极有效的措施，消除不利差异，发展有利的差异，修正原定的成本控制标准，以促使成本不断降低。

四、施工企业成本控制的程序

开展成本控制，应按照一定的程序进行。成本控制的基本程序一般分为以下四个步骤。

（一）制定控制标准

成本的控制标准是控制成本费用的重要依据，成本控制标准根据成本形成不同阶段和不同对象确定。有的施工企业采用标准成本作为成本控制的依据，有的施工企业以定额成本或责任成本或目标成本作为控制的依据，有的施工企业以计划成本、费用预算作为成本控制的依据。但任何施工企业的成本控制都必须制定各种消耗定额，包括材料物资消耗定额、工时定额和费用定额等，据以进行成本的日常控制。

（二）实施过程控制

在成本形成的过程中，根据成本形成过程的不同特点和不同的标准实行成本控制，掌握实际成本、费用的发生情况，努力将实际成本、费用控制在规定的标准之内。

（三）揭示成本差异

成本的控制标准制定后要与实际费用相比较，及时揭示成本差异。差异的计算与分析也分材料、人工、费用三个项目进行。

（四）进行成本反馈

成本控制中，成本差异的情况要及时反馈到有关部门，便于及时控制与纠正。如材料成本差异分析后要将数量差异反馈给生产班组与技术部门。

12.3 工程成本的分析与考核

施工成本分析是在施工成本核算的基础上，对成本的形成过程和影响成本升降的因素进行分析，以寻求进一步降低成本的途径，包括有利偏差的挖掘和不利偏差的纠正。而施工成本考核是指在施工项目完成后，对施工项目成本形成中的各责任者，按施工项目成本目标责任制的有关规定，将成本的实际指标与计划、定额、预算进行对比和考核，评定施工项目成本计划的完成情况和各责任者的业绩，并以此给以相应的奖励和处罚。

12.3.1 施工企业成本分析

施工企业成本分析贯穿于施工企业成本管理的全过程，其是在成本形成过程中，主要利用施工项目的成本核算资料（成本信息），与目标成本、预算成本以及类似的施工项目的实际成本等进行比较，了解成本的变动情况，同时也要分析主要技术经济指标对成本的影响，系统地研究成本变动的因素，检查成本计划的合理性，并通过成本分析，深入揭示成本变动的规律，寻找降低施工项目成本的途径，以便有效地进行成本控制。

一、施工企业成本分析的原则

从成本分析的效果出发，施工项目成本分析的内容应该符合以下原则要求。

（一）要实事求是

在成本分析当中，必然会涉及一些人和事，也会有表扬和批评。受表扬的当然高兴，受批评的未必都能做到"闻过则喜"，因而常常会有一些不愉快的场面出现，乃至影响成本分析的效果。因此，成本分析一定要有充分的事实依据，应用"一分为二"的辨证方法，对事物进行实事求是的评价，并要尽可能做到措辞恰当，能为绝大多数人所接受。

（二）要用数据说话

成本分析要充分利用统计核算、业务核算、会计核算和有关辅助记录（台账）的数据进行定量分析，尽量避免抽象的定性分析。因为定量分析对事物的评价更为精确，更令人信服。

（三）要注重时效

成本分析及时，发现问题及时，解决问题及时。否则，就有可能贻误解决问题的最好时机，甚至造成问题成堆，积重难返，发生难以挽回的损失。

（四）要为生产经营服务

成本分析不仅要揭露矛盾，而且要分析矛盾产生的原因，提出积极、有效的解决矛盾的合理化建议。这样的成本分析，必然会深得人心，从而受到项目经理和有关项目管理人员的配合和支持，使施工项目的成本分析更健康地开展下去。

二、施工项目成本分析内容的具体要求

从成本分析应为生产经营服务的角度出发，施工项目成本分析的内容应与成本核算对象的划分同步。如果一个施工项目包括若干个单位工程，并以单位工程为成本核算对象，就应对单位工程进行成本分析；与此同时，还要在单位工程成本分析的基础上，进行施工项目的成本分析。

施工项目成本分析与单位工程成本分析尽管在内容上有很多相同的地方，但各有不同的侧重点。从总体上说，施工项目成本分析的内容应该包括以下三个方面。

（一）随着项目施工的进展而进行的成本分析

(1) 分部分项工程成本分析；
(2) 月（季）度成本分析；
(3) 年度成本分析；
(4) 竣工成本分析。

（二）按成本项目进行的成本分析

(1) 人工费分析；
(2) 材料费分析；
(3) 机械使用费分析；
(4) 其他直接费分析；
(5) 间接成本分析。

（三）针对特定问题和与成本有关事项的分析

(1) 成本盈亏异常分析；
(2) 工期成本分析；
(3) 资金成本分析；
(4) 技术组织措施节约效果分析；
(5) 其他有利因素和不利因素对成本影响的分析。

三、施工企业成本分析的方法

（一）比较法

比较法，又称"指标对比分析法"，就是通过技术经济指标的对比，检查目标的完成情况，分析产生差异的原因，进而挖掘内部潜力的方法。这种方法，具有通俗易懂、简单易行、便于掌握的特点，因而得到了广泛的应用，但在应用时必须注意各技术经济指标的可比性。比较法的应用，通常有下列形式：

(1) 将实际指标与目标指标对比。以此检查目标完成情况，分析影响目标完成的积极因素和消极因素，以便及时采取措施，保证成本目标的实现。在进行实际指标与目标指标对比时，还应注意目标本身有无问题，如果目标本身出现问题，则应调整目标，重新正确评价实际工作的成绩。

(2) 本期实际指标与上期实际指标对比。通过本期实际指标与上期实际指标对比，可以看出各项技术经济指标的变动情况，反映施工管理水平的提高程度。

(3) 与本行业平均水平、先进水平对比。通过这种对比，可以反映本项目的技术管理和经济管理与行业的平均水平和先进水平的差距，进而采取措施赶超先进水平。

（二）因素分析法

因素分析法又称连环置换法。这种方法可用来分析各种因素对成本的影响程度。在进行分析时，首先要假定众多因素中的一个因素发生了变化，而其他因素则不变，然后逐个替

换,分别比较其计算结果,以确定各个因素的变化对成本的影响程度。因素分析法的计算步骤如下:

(1) 确定分析对象,并计算出实际与目标数的差异。

(2) 确定该指标是由哪几个因素组成的,并按其相互关系进行排序(排序规则是:先实物量,后价值量;先绝对值,后相对值)。

(3) 以目标数为基础,将各因素的目标数相乘,作为分析替代的基数。

(4) 将各个因素的实际数按照上面的排列顺序进行替换计算,并将替换后的实际数保留下来。

(5) 将每次替换计算所得的结果与前一次的计算结果相比较,两者的差异即为该因素对成本的影响程度。

(6) 各个因素的影响程度之和,应与分析对象的总差异相等。

(三) 差额计算法

差额计算法是因素分析法的一种简化形式。它利用各个因素的目标值与实际值的差额计算对比成本的影响程度。

(四) 比率法

比率法是指用两个以上的指标的比例进行分析的方法。它的基本特点是:先把对比分析的数值变成相对数,再观察其相互之间的关系。常用的比率法有以下几种:

(1) 相关比率法。由于项目经济活动的各个方面是相互联系,相互依存,又相互影响的,因而可以将两个性质不同而又相关的指标加以对比,求出比率,并以此来考察经营成果的好坏。例如,产值和工资是两个不同的概念,但它们的关系又是投入与产出的关系。在一般情况下,都希望以最少的工资支出完成最大的产值。因此,用产值工资率指标来考核人工费的支出水平,就很能说明问题。

(2) 构成比率法。构成比率法又称比重分析法或结构对比分析法。通过构成比率,可以考察成本总量的构成情况及各成本项目占成本总量的比重,同时也可看出量、本、利的比例关系(即预算成本、实际成本和降低成本的比例关系),从而为寻求降低成本的途径指明方向。

(3) 动态比率法。动态比率法,就是将同类指标不同时期的数值进行对比,求出比率,以分析该项目指标的发展方向和发展速度。动态比率的计算,通常采用基期指数和环比指数两种方法。

(五) 成本差异分析法

在掌握有关成本核算数据的基础上,应做成本差异分析,以揭示成本节超的内在原因。成本差异分析通常应用因素分析法分析实际成本脱离预算成本或计划成本的偏差,以便进一步查找差异的原因。通过成本差异分析,及时揭示有利差异(节约)和不利差异(超支),以便分清成本责任,进而采取相应对策,扩大有利差异,消除不利差异。

成本差异分析的形式有:成本项目差异分析,耗用各种工、料、机械费用等具体内容的成本差异分析,以及成本效益指标的差异分析等。总之,只要产生成本差异,就应该进行成本差异分析,找出成本差异形成的原因,以便更有效地发挥成本控制的作用。

(1) 材料费差异分析,包含用量差异和价格差异两部分。用量差异是指材料实际耗用量和定额耗用量的差异;价格差异是指材料实际价格和计划价格的差异。计算公式为

$$用量差异 = (实际耗用量 - 计划耗用量) \times 计划价格$$

$$价格差异 = 实际耗用量 \times (实际价格 - 计划价格)$$

【例 12-3】 某建筑股份有限公司某工程队完成 200m³ 混凝土工程耗用水泥、砂子成本见表 12-11。

表 12-11　　　　　　　混凝土工程量：200m³　　　　　　金额单位：元

名称	单位	计划成本			实际成本		
		计划单价	计划用量	金额	实际单价	实际用量	金额
水泥	t	350	36	12 600	400	40	16 000
砂子	m³	40	100	4 000	45	96	4 320
合计				16 600			20 320

为该企业分析该项工程材料费差异。

$$材料费差异 = 20\,320 - 16\,600 = 3\,720（元）$$
$$水泥用量差异 = (40 - 36) \times 350 = 1\,400（元）$$
$$水泥价格差异 = 40 \times (400 - 350) = 2\,000（元）$$
$$砂子用量差异 = (96 - 100) \times 40 = -160（元）$$
$$砂子价格差异 = 96 \times (45 - 40) = 480（元）$$

在本例中，200m³ 混凝土工程量材料费共超支 3 720 元，其中，水泥消耗超支使材料费增加 1 400 元，水泥价格提高使材料费增加 2 000 元，砂子消耗节约使材料费减少 160 元，砂子价格提高使材料费增加 480 元。

(2) 人工费差异分析，包含用工数的差异和人工单价的差异两部分。用工数的差异是指实际用工数与计划用工数的差异；人工单价的差异是指实际人工单价与计划人工单价的差异，计算公式为

$$用工数的差异 = (实际用工数 - 计划用工数) \times 计划人工单价$$
$$人工单价的差异 = 实际用工数 \times (实际人工单价 - 计划人工单价)$$

(3) 机械使用费差异分析，包含台班数量差异和台班价格差异两部分。台班数量差异是指实际台班数与计划台班数的差异；台班价格差异是指实际台班成本与计划台班成本的差异。计算公式为

$$台班数量差异 = (实际台班数 - 计划台班数) \times 计划台班成本$$
$$台班价格差异 = 实际台班数 \times (实际台班成本 - 计划台班成本)$$

(4) 其他直接费差异分析，由于其他直接费费用项目较多，且零星细小，其差异分析应从以下几方面入手。其他直接费中的水、电、风、气费用产生差异的原因应从工程耗用水、电、风、气的管理和辅助生产单位成本等方面进行分析；材料二次搬运费、土方运输费产生差异的原因应从现场平面布置、材料构件堆放、运输工具的完好率和利用率等方面进行分析；冬、雨季施工增加费产生差异的原因应从是否根据节约原则搭建保温、防雨设施等方面进行分析。

(5) 间接费用差异分析，包含万元工作量定额标准差异和每人支用间接费用差异两部分，计算公式为

$$万元工作量定额标准差异 = (实际定额标准 - 计划定额标准) \times 每人支用间接费用标准$$
$$每人支用间接费用差异 = 实际万元工作量定额标准差异 \times (实际支用标准 - 计划支用标准)$$

(六) 综合成本的分析方法

所谓综合成本,是指涉及多种生产要素,并受多种因素影响的成本费用,如分部分项工程成本,月(季)度成本、年度成本等。由于这些成本都是随着项目施工的进展而逐步形成的,与生产经营有着密切的关系。因此,做好上述成本的分析工作,无疑将促进项目的生产经营管理,提高项目的经济效益。

12.3.2 施工企业成本考核

施工成本考核是衡量成本降低的实际成果,也是对成本指标完成情况的总结和评价。成本考核制度包括考核的目的、时间、范围、对象、方式、依据、指标、组织领导、评价与奖惩原则等内容。

一、施工企业成本考核的意义

(1) 评价企业成本计划的完成情况;
(2) 评价有关财经纪律和财会制度的执行情况;
(3) 激励成本责任单位与全体员工降低成本的积极性;
(4) 协调企业内部的经济关系。

二、施工企业成本考核的方法

成本考核是评价各责任中心特别是成本中心业绩的主要手段,通过考核,可以促进各责任中心控制和降低各种耗费,并借以控制和降低各种产品的生产成本。考核工作主要有以下几个方面。

(一) 编制和修订责任成本预算

责任成本预算是根据预定的生产量、生产消耗标准和成本标准运用弹性预算方法编制各责任中心的预定责任成本,严格遵守和完成责任成本预算是各责任中心应履行的职责。

在编制责任成本预算时,应注意两个方面:

(1) 当实际业务量与预定业务量不一致时,责任成本预算应按实际业务量予以调整,以正确评价经营业绩;
(2) 当企业和市场环境发生变化时,应不断修订产品生产消耗的标准成本,以适应环境的变化,并正确评价责任中心的经营业绩。

(二) 确定成本考核指标

成本考核的指标主要集中于目标成本完成情况,包括目标成本节约额和目标成本节约率两个指标。

(1) 目标成本节约额:是一个绝对指标,它以绝对数形式反映目标成本的完成情况,其计算公式为

$$目标成本节约额 = 预算成本 - 实际成本$$

(2) 目标成本节约率:是一个相对数指标,它以相对数形式反映目标成本的完成情况,其计算公式为

$$目标成本节约率 = (目标成本节约额/目标成本) \times 100\%$$

(三) 业绩评价

目标成本节约额和目标成本节约率两个指标相辅相成。评价一个责任中心的经营业绩时必须综合考核两个指标的结果,这样才能做到公正、合理,才能收到良好的效果。

小阅读

背景:

1. 某拟建项目固定资产投资估算总额(含无形资产)为3 600万元,其中:预计形成固定资产3 060万元(含建设期贷款利息为60万元),无形资产540万元。固定资产使用年限10年,残值率为4%,固定资产余值在项目运营期末收回。该项目建设期为2年,运营期为6年。

2. 项目的资金投入、收益、成本等基础数据,见表12-12。

表12-12　　　某建设项目资金投入、收益及成本表　　　金额单位:万元

序号	年份＼项目	1	2	3	4	5～8
1	建设投资 其中:资本金 贷款(不含贷款利息)	1 200	340 2 000			
2	流动资金 其中:资本金 贷款(不含贷款利息)			300 100	400	
3	年销售量(万件)			60	120	120
4	年经营成本			1 682	3 230	3 230

3. 建设投资借款合同规定的还款方式为:投产期的前4年等额还本,利息照付。借款利率为6%(按年计息);流动资金借款利率为4%(按年计息)。

4. 无形资产在运营期6年中,均匀摊入成本。

5. 流动资金为800万元,在项目的运营期末全部收回。

6. 设计生产能力为年产量120万件某种产品,产品售价为38元/件,营业税金及附加税率为6%,所得税率为25%,行业基准收益率为8%。

7. 行业平均总投资收益率为10%,资本金净利润率为15%。

8. 提取应付投资者各方股利的利率,按股东会事先约定计取:运营期头两年按可供投资者分配利润10%计取,以后各年均按30%计取,亏损年份不计取。期初未分配利润作为企业继续投资或扩大生产的资金积累。

问题:

1. 编制借款还本付息计划表、总成本费用估算表和利润与利润分配表。
2. 计算项目总投资收益率和资本金净利润率。
3. 编制项目资本金现金流量表。计算项目的静态投资回收期和财务净现值。
4. 从财务角度评价项目的可行性。

答案:

问题1:

解:(1)根据贷款利息公式列出借款还本付息表中费用名称,计算第3年贷款利息。见表12-13。

表 12 - 13　　　　　　　　　某项目借款还本付息计划表　　　　　金额单位：万元

序号	项目　　　年份	1	2	3	4	5	6
1	借款 1						
1.1	期初借款余额	0	0	2 060.00	1 545.00	1 030.00	515.00
1.2	当年借款	0	2 000	0.00	0.00	0.00	0.00
1.3	当年应还本付息	0		638.60	607.70	576.80	545.90
1.3.1	其中：应还本金	0		515.00	515.00	515.00	515.00
1.3.2	应还（应计）利息（6%）	0	60	123.60	92.70	61.80	30.90
1.4	期末余额	0	2 060	1 545.00	1 030.00	515.00	0
2	借款 2（临时借款）						
2.1	期初借款余额	0	0	0.00	131.24	0.00	0.00
2.2	当年借款	0	0	131.24	0.00	0.00	0.00
2.3	当年应还本息	0	0	0.00	136.49	0	0
2.3.1	其中：应还本金	0	0	0.00	131.24	0	0
2.3.2	应还（应计）利息（4%）	0	0	0.00	5.25	0	0
2.4	期末余额	0	0	131.24	0.00	0	0
3	借款合计						
3.1	期初借款余额[(1.1)+(2.1)]	0	0	2 060.00	1 676.24	1 030.00	515.00
3.2	当年借款[(1.2)+(2.2)]	0	2 000	131.24	0.00	0.00	0.00
3.3	当年应还本付息[(1.3)+(2.3)]	0		638.60	744.19	576.80	545.90
3.3.1	其中：应还本金[(1.3.1)+(2.3.1)]	0		515.00	646.24	515.00	515.00
3.3.2	应还（应计）利息[(1.3.2)+(2.3.2)]	0	60	123.6	97.95	61.80	30.90
3.4	期末余额	0	2 060	1 676.24	1 030.00	515.00	0.00

表 12-13 中，第 2 年贷款 2 000 万元，应计利息 =（0+2 000÷2）×6% = 60（万元）

（2）计算各年度等额偿还本金。

各年等额偿还本金 = 第 3 年初累计借款÷还款期 = 2 060÷4 = 515（万元）

（3）根据总成本费用的构成列出总成本费用估算表的费用名称见表 12-14。计算固定资产折旧费和无形资产摊销费，并将折旧费、摊销费、年经营成本和借款还本付息表中的第 3 年贷款利息与该年流动资金贷款利息等数据填入总成本费用估算表 12-14 中，计算出该年的总成本费用。

1）计算固定资产折旧费和无形资产摊销费。

折旧费 =[（固定资产总额－无形资产）×（1－残值率）]÷使用年限
　　　 =[（3 600－540）×（1－4%）]÷10 = 293.76（万元）

摊销费 = 无形资产÷摊销年限 = 540÷6 = 90（万元）

2）计算各年的营业额、营业税，并将各年的总成本逐一填入利润与利润分配表 12-15 中。

第 3 年　　　　　　　营业收入＝60×38＝2 280（万元）
第 4～8 年　　　　　 营业收入＝120×38＝4 560（万元）
第 3 年　　　　　　　营业税及附加＝2 280×6％＝136.80（万元）
第 4～8 年　　　　　 营业税及附加＝4 560×6％＝273.60（万元）

表 12-14　　　　　　　　　某项目总成本费用估算表　　　　　　金额单位：万元

序号	年份 项目	3	4	5	6	7	8
1	经营成本	1 682.00	3 230.00	3 230.00	3 230.00	3 230.00	3 230.00
2	折旧费	293.76	293.76	293.76	293.76	293.76	293.76
3	摊销费	90.00	90.00	90.00	90.00	90.00	90.00
4	建设投资贷款利息	123.60	97.95	61.80	30.90	0.00	0.00
5	流动资金贷款利息	4.00	20.00	20.00	20.00	20.00	20.00
6	总成本费用	2 193.36	3 731.71	3 695.56	3 664.66	3 633.76	3 633.76

（4）将第 3 年总成本计入该年的利润与利润分配表中，并计算该年的其他费用：利润总额、应纳所得税额、所得税、净利润、可供分配利润、法定盈余公积金、可供投资者分配利润、应付各投资方股利、还款未分配利润以及下年期初未分配利润等，均按利润与利润分配表中的公式逐一计算求得，见表 12-15。

表 12-15　　　　　　　　　某项目利润与利润分配表　　　　　　金额单位：万元

序号	年份 项目	3	4	5	6	7	8
1	营业收入	2 280.00	4 560.00	4 560.00	4 560.00	4 560.00	4 560.00
2	总成本费用	2 193.36	3 731.71	3 695.56	3 664.66	3 633.76	3 633.76
3	营业税金及附加（1）×6％	136.80	273.60	273.60	273.60	273.60	273.60
4	补贴收入	0	0	0	0	0	0
5	利润总额（1－2－3＋4）	－50.16	554.69	590.84	621.74	652.64	652.64
6	弥补以前年度亏损	0	50.16	0	0	0	0
7	应纳所得税额（5－6）	0	504.53	590.84	621.74	652.64	652.64
8	所得税（7）×25％	0	126.13	147.71	155.44	163.16	163.16
9	净利润（5－8）	－50.16	428.56	443.13	466.30	489.48	489.48
10	期初未分配利润（13－14－15.1）	0	0	39.51	175.59	285.44	508.18
11	可供分配利润（9＋10－6）	0	378.40	482.64	641.89	774.92	997.66
12	法定盈余公积金（9）×10％	0	42.86	44.31	46.63	48.95	48.95
13	可供投资者分配利润（11－12）	0	335.54	438.33	595.26	725.97	948.71
14	应付投资者各方股利（13）×约定利率	0	33.55	131.50	178.58	217.79	284.61
15	未分配利润（13－14）	0	301.99	306.83	416.68	508.18	664.10
15.1	用于还款未分配利润	0	262.48	131.24	131.24	0	0
15.2	剩余利润（转下年度期初未分配利润）	0	39.51	175.59	285.44	508.18	664.10
16	息税前利润（5＋当年利息支出）	77.44	672.64	672.64	672.64	672.64	672.64

第 3 年利润为负值，是亏损年份。该年不计所得税、不提取盈余公积金和可供投资者分配的股利，并需要临时借款。

借款额＝515－293.76－90＝131.24（万元）。见借款还本付息表 12-13。

(5) 第 4 年期初累计借款额＝2 060－515＋131.24＝1 676.24 万元，将应计利息计入总成本分析表 12-14，汇总得该年总成本。将总成本计入利润与利润分配表 12-15 中，计算第 4 年利润总额、应纳所得税额、所得税和净利润。该年净利润 428.56 万元，大于还款未分配利润与上年临时借款之和。故为盈余年份。可提法定取盈余公积金和可供投资者分配的利润等。

第 4 年应还本金＝515＋131.24＝646.24（万元）

第 4 年还款未分配利润＝646.24－293.76－90＝262.48（万元）

第 4 年法定盈余公积金＝净利润×10％＝428.56×10％＝42.86（万元）

第 4 年可供分配利润＝净利润－期初未弥补的亏损＋期初未分配利润
　　　　　　　　　＝428.56－50.16＋0＝378.40（万元）

第 4 年可供投资者分配利润＝可供分配利润－盈余公积金
　　　　　　　　　　　　＝378.40－42.86＝335.54（万元）

第 4 年应付各投资方的股利＝可供投资者分配股利×10％
　　　　　　　　　　　　＝335.54×10％＝33.55（万元）

第 4 年剩余的未分配利润＝335.54－33.55－262.48＝301.99－262.48＝39.51（万元）（下年度的期初未分配利润，见表 12-15）

(6) 第 5 年年初累计欠款额＝1 676.24－646.24＝1 030（万元），用以上方法计算出第 5 年的利润总额、应纳所得税额、所得税、净利润、可供分配利润和法定盈余公积金。该年期初无亏损，期初未分配利润为 39.51 万元。

第 5 年可供分配利润＝净利润－上年度亏损＋期初未分配利润
　　　　　　　　　＝443.13－0＋39.51＝482.64（万元）

第 5 年法定盈余公积金＝443.13×10％＝44.31（万元）

第 5 年可供投资者分配利润＝可供分配利润－法定盈余公积金
　　　　　　　　　　　　＝482.64－44.31＝438.33（万元）

第 5 年应付各投资方的股利＝可供投资者分配股利×30％
　　　　　　　　　　438.33×30％＝131.50（万元）

第 5 年还款未分配利润＝515－293.76－90＝131.24（万元）

第 5 年剩余未分配利润＝438.33－131.50－131.24＝306.83－131.24＝175.59（万元）（为第 6 年度的期初未分配利润）

(7) 第 6 年各项费用计算同第 5 年。以后各年不再有贷款利息和还款未分配利润，只有下年度积累的期初未分配利润。

问题 2：

解：项目的投资收益率、资本金净利润率等静态盈利能力指标，按以下计算

(1) 计算投资收益率＝正常年份的息税前利润÷总投资

投资收益率＝［672.64÷（3 540＋60＋800）］×100％＝15.29％＞10％

(2) 计算资本金净利润率

由于正常年份净利润差异较大，故用运营期的年平均净利润计算：

年平均净利润＝$(-50.16+428.56+443.13+466.30+489.48+489.49)\div 6$
         ＝$2266.79\div 6=377.80$（万元）

资本金利润率＝$[377.80\div(1540+300)]\times 100\%=20.53\%>15\%$

问题3：

解：(1) 根据背景资料、借款还本付息表中的利息、利润与利润分配表中的营业税、所得税等数据编制拟建项目资本金现金流量表12-16。

(2) 计算回收固定资产余值，填入项目资本金现金流量表12-16内。

固定资产余值＝$293.76\times 4+3060\times 4\%=1297.44$（万元）

(3) 计算回收全部流动资金，填入资本金现金流量表12-16内。

全部流动资金＝$300+100+400=800$（万元）

(4) 根据项目资本金现金流量表12-16。计算项目的静态投资回收期。

静态投资回收期计算：

$FNPV_7=-203.89$ 万元， $FNPV_8=2266.79$ 万元

静态投资回收期＝(累计净现金流量出现正值的年份－1)
               ＋(出现正值年份上年累计净现金流量绝对值
               ÷出现正值年份当年净现金流量)
             ＝$(8-1)+|-203.89|\div 2470.68=7.08$(年)

表12-16　　　　　　　　某项目资本金现金流量表　　　　　　金额单位：万元

序号	项目	1	2	3	4	5	6	7	8
1	现金流入			2 280.00	4 560.00	4 560.00	4 560.00	4 560.00	6 657.44
1.1	营业收入			2 280.00	4 560.00	4 560.00	4 560.00	4 560.00	4 560.00
1.2	回收固定资产余值								1 297.44
1.3	回收流动资金								800.00
2	现金流出	1 200	340	2 630.16	4 393.92	4 248.11	4 224.94	3 686.76	4 186.76
2.1	项目资本金	1 200	340	300.00					
2.2	经营成本			1 682.00	3 230.00	3 230.00	3 230.00	3 230.00	3 230.00
2.3	偿还借款			511.36	764.19	596.80	565.90	20.00	520.00
2.3.1	建设借款本金偿还			383.76	646.24	515.00	515.00		
2.3.2	建设借款利息偿还			123.60	97.95	61.80	30.90	0.00	0.00
2.3.3	流动资金本金偿还								500.00
2.3.4	流动资金利息偿还			4.00	20.00	20.00	20.00	20.00	20.00
2.4	营业税金及附加			136.80	273.60	273.60	273.60	273.60	273.60
2.5	所得税			0	126.13	147.71	155.44	163.16	163.16
3	净现金流量	－1 200	－340	－350.16	166.08	311.89	335.06	873.24	2 470.68
4	累计净现金流量	－1 200	－1 540	－1 890.16	－1 724.08	－1 412.19	－1 077.13	－203.89	2 266.79
5	折现系数 ic＝8%	0.925 9	0.857 3	0.793 8	0.735 0	0.680 6	0.630 2	0.583 5	0.540 3
6	折现现金流量	－1 111.0	－291.48	－277.96	122.07	212.27	211.15	509.54	1 334.91
7	累计折现净现金流量	－1 111.0	－1 402.5	－1 680.5	－1 558.4	－1 346.1	－1 135.0	－625.49	709.42

问题 4：从财务评价角度评价该项目的可行性。

因为：项目投资收益率为 15.29%＞10%，项目资本金净利润率为 20.53%＞15%，项目的自有资金财务净现值 FNPV＝709.42 万元＞0，静态投资回收期 7.08 年，在计算期 8 年内。所以，表明项目的盈利能力大于行业平均水平。该项目可行。

本章小结

本章主要介绍了工程成本预测的内容、程序和方法，施工企业成本计划的编制程序，工程成本控制的作用和内容，工程成本分析的原则和方法，以及施工企业成本考核的意义和方法。

习题

一、思考题

1. 工程成本预测的程序一般分为哪几步？
2. 简述施工企业成本计划的编制程序及主要内容。
3. 什么是因素分析法？因素分析法的步骤有哪些？
4. 施工企业成本控制有何作用？
5. 施工企业成本考核主要做好哪几方面工作？

二、单项选择题

1. 某建设项目的建筑安装工程费为 560 万元，设备和工、器具购置费为 330 万元，工程建设其他费用为 133 万元，基本预备费为 102 万元，涨价预备费为 55 万元，建设期贷款利息为 59 万元，请问该项目的静态投资是（　　）万元。

　　A. 1 239　　　　　B. 1 180　　　　　C. 1 125　　　　　D. 1 023

2. 某单位合格产品的材料净用量为 527kg，场外运输损耗率为 6%，场内运输损耗率为 3%，施工操作损耗率为 2%，该产品的定额材料消耗量为（　　）kg。

　　A. 538　　　　　B. 543　　　　　C. 553　　　　　D. 559

3. 按我国现行规定，下列各项费用中，不属于直接费内容的是（　　）。

　　A. 施工单位搭设的临时设施费　　　　B. 技术开发费
　　C. 文明施工措施费　　　　　　　　　D. 工程点交费

4. 建设期贷款利息是指（　　）。

　　A. 建设期内所贷款项的全部利息中在建设期内应归还的贷款利息
　　B. 建设项目贷款总额的全部利息中在建设期内应归还的贷款利息
　　C. 建设期内所贷款项的全部利息
　　D. 建设项目贷款总额的全部利息

5. 静态投资是以某一基准期的建设要素的价格为基础所计算出的建设项目投资的瞬时值，下列费用中（　　）属于静态投资的内容。

　　A. 基本预备费　　　　　　　　　　　B. 预备费
　　C. 未明确准备金　　　　　　　　　　D. 涨价预备费

6. 某施工机械预算价格为 100 000 元，耐用总台班为 4 000 台班，大修理间隔台班为 800 台班，一次大修理费用为 40 000 元，则台班大修理费用为（　　）。
   A. 50　　　　　　B. 40　　　　　　C. 25　　　　　　D. 10
7. 下列说法中，不正确的是（　　）。
   A. 静态投资是动态投资的计算基础
   B. 动态投资是指静态投资以外的投资
   C. 静态投资包括建筑安装工程费、设备和工器具购置费等
   D. 动态投资包括建设期贷款利息、投资方向调节税、涨价预备费等
8. 建设项目竣工验收投入使用后，新增固定资产价值的计算以（　　）为对象。
   A. 整个建设项目　　　　　　　　　B. 单位工程
   C. 分布分项工程　　　　　　　　　D. 单项工程
9. 在工程进度款支付过程中，提交已完工程量报告后，接下来将进行（　　）。
   A. 财务部门核实与审批　　　　　　B. 工程量测量与统计
   C. 工程师核实并确认　　　　　　　D. 业主核实与审批
10. 建设项目的实际造价是指（　　）。
    A. 建设单位认定的中标单位的投标报价　　B. 结算价
    C. 建设单位与施工单位签订的合同价　　　D. 竣工决算
11. 预付备料款是由发包单位在开工前拨给承包单位用于（　　）所需的资金。
    A. 搭建临时设施
    B. 购买施工钢材
    C. 购买构成工程实体的主要材料、结构件
    D. 购买施工机械设备
12. 将合同中的工程内容分解成不同的验收单元，当承包商完成单元工程内容并经业主验收后，业主支付构成单元工程内容的工程价款，这属于工程价款的（　　）方式。
    A. 竣工后一次结算　　B. 按月结算　　C. 分段结算　　D. 目标结算
13. 形成价格的成本是指（　　）。
    A. 个别成本　　　B. 生产成本　　　C. 社会平均成本　　　D. 流通成本
14. 某单项工程中，建筑安装工程费基期为 2 400 万元，报告期为 2 592 万元，价格指数 108%，设备、工器具购置费基期为 2 000 万元，报告期为 2 040 万元，价格指数 102%，工程建设其他费用基期为 250 万元，报告期为 262.5 万元，价格指数 105%，则该单项工程造价指数为（　　）。
    A. 315%　　　　　B. 105.26%　　　　　C. 105%　　　　　D. 115%
15. 建设项目办理交付使用财产价值的依据是（　　）。
    A. 投资估算　　　B. 工程概算　　　C. 竣工决算　　　D. 竣工结算
16. 建筑安装工程直接费的人工费是指（　　）。
    A. 直接从事建筑安装施工的生产人员及机械操作人员开支的各项费用
    B. 施工现场与建筑安装施工直接有关的人员的工资性费用
    C. 直接从事建筑安装施工的生产人员开支的各项费用
    D. 施工现场所有人员的工资性费用

17. 某投资项目拟建于北方沿海地区，生产市场急需的某种产品，其财务净现值估算为 9 000 万元；当计算了项目排放废水对海域的影响所造成的价值损失后，估算的经济净现值为－1 000 万元，政府在核准该项目时，应该（　　）。

　　A. 补贴其 1 000 万元，使其经济上可行

　　B. 予以核准，因其财务效益很好

　　C. 责其修改完善污水处理方案，重新上报

　　D. 予以核准，并处以 1 000 万元罚款

18. 某投资项目拟在贫困地区建设并提供国家和地方急需的某种服务，因其服务价格受到政府限制，项目分析计算结果是：财务净现值为－1 000 万元，经济净现值为 5 000 万元。政府在核准该项目时，可采取的措施是（　　）。

　　A. 根据财务净现值进行补贴，使其在财务上可行

　　B. 根据其财务生存能力，给予适当支持

　　C. 降低财务基准收益率，使财务净现值计算结果为正值

　　D. 按经济净现值给予补偿

19. 并非所有的投资项目都要进行经济分析。下列类型的投资项目，不一定要进行经济分析的是（　　）。

　　A. 具有自然垄断特征的项目　　　　B. 关系国家经济安全的项目

　　C. 大型重工业项目　　　　　　　　D. 产品具有"消费非排他性"的项目

20. 下列关于经济费用效益分析与财务分析两者区别的表述中，错误的是（　　）。

　　A. 经济费用效益分析使用影子价格，财务分析使用预测的财务价格

　　B. 经济费用效益分析只进行盈利性分析，财务分析既要进行盈利能力分析，也要进行偿债能力分析

　　C. 经济费用效益分析必须在财务分析的基础上进行，财务分析可以独立进行

　　D. 经济费用效益分析要评价项目的经济合理性，财务分析要评价项目的财务可行性

21. 在投资项目经济效益和费用识别中，应以（　　）来判断是否属于转移支付。

　　A. 是否有实际的支付发生　　　　　B. 是否有新增加或新消耗的社会资源

　　C. 是否考虑了机会成本　　　　　　D. 是否考虑了消费者的支付意愿

三、多项选择题

1. 建设工程造价由（　　）等组成。

　　A. 建筑安装工程费　　　　　　　　B. 设备和工器具购置费

　　C. 工程建设其他费用　　　　　　　D. 建设单位管理费

2. 设备和工器具购置费指按设计文件要求配置达到固定资产标准的（　　）购置费用。

　　A. 施工设备　　B. 首套工器具　　C. 全部工器具　　D. 养护设备

3. 下列哪些费用属于土地征用及迁移补偿费（　　）。

　　A. 安置补助费　　　　　　　　　　B. 土地使用权出让金

　　C. 征地动迁费　　　　　　　　　　D. 青苗补偿费

4. 工程建设定额按其所反映的物质消耗内容分为（　　）。

　　A. 施工定额　　　　　　　　　　　B. 劳动消耗定额

　　C. 机械消耗定额　　　　　　　　　D. 材料消耗定额

5. 对公路建设项目进行国民经济评价采用（　　）等参数。
   A. 社会折现率　　　B. 影子汇率　　　C. 行业基准收益率　　　D. 官方汇率
6. 承包商在采用不平衡策略投标报价时，在报价总价不变的情况下，适当提高（　　）项目的单价是有利的。
   A. 工程后期才能结账收款的　　　B. 工程内容说不清楚的
   C. 预计今后工程量会增加的　　　D. 能够早日结账收款的
7. 工程造价计价依据除包括定额、指标、费率外，还包括（　　）。
   A. 工程量数据　　　B. 计价方法
   C. 各种经济法规、政策　　　D. 设计图纸
8. 在有关工程造价的概念中，下列说法中正确的是（　　）。
   A. 工程造价在建设过程中是不确定的，直至竣工决算后才能确定工程的实际造价
   B. 建设项目各阶段依次形成的工程造价之间的关系式前者制约后者
   C. 生产性项目总投资包括其总造价和流动资产投资两部分
   D. 工程造价的两种含义表明需求主体和供给主体追求的经济利益相同
9. 工程造价资料的主要途径有（　　）。
   A. 作为编制固定资产投资计划及建设成本分析的参考
   B. 用于测定工程造价调价系数和物价指数
   C. 作为进行投资贷款和资金筹措的依据
   D. 作为进行工程结算的依据
10. 工程费用支付按支付的内容进行分类，可分为（　　）。
    A. 预先支付　　　B. 附加支付　　　C. 清单支付　　　D. 期中支付

四、计算分析题

1. 某企业拟兴建一项年产某种产品 3 000 万吨的工业生产项目，该项目由一个综合生产车间和若干附属工程组成。

根据项目建议书中提供的同行业已建年产 2 000 万吨类似综合生产车间项目主设备投资和与主设备投资有关的其他专业工程投资系数见表 12-17。

表 12-17　已建类似项目主设备投资、与主设备投资有关的其他专业工程投资系数表

主设备投资	锅炉设备	加热设备	冷却设备	仪器仪表	起重设备	电力传动	建筑工程	安装工程
2 200 万元	0.12	0.01	0.04	0.02	0.09	0.18	0.27	0.13

拟建项目的附属工程由动力系统、机修系统、行政办公楼工程、宿舍工程、总图工程、场外工程等组成，其投资初步估计见表 12-18 所示。

表 12-18　　　　　附属工程投资初步估计数据表　　　　　金额单位：万元

工程名称	动力系统	机修系统	行政办公楼	宿舍工程	总图工程	场外工程
建筑工程费用	1 800	800	2 500	1 500	1 300	80
设备购置费用	35	20				
安装工程费用	200	150				
合计	2 035	970	2 500	1 500	1 300	80

据估计工程建设其他费用约为工程费用的20%，基本预备费率为5%。该项目建设投资的70%为企业自有资本金，其余资金采用贷款方式解决，贷款利率7.85%（按年计息）。

预计建设前期为1年，建设期为2年。在2年建设期内贷款和资本金均按第1年60%，第2年40%投入。建设期物价年平均上涨率3%。

问题：

（1）试用生产能力指数估算法估算拟建项目综合生产车间主设备投资。拟建项目与已建类似项目主设备投资综合调整系数取1.20，生产能力指数取0.85。

（2）试用主体专业系数法估算拟建项目综合生产车间投资额。经测定拟建项目与类似项目由于建设时间、地点和费用标准的不同，在锅炉设备、加热设备、冷却设备、仪器仪表、起重设备、电力传动、建筑工程、安装工程等专业工程投资综合调整系数分别为：1.10、1.05、1.00、1.05、1.20、1.20、1.05、1.10。

（3）估算拟建项目全部建设投资，编制该项目建设投资估算表。

（4）计算建设期贷款利息。

2. 某企业拟在某市开发区兴建一生产项目，建设期为2年，运营期为6年。运营期第1年达产60%，第2年达产90%，以后各年均达产100%。其他基础数据见表12-19。

表12-19　　　　　某建设项目财务评价基础数据表　　　　　金额单位：万元

序号	年份 项目	1	2	3	4	5	6	7	8
1	建设投资 其中：资本金 　　　贷款	700 1 000	800 1 000						
2	流动资金 其中：资本金 　　　贷款			160 320	320				
3	营业收入			2 800	4 320	5 400	5 400	5 400	5 400
4	经营成本			2 100	3 000	3 200	3 200	3 200	3 200
5	固定资产折旧费			295.85	295.85	295.85	295.85	295.85	295.85
6	无形资产摊销费			90	90	90	90	90	90
7	维持运营投资 资本金					10	10	20	20

有关说明如下：

（1）表中贷款额不含利息。建设投资贷款利率为6%（按年计息）。固定资产使用年限为10年，残值率为4%，固定资产余值在项目运营期末一次收回。

（2）流动资金贷款利率为4%（按年计息）。流动资金在项目运营期期末一次收回并偿还贷款本金。

（3）营业税金及附加税率为6%，所得税税率为25%。

（4）建设投资贷款本金在运营期的前4年每年等额偿还，利息照付。

（5）当地政府考虑该项目对当地经济拉动作用，在项目运营期前两年每年给予500万元补贴（不计所得税）。

(6) 维持运营投资按费用化处理,不考虑增加固定资产,无残值。

问题:

(1) 列式计算建设期贷款利息、固定资产投资估算总额和运营期末固定资产余值。

(2) 编制建设投资贷款还本付息计划表。

(3) 列式计算第 3、5 年的营业税金及附加、总成本和所得税。

(4) 编制项目资本金现金流量表。

列式计算投资回收期。

五、业务题

1. 目的:练习采用因素分析法进行工程成本分析。

2. 资料:某建筑公司商品混凝土目标成本为 443 040 元,实际成本为 473 697 元,比目标成本增加 30 657 元,资料见表 12 - 20。

表 12 - 20　　　　　　　　商品混凝土目标成本与实际成本对比表

项　目	单　位	目标成本	实际成本	差　额
产　量	m³	600	630	
单　价	元	710	730	
损耗率	%	4	3	
成　本	元	44 304	47 369	

3. 要求:根据资料分析成本增加的原因,并编制商品混凝土成本变动因素分析表。

第 13 章

施工企业财务报告与分析

知识目标
- 了解施工企业财务分析指标含义及计算方法;
- 理解财务分析的作用和财务分析的目的;
- 了解财务分析所依据的基础。

能力目标
- 能够熟练计算偿债能力、营运能力、盈利能力以及发展能力等财务分析指标。

13.1 财务报告概述

13.1.1 财务报告的定义

一、财务报告

财务报告(又称财务会计报告)是综合反映施工企业某一特定时期的财务状况、经营成果和现金流量的总结性书面文件。它是施工企业对外传递会计信息的主要手段和途径。财务报告包括会计报表、会计报表附注和财务情况说明书等内容。施工企业编制、报送的财务会计报告分为年度、半年度、季度和月度财务会计报告。

二、财务报告的作用

财务报告是会计工作的总结,也是对外传递会计信息的主要手段。企业必须在日常会计核算资料的基础上,按照一定的会计处理程序和方法,定期加以系统地归类、整理和汇总,按照规定的格式定期编制财务会计报告,以满足有关各方对施工企业会计信息的需要。财务报告的作用,主要体现在以下几个方面:

(1)为企业加强经营管理提供财务会计信息。企业内部管理者利用财务报告,可以了解企业资金、成本、盈利情况,考核分析财务成本计划的完成情况,发现经营管理中存在的问题,进行有效的经营决策和制订计划,改善经营管理,提高经济效益。

(2)是投资人和债权人进行决策的信息来源。通过财务报告,可以了解企业的资本结构、获利能力和偿债能力,从而使其做出正确及时的投资决策。

(3)国家财政、税务等机关利用财务报告所提供的资料分析企业纳税情况,以保证国家财政收入的稳定增长。施工企业应遵守财经纪律,正确计算盈亏,及时上缴税金。征收机关通过财务报告了解企业资金及其来源的增减情况,经营成果的实现及其分配情况,及时足额地完成利税征收任务。

(4) 国家宏观调控部门利用财务报告，可以掌握企业资金的取得、利润的分配、资源的流向等情况，了解国家有关方针、政策、法规的贯彻执行情况，为国家制定正确的财经政策、进行宏观调控提供可靠的依据。

13.1.2 财务报告的分类

施工企业的财务会计报告由会计报表、会计报表附注和财务情况说明书等组成。作为财务会计报告的主要部分的会计报表，按照不同的标准可以作以下分类。

一、按经济内容分类

施工企业的会计报表按其反映的经济内容分为资产负债表、利润表和现金流量表。资产负债表用以反映企业一定时期全部资产、负债和所有者权益情况；利润表则用以反映企业一定时期的经营收入、费用和财务成果及分配情况；现金流量表则用以反映企业一定时期内财务状况增减变动情况及其原因。

二、按编报时间分类

会计报表按编报时间可分为中期财务报表和年度财务报表。中期财务报表包括月报、季报、半年报。中期财务报表的内容和格式与年度财务报表一致，但一般只编制资产负债表和利润表等主要报表。年度财务报表是全面反映企业全年的经营成果，每年编制一次，报表要求的种类和揭示的信息最为完整齐全，以便能全面地反映全年的经营活动。

三、按服务对象不同分类

会计报表按服务对象不同可分为对内报表和对外报表。对内报表是为了适用企业内部管理需要而编制的报表，它一般不对外公布，仅为企业管理者当局服务，其格式和内容由企业自行确定，如成本报表。对外报表是企业向外提供的、供国家经济管理机构、其他企业和个人使用的报表，如资产负债表。

四、按编报单位分类

会计报表按编报单位分为单位报表和合并报表。单位报表是由独立核算的法人单位编制的会计报表；合并报表是实际拥有控制权的企业将被投资企业和本企业报表按控制和投资关系合并而编制成的报表。

> **特别提示** 注册结构师《基础课》、注册咨询工程师（投资）《项目决策分析与评价》可参考本部分内容。

13.2 施工企业财务分析概述

13.2.1 财务分析的意义

财务分析是以企业财务报告及其他有关资料为主要依据，采用专门的方法，系统分析评价企业的过去和现在的经营成果、财务状况及变动，反映企业在经营过程中的利弊得失和发展趋势，为改进企业财务管理工作、优化经济决策提供重要的财务信息。财务分析的最基本功能是将大量的报表数据转换成对特定决策有用的信息，减少决策的不确定性。财务分析即是已完成的财务活动的总结，又是财务预测的前提，在财务管理工作中起着承上启下的作用。做好财务分析工作具有以下重要意义。

一、财务分析是评价财务状况、衡量经营业绩的重要依据

通过对企业财务报告等核算资料进行分析，可以了解企业偿债能力、营运能力、盈利能力和发展能力，便于企业管理者及其他报告使用人了解企业财务状况和经营成果，并通过分析将影响财务状况和经营成果的主客观因素及宏微观因素区分开，划清经济责任，合理评价经营者的工作业绩，并据此奖优罚劣，以促使经营者不断改进工作。

二、财务分析是挖掘潜力、改进工作、实现财务管理目标的重要手段

企业财务管理的根本目标是努力实现企业价值最大化。通过财务指标的设置和分析，能了解企业的盈利能力和资产周转状况，不断挖掘企业改善财务状况、扩大财务成果的内部潜力，充分认识未被利用的人力资源和物质资源，寻找利用不当的部分及原因，发现进一步提高利用效率的可能性，以便从各方面揭露矛盾、找出差距、寻求措施，促进企业经营理财活动按照企业价值最大化的目标实现良性运行。

三、财务分析是合理实施投资决策的重要措施

投资者及潜在投资者是企业重要的财务报告使用人，通过对企业财务报告的分析，可以了解企业获利能力的高低、偿债能力的强弱、营运能力的大小以及发展能力的增减，可以了解投资后的收益水平和风险程度，从而为投资决策提供必要的信息。

13.2.2 财务分析的主体

企业财务报告是根据报告使用人的一般要求设计的，并不适合所有报表使用人的要求。财务报告的使用者——投资者、债权人、政府等从中选择各自需要的信息，对企业的经营理财状况进行分析、评价，因而不同财务信息的使用人出于不同的利益考虑，在对企业进行财务分析时，其侧重点也有所不同。

一、投资者

作为投资者，在财务分析时必然高度关心投资企业资本的保值增值状况，对投资的回报率极为关注。但是拥有控股权的投资者和一般投资者的财务分析内容，也不完全相同。对于拥有控股权的投资者来说，他们侧重于分析企业在市场的竞争实力，力图扩大市场的占有率，追求企业长期利益的持续、稳定的增长。而对一般投资者来说，则侧重于分析企业短期的盈利能力，企业分配的利润或股利以及企业股息、红利的发放。

二、债权人

债权人投入的资金具有利息固定、支付优先但不分享企业剩余利润的特点。债权人在进行企业财务分析时，最关心的是企业是否有足够的支付能力，以保证其债务本息能够及时、足额地得以偿还。因此债权人通过分析债务人的偿债能力、盈利能力，评价债权的风险和报酬，以便正确决定是否继续对该企业提供商业信用、银行信用或资金上的支持。

三、政府

作为政府，除关注投资所产生的经济效益外，必然关注企业对社会贡献的能力，即是否依法纳税，能否履行法定的社会责任，能否在谋求资本保值增值的前提下，同时带来稳定的财政收入。政府分析、评价企业财务状况，不仅要了解企业占有资金的使用效率，预测财政收入的增长情况，有效地组织和优化社会资金、资源的配置；还要借助财务分析，检查企业是否有违法乱纪行为，更进一步巩固社会主义经济基础。

四、企业经营者、决策者

企业作为自主经营、自负盈亏的独立法人，其经营理财的基本动机，是追求企业价值最大化，必然对企业经营各个方面，包括营运能力、偿债能力、盈利能力和发展能力等全部情况予以详尽地分析和评价，以便及时发现问题，采取对策，规划和调整市场定位目标，消除影响企业经营效益增长的不利因素，进一步挖掘潜力，降低工程、产品成本，为经济效益的增长奠定基础。

综上所述，不同利益主体对企业财务分析虽各有侧重，但就企业总体来说，财务分析的内容，可归纳为四个方面，即营运能力的分析、偿债能力的分析、盈利能力的分析和发展能力的分析。

13.2.3 财务分析的方法

开展财务分析，需要运用一定的方法。财务分析的基本分析方法主要包括比较分析法、比率分析法和因素分析法。

一、比较分析法

（一）分类

比较分析法又称趋势分析法，是会计报表分析中最常用的方法。它是通过两个或两个以上相关指标进行对比，确定数量差异，揭示企业财务状况和经营成果的一种分析方法。比较分析法的形式主要有：实际指标与计划指标对比、同一指标纵向对比、同一指标横向对比三种形式，它们分别揭示企业业绩完成、发展趋势和先进程度。

（1）实际指标与计划指标对比。计划指标即财务管理的具体目标，它是在分析影响财务指标的客观因素的基础上制定的。通过实际与计划的对比，可以说明企业计划的完成情况和程度，以便了解企业财务实际完成情况，改进财务管理工作。

（2）同一指标纵向对比。这是同一指标在不同时间上的对比，一般用本期实际指标与历史指标进行对比。在财务分析工作中，历史指标的具体运用方式有三种：期末与期初对比，即本期期末的指标实际数与上期期末相同指标的实际数对比；与历史同期对比；与历史最高水平对比，这种对比有利于揭示企业财务状况和经营成果的变化趋势及存在的差距。

（3）同一指标横向对比。这是同一指标在不同条件下的对比。一般用本企业与同行业的平均数或竞争对手可比的财务数据相比，有利于揭示本企业与同行业的差距。

（二）注意的问题

在采用比较分析法时，必须选择合适的比较基础，尤其注意以下几方面的问题：

（1）作为分析评价企业当期实际财务数据与所对比的指标的计算口径要保持一致。计算口径一致是指财务指标所包含的内容、范围等要与所对比指标保持一致，否则，二者就没有可比性。

（2）实际指标与所对比的指标的时间期限要一致。即实际指标与所对比指标的计算期限要一致。如果实际指标是年度指标，则对比指标也应当是年度指标。

（3）实际指标与所对比指标的计算方法必须一致不仅计算方法一致而且影响指标各因素内容也需一致，否则也不具有可比性。

二、比率分析法

比率分析法是指利用财务报表中两项相关数值的比率揭示企业财务状况和经营成果的一种分析方法。在财务分析中,比率分析法的应用比较广泛,因为比率分析法采用的是相对数,较只采用有关数值的绝对值对比更具科学性、可比性。比率分析主要有以下几种。

(一)构成比率

构成比率又称结构比率,它是某项经济指标的各个组成部分与总体的比率,反映部分与总体的关系。其计算公式为

$$构成比率 = \frac{某个组成部分数额}{总体数}$$

利用构成比率,可以考察总体中某个部分的形成和安排是否合理,以便协调各项财务活动。

(二)相关比率

相关比率是将某个项目与其不同却又相关的项目加以对比所得的比率。它反映了经济活动中客观存在的相互依存、相互联系的关系。利用相关比率指标,可以考察有联系的相关业务安排是否合理,以保障企业运营活动能顺利进行。如将流动资产与流动负债加以对比,得出的流动比率可以判断企业短期偿债能力的强弱。

三、因素分析法

因素分析法是对某项综合指标的影响因素一一进行分析,分析某一因素时,假定其他各个因素都无变化,依次确定出每一因素对综合指标的影响程度的一种分析方法。

总之,不论采用何种财务分析方法,都必须相互联系地研究各项经济指标。建筑施工企业的财务指标,受到施工、经营和管理等多方面因素影响。如企业利润总额的增加是与已完工程数量、工程造价、工程成本、其他业务利润、管理费用、财务费用等因素密切相关。在进行财务分析时要将相关各项因素加以分类、排列,从而发现主要因素,了解从属因素,以及相互间因果关系,为企业提供切实有效的财务数据。

【例 13-1】 某企业 2014 年 3 月某种材料费用的实际数是 6 720 元,而其计划数是 5 400 元。实际比计划增加 1 320 元。由于材料费用由产品数量、单位产品材料耗用量和材料单价三个因素的成绩构成。因此,可以把材料费用这一总指标分解为三个因素,然后分析它们对材料费用总额的影响程度。现假设这三个因素的数值见表 13-1。

表 13-1　　　　　　　　　　假设这三个因素的数值表

项目	单位	计划数	实际数	差异
产品产量	件	120	140	20
材料单耗	千克/件	9	8	−1
材料单价	元/千克	5	6	1
材料费用	元	5 400	6 720	1 320

根据表中资料,材料费用总额实际数较计划数增加 1 320 元,这是分析对象。运用连环替代法,可以计算各因素变动对材料费用总额的影响程度,具体如下:

计划指标　　　　　　　　120×9×5＝5 400(元)　　　　　　　　　　　①

第一次替代　　　　　　140×9×5＝6 300（元）　　　　　　　　②
第二次替代　　　　　　140×8×5＝5 600（元）　　　　　　　　③
第三次替代　　　　　　140×8×6＝6 720（元）　　　　　　　　④

各因素变动的影响程度分析

$$②-①=6\ 300-5\ 400=900（元）$$

这说明由于产品产量实际超过计划20件，使材料费用总额增加了900元。

$$③-②=5\ 600-6\ 300=-700（元）$$

这说明由于材料耗用减少了1元，使材料费用总额下降了700元。

$$④-③=6\ 720-5\ 600=1\ 120（元）$$

这说明由于材料单价提高了1元，使材料费用总额增加了1 120元。

13.2.4 财务分析的依据

一、资产负债表分析

资产负债表分析是基于资产负债表而进行的财务分析。资产负债表反映了公司在特定时点的财务状况，是公司的经营管理活动结果的集中体现。通过分析公司的资产负债表（表13-2），能够揭示出公司偿还短期债务的能力，公司经营稳健与否或经营风险的大小，以及公司经营管理总体水平的高低。对资产负债表的分析分为水平分析和垂直分析。

表13-2　　　　　　　　　　　　　资　产　负　债　表

编制单位：××公司　　　　　　2013年12月31日　　　　　　　　金额单位：万元

资产	年初数	期末数	负债和所有者权益	年初数	期末数
流动资产：			流动负债：		
货币资金	10	464.7	短期借款	0	300
交易性金融资产	0		交易性金融负债	0	0
应收票据	20	20	应付票据	0	0
应收账款	95	90	应付账款	80	80
预付账款	40	40	预收账款	80	80
应收利息	0	0	应付职工薪酬	10	10
应收股利	0	0	应交税费	0	55.84
其他应收款	25	25	应付利息	20	10
存货	250	200	应付股利	20	20
一年内到期非流动资产	0	0	其他应付款	40	40
其他流动资产	0	0	一年内到期的非流动负债	20	20
			其他流动负债	0	0
流动资产合计	440	839.7	流动负债合计	270	615.84
非流动资产：					
可供出售金融资产	200	200	非流动负债：		

续表

资产	年初数	期末数	负债和所有者权益	年初数	期末数
持有至到期投资	0	0	长期借款	80	40
长期应收款	0	0	应付债券	0	0
长期股权投资	0	80	长期应付款	0	0
长期股权投资	0	0	专项应付款	0	0
投资性房产	0	0	预计负债	0	0
固定资产	1100	1060	递延所得税负债		
在建工程	0	0	其他非流动负债	0	0
工程物资	0	0	非流动负债合计	80	40
固定资产清理	0	0	负债合计	350	655.84
无形资产	210	195	所有者权益		
开发支出	0	0	股本	1200	1200
商誉			资本公积	0	0
长期待摊费用			减：库存股		
递延所得税资产	0	0	盈余公积	100	111.89
其他非流动资产			未分配利润	300	406.97
非流动资产合计	1510	1535	股东权益合计	1600	1718.86
资产总计	1950	2374.7	负债和股东权益总计	1950	2374.7

（一）资产负债表水平分析

（1）资产负债表水平分析表的编制。将分析期的资产负债表各项目数值，与基期（上年或计划、预算）数进行比较，计算出变动额、变动率以及该项目对资产总额、负债总额，和所有者权益总额的影响程度。

（2）资产负债表水平变动情况的分析评价。如分析总资产规模的变动状况，以及各类、各项资产的变动状况；发现变动幅度较大，或对总资产影响较大的重点类别和重点项目；分析资产变动的合理性与效率性；考察资产规模变动与所有者权益，总额变动的适应程度，进而评价企业财务结构的稳定性和安全性；分析会计政策变动的影响等。

（二）资产负债表垂直分析

（1）资产负债表垂直分析表的编制。通过计算资产负债表中各项目占总资产或权益总额的比重，分析评价企业资产结构和权益结构变动的合理程度，可以分为静态分析和动态分析，静态分析以本期资产负债表为对象，动态分析将本期资产负债表与选定的标准进行比较。

（2）资产负债表结构变动情况的分析评价。从静态角度可以观察企业资产的配置情况，通过与行业平均水平，或可比企业的资产结构比较，评价其合理性；观察资本的构成，结合企业盈利能力和经营风险，评价其效率性。从动态角度分析资产结构的变动情况，对资产的稳定性做出评价；分析资本结构的变动情况，分析其对股东收益产生的影响。

（三）资产负债表主要项目分析

（1）货币资金。分析货币资金发生变动的原因，可能有销售规模变动、信用政策变动、为大笔现金支出做准备、资金调度、所筹资金尚未使用。分析货币资金规模及变动情况与货币资金比重及变动情况是否合理，可结合以下因素：货币资金的目标持有量、资产规模与业务量企业融资能力企业运用货币资金的能力、行业特点等。

（2）应收款项。分析应收账款的规模及变动情况、分析会计政策变更和会计估计变更的影响、分析企业是否利用应收账款进行利润调节、关注企业是否有应收账款巨额冲销行为；分析其他应收款的规模及变动情况及其他应收款包括的内容。

（3）存货。分析存货规模与变动情况、存货结构与变动情况；分析企业对存货计价方法的选择与变更是否合理；分析存货的盘存制度对确认存货数量和价值的影响；分析期末存货价值得计价原则对存货项目的影响等。

（4）固定资产。分析生产用固定资产，与非生产用固定资产之间的比例的变化情况；考察未使用和不需用固定资产比率的变化情况，查明企业在处置闲置固定资产方面的工作，是否具有效率；结合企业的生产技术特点，分析生产用固定资产内部结构是否合理；分析企业固定资产折旧方法的合理性；观察固定资产折旧政策是否前后一致；分析企业固定资产预计使用年限和预计净残值确定的合理性等。

（5）应付账款及应付票据。分析销售规模的变动原因；是否充分利用无成本资金；供货方商业信用政策是否有变动及企业资金的充裕程度等。

（6）其他应付款。分析其他应付款规模与变动是否正常；是否存在企业长期占用关联方企业的现象等。

（7）长期借款。分析影响长期借款变动的因素，如银行信贷政策及资金市场的供求情况，企业长期资金需要，保持权益结构稳定性及调整负债结构和财务风险。

二、利润表分析

利润表分析也称损益表分析，是以利润表为对象进行的财务分析，见表13-3。在分析企业的盈利状况和经营成果时，必须要从利润表中获取财务资料，而且，即使分析企业偿债能力，也应结合利润表，因为一个企业的偿债能力同其获利能力密切相关。利润表反映了公司在一定时期内的经营成果，解释了公司财务状况发生变动的主要原因。

表13-3　　　　　　　　　　　利　润　表

会企02表

编制单位：××公司　　　　　2013年12月　　　　　金额单位：元

项　目	本期金额	上期金额
一、营业收入	18 889	12 521
减：营业成本	12 000	8 840
营业税金及附加	420	370
销售费用	1 575	1 100
管理费用	3 170	1 370
财务费用	130	60

续表

项　　目	本期金额	上期金额
资产减值损失	55	50
加：公允价值变动收益（损失以"－"号填列）		
投资收益（损失以"－"号填列）	－46	38
其中：对联营企业和合营企业的投资收益		
二、营业利润（亏损以"－"号填列）	1 493	769
加：营业外收入	16	15
减：营业外支出	16	38
其中：非流动资产处置损失		
三、利润总额（亏损总额以"－"号填列）	1 493	746
减：所得税费用	493	246
四、净利润（净亏损以"－"号填列）	1 000	500
五、每股收益：		
（一）基本每股收益		
（二）稀释每股收益		

（一）利润表主表分析

通过利润表主表的分析，主要对各项利润的增减变动、结构增减变动及影响利润的收入与成本进行分析。

利润额增减变动分析。通过对利润表的水平分析，从利润的形成角度，反映利润额的变动情况，揭示企业在利润形成过程中的管理业绩及存在的问题。

利润结构变动情况分析。利润结构变动分析，主要是在对利润表进行垂直分析的基础上，揭示各项利润及成本费用与收入的关系，以反映企业的各环节的利润构成、利润及成本费用水平。

企业收入分析。企业收入分析的内容包括：收入的确认与计量分析；影响收入的价格因素与销售量因素分析；企业收入的构成分析等。

成本费用分析。成本费用分析包括产品销售成本分析和期间费用分析两部分。产品销售成本分析包括销售总成本分析和单位销售成本分析；期间费用分析包括销售费用分析和管理费用分析。

（二）利润表附表分析

利润表附表分析主要是对利润分配表及分部报表进行分析。

利润分配表分析。通过利润分配表分析，反映企业利润分配的数量与结构变动，揭示企业在利润分配政策、会计政策以及国家有关法规变动方面对利润分配的影响。

分部报表分析。通过对分部报表的分析，反映企业在不同行业、不同地区的经营状况和经营成果，为企业优化产业结构，进行战略调整指明方向。

（三）利润表附注分析

利润表附注分析主要是根据利润表附注及财务情况说明书等相关详细信息，分析说明企业利润表及附表中的重要项目的变动情况,深入揭示利润形成及分配变动的主观原因与客观原因。

13.3 财务分析指标

财务分析指标包括偿债能力指标、营运能力指标、盈利能力指标和发展能力指标。进行财务分析时,需要以财务资产负债表、利润表及现金流量表等作为分析的依据。

13.3.1 偿债能力分析

偿债能力是指企业偿还到期债务本金和利息的能力。按照债务偿付期限的不同,企业的偿债能力分析包括短期偿债能力分析和长期偿债能力分析。

一、短期偿债能力分析

短期偿债能力属一年以内债务的清偿能力。短期偿债能力是指企业流动资产对流动负债及时足额偿还的保证程度,是衡量企业当前财务能力,特别是流动资产变现能力的重要标志。短期偿债能力分析不大注重企业盈利能力的分析,而是强调一定时期流动资产变现能力的分析。

企业短期偿债能力的衡量指标,主要有流动比率、速动比率和现金比率。

(一) 流动比率

流动比率是指流动资产与流动负债的比率。它表明企业每一元流动负债有多少流动资产作为偿还保证。该比率中的两项指标可从资产负债表中直接获得。其计算公式为

$$流动比率 = \frac{流动资产}{流动负债} \times 100\%$$

一般情况下流动比率越大,企业的短期偿债能力越强,债权人的权益越有保证。流动比率也不可以过高,过高则表明企业流动资产占用较多,会影响资金的使用效率和企业的筹资成本,进而影响获利能力。国际公认的标准比率是 200%。它表明企业财务状况稳定可靠,有足够的财力偿还短期债务。

虽然流动比率越高,企业偿还短期债务的流动资产保证程度越强,但这并不等于说企业已有足够的现金或存款用来偿债。对企业经营来说,在生产经营正常的条件下,过大的流动比率,通常意味着企业闲置货币资金的持有量过多,必然会造成企业机会成本的提高和盈利能力的降低。因此,应尽可能将流动比率维持在既不使货币资金闲置,又不影响流动负债及时偿还的水平。对建筑施工企业来说,流动资产的变现,与建筑市场的景气度密切相关。在建筑市场景气时期,不但对发包单位信用有选择的余地,工程款回收快,而且对生产建筑制品容易销售并迅速收回资金,流动比率可以小些;反之,在建筑市场不景气时期,流动比率就要大些,不能采用划一的标准来评价企业流动比率的合理与否。

值得注意的是,流动比率指标计算所需报表数据的真实性和可靠性是至关重要的。分析流动比率时应当剔除虚假或不实因素,以免得出错误的结论。一般而言,企业生产周期较长,流动比例可相应提高;反之就相应降低。

【例 13-2】 某建筑施工企业 2013 年度资产负债表和利润表资料见表 13-4 和表 13-5。

表13-4　　　　　　　　　　　　　　资产负债表

2013年12月31日　　　　　　　　　　　　　　金额单位：万元

资产	年初数	年末数	负债及所有者权益	年初数	年末数
流动资产：			流动负债：		
货币资金	800	900	短期借款	2 000	2 300
短期投资	1 000	500	应付账款	1 000	1 200
应收账款	1 200	1 300	预收账款	300	400
预付账款	40	70	其他应付款	100	100
存货	4 000	5 200	流动负债合计	3 400	4 000
待摊费用	60	80	长期负债	2 000	2 500
流动资产合计	7 100	8 050	非流动负债合计	2 000	2 500
			负债合计	5 400	6 500
			所有者权益：		
长期投资	400	400	实收资本	12 000	12 000
固定资产净值	12 000	14 000	盈余公积	1 600	1 600
无形资产	500	550	未分配利润	1 000	2 900
非流动资产合计	12 900	14 950	所有者权益合计	14 600	16 500
资产总计	20 000	23 000	负债及所有者权益合计	20 000	23 000

表13-5　　　　　　　　　　　　　2013年度利润表

　　　　　　　　　　　　　　　　　　　　　　　　　　金额单位：万元

项目	上年数	本年数
一、主营业务收入	18 000	20 000
减：主营业务成本	10 700	12 200
主营业务税金及附加	1 080	1 200
二、主营业务利润	6 220	6 600
加：其他业务利润	600	1 000
减：营业费用	1 620	1 900
管理费用	800	1 000
财务费用	200	300
三、营业利润	4 200	4 400
加：投资收益	300	300
营业外收入	100	150
减：营业外支出	600	650
四、利润总额	4 000	4 200
减：所得税（税率：40%）	1 600	1 680
五、净利润	2 400	2 520

根据表13-2资产负债表中的数据，该建筑施工企业2013年的流动比率为

$$年初流动比率 = \frac{7\ 100}{3\ 400} \times 100\% \approx 209\%$$

$$年末流动比率 = \frac{8\ 050}{4\ 000} \times 100\% \approx 201\%$$

计算结果表明,该企业2013年初、年末流动比率均超过一般国际公认标准,反映该企业具有较强的短期偿债能力。

(二) 速动比率

速动比率是速动资产与流动负债的比率。它表明企业每一元流动负债有多少速动资产作为偿还保证。所谓速动资产是全部流动资产中减去变现能力较差且不稳定的存货、预付账款、待摊费用、待处理流动资产损失等之后的余额,包括货币资金、短期投资、应收票据、应收账款、其他应收款等。因此速动资产较之流动资产能更加准确、可靠地评价企业资产的流动性及其偿还短期负债的能力。速动比率的计算公式为

$$速动比率 = \frac{速动资产}{流动负债} \times 100\%$$

同流动比率一样,速动比率究竟应保持多大水平才算合理,并没有绝对的标准。公认的标准比率为100%。因为此时的速动比率表示即使不变现存货,仅出售有价证券、收回应收账款加上货币资金,也能偿付到期短期债务。如果速动比率小于100%,可能使企业面临较大的偿债风险,如果速动比较大于100%,尽管短期债务偿还的安全性很高,但会因货币资金等占用过多,而大大增加企业的机会成本。

【例13-3】 根据表13-2资产负债表中的数据,该建筑施工企业2013年的速动比率为

$$年初速动比率 = \frac{800+1\,000+1\,200+40}{3\,400} \times 100\% \approx 89.3\%$$

$$年末速动比率 = \frac{900+500+1\,300+70}{4\,000} \times 100\% \approx 69.25\%$$

分析表明该企业2013年末的速动比率比年初有所下降,虽然该企业流动比率超过一般公认标准,但由于流动资产中存货所占比重过大,导致企业速动比率未达到一般公认标准,企业实际短期偿债能力并不理想,需要采取措施加以扭转。

在实际工作中,要结合债务人特别是工程发包单位的信用状况、建筑市场景气度等来确定企业自身速动比率水平。因为如果债务人信用好,应收账款收现率高,即使速动比率小于100%,也能通过及时收回应收账款按期清偿短期债务。否则,如果债务人信用差,应收账款收现率低,即使速动比率大于100%,也可能仍然不能及时偿还短期债务。

就一般建筑施工企业来说,将速动比率、流动比率分别定为100%、200%,也不失为可供选择的水平。

(三) 现金比率

现金比率是企业一定时期的经营现金净流量同与流动负债的比率,它可以从现金角度来反映企业当期偿付短期负债的能力。这里的现金,是指现金流量表中所说的现金,包括现金、银行存款、其他货币资金等货币资金和3个月内可变现的现金等价物。它是衡量企业即期偿债能力的指标。其计算公式为

$$现金流动负债比率 = \frac{年经营现金净流量}{流动负债} \times 100\%$$

在企业的流动资产中,货币资金和3个月内可变现的现金等价物,是变现能力最强的,如无意外,可以如数保证等额短期债务的偿还。因此,较之流动比率和速动比率,用现金比率来评价企业流动负债的偿还能力更加保险,特别是在已有迹象表明应收账款、存货的变现能力存在较大问题的情况下,计算现金比率就更有现实的意义。用现金比率评价企业短期偿

债能力,是最可信的指标。

现金比率越高,说明现金类资产在流动资产中所占的比例越大。但是,闲置过多的现金类资产也不经济,在多数场合,受偿债风险和机会成本的约束,企业既要保证短期债务偿还的现金需要,又要尽可能降低过多持有现金的机会成本。因为企业除了货币和三个月内可变现短期投资外,应收账款、应收票据等也会给企业带来一定数额的现金,可用于偿还短期债务,所以现金比率理应小于速动比率。就一般建筑施工企业来说,将现金比率、速动比率、流动比率分别定为50%、100%、200%,也不失为可供选择的水平。

二、长期偿债能力分析

长期偿债能力是建筑施工企业偿还长期负债的能力。衡量企业长期偿债能力主要是分析企业资金结构是否合理、稳定以及企业长期盈利能力的大小。因此分析企业长期偿债能力的主要指标有资产负债率、产权比率、已获利息倍数和偿债备付率等。

(一) 资产负债率

资产负债率又称负债比率,是指企业负债总额对资产总额的比率,即每元资产中有多少属于债权人提供的资金。它表明企业资产总额中债权人提供资金所占的比重,以及企业资产对债权人权益的保障程度。其计算公式为

$$资产负债率 = \frac{负债总额}{资产总额} \times 100\%$$

对于债权人来说,他们最关心的是贷款的安全性,也就是能否按期收回贷款本息。他们希望资产负债率越低越好,企业偿债有保证,贷款就不会有太大的风险。如果所有者(股东)投入的资本与企业资产总额相比,只占较小的比例,则企业的风险将主要由债权人来承担,这对债权人来说是不利的。因此,他们希望资产负债率越低越好。资产负债率越低,资产偿债越有保证,贷款的风险越小。

对所有者和股东来说,由于债务资金与所有者(股东)投入的资本在施工生产经营中发挥同样的作用,因此所有者(股东)所关心的是总资产利润是否超过债务资金成本率。在总资产利润率大于债务资金成本率时,所有者(股东)所得利润会加大;相反,如果总资产利润率低于债务资金成本率,则对所有者(股东)是不利的,因为此时借入资金多付的利息,要用所有者(股东)应得的利润加以弥补。因此,对所有者(股东)来说,在总资产利润率高于债务资金成本率时,资产负债率越大越好。

从企业经营者的立场来看,如果负债过多,资产负债率很高,超过债权人心理承受程度,则认为是不安全的。这时,企业就可能借不到钱。如果企业举债过少,资产负债率过低,说明企业对负债经营没有信心,资本经营能力很差。一般来说,企业在资本利润率较高的情况下,由于财务杠杆利益的作用,负债经营能提高企业的资本利润率,但财务风险也会相应增加。如果工程项目经济效益不好或经营不善,利润就会滑坡,过度负债经营,就会遭到财务杠杆的惩罚,导致资本利润率和总资产利润率下降,甚至使企业资不抵债而破产。因此,企业经营者应审时度势利用负债资金,要充分估计预期的经营风险和财务风险,做出恰当的资本结构决策,并以此指导企业的筹资渠道和筹资方式选择,做出正确的决策。

【例 13-4】 根据表 13-2 资产负债表中的数据,该建筑施工企业 2013 年的资产负债率为

$$年初资产负债率 = \frac{5\ 400}{20\ 000} \times 100\% = 27\%$$

$$年末资产负债率 = \frac{6\,500}{23\,000} \times 100\% \approx 8.26\%$$

分析表明该企业2010年年初、年末资产负债率均不高，说明企业长期偿债能力较强，这样有助于增强债权人对企业出借资金的信心。

（二）产权比率

产权比率又称资本负债率，是指负债总额与所有者权益的比率。产权比率表明债权人投入的资本受到股东权益保障的程度，即在企业清算时债权人权益的保障程度。按照各国惯例，无论是正常经营情况下还是在解散、破产清算时，企业债权较之所有者均拥有利息的优先分配权和剩余财产的优先索偿权。因此，产权比率越低，偿还债务的资本保障越大，债权人遭受风险损失的可能性就越小；反之，产权比率越高，偿还负债的资本保障越小，债权人遭受风险损失的可能性越大。当然，产权比率过低尽管有利于企业长期偿债能力的提高，但企业不能充分地获得负债经营的财务杠杆效益，所以在评价资本负债率是否适度时，应以提高企业盈利能力和增强债务偿还能力两个方面综合考虑，即在保障债务偿还安全的前提下，尽可能提高资本负债率。其计算公式为

$$产权比率 = \frac{负债总额}{所有者权益总额} \times 100\%$$

【例13-5】 根据表13-4资产负债表中的数据，该建筑施工企业2013年产权比率为

$$年初产权比率 = \frac{5\,400}{14\,600} \times 100\% \approx 37\%$$

$$年末产权比率 = \frac{6\,500}{16\,500} \times 100\% \approx 39\%$$

分析表明该企业2013年初、年末的产权比率都不高，同资产负债率可以印证，表明企业的长期偿债能力较强，债权人的保障程度较高。

从上可知，产权比率与资产负债率对评价企业偿债能力的作用基本相同。主要区别是：资产负债率侧重于分析债务偿还安全性的物质保障程度，产权比率则侧重于揭示所有者对偿债风险的承受能力。

（三）已获利息倍数

已获利息倍数也称利息倍付率，是指企业一定时期息税前利润与利息支出的比率。息税前利润指包括利息支出和所得税前的正常业务经营利润，利息支出应包括企业在生产经营过程中实际支出的借款利息、债券利息等。已获利息倍数是衡量企业偿付利息支出的承担能力和保证程度，同时反映了债权人投资的风险程度。其计算公式为

$$已获利息倍数 = \frac{息税前利润}{利息支出}$$

该指标不仅反映了企业获利能力的大小，而且反映了获利能力对偿还到期债务的保证程度，它既是企业举债经营的前提依据，也是衡量企业长期偿债能力大小的重要标志。这个指标越大，说明企业承担利息的能力越强。已获利息倍数至少应大于1，一般不宜低于2，并结合债权人的要求确定。已获利息倍数低于1，则表明企业获利能力无法承担举债经营的利息支出，偿债风险很大；利息备付率高，说明利息支付的保证较大，偿债风险小。究竟企业息税前利润应是利息支出的多少倍，才算偿付能力强，这要根据往年经验及行业特点判断。国际上通常认为，该指标为3较为适当。

(四) 偿债备付率

偿债备付率是从偿债资金来源的充裕角度反映偿付债务本息的能力，是指在债务偿还期内，可用于计算还本付息的资金与当年应还本付息额的比值，可用于计算还本付息的资金是指息税折旧摊销前利润减去所得税后的余额；当年应还本付息金额包括还本金额及计入总成本费用的全部利息。

$$偿债备付率 = \frac{息税折旧摊销前利润 - 所得税}{应还本付息额}$$

偿债备付率表示偿付债务本息的保证倍率，至少应大于1，一般不宜低于1.3，并结合债权人的要求确定。偿债备付率低，说明偿付债务本息的资金不充足，偿债风险大。当这一指标小于1时，表示可用于计算还本付息的资金不足以偿付当年债务。

【例 13-6】 根据表 13-4 资产负债表和表 13-5 利润表中的数据，该建筑施工企业 2012 年和 2013 年已获利息倍数为

$$2012 年已获利息倍数 = \frac{4\,000 + 200}{200} = 21$$

$$2013 年已获利息倍数 = \frac{4\,200 + 300}{300} = 15$$

假如行业水平为6倍，则说明该企业弥补利息费用的安全程度较高，债权人风险较小。

特别提示 注册结构师《基础课》可参考本部分内容。

13.3.2 营运能力分析

营运能力是指企业各项资产的利用效率。企业营运能力的大小对企业盈利能力的持续增长和偿债能力的不断提高有着决定性的影响。一般说来，周转速度越快，资产使用效率越高，营运能力越强；反之，营运能力越差。

资产营运能力分析。企业拥有或控制的生产资料表现为各项资产占用。如何合理地利用生产资料，考核它的营运能力，是企业财务管理中另一个极为重要的方面。因此，生产资料的营运能力实际上就是企业总资产及其各个构成要素的营运能力。资产营运能力的强弱关键取决于资产的周转速度。一般来说，周转速度越快，表明资产的使用效率越高，则资产的营运能力越强；反之，营运能力就越差。所谓周转率即企业的周转额与平均余额的比率，它反映企业资金在一定时期的周转次数。周转次数越多，周转速度越快，表明营运能力越强。这一指标的反指标是周转天数，它是周转次数的倒数与计算期天数的乘积，反映资产周转一次所需要的天数。周转天数越少，表明周转速度越快，营运能力越强。其计算公式为

$$周转率 = \frac{周转额}{资产平均余额}$$

$$周转天数 = \frac{计算期天数}{周转次数} = \frac{资产平均余额 \times 计算期天数}{周转额}$$

资产营运能力分析可以从以下几个方面进行。

一、总资产周转率

企业的总资产营运能力集中反映在利用企业资产完成主营业务收入的水平，即其周转率方面。总资产周转率是指主营业务收入与资产平均总额的比值，通常以周转次数来表示。其

计算公式为

$$总资产周转率 = \frac{主营业务收入}{资产平均余额}$$

$$资产平均余额 = \frac{资产总额年初数 + 资产总额年末数}{2}$$

$$总资产周转天数 = \frac{总资产平均余额 \times 360}{主营业务收入}$$

【例 13-7】 某建筑施工企业 2012 年、2013 年有关营业收入和资产平均总额见表 13-6。

表 13-6　　　　　　　　　营业收入和资产平均总额　　　　　　　金额单位：万元

项　目	2012 年	2013 年	差异
主营业务收入	4 458	5 416	+958
资产平均总额	4 136	4 340	+240

可计算 2012 年、2013 年的总资产周转率为

$$2012 年总资产周转率 = \frac{4\ 458}{4\ 136} = 1.08$$

$$2013 年总资产周转率 = \frac{5\ 416}{4\ 340} = 1.25$$

从上可知，该企业 2013 年度总资产周转率较 2012 年度加速了 0.17 次（1.25 次 - 1.08 次），说明企业资产总体营运能力有所提高。

二、流动资产周转情况分析

反映流动资产周转情况的指标主要有应收账款周转率、存货周转率和流动资产周转率。

（1）应收账款周转率又称收账比率，它是指企业一定时期内主营业务收入与应收账款平均余额的比值，是反映应收账款周转速度的指标，通常以周转次数表示。其计算公式为

$$应收账款周转率 = \frac{主营业务收入}{应收账款平均余额}$$

式中应收账款应为扣除坏账准备的净额。如有应收票据的，也应包括在内。应收账款平均余额为各月应收账款平均余额的平均数，各月应收账款平均余额是月初、月末应收账款平均余额的平均数。

应收账款周转次数多，说明企业结算资金占用少，收账速度快，账龄期限短，资产流动性大，短期偿债能力强，可以减少收账费用和坏账损失，从而减少企业流动资产投资。

【例 13-8】 某建筑施工企业 2013 年度实现主营业务收入 5 000 万元，年初应收账款余额为 200 万元，年末应收账款余额为 300 万元，其应收账款周转率为

$$应收账款周转率 = \frac{5\ 000}{(200 + 300)/2} = 20$$

$$应收账款周转天数 = \frac{360}{20} = 18（天）$$

对于坏账损失较多的企业，还可以计算应收账款损失率。应收账款损失率是说明企业本期坏账损失与期初应收账款余额的比率，即每元应收账款要发生多少坏账损失，它的计算公式是

$$应收账款损失率 = \frac{本期坏账损失}{期初应收账款余额} \times 100\%$$

(2) 存货周转率是主营业务成本与存货平均资金占用额的比率，是反映企业流动资产流动性的一个指标，也是衡量企业生产经营各环节中存货运营效率的一个综合性指标。通常以周转次数表示，其计算公式为

$$存货周转率 = \frac{主营业务成本}{存货平均余额}$$

$$存货周转天数 = \frac{存货平均余额 \times 360}{主营业务成本} = \frac{360}{存货周转率}$$

式中，存货包括在库、在用、在途和在建的原材料、低值易耗品、周转材料、委托加工物资、在建工程、在产品、产成品等。存货平均余额为各月存货余额的平均数。各月存货平均余额是月初、月末存货平均余额的平均数。

存货周转速度的快慢，不仅反映企业采购、生产、工程结算、产品营销各个环节营销水平，而且对企业偿债能力产生决定性的影响。一般来说，存货周转率越大，表示存货流动性大，存货管理水平高，有利于节约存货占用资金，提高企业资金利润率。

【例 13-9】 某建筑施工企业 2013 年度主营业务成本为 8 000 万元，年初存货余额为 2 800 万元，年末存货余额为 2 500 万元，存货的周转率和周转天数为

$$存货周转率 = \frac{8\,000}{(2\,800 + 2\,500)/2} = 3.02$$

$$存货周转天数 = \frac{360}{3.02} = 119（天）$$

(3) 流动资产周转率是指主营业务收入与流动资产平均占用额的比值，通常以周转次数表示。其计算公式为

$$流动资产周转率 = \frac{主营业务收入}{流动资产平均占用额}$$

式中，流动资产平均占用额是年度或季度内各月流动资产占用额的平均数。各月流动资产占用额是月初、月末流动资产余额的平均数。

流动资产周转率指标说明流动资产周转的速度。企业在一定时期内占用流动资产越少，而完成的营业收入越多，表明流动资产的周转速度越快，周转次数越多，也就意味着企业以较少的流动资产完成了较多的营业收入，对财务目标的贡献程度越大。

流动资产周转率除了用周转次数表示外，也往往用周转一次需要的天数来表示。因为在计划和核算工作中，通常总是以年度或季度为计划期或报告期，而年、季的时间长度总是固定的。在时间长度固定的条件下，流动资产周转率指标就可改用周转一次所需的天数即周转天数来表示。其计算公式为

$$流动资产周转天数 = 360（或 90）\div \frac{年度（季度）主营业务收入}{年度（季度）流动资产平均占用额}$$

$$= 360（或 90）\times \frac{年度（季度）流动资产平均占用额}{年度（季度）主营业务收入}$$

流动资产周转天数缩短，表明周转速度加快；反之，表明周转速度减缓。

【例 13-10】 某建筑施工企业 2013 年度实现主营业务收入 20 000 万元，流动资产年初

数为 3 200 万元，流动资产年末数为 3 800 万元，其流动资产周转率和流动资产周转天数分别为

$$流动资产周转率 = \frac{20\,000}{(3\,200+3\,800)/2} = 5.71$$

$$流动资产周转天数 = \frac{360}{5.71} = 63（天）$$

三、固定资产利用率

固定资产营运能力的分析，通常采用固定资产利用率，也有将它称为固定资产周转率的。其计算公式为

$$固定资产利用率 = \frac{主营业务收入}{固定资产平均占用额} \times 100\%$$

式中，固定资产平均占用额为各月固定资产平均余额的平均数。各月固定资产平均余额为月初、月末固定资产余额的平均数。

一般情况下，固定资产周转率高，说明固定资产利用充分，同时也能表明企业固定资产投入得当，固定资产结构合理，能充分发挥效率。反之，则表明固定资产使用效率不高，提供的生产成果不多，企业的营运能力不强。

运用固定资产周转率时，需要考虑固定资产计提折旧的影响，其净值在不断减少以及因更新重置其净值突然增加的影响。同时，由于折旧方法的不同，可能影响其可比性。因此在分析时，应剔除掉这些影响。

固定资产利用率指标能综合反映企业所有固定资产的利用水平和营运能力，但不能反映企业各种机械的利用情况，因此，对于企业各种主要机械设备，还要用单位能力年（季）产量指标来反映它们的利用情况。单位能力年（季）产量指标的计算公式为

$$单位能力年（季）产量 = \frac{年（季）度实际产量}{年（季）度机械平均能力}$$

式中，机械平均能力是指企业在年度（或季度）内平均拥有的机械能力，它是根据年度（或季度）内每天的机械能力相加，再除以日历日数计算出来的。

13.3.3 盈利能力分析

企业是以盈利为目的的组织，其出发点和归宿都是盈利。盈利能力是指企业的资金增值能力，即企业获取利润的能力，是衡量企业是否有活力和发展前途的重要内容。它不仅关系到企业所有者的利益，也是企业偿还债务的重要资金来源。无论是投资人、债权人还是企业经营管理人员，都日益重视和关心企业的盈利能力。反映企业盈利能力的指标很多，可从一般分析和社会贡献能力分析两方面研究。

> **小知识**
>
> 对增值的不断追求是企业资金运动的动力源泉与直接目的。获利能力就是企业资金增值的能力，通常表现为企业收益数额的大小与水平的高低，在企业资金运动过程中并通过筹资、投资活动取得收入，补偿成本费用，从而实现利润目标，因此，可以按照营业利润率、成本费用利润率、总资产报酬率和净资产收益率，四项指标借以评价企业业务要素的获利能力及资本保值增值情况。

一、企业盈利能力的一般分析

企业盈利能力分析往往借助于计算分析主营业务利润率、成本费用利润率、资产利润率、自有资金利润率和资本保值增值率等指标来进行,对于股份公司而言,盈利能力分析除上述指标外,还要计算分析每股收益、每股股利、市盈率等指标。

(一) 营业利润率分析

营业利润率是企业一定时期营业利润与营业收入净额的比率。营业利润率越高,表明企业主营业务市场竞争力越强,发展潜力越大,从而盈利能力越强。其计算公式为

$$营业利润率=\frac{营业利润}{营业收入净额}\times 100\%$$

对建筑施工企业来说,工程施工经营是企业的主要业务活动,通过工程结算利润水平的高低,可以发现企业经营理财状况的稳定性、面临的危险或可能出现转机的迹象。主营业务利润率高,表示企业在建筑市场中的竞争能力较强,工程施工成本较低。如果企业的主营业务收入利润率高于同行业其他企业,在建筑市场中参加工程投标中,必要时可用较低的标价参加市场竞争,获得市场较大份额。

【例 13-11】 某建筑施工企业 2013 年度的主营业务利润为 820 万元,主营业务收入为 5 300 万元,而该行业平均主营业务收入利润率为 10%,则该建筑施工企业 2010 年度的主营业务利润为

$$营业利润=\frac{820}{5\ 300}\times 100\%=15.47\%$$

因本行业平均主营业务收入利润率为 10%,则该企业比行业平均主营业务利润率高出 5.47%,说明该企业在工程投标中可降价 5.47%以获得中标,仍能获得该行业的平均主营业务利润。这说明该企业在建筑市场工程标价竞争上有较强的竞争能力。

(二) 成本费用利润率

成本费用利润率是指企业一定时期利润总额与成本费用总额的比率。成本费用控制得越好,获利能力越强,该指标越高,表明企业为取得利润而付出的代价越小。其计算公式为

$$成本费用利润率=\frac{利润总额}{成本费用总额}\times 100\%$$

同利润一样,成本也可以分几个层次:主营业务成本、营业成本(主营业务成本+主营业务税金及附加+营业费用+管理费用+财务费用+其他业务成本)、税前成本(营业成本+营业外支出)、税后成本(税前成本+所得税)。通常使用主营业务成本和营业成本来计算主营业务成本利润率及营业成本利润率。其计算公式如下

$$主营业务成本利润率=\frac{主营业务利润}{主营业务成本}\times 100\%$$

$$营业成本利润率=\frac{营业利润}{营业成本}\times 100\%$$

【例 13-12】 承前例,根据表 13-3 利润表资料,可计算该建筑施工企业主营业务利润率和营业利润率为

$$2012\ 年主营业务成本利润率=\frac{6\ 220}{10\ 700}\times 100\%=58.13\%$$

$$2013\ 年主营业务成本利润率=\frac{6\ 600}{12\ 200}\times 100\%=54.10\%$$

从上述计算结果可以看出,该公司主营业务成本利润率指标 2010 年比 2009 年均有所下降。该公司应当深入检查导致成本费用上升的因素,以扭转效益指标下降的状况。

> **小知识**
>
> 成本费用的口径可分为不同的层次,如主营业务成本、营业成本等在评价成本费用、开支效果时应当注意成本费用与利润之间在计算层次口径上的对应关系。

(三) 总资产报酬率

总资产报酬率是指企业一定时期内获得的报酬总额与平均资产总额的比率。总资产报酬率表示企业包括净资产和负债全部资产的总体获利能力,是评价企业资产运营能力的重要指标。其计算公式为

$$总资产报酬率 = \frac{息税前利润}{平均资产总额} \times 100\%$$

平均资产总额为年初资产总额与年末资产总额的平均数。该比率越高,表明企业资产利用效益越好,全部资产盈利能力越强,企业经营管理水平越高。企业还可以将该指标与市场资本利率进行比较。如果前者较后者大,则说明企业可以充分利用财务杠杆适当举债经营以获得更多的利益。

企业所有者和债权人对该指标都非常关心。一般情况下,总资产报酬率全面反映了企业全部资产的获利水平。

【例 13-13】 承前例,根据表 13-4 资产负债表和表 13-5 利润表,假定 2012 年初总资产为 19 000 万元,且表中财务费用全部为利息支出,可计算该建筑施工企业的总资产报酬率为

$$2012 年总资产报酬率 = \frac{4\,000 + 200}{(19\,000 + 20\,000)/2} \times 100\% = 21.54\%$$

$$2013 年总资产报酬率 = \frac{4\,200 + 300}{(20\,000 + 23\,000)/2} \times 100\% = 20.93\%$$

计算结果表明,企业资产综合利用效率 2013 年不如 2012 年,需要对公司资产的使用情况、增产节约工作等情况作进一步的分析考察,以便改进管理,提高效益。

(四) 净资产收益率

净资产收益率是指企业一定时期内的净利润同平均净资产的比率。净资产收益率充分体现了投资者投入企业的自有资本获取净收益的能力,突出反映了投资与报酬的关系,是评价企业资本经营效益的核心指标。其计算公式为

$$净资产收益率 = \frac{净利润}{平均净资产} \times 100\%$$

式中,净利润是指企业的税后利润,是未作任何分配的数额,受各种政策等其他人为因素影响较少,能够比较客观、综合地反映企业的经济效益,准确体现投资者投入资本的获利能力。平均净资产是企业年初所有者权益同年末所有者权益的平均数。

净资产收益率是评价企业自有资本及其积累获取报酬水平的最具综合性与代表性的指标,反映企业资本运营的综合收益,该指标通用性较强,适用范围广,不受行业局限在目的上的综合评价中使用率非常高。通过对该指标的综合对比分析,可以看出企业获利能力在同

行业中所处的地位，以及与同类企业的差异水平。一般认为净资产收益率越高，企业自有资本获取净收益的能力越强，运营效益越好，对企业投资人、债权人的利益保证程度越高。

【例 13-14】 承前例，根据表 13-4 资产负债表和表 13-5 利润表，假设该 2007 年度的年末净资产为 13 000 万元，可计算该企业净资产收益率为

$$2012 年净资产收益率 = \frac{2\,400}{(13\,000+14\,600)/2} \times 100\% = 17.39\%$$

$$2013 年净资产收益率 = \frac{2\,520}{(14\,600+16\,500)/2} \times 100\% = 16.21\%$$

该公司 2013 年净资产收益率比 2012 年下降了 1.18 个百分点，这是由于该公司所有者权益的增长快于净利润的增长所引起的，根据表 13-4 和表 13-5 可以求得，该公司的所有者权益增长率为

$$\frac{15\,550-13\,800}{13\,800} \times 100\% = 12.68\%$$

净利润的增长率为

$$\frac{2\,520-2\,400}{2\,400} \times 100\% = 5\%$$

（五）每股收益

每股收益是衡量股份公司盈利能力的指标，它是指本年净利润额与年末普通股股份总数的比值。这里的净利润是指交纳所得税后的净利润减去优先股股利的剩余额；年末普通股股份总数是企业发行在外的普通股股份平均数。该指标反映每一普通股的获利水平。指标值越高，表示每一普通股可得的利润越多，股东的投资效益越好；反之，越差。其计算公式为

$$每股收益 = \frac{净利润-优先股股利}{发行在外的普通股股数}$$

（六）每股股利

每股股利也是衡量股份公司的获利能力指标，它是股利总额与年末普通股股份总数的比值。该指标表示的是每一股普通股获利的大小。指标值越高，股本获利能力越强。其计算公式为

$$每股股利 = \frac{股利总额}{年末普通股总数}$$

（七）市盈率

市盈率是衡量股份公司盈利能力的另一项指标，它是指普通股每股市价为每股收益的倍数。该指标目的是反映普通股票当期盈余与市场价格的关系，供投资者投资决策时参考。其计算公式为

$$市盈率 = \frac{普通股每股市价}{普通股每股收益}$$

市盈率反映了投资者对一元净利润所愿支付的价格，可以用来估计股票投资的风险和报酬。在市价确定的情况下，每股收益越高，市盈率越低，投资风险越小；反之，每股收益越低，市盈率越高，投资风险越大。在每股收益确定的情况下，市价越高，市盈率越高，风险越大；反之，市价越低，市盈率越低，风险越小。仅从市盈率高低的横向比较看，高市盈率

说明公司能够获得社会信赖，具有良好的前景。通常，投资者要结合其他有关信息，才能运用市盈率指标判断股票的价值。

特别提示 注册结构师《基础课》可参考本部分内容。

二、社会贡献能力分析

在现代经济社会，企业对社会贡献的主要评价指标有两个：社会贡献率和社会积累率。

（一）社会贡献率

社会贡献率是企业社会贡献总额与平均资产总额的比值。它反映了企业占用社会经济资源所产生的社会经济效益大小，是社会进行资源有效配置的基本依据。其计算公式为

$$社会贡献率 = \frac{企业对社会贡献总额}{平均资产总额} \times 100\%$$

企业社会贡献总额包括工资（含奖金、津贴等工资性收入）、劳保退休统筹及其他社会福利支出、利息支出净额、应交或已交的各项税款、附加费等。

（二）社会积累率

社会积累率是企业上交的各项财政收入与企业社会贡献总额的比值。其计算公式为

$$社会积累率 = \frac{上交国家财政总额}{企业对社会贡献总额} \times 100\%$$

上交的财政收入总额包括企业依法向财政缴纳的各项税款，如增值税、所得税、主营业务税金及附加及其他税款等。

特别提示 注册咨询工程师（投资）《项目决策分析与评价》可参考本部分内容。

案例：某公司财务报表分析

一、公司基本情况及行业分析

1. 公司简介（表 13-7）

表 13-7　　　　　　　　　　　公　司　简　介

公司的法定中文名称	某公司	公司的法定中文名称	某公司
所属行业	食品、饮料	股票代码	略
法人代表	略	成立日期	1993-06-04
公司地址	略		

2. 公司主营业务

乳制品（含婴幼儿配方乳粉）制造；食品、饮料加工；农畜产品及饲料加工，牲畜、家禽饲养，经销食品、饮料加工设备、生产销售包装材料及包装用品、五金工具、化工产品（专营除外）、农副产品，汽车货物运输，日用百货，饮食服务（仅限集体食堂）；本企业产的乳制品、食品、畜禽产品、饮料，饲料；进口：本企业生产、科研所需的原辅材料，机械设备，仪器仪表及零配件；乳制品及乳品原料；经营本企业自产产品及相关技术的出口业务；机器设备修理劳务（除专营）和设备备件销售（除专营）业务；预包装食品的销售；玩具的生产与销售；复配食品添加剂的制造和销售。（法律、行政法规、国务院规定应经许可的，未获许可不得生产经营）

3. 财务报表分析数据来源（表 13-8～表 13-10）

表 13-8　　　　　　　　　　　　　　资产负债表　　　　　　　　　　　　金额单位：元

报告期	2012 年报	2011 年报	2010 年报	2009 年报	2008 年报
流动资产	—	—	—	—	—
货币资金	2 004 196 545.71	3 921 128 772.64	3 341 742 647.44	4 113 466 057.89	2 774 432 558.38
交易性金融资产					
应收票据	130 950 000.00	105 810 000.00	22 500 000.00	1 000 000.00	22 978 071.88
应收账款	289 297 587.44	281 270 491.14	257 222 847.09	217 978 370.09	196 978 423.69
预付账款	647 829 589.36	834 925 418.09	1 239 509 229.17	568 839 075.36	283 946 051.86
应收股利	—	—	—	—	—
应收利息	4 802 837.75	10 280 139.94	—	—	—
其他应收款	135 578 675.82	264 442 578.89	112 983 445.95	91 568 167.90	83 111 155.39
存货	2 994 640 420.76	3 309 585 543.63	2 583 654 422.61	1 835 651 029.35	2 020 365 899.75
消耗性生物资产					
待摊费用					
一年内到期的非流动资产	—	—	—	—	37 859.93
其他流动资产	—	—	—	2 782 722.30	36 012 793.06
影响流动资产其他科目	0.00	0.00	0.00	0.00	0.00
流动资产合计	6 207 295 656.84	8 727 442 944.33	7 557 612 592.26	6 831 285 422.89	5 417 862 813.94
非流动资产	—	—	—	—	—
可供出售金融资产	16 719 808.00	14 316 800.00	17 735 872.00	13 351 088.00	7 409 296.00
持有至到期投资					
投资性房地产					
长期股权投资	568 453 184.23	566 779 673.46	605 602 432.83	386 835 644.47	515 972 399.82
长期应收款					
固定资产	8 900 337 749.64	7 026 827 944.50	5 590 570 496.64	5 109 208 919.26	5 007 185 518.62
工程物资	6 981 178.15	44 686 645.29	54 211 543.96	1 235 042.74	1 587 051.11
在建工程	1 511 183 266.28	1 590 594 865.86	666 373 112.55	226 579 839.09	258 200 327.58
固定资产清理	—	—	—	15 430.64	479 839.99
生产性生物资产	1 339 660 397.84	871 363 646.55	136 219 033.34	87 290 324.96	50 751 016.38
油气资产					
无形资产	831 604 284.80	676 074 690.79	461 106 169.78	265 229 690.82	224 722 577.91
开发支出					
商誉					
长期待摊费用	65 273 487.32	43 268 710.98	4 753 261.12	1 932 849.87	10 247 118.44
递延所得税资产	367 891 449.06	368 144 679.72	268 139 572.09	229 179 393.77	286 070 975.29

续表

报告期	2012年报	2011年报	2010年报	2009年报	2008年报
其他非流动资产	—	—	—	—	—
影响非流动资产其他科目	0.00	0.00	0.00	0.00	0.00
非流动资产合计	13 608 104 805.32	11 202 057 657.15	7 804 711 494.31	6 320 858 223.62	6 362 626 121.14
资产总计	19 815 400 462.16	19 929 500 601.48	15 362 324 086.57	13 152 143 646.51	11 780 488 935.08
流动负债					
短期借款	2 577 793 522.53	2 985 290 639.32	2 697 833 904.93	2 684 879 780.10	2 703 000 000.00
交易性金融负债					
应付票据	—	141 820 900.00	175 400 000.00	358 740 000.00	300 545 000.00
应付账款	4 361 200 925.53	4 378 729 526.54	3 704 272 507.32	3 406 822 604.01	2 867 701 379.24
预收账款	2 598 817 263.00	3 052 494 569.83	1 923 396 559.33	862 146 325.62	1 284 599 594.60
应付职工薪酬	1 209 096 332.79	1 214 563 278.95	871 916 067.78	692 667 827.31	298 589 197.91
应交税费	−369 661 190.85	−23 807 591.98	−114 443 393.87	−242 755 341.32	−382 553 849.11
应付利息	2 230 580.03	26 818 270.53	1 583 297.50	1 284 655.00	1 656 109.28
应付股利	12 159 548.22	9 440 770.42	9 440 770.42	9 440 770.42	9 440 770.42
其他应付款	1 083 709 133.44	1 072 751 648.27	880 832 291.20	1 193 347 879.55	1 024 475 283.96
预提费用	—	—	—	—	—
预计负债				3 000 000.00	
一年内到期的非流动负债	2 550 000.00	7 689 014.04	48 267 979.23	70 851 849.18	93 574 826.02
应付短期债券	—	—	—	—	—
其他流动负债					
影响流动负债其他科目	—	—	—	—	—
流动负债合计	11 477 896 114.69	12 865 791 025.92	10 198 499 983.84	9 037 426 349.87	8 201 028 312.32
非流动负债	—				
长期借款	4 629 000.00	7 179 000.00	59 729 000.00	109 729 000.00	54 629 000.00
应付债券					
长期应付款	—	—	5 401 474.11	24 340 976.17	66 101 468.05
专项应付款	63 545 426.50	58 005 124.77	69 971 733.02	33 553 144.99	33 617 566.89
递延所得税负债	2 368 171.20	2 007 720.00	2 520 580.80	1 862 863.20	2 155 556.72
递延收益	—	—	—	—	—
其他非流动负债	741 978 095.47	691 044 893.20	514 166 043.55	232 292 450.96	195 387 006.18
影响非流动负债其他科目	0.00	0.00	0.00	0.00	0.00
非流动负债合计	812 520 693.17	758 236 737.97	651 788 831.48	404 778 435.32	351 890 597.84
负债合计	12 290 416 807.86	13 624 027 763.89	10 850 288 815.32	9 442 204 785.19	8 552 918 910.16

续表

报告期	2012 年报	2011 年报	2010 年报	2009 年报	2008 年报
所有者权益	—	—	—	—	—
实收资本（或股本）	1 598 645 500.00	1 598 645 500.00	799 322 750.00	799 322 750.00	799 322 750.00
资本公积金	1 844 500 201.65	1 851 176 038.67	2 653 626 149.47	2 655 236 317.71	2 649 196 237.77
盈余公积金	683 385 458.93	532 015 115.13	406 917 510.69	406 917 510.69	406 917 510.69
未分配利润	3 208 979 718.59	2 042 805 093.62	358 683 158.29	−418 513 471.14	−1 066 173 178.46
库存股	—	0.00	—	—	—
一般风险准备	—	—	—	—	—
外币报表折算差额	−610 641.95	−788 731.15	−30 403.85	−1 884.81	−510.00
未确认的投资损失	—	—	—	—	—
少数股东权益	190 083 417.08	281 619 821.32	293 516 106.65	266 977 638.87	438 307 214.92
归属于母公司股东权益合计	7 334 900 237.22	6 023 853 016.27	4 218 519 164.60	3 442 961 222.45	2 789 262 810.00
影响所有者权益其他科目	—	—	—	—	—
所有者权益合计	7 524 983 654.30	6 305 472 837.59	4 512 035 271.25	3 709 938 861.32	3 227 570 024.92
负债及股东权益总计	19 815 400 462.16	19 929 500 601.48	15 362 324 086.57	13 152 143 646.51	11 780 488 935.08

表 13-9 利 润 表

项目	2012 年度（万元）	2011 年度（万元）
一、营业总收入	4 199 069	3 745 137
营业收入	4 199 069	3 745 137
二、营业总成本	4 040 155	3 595 919
营业成本	2 950 495	2 648 566
营业税金及附加	24 948	23 292
销售费用	777 771	729 095
管理费用	280 968	197 069
财务费用	4 915	−4 916
资产减值损失	1 057	2 811
三、其他经营收益		
公允价值变动净收益		
投资净收益	2 652	25 382
对联营企业和合营企业的投资收益	588	−157
汇兑净收益		
四、营业利润	161 566	174 600
加：营业外收入	50 189	42 132
减：营业外支出	3 078	3 091

续表

项目	2012年度（万元）	2011年度（万元）
非流动资产处置净损失	795	2 347
五、利润总额	208 676	213 641
减：所得税	35 074	30 398
加：未确认的投资损失		
六、净利润	173 602	183 243
减：少数股东损益	1 881	2 321
归属于母公司股东的净利润	171 720	180 922
七、每股收益		
基本每股收益（元）	1.07	1.13
稀释每股收益（元）	1.00	1.06

表 13-10 现金流量表 金额单位：元

截止日期	2012-12-31	2011-12-31
一、经营活动产生的现金流量	—	—
销售商品、提供劳务收到的现金	48 225 194 316.85	44 505 054 123.68
收到的税费返还	606 714.12	813 721.95
收到其他与经营活动有关的现金	769 027 458.86	730 716 117.46
经营活动现金流入小计	48 994 828 489.83	45 236 583 963.09
购买商品、接受劳务支付的现金	39 710 406 290.03	36 128 310 394.68
支付给职工以及为职工支付的现金	3 624 180 856.07	2 782 603 131.76
支付的各项税费	2 656 208 462.12	2 189 540 492.31
支付其他与经营活动有关的现金	595 490 608.50	465 754 894.37
经营活动现金流出小计	46 586 286 216.72	41 566 208 913.12
经营活动产生的现金流量净额	2 408 542 273.11	3 670 375 049.97
二、投资活动产生的现金流量	—	—
收回投资所收到的现金	4 206 502.92	436 210 023.42
取得投资收益所收到的现金	20 645 326.10	13 879 957.32
处置固定资产、无形资产和其他长期资产收回的现金净额	19 888 747.13	26 673 964.49
处置子公司及其他营业单位收到的现金净额	—	25 822 137.42
收到其他与投资活动有关的现金	0.00	0.00
投资活动现金流入小计	44 740 576.15	502 586 082.65
购建固定资产、无形资产和其他长期资产所支付的现金	3 101 961 030.29	3 788 541 302.42
投资支付的现金	—	189 689 503.58
取得子公司及其他营业单位支付的现金净额	—	—
支付其他与投资活动有关的现金	0.00	0.00

续表

截止日期	2012-12-31	2011-12-31
投资活动产生的现金流出小计	3 101 961 030.29	3 978 230 806.00
投资活动产生的现金流量净额	-3 057 220 454.14	-3 475 644 723.35
三、筹资活动产生的现金流量净额	—	—
吸收投资收到的现金	—	500 000.00
子公司吸收少数股东权益性投资收到的现金	—	—
取得借款收到的现金	5 580 551 014.83	3 969 727 410.88
收到其他与筹资活动有关的现金	85 866 060.61	0.00
发行债券所收到的现金	—	—
筹资活动现金流入小计	5 666 417 075.44	3 970 227 410.88
偿还债务支付的现金	5 991 741 538.47	3 775 399 641.68
分配股利、利润或偿付利息支付的现金	530 496 777.30	87 599 047.67
子公司支付少数股东的股利	—	—
支付其他与筹资活动有关的现金	49 010 000.00	239 221 211.49
筹资活动现金流出小计	6 571 248 315.77	4 102 219 900.84
筹资活动产生的现金流量净额	-904 831 240.33	-131 992 489.96
四、现金及现金等价物净增加	—	—
汇率变动对现金的影响	-24 945.48	-794 946.00
现金及现金等价物净增加额	-1 553 534 366.84	61 942 890.66
期初现金及现金等价物余额	3 243 457 834.52	3 181 514 943.86
期末现金及现金等价物余额	1 689 923 467.68	3 243 457 834.52
补充资料	—	—
净利润	1 736 021 721.36	1 832 437 348.71
计提的资产减值准备	10 573 828.49	28 112 646.07
固定资产折旧、油气资产折耗、生产性生物资产折旧	880 050 280.09	708 642 800.26
无形资产及其他资产摊销	16 815 572.43	18 449 267.76
长期待摊费用摊销	17 678 847.42	3 953 059.76
待摊费用的减少	—	—
预提费用的增加	—	—
处置无形资产、固定资产和其他长期资产的损失	16 143 629.59	8 309 432.04
固定资产报废损失	7 526 481.57	—
公允价值变动损失		
财务费用	100 309 413.95	103 476 783.59
投资损失（减收益）	-26 524 055.80	-253 824 700.61
递延所得税资产减少	253 230.66	-100 005 107.63
递延所得税负债增加		
存货的减少（减增加）	316 924 703.72	-729 689 467.92

续表

截止日期	2012-12-31	2011-12-31
经营性应收项目的减少	180 196 179.26	127 537 664.37
经营性应付项目的增加	-847 427 559.63	1 922 975 323.57
未确认的投资损失	—	—
其他	0.00	0.00
经营活动产生的现金流量净额	2 408 542 273.11	3 670 375 049.97
债务转为资本	—	—
一年内到期的可转换公司债券	—	—
融资租赁固定资产	—	—
货币资金的期末余额	1 689 923 467.68	3 243 457 834.52
货币资金的期初余额	3 243 457 834.52	3 181 514 943.86
现金等价物的期末余额	—	—
现金等价物的期初余额	—	—
现金及现金等价物净增加额	-1 553 534 366.84	61 942 890.66

二、财务报表分析

(一) 资产负债表分析

1. 资产负债表水平分析（表 13-11）

表 13-11　　　　　　资产负债表水平分析

项目	2012 年较 2011 年增减变动额（元）	变动幅度（%）
货币资金	-1 916 932 227	-48.89
应收票据	25 140 000	23.76
应收利息	-5 477 302.19	-53.28
其他应收款	-128 863 903.1	-48.73
可供出售金融资产	2 403 008	16.78
流动资产合计	-2 520 147 288	-28.88
固定资产	1 873 509 805	26.66
工程物资	-37 705 467.14	-84.38
生产性生物资产	468 296 751.3	53.74
无形资产	155 529 594	23
长期待摊费用	22 004 776.34	50.86
总资产	-114 100 140	-0.57
负债	-1 333 610 956	-9.79
所有者权益	1 219 510 817	9.34

(1) 总资产变化分析。2012 年的资产总额为 19 815 400 462 元，比 2011 年减少了 114 100 140 元，减少 0.57%。

(2) 流动资产变化分析。2012 年的流动资产为 6 207 295 656 元，比 2011 年减少了 2 520 147 288 元，减少 28.88%。

(3) 固定资产变化分析。 2012 年的固定资产为 8 900 337 749 元，比 2011 增加了 1 873 509 805 元，增加 26.66%。

这些分析说明，该公司 2012 年资产增加速度有所放缓，由原来的主要增加流动资产变为主要增加固定资产，这反映了该企业资产扩张的方向与规模。

2. 资产负债表趋势分析（图 13-1、图 13-2）

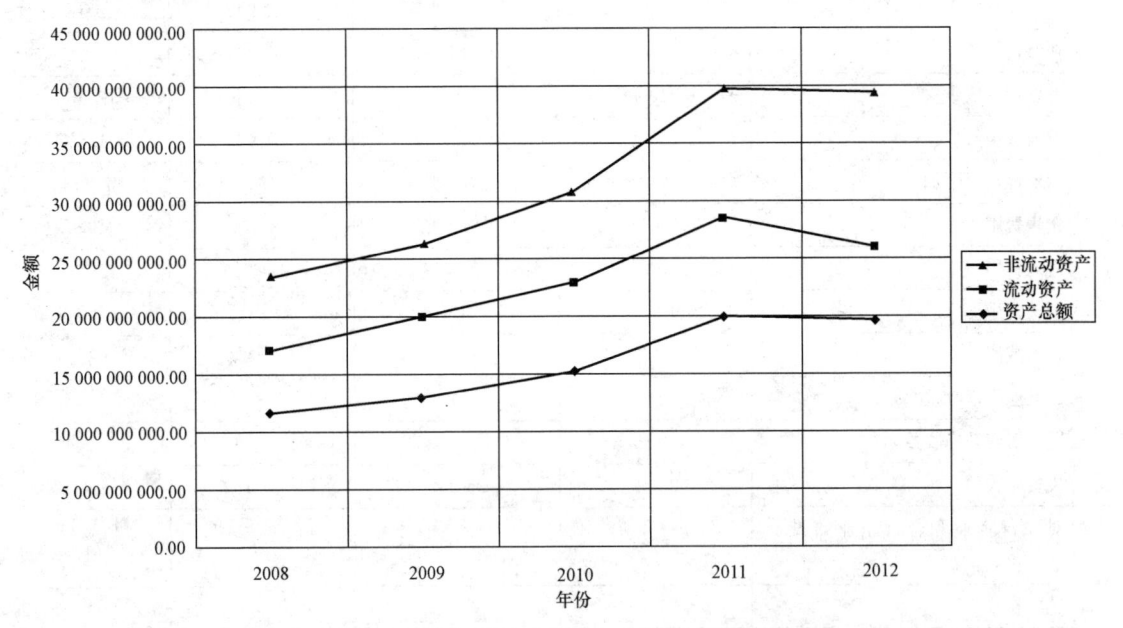

图 13-1　该公司 2008—2012 年资产变化趋势图

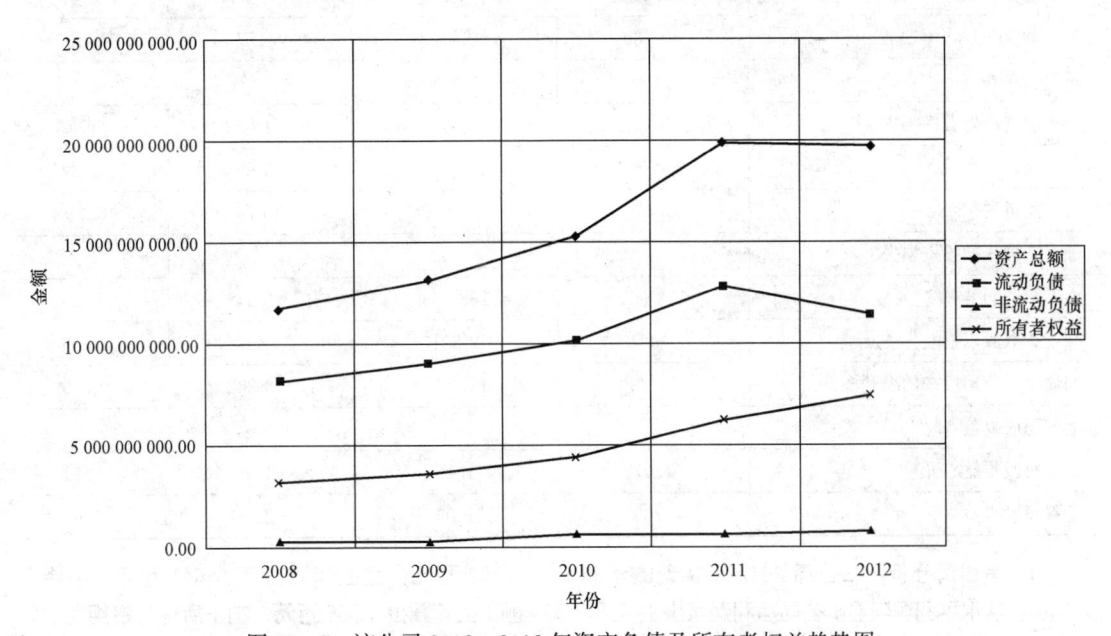

图 13-2　该公司 2008—2012 年资产负债及所有者权益趋势图

从图 13-1、图 13-2 中可以看出，该公司资产总额呈平稳上升趋势，流动负债在减少，非流动负债变化很小，这说明企业现在逐渐在加大权益方面的投资，降低了债务风险。

(二) 利润表分析

1. 利润表水平分析 (表 13-12)

表 13-12　　2012 年利润表水平分析

项目	2012年度（万元）	2011年度（万元）	增减额（万元）	增减（％）
一、营业总收入	4 199 069	3 745 137	453 932	12.12
营业收入	4 199 069	3 745 137	453 932	12.12
二、营业总成本	4 040 155	3 595 919	444 236	12.35
营业成本	2 950 495	2 648 566	301 929	11.40
营业税金及附加	24 948	23 292	1 656	7.11
销售费用	777 771	729 095	48 676	6.68
管理费用	280 968	197 069	83 899	42.57
财务费用	4 915	−4 916	9 831	−200.00
资产减值损失	1 057	2 811	−1 754	−62.40
三、其他经营收益				
公允价值变动净收益				
投资净收益	2 652	25 382	−22 730	−89.55
对联营企业和合营企业的投资收益	588	−157	745	−474.52
汇兑净收益				
四、营业利润	161 566	174 600	−13 034	−7.47
加：营业外收入	50 189	42 132	8 057	19.12
减：营业外支出	3 078	3 091	−13	−0.42
非流动资产处置净损失	795	2 347	−1 552	−66.13
五、利润总额	208 676	213 641	−4 965	−2.32
减：所得税	35 074	30 398	4 676	15.38
加：未确认的投资损失				
六、净利润	173 602	183 243	−9 641	−5.26
减：少数股东损益	1 881	2 321	−440	−18.96
归属于母公司股东的净利润	171 720	180 922	−9 202	−5.09
七、每股收益				
基本每股收益（元）	1.07	1.13	−0.06	−5.31
稀释每股收益（元）	1.00	1.06	−0.06	−5.66

(1) 净利润分析。该公司 2012 年实现的净利润 173 602 万元，比上年减少了 9 641 万元，下降了 5.26％。从水平利润表看，公司净利润减少主要是利润总额比上年减少 4 965 万元，由于所得税费用比上年增长 4 676 万元，二者相抵，导致净利润减少 9 641 万元。

(2) 利润总额分析。该公司利润总额减少 4 965 万元，下降了 2.32％，主要是营业利润比上年减少 13 034 万元引起的，营业外收入比上年增长 8 057 万元，而且营业外支出比上年减少 13 万元，综合作用的影响，导致利润总额比上年减少 4 965 万元。

(3) 营业利润分析。该公司 2012 年实现的营业利润为 161 566 万元，比上年减少 13 034 万元，下降了 7.47%。投资净收益减少 22 730 万元，下降了 89.55%，导致营业利润减少 22 730 万元；资产减值损失的减少 1 754 万元，下降 62.40%，导致营业利润增加 1 754 万元；管理费用增长 83 899 万元，增加 42.57%，导致营业利润减少 83 899 万元。以及营业成本、营业税金及附加、销售费用、财务费用的增加，使增减相抵后营业利润减少 13 034 万元，下降了 7.47%。

2. 利润表垂直分析（表 13 - 13）

表 13 - 13　　　　　　　　　　　利 润 表 垂 直 分 析

报告期	2012 年报	2011 年报
报告类型	合并	合并
数据类型	本期数（%）	本期数（%）
截止日期	2012 - 12 - 31	2011 - 12 - 31
一、营业总收入	100.00	100.00
营业收入	100.00	100.00
二、营业总成本	96.22	96.02
营业成本	70.27	70.72
营业税金及附加	0.59	0.62
销售费用	18.52	19.47
管理费用	6.69	5.26
财务费用	0.12	－0.13
资产减值损失	0.03	0.08
三、其他经营收益	—	—
公允价值变动净收益	—	—
投资净收益	0.06	0.68
对联营企业和合营企业的投资收益	0.01	－0.00
汇兑净收益	—	—
四、营业利润	3.85	4.66
加：营业外收入	1.20	1.12
减：营业外支出	0.07	0.08
非流动资产处置净损失	0.02	0.06
五、利润总额	4.97	5.70
减：所得税	0.84	0.81
加：未确认的投资损失	—	—
六、净利润	4.13	4.89
减：少数股东损益	0.04	0.06
归属于母公司股东的净利润	4.09	4.83
七、每股收益	—	—
基本每股收益（元）	1.07	1.13
稀释每股收益（元）	1.00	1.06

从上表可以看出该公司2012年度各项财务的构成情况。其中营业利润占营业收入的比重为3.85%，比上年度的4.66%下降了0.81%；2012年度利润总额的构成为4.97%，比上年度的5.70%下降了0.73%；2012年度净利润的构成为4.13%，比上年度的4.89%下降了0.76%。可见，从利润表的构成情况看，该公司2012年度盈利能力比上年度有所下降。该公司各项财务成果结构变化的原因，从营业利润结构下降看，主要是营业成本、营业税金及附加、销售费用、财务费用、管理费用的增加及投资净收益的减少导致的，其中营业成本、财务费用、管理费用的增长及投资净收益的减少是降低营业利润构成的根本原因。利润总额结构降低的主要原因在于营业利润的下降。

（三）盈利能力分析

盈利是公司生存和发展的目的和动力。盈利能力是指公司赚取利润的能力，关系到公司各个集团利益的最终实现。评价公司的盈利能力的财务指标主要有净资产收益率、总资产净利率、总资产报酬率、销售净利率、销售成本率、净利润/营业总收入、息税前利润/营业总收入等，见表13-14。

表13-14　　　　　　　　　　盈利能力指标

报告期	2012年	2011年	2010年
净资产收益率（%）	25.71	35.33	20.29
总资产净利率（%）	8.74	10.38	5.58
总资产报酬率（%）	10.75	11.83	5.84
销售净利率（%）	4.13	4.89	2.68
销售成本率（%）	70.27	70.72	69.73
净利润/营业总收入（%）	4.13	4.89	2.68
息税前利润/营业总收入（%）	5.09	5.57	2.81

无论是投资者还是债权人，都认为获利能力十分重要。良好的财务状况必须由较好的获利能力来支持。公司财务管理人员十分重视获利能力，因为要实现财务管理的目标，就必须不断地提高利润，降低风险。

（四）偿债能力分析

偿债能力是指偿债能力是指企业偿还到期债务（包括本息）的能力。能否及时偿还到期债务，是反映企业财务状况好坏的重要标志。通过对偿债能力的分析，可以考察企业持续经营的能力和风险，有助于对企业未来收益进行预测（表13-15）。

表13-15　　　　　　　　　　偿债能力指标

报告期	2012年	2011年	2010年
流动比率	0.54	0.68	0.74
速动比率	0.28	0.42	0.49
现金比率	0.17	0.30	0.33
归属母公司股东的权益/负债合计	0.60	0.44	0.39
有形资产/负债合计	0.51	0.38	0.35
资产负债率	0.62	0.68	0.71
产权比率（负债合计/归属母公司股东的权益）	1.68	2.26	2.57

从上表来看，反映短期偿债能力的三个指标均较低，根据西方经验，一般认为流动比率为2∶1，速动比率为1∶1时比较合适，这两项指标都离标准太远，看出该公司短期偿债能力较弱。2008年受"三聚氰胺"事件的影响，奶制品行业一直不太景气。负债增加的幅度大于资产增加的幅度，存货大幅度增加，

2010 年为 25.84 亿元, 2011 年年末增加到了 33.10 亿元, 说明企业的短期偿债能力不强。企业的资产负债率是企业重要的财务杠杆, 反映了企业偿还债务的综合能力。若比率过高则反映出企业的偿债能力较差, 股东投资的财务风险较大, 该比率说明 2012 年该公司的资产有 62% 是通过举债得来的。同时也反映出企业利用债权人资本进行经营活动的能力较强, 对前途抱有较大信心。

(五) 营运能力分析 (表 13-16)

1. 总资产产值率

总资产产值率 = 总资产/平均总资产, 2010 年为 107.75%, 2011 年为 112.94%, 2012 年为 99.71%。三年中 2011 年度的总资产产值率最高, 2012 年的最低。说明公司 2011 年的资产的投入产出率最高, 总资产运营状况最好, 而是 2012 年则是三年中资产的投入产出率最低, 总资产运营状况最差的。

表 13-16　　　　　　　　　　营 运 能 力 分 析

报告期	2012 年一至四季度	2011 年一至四季度	2010 年一至四季度
营业周期 (天)	40.00	43.00	41.00
存货周转天数 (天)	38.00	40.00	38.00
应收账款周转天数 (天)	2.00	3.00	3.00
存货周转率 (次)	9.36	8.99	9.36
应收账款周转率 (次)	147.19	139.10	124.85
流动资产周转率 (次)	5.62	4.60	4.12
固定资产周转率 (次)	5.27	5.94	5.54
总资产周转率 (次)	2.11	2.12	2.08

2. 总资产收入率

总资产收入率 = 营业收入/平均总资产, 2010 年为 208.06%, 2011 年的为 212.24%, 2012 年的为 211.30%。三年中 2011 年的总资产收入率最高, 说明公司总资产劳动能力最强。而 2012 年的比 2011 年的低, 但比 2010 年的要高, 说明公司 2012 年的总资产劳动能力比 2011 年弱但比 2010 年强, 反映了 2012 年公司整个经营过程中资产的利用效率比 2011 年低, 但比 2010 年高。

3. 总资产周转率

总资产周转率 2010 年为 2.08 次/年, 2011 年为 2.12 次/年, 2012 年为 2.11 次/年。2011 年比 2010 年上涨了 0.04 次/年, 但 2012 年比 2011 年下降了 0.01 次/年。2011 年的总资产周转率上升主要是由于流动资产周转率上升。而 2012 年的流动资产周转率比 2011 年的还更快, 但总资产周转率却下降了, 说明 2012 年公司流动资产占总资产比重下降了。

4. 流动资产周转率

流动资产周转率 2010 年为 4.12 次/年, 2011 年为 4.60 次/年, 2012 年为 5.62 次/年。三年持续增长, 反映了流动资产利用的效益不断地提高。

5. 存货周转率

存货周转率 2010 年为 9.36 次/年, 2011 年为 8.99 次/年, 2012 年为 9.36 次/年。三年中 2011 年的低了一些, 2010 年和 2012 年的一样, 从整体上看三年的存货周转率相差不大。

6. 应收账款周转率

应收账款周转率 2010 年为 124.85 次/年, 2011 年为 139.10 次/年, 2012 年为 147.19 次/年。三年的应收账款周转率持续增长, 说明公司应收账款的收款速度和变现速度持续下降。

7. 固定资产周转率

固定资产周转率 2010 年为 5.54 次/年, 2011 年为 5.94 次/年, 2012 年为 5.27 次/年。其中 2011 年的

最高，2012年的最低。

（六）发展能力分析（表13-17）

表13-17　　　　　　　　　　发 展 能 力 分 析

报告期	2012年一至四季度	2011年一至四季度	2010年一至四季度
基本每股收益（同比增长率）（%）	-5.31	130.61	-39.51
稀释每股收益（同比增长率）（%）	-5.66	130.43	-41.03
每股经营活动产生的现金流量净额（同比增长率）（%）	-34.38	24.78	-27.56
营业总收入同比增长率（%）	12.12	26.25	21.96
营业收入同比增长率（%）	12.12	26.25	21.96
营业利润（同比增长率）（%）	-7.47	188.27	-8.98
利润总额（同比增长率）（%）	-2.32	150.28	5.14
归属母公司股东的净利润（同比增长率）（%）	-5.09	132.79	20.00
归属母公司股东的净利润-扣除非经常性损益（同比增长率）（%）	1.43	126.26	8.47
经营活动产生的现金流量净额（同比增长率）（%）	-34.38	148.91	-27.32
净资产收益率（摊薄）（同比增长率）（%）	-22.05	63.02	-2.06
每股净资产（相对年初增长率）（%）	21.81	-28.63	22.51
资产总计（相对年初增长率）（%）	-0.57	29.73	16.80
归属母公司股东的权益（相对年初增长率）（%）	21.76	42.80	22.53

1. 股东权益增长率

股东权益增长率＝本期股东权益增加额/股东权益期初余额，2010年的股东权益增长率为21.62%，2011年的为39.75%，2012年的为19.34%。三年中2011年的股东权益增长率最大，而2012年的最小。说明公司2011年的股东权益增加最多，而2012年的股东权益增加最少。

2. 营业利润增长率

2012年为-7.47%，2011年为188.27%，2010年为-8.98%，2011年增长幅度较大，但是2012年比2011年下降了很多。说明公司2012年的收益比2011年少，收益能力比2011年下降。

3. 资产增长率

资产增长率2012年为-0.57%，2011年为29.73%，2010年为16.80%。公司2011年的增长率比2010年的要高很多，而2012年的增长率却比2011年下降了很多，而且2012年的资产增长率为负值，说明公司2012年的资产规模在缩减，资产出现负增长。

4. 销售增长率

销售增长率＝本期营业收入增加额/上期营业收入，2012年的销售增长率为12.12%，2011年的为26.24%，2010年的为21.96%。其中，2011年的销售增长率比2010年和2012年都要高，而且2012年的比2010年的还要低。说明公司2011年的销售规模增加较大，营业收入增长较快，销售情况较好，但是2012年的下降了好多，而且比2010年的还要低，说明公司2012年的销售增长规模下降，做减速增长。

5. 净利润增长率

净利润增长率＝本期净利润增加额/上期净利润，2010年为19.61%，2011年为130.27%，2012年为-5.26%。2012年的净利润增长率为负值说明公司本年净利润减少，收益下降。而2011年比2010年的增长了很多，说明2011年的收益增加了很多。

三、总结

综合以上分析可以得出该公司的现金流充足，且始终保持正常状态，企业发展前景良好，2008 年末虽受"三聚氰胺"事件的影响，但由企业积极的应对以及从 2010 年的部分资料可以看出该公司有能力迅速摆脱三聚氰胺的影响进入快速增长期。最后可以得出，该公司基础牢固，是一家财务健康状况良好，并处于高速增长期的企业。但是也知道大部分企业内部有虚造业绩及挪用公款的现象，这就充分暴露了这个民营企业在管理体制上的漏洞，缺乏严格的管理制度，且其在"三聚氰胺"事件中表明其产品质量也存在一定问题，不管一个企业的经营策略如何，产品质量才应是其重中之重。企业应该有自己的企业态度、企业文化，正确的价值观是一个企业良好发展的基本条件。

1. 贯彻总成本领先战略

目前全国的乳制品市场已进入成熟期，实施总成本领先战的核心是充分利用规模经济效益，以扩大生产能力为目标的纵向一体化和横向企业兼并仍是实现规模经济的重要手段。实现这一战略的重要手段就是技术创新，在满足现有产品的同时，挖掘客户的潜在需求，推陈出新。同时注重产品的多样性，体现特色，创造差异，削弱对手的模仿、学习能力。

2. 以品牌营销为核心

该公司在 2008 年遭遇"三氯氰胺"事件后，其企业品牌价值虽然受到影响，但相比于其他乳制品公司还是可以看出该公司的根基稳固且恢复速度快，很重要的一个原因是该公司平时就很注重自身的品牌形象。加快奶业科技步伐，提高原料乳及乳制品质量，恢复消费者对伊利产品质量的信心。加强奶源基地建设，以市场为导向，以科技进步为动力，坚持产业化经营和社会化服务相结合、良种良法相配套。

3. 加大投资力度

该公司遭遇"三氯氰胺"事件后，加大管理监督力度，引进巨额三聚氰胺检测生产线，严防此类事件的再次发生。这种重点投资固定资产的类型有利于企业摆脱目前的困境，恢复稳定的发展。从中可以看出，该公司的投资活动中投资所支付的现金和其他与投资活动有关的现金所占比例相对较小，该公司应加大投资力度，扩展投资项目，优化资产结构。另外也要不断建立完善销售网络，缩短渠道长度，利用各类现代营销方式，发挥其在开拓市场、扩大销售中的作用，建立起灵活、畅通、快速、稳固的销售网络。

4. 大力培养和引进人才

根据行业发展变化和公司实际需求，提高企业的整体人力资源水平，充实公司各方面人才，为公司健康稳定发展提供坚实的人才保障。在人事选拔任用中，打破学历、资历、职称、身份等各种条条框框的限制和论资排辈、求全责备、平衡照顾等束缚，不拘一格选拔人才，给优秀人才提供发展的舞台。坚决克服用人中的功利性、随意性和主观性，要唯能是举，按能授职，真正把群众公认、德才兼备的优秀人才选拔到领导岗位上。并通过建立完善竞争机制，使现有人才和引进人才增强了忧患意识，使他们更加自觉地学习新知识，达到自我完善和提升。这同时也解决了少部分就业问题，一举两得。

本章小结

本章主要介绍了施工企业财务分析的概念和基本分析方法，分析中可采用的基本分析方法有比较分析法、比率分析法和因素分析法。施工企业财务分析可从企业的盈利能力、偿债能力和营运能力等几个角度进行分析，主要的分析指标有流动比率、速动比率、资产负债率、产权比率、已获利息倍数、劳动生产率、总资产周转率、流动资产周转率、固定资产利用率、营业利润率、成本费用利润率、总资产报酬率、净资产收益率、每股收益、每股股利、市盈率、社会贡献、社会积累率等。

习 题

一、思考题

1. 什么是会计要素？它与会计报表是什么关系？
2. 对应收账款项目进行分析应注意哪些问题？
3. 什么是杜邦分析法？其主要特点是什么？

二、单项选择题

1. 各类企业在不同时期都普遍适用的指标评价标准是（　　）。
   A. 历史标准　　　　B. 行业标准　　　　C. 公认标准　　　　D. 目标标准
2. 资产负债表上反映的应付股利是指企业应付未付的（　　）。
   A. 借款利息　　　　B. 税金　　　　C. 现金股利　　　　D. 股票股利
3. 能使经营现金流量减少的项目是（　　）。
   A. 存货增加　　　　　　　　　　　　B. 出售固定资产利得
   C. 无形资产摊销　　　　　　　　　　D. 应收账款减少
4. 反映企业全部财务成果的指标是（　　）。
   A. 销售毛利　　　　B. 营业利润　　　　C. 利润总额　　　　D. 净利润
5. 反映企业股利分配政策及现金支付能力，为投资者的投资决策提供全面信息的报表是（　　）。
   A. 资产负债表　　　　　　　　　　　B. 利润表
   C. 现金流量表　　　　　　　　　　　D. 所有者权益变动表
6. 下列指标中属于利润表的比率有（　　）。
   A. 流动比率　　　　　　　　　　　　B. 现金比率
   C. 资本收益率　　　　　　　　　　　D. 已获利息倍数
7. 根据《企业会计准则——现金流量表》的规定，支付的现金股利属于（　　）。
   A. 经营活动产生的现金流量　　　　　B. 投资活动产生的现金流量
   C. 筹资活动产生的现金流量　　　　　D. 营业活动产生的现金流量
8. 下列因素中，不会导致企业资产规模增加的有（　　）。
   A. 接受投资　　　　B. 实现盈利　　　　C. 对外举债　　　　D. 偿还债务
9. 根据账簿上的日常成本与费用的核算资料及其他有关资料，定期或不定期编制的，用以反映企业资金耗费和产品成本构成及其升降变动情况的财务报表是（　　）。
   A. 主要产品单位成本表　　　　　　　B. 成本费用报表
   C. 销售费用明细表　　　　　　　　　D. 管理费用明细表
10. 下列因素中，不会对企业可持续增长产生直接影响的是（　　）。
    A. 销售净利率　　　　　　　　　　　B. 资产周转率
    C. 每股现金流量　　　　　　　　　　D. 股利支付率

三、多项选择题

1. 财务报表分析一般包括（　　）。
   A. 综合分析　　　　　　　　　　　　B. 偿债能力分析

C. 盈利能力分析　　　　　　　　　D. 营运能力分析
E. 发展能力分析

2. 财务报表列报应包括（　　）。
A. 资产负债表　　　　　　　　　　B. 利润表
C. 现金流量表　　　　　　　　　　D. 所有者权益变动表
E. 报表附注

3. 反映企业盈利能力的指标有（　　）。
A. 净利润　　　　　　　　　　　　B. 净资产收益率
C. 利息保障倍数　　　　　　　　　D. 总资产报酬率
E. 营业利润率

4. 企业收入从广义上讲应该包括（　　）。
A. 主营业务收入　　　　　　　　　B. 其他业务收入
C. 股利收入　　　　　　　　　　　D. 利息收入
E. 营业外收入

5. 下列项目属于期间费用的有（　　）。
A. 材料费用　　　　　　　　　　　B. 制造费用
C. 财务费用　　　　　　　　　　　D. 销售费用
E. 管理费用

6. 偿债能力分析主要包括（　　）。
A. 流动负债分析　　　　　　　　　B. 长期偿债能力分析
C. 借入资金分析　　　　　　　　　D. 短期偿债能力分析
E. 所得税税率分析

7. 速动比率是反映企业短期偿债能力的指标，其数值大小与（　　）的比值有关。
A. 流动资产　　　　　　　　　　　B. 速动资产
C. 负债总额　　　　　　　　　　　D. 流动负债
E. 权益总额

四、计算及账务处理题

1. 某建筑施工企业有关资料见表 13-18。

表 13-18　　　　　　　　某建筑施工企业有关资料

项　目	期初数	期末数	本期数或平均数
存货	3 600 万元	4 800 万元	
流动负债	3 000 万元	4 500 万元	
速动比率	0.75		
流动比率		1.6	
总资产周转次数			1.2
总资产			18 000 万元

要求计算：
(1) 流动资产的期初数与期末数；
(2) 本期主营业务收入；

（3）本期流动资产平均余额和流动资产周转次数。

2. 某建筑施工企业简要资产负债表和利润及利润分配表见表13-19和表13-20。

表13-19　　　　　　　　　　　　资 产 负 债 表　　　　　　　　金额单位：万元

资　产	年初数	年末数	负债与权益	年初数	年末数
银行存款	26 000	41 500	短期借款	6 000	26 000
应收账款	40 000	35 000	应付账款	4 000	2 000
存货	20 000	30 000	长期借款	30 000	20 000
固定资产	64 000	61 000	实收资本	100 000	100 000
			盈余公积	6 000	9 350
净值			未分配利润	4 000	10 150
资产总额	150 000	167 500	负债与权益总额	150 000	167 500

表13-20　　　　　　　　　　　　利 润 及 利 润 分 配 表　　　　　　　金额单位：万元

项　　目	本年累计数	项　　目	本年累计数
营业收入	126 000	利润总额	56 000
减：营业成本、费用、税金	56 700	减应交所得税	16 500
营业利润	69 300	税后利润	33 500
减：管理费用	1 230	加：年初未分配利润	4 000
财务费用（利息16 000）	17 000	可供分配利润	37 500
营业利润	40 000	减：提取盈余公积	3 350
加：投资净收益和营业外净收益	10 000	应付利润	24 000
年末未分配利润	10 150		

要求：计算该企业本年度的速动比率、流动比率、营运资金、周转率、已获利息倍数、资产负债率、净资产报酬率。

3.* 某机械公司，是我国东北地区一家具有一定规模的机械制造企业。几年来，经过公司员工上下的共同努力，其产品已经形成了一定的规模，且有一批固定的客户。企业的经营业绩较好。2013年企业的销售收入和利润与往年比较均有一定程度的提高。但令公司领导不解的是，公司在偿付当期债务方面出现了困难。于是请财务经理对此做出解释。

公司的财务经理查阅了2013年度的利润表、2013年及2012年公司的资产负债表，有关资料见表13-21、表13-22。

表13-21　　　　　　　　　　　某机械公司利润表
　　　　　　　　　　　　　　　　2013年度　　　　　　　　　　金额单位：元

项目	金额	项目	金额
营业收入	2 500 000	费用合计	2 005 000
营业成本	1 550 000	利润总额	495 000
销售费用和管理费用	400 000	所得税	150 000
利息费用	55 000	净利润	345 000

表 13-22　　　　　　　　　　某机械公司资产负债表

2013 年 12 月 31 日　　　　　　　　　　　　金额单位：元

项目	2006 年末	2005 年末
资产		
货币资金	25 000	140 000
应收账款	460 000	350 000
存货	650 000	425 000
预付账款	20 000	30 000
固定资产	900 000	150 000
资产总计	2 055 000	1 095 000
负债和股东权益		
应付账款	245 000	220 000
应交税费	75 000	20 000
其他流动负债	30 000	25 000
应付债券	825 000	100 000
实收资本	530 000	480 000
未分配利润	350 000	250 000
负债和股东权益合计	2 055 000	1 095 000

如果你是财务经理，请问：

(1) 如何对总经理作出一个合理的解释？
(2) 计算反映短期偿债能力的主要指标。
(3) 对某机械公司的短期偿债能力进行评价。

附录 系数表

附表 A 复利现值系数表

期数	1%	2%	3%	4%	5%	6%	7%	8%	9%	10%	11%	12%	13%	14%	15%
1	0.9901	0.9804	0.9709	0.9615	0.9524	0.9434	0.9346	0.9259	0.9174	0.9091	0.9009	0.8929	0.8850	0.8772	0.8696
2	0.9803	0.9612	0.9426	0.9246	0.9070	0.8900	0.8734	0.8573	0.8417	0.8264	0.8116	0.7972	0.7831	0.7695	0.7561
3	0.9706	0.9423	0.9151	0.8890	0.8638	0.8396	0.8163	0.7938	0.7722	0.7513	0.7312	0.7118	0.6931	0.6750	0.6575
4	0.9610	0.9238	0.8885	0.8548	0.8227	0.7921	0.7629	0.7350	0.7084	0.6830	0.6587	0.6355	0.6133	0.5921	0.5718
5	0.9515	0.9057	0.8626	0.8219	0.7835	0.7473	0.7130	0.6806	0.6499	0.6209	0.5935	0.5674	0.5428	0.5194	0.4972
6	0.9420	0.8880	0.8375	0.7903	0.7462	0.7050	0.6663	0.6302	0.5963	0.5645	0.5346	0.5066	0.4803	0.4556	0.4323
7	0.9327	0.8706	0.8131	0.7599	0.7107	0.6651	0.6227	0.5835	0.5470	0.5132	0.4817	0.4523	0.4251	0.3996	0.3759
8	0.9235	0.8535	0.7894	0.7307	0.6768	0.6274	0.5820	0.5403	0.5019	0.4665	0.4339	0.4039	0.3762	0.3506	0.3269
9	0.9143	0.8368	0.7664	0.7026	0.6446	0.5919	0.5439	0.5002	0.4604	0.4241	0.3909	0.3606	0.3329	0.3075	0.2843
10	0.9053	0.8203	0.7441	0.6756	0.6139	0.5584	0.5083	0.4632	0.4224	0.3855	0.3522	0.3220	0.2946	0.2697	0.2472
11	0.8963	0.8043	0.7224	0.6496	0.5847	0.5268	0.4751	0.4289	0.3875	0.3505	0.3173	0.2875	0.2607	0.2366	0.2149
12	0.8874	0.7885	0.7014	0.6246	0.5568	0.4970	0.4440	0.3971	0.3555	0.3186	0.2858	0.2567	0.2307	0.2076	0.1869
13	0.8787	0.7730	0.6810	0.6006	0.5303	0.4688	0.4150	0.3677	0.3262	0.2897	0.2575	0.2292	0.2042	0.1821	0.1625
14	0.8700	0.7579	0.6611	0.5775	0.5051	0.4423	0.3878	0.3405	0.2992	0.2633	0.2320	0.2046	0.1807	0.1597	0.1413
15	0.8613	0.7430	0.6419	0.5553	0.4810	0.4173	0.3624	0.3152	0.2745	0.2394	0.2090	0.1827	0.1599	0.1401	0.1229
16	0.8528	0.7284	0.6232	0.5339	0.4581	0.3936	0.3387	0.2919	0.2519	0.2176	0.1883	0.1631	0.1415	0.1229	0.1069
17	0.8444	0.7142	0.6050	0.5134	0.4363	0.3714	0.3166	0.2703	0.2311	0.1978	0.1696	0.1456	0.1252	0.1078	0.0929
18	0.8360	0.7002	0.5874	0.4936	0.4155	0.3503	0.2959	0.2502	0.2120	0.1799	0.1528	0.1300	0.1108	0.0946	0.0808
19	0.8277	0.6864	0.5703	0.4746	0.3957	0.3305	0.2765	0.2317	0.1945	0.1635	0.1377	0.1161	0.0981	0.0829	0.0703
20	0.8195	0.6730	0.5537	0.4564	0.3769	0.3118	0.2584	0.2145	0.1784	0.1486	0.1240	0.1037	0.0868	0.0728	0.0611
21	0.8114	0.6598	0.5375	0.4388	0.3589	0.2942	0.2415	0.1987	0.1637	0.1351	0.1117	0.0926	0.0768	0.0638	0.0531
22	0.8034	0.6468	0.5219	0.4220	0.3418	0.2775	0.2257	0.1839	0.1502	0.1228	0.1007	0.0826	0.0680	0.0560	0.0462
23	0.7954	0.6342	0.5067	0.4057	0.3256	0.2618	0.2109	0.1703	0.1378	0.1117	0.0907	0.0738	0.0601	0.0491	0.0402
24	0.7876	0.6217	0.4919	0.3901	0.3101	0.2470	0.1971	0.1577	0.1264	0.1015	0.0817	0.0659	0.0532	0.0431	0.0349
25	0.7798	0.6095	0.4776	0.3751	0.2953	0.2330	0.1842	0.1460	0.1160	0.0923	0.0736	0.0588	0.0471	0.0378	0.0304
26	0.7720	0.5976	0.4637	0.3607	0.2812	0.2198	0.1722	0.1352	0.1064	0.0839	0.0663	0.0525	0.0417	0.0331	0.0264
27	0.7644	0.5859	0.4502	0.3468	0.2678	0.2074	0.1609	0.1252	0.0976	0.0763	0.0597	0.0469	0.0369	0.0291	0.0230
28	0.7568	0.5744	0.4371	0.3335	0.2551	0.1956	0.1504	0.1159	0.0895	0.0693	0.0538	0.0419	0.0326	0.0255	0.0200
29	0.7493	0.5631	0.4243	0.3207	0.2429	0.1846	0.1406	0.1073	0.0822	0.0630	0.0485	0.0374	0.0289	0.0224	0.0174
30	0.7419	0.5521	0.4120	0.3083	0.2314	0.1741	0.1314	0.0994	0.0754	0.0573	0.0437	0.0334	0.0256	0.0196	0.0151

附表 B　　　　　　　　　　复 利 终 值 系 数 表

期数	1%	2%	3%	4%	5%	6%	7%	8%	9%	10%	11%	12%	13%	14%	15%
1	1.0100	1.0200	1.0300	1.0400	1.0500	1.0600	1.0700	1.0800	1.0900	1.1000	1.1100	1.1200	1.1300	1.1400	1.1500
2	1.0201	1.0404	1.0609	1.0816	1.1025	1.1236	1.1449	1.1664	1.1881	1.2100	1.2321	1.2544	1.2769	1.2996	1.3225
3	1.0303	1.0612	1.0927	1.1249	1.1576	1.1910	1.2250	1.2597	1.2950	1.3310	1.3676	1.4049	1.4429	1.4815	1.5209
4	1.0406	1.0824	1.1255	1.1699	1.2155	1.2625	1.3108	1.3605	1.4116	1.4641	1.5181	1.5735	1.6305	1.6890	1.7490
5	1.0510	1.1041	1.1593	1.2167	1.2763	1.3382	1.4026	1.4693	1.5386	1.6105	1.6851	1.7623	1.8424	1.9254	2.0114
6	1.0615	1.1262	1.1941	1.2653	1.3401	1.4185	1.5007	1.5869	1.6771	1.7716	1.8704	1.9738	2.0820	2.1950	2.3131
7	1.0721	1.1487	1.2299	1.3159	1.4071	1.5036	1.6058	1.7138	1.8280	1.9487	2.0762	2.2107	2.3526	2.5023	2.6600
8	1.0829	1.1717	1.2668	1.3686	1.4775	1.5938	1.7182	1.8509	1.9926	2.1436	2.3045	2.4760	2.6584	2.8526	3.0590
9	1.0937	1.1951	1.3048	1.4233	1.5513	1.6895	1.8385	1.9990	2.1719	2.3579	2.5580	2.7731	3.0040	3.2519	3.5179
10	1.1046	1.2190	1.3439	1.4802	1.6289	1.7908	1.9672	2.1589	2.3674	2.5937	2.8394	3.1058	3.3946	3.7072	4.0456
11	1.1157	1.2434	1.3842	1.5395	1.7103	1.8983	2.1049	2.3316	2.5804	2.8531	3.1518	3.4786	3.8359	4.2262	4.6524
12	1.1268	1.2682	1.4258	1.6010	1.7959	2.0122	2.2522	2.5182	2.8127	3.1384	3.4985	3.8960	4.3345	4.8179	5.3503
13	1.1381	1.2936	1.4685	1.6651	1.8856	2.1329	2.4098	2.7196	3.0658	3.4523	3.8833	4.3635	4.8980	5.4924	6.1528
14	1.1495	1.3195	1.5126	1.7317	1.9799	2.2609	2.5785	2.9372	3.3417	3.7975	4.3104	4.8871	5.5348	6.2613	7.0757
15	1.1610	1.3459	1.5580	1.8009	2.0789	2.3966	2.7590	3.1722	3.6425	4.1772	4.7846	5.4736	6.2543	7.1379	8.1371
16	1.1726	1.3728	1.6047	1.8730	2.1829	2.5404	2.9522	3.4259	3.9703	4.5950	5.3109	6.1304	7.0673	8.1372	9.3576
17	1.1843	1.4002	1.6528	1.9479	2.2920	2.6928	3.1588	3.7000	4.3276	5.0545	5.8951	6.8660	7.9861	9.2765	10.7613
18	1.1961	1.4282	1.7024	2.0258	2.4066	2.8543	3.3799	3.9960	4.7171	5.5599	6.5436	7.6900	9.0243	10.5752	12.3755
19	1.2081	1.4568	1.7535	2.1068	2.5270	3.0256	3.6165	4.3157	5.1417	6.1159	7.2633	8.6128	10.1974	12.0557	14.2318
20	1.2202	1.4859	1.8061	2.1911	2.6533	3.2071	3.8697	4.6610	5.6044	6.7275	8.0623	9.6463	11.5231	13.7435	16.3665
21	1.2324	1.5157	1.8603	2.2788	2.7860	3.3996	4.1406	5.0338	6.1088	7.4002	8.9492	10.8038	13.0211	15.6676	18.8215
22	1.2447	1.5460	1.9161	2.3699	2.9253	3.6035	4.4304	5.4365	6.6586	8.1403	9.9336	12.1003	14.7138	17.8610	21.6447
23	1.2572	1.5769	1.9736	2.4647	3.0715	3.8197	4.7405	5.8715	7.2579	8.9543	11.0263	13.5523	16.6266	20.3616	24.8915
24	1.2697	1.6084	2.0328	2.5633	3.2251	4.0489	5.0724	6.3412	7.9111	9.8497	12.2392	15.1786	18.7881	23.2122	28.6252
25	1.2824	1.6406	2.0938	2.6658	3.3864	4.2919	5.4274	6.8485	8.6231	10.8347	13.5855	17.0001	21.2305	26.4619	32.9190
26	1.2953	1.6734	2.1566	2.7725	3.5557	4.5494	5.8074	7.3964	9.3992	11.9182	15.0799	19.0401	23.9905	30.1666	37.8568
27	1.3082	1.7069	2.2213	2.8834	3.7335	4.8223	6.2139	7.9881	10.2451	13.1100	16.7387	21.3249	27.1093	34.3899	43.5353
28	1.3213	1.7410	2.2879	2.9987	3.9201	5.1117	6.6488	8.6271	11.1671	14.4210	18.5799	23.8839	30.6335	39.2045	50.0656
29	1.3345	1.7758	2.3566	3.1187	4.1161	5.4184	7.1143	9.3173	12.1722	15.8631	20.6237	26.7499	34.6158	44.6931	57.5755
30	1.3478	1.8114	2.4273	3.2434	4.3219	5.7435	7.6123	10.0627	13.2677	17.4494	22.8923	29.9599	39.1159	50.9502	66.2118

附表 C　　　　　　　　　　　　年 金 现 值 系 数 表

期数	1%	2%	3%	4%	5%	6%	7%	8%	9%	10%	11%	12%	13%	14%	15%
1	0.9901	0.9804	0.9709	0.9615	0.9524	0.9434	0.9346	0.9259	0.9174	0.9091	0.9009	0.8929	0.8850	0.8772	0.8696
2	1.9704	1.9416	1.9135	1.8861	1.8594	1.8334	1.8080	1.7833	1.7591	1.7355	1.7125	1.6901	1.6681	1.6467	1.6257
3	2.9410	2.8839	2.8286	2.7751	2.7232	2.6730	2.6243	2.5771	2.5313	2.4869	2.4437	2.4018	2.3612	2.3216	2.2832
4	3.9020	3.8077	3.7171	3.6299	3.5460	3.4651	3.3872	3.3121	3.2397	3.1699	3.1024	3.0373	2.9745	2.9137	2.8550
5	4.8534	4.7135	4.5797	4.4518	4.3295	4.2124	4.1002	3.9927	3.8897	3.7908	3.6959	3.6048	3.5172	3.4331	3.3522
6	5.7955	5.6014	5.4172	5.2421	5.0757	4.9173	4.7665	4.6229	4.4859	4.3553	4.2305	4.1114	3.9975	3.8887	3.7845
7	6.7282	6.4720	6.2303	6.0021	5.7864	5.5824	5.3893	5.2064	5.0330	4.8684	4.7122	4.5638	4.4226	4.2883	4.1604
8	7.6517	7.3255	7.0197	6.7327	6.4632	6.2098	5.9713	5.7466	5.5348	5.3349	5.1461	4.9676	4.7988	4.6389	4.4873
9	8.5660	8.1622	7.7861	7.4353	7.1078	6.8017	6.5152	6.2469	5.9952	5.7590	5.5370	5.3282	5.1317	4.9464	4.7716
10	9.4713	8.9826	8.5302	8.1109	7.7217	7.3601	7.0236	6.7101	6.4177	6.1446	5.8892	5.6502	5.4262	5.2161	5.0188
11	10.3676	9.7868	9.2526	8.7605	8.3064	7.8869	7.4987	7.1390	6.8052	6.4951	6.2065	5.9377	5.6869	5.4527	5.2337
12	11.2551	10.5753	9.9540	9.3851	8.8633	8.3838	7.9427	7.5361	7.1607	6.8137	6.4924	6.1944	5.9176	5.6603	5.4206
13	12.1337	11.3484	10.6350	9.9856	9.3936	8.8527	8.3577	7.9038	7.4869	7.1034	6.7499	6.4235	6.1218	5.8424	5.5831
14	13.0037	12.1062	11.2961	10.5631	9.8986	9.2950	8.7455	8.2442	7.7862	7.3667	6.9819	6.6282	6.3025	6.0021	5.7245
15	13.8651	12.8493	11.9379	11.1184	10.3797	9.7122	9.1079	8.5595	8.0607	7.6061	7.1909	6.8109	6.4624	6.1422	5.8474
16	14.7179	13.5777	12.5611	11.6523	10.8378	10.1059	9.4466	8.8514	8.3126	7.8237	7.3792	6.9740	6.6039	6.2651	5.9542
17	15.5623	14.2919	13.1661	12.1657	11.2741	10.4773	9.7632	9.1216	8.5436	8.0216	7.5488	7.1196	6.7291	6.3729	6.0472
18	16.3983	14.9920	13.7535	12.6593	11.6896	10.8276	10.0591	9.3719	8.7556	8.2014	7.7016	7.2497	6.8399	6.4674	6.1280
19	17.2260	15.6785	14.3238	13.1339	12.0853	11.1581	10.3356	9.6036	8.9501	8.3649	7.8393	7.3658	6.9380	6.5504	6.1982
20	18.0456	16.3514	14.8775	13.5903	12.4622	11.4699	10.5940	9.8181	9.1285	8.5136	7.9633	7.4694	7.0248	6.6231	6.2593
21	18.8570	17.0112	15.4150	14.0292	12.8212	11.7641	10.8355	10.0168	9.2922	8.6487	8.0751	7.5620	7.1016	6.6870	6.3125
22	19.6604	17.6580	15.9369	14.4511	13.1630	12.0416	11.0612	10.2007	9.4424	8.7715	8.1757	7.6446	7.1695	6.7429	6.3587
23	20.4558	18.2922	16.4436	14.8568	13.4886	12.3034	11.2722	10.3711	9.5802	8.8832	8.2664	7.7184	7.2297	6.7921	6.3988
24	21.2434	18.9139	16.9355	15.2470	13.7986	12.5504	11.4693	10.5288	9.7066	8.9847	8.3481	7.7843	7.2829	6.8351	6.4338
25	22.0232	19.5235	17.4131	15.6221	14.0939	12.7834	11.6536	10.6748	9.8226	9.0770	8.4217	7.8431	7.3300	6.8729	6.4641
26	22.7952	20.1210	17.8768	15.9828	14.3752	13.0032	11.8258	10.8100	9.9290	9.1609	8.4881	7.8957	7.3717	6.9061	6.4906
27	23.5596	20.7069	18.3270	16.3296	14.6430	13.2105	11.9867	10.9352	10.0266	9.2372	8.5478	7.9426	7.4086	6.9352	6.5135
28	24.3164	21.2813	18.7641	16.6631	14.8981	13.4062	12.1371	11.0511	10.1161	9.3066	8.6016	7.9844	7.4412	6.9607	6.5335
29	25.0658	21.8444	19.1885	16.9837	15.1411	13.5907	12.2777	11.1584	10.1983	9.3696	8.6501	8.0218	7.4701	6.9830	6.5509
30	25.8077	22.3965	19.6004	17.2920	15.3725	13.7648	12.4090	11.2578	10.2737	9.4269	8.6938	8.0552	7.4957	7.0027	6.5660

附表 D　　　　　　　　　　　　　年金终值系数表

期数	1%	2%	3%	4%	5%	6%	7%	8%	9%	10%	11%	12%	13%	14%	15%
1	1.0000	1.0000	1.0000	1.0000	1.0000	1.0000	1.0000	1.0000	1.0000	1.0000	1.0000	1.0000	1.0000	1.0000	1.0000
2	2.0100	2.0200	2.0300	2.0400	2.0500	2.0600	2.0700	2.0800	2.0900	2.1000	2.1100	2.1200	2.1300	2.1400	2.1500
3	3.0301	3.0604	3.0909	3.1216	3.1525	3.1836	3.2149	3.2464	3.2781	3.3100	3.3421	3.3744	3.4069	3.4396	3.4725
4	4.0604	4.1216	4.1836	4.2465	4.3101	4.3746	4.4399	4.5061	4.5731	4.6410	4.7097	4.7793	4.8498	4.9211	4.9934
5	5.1010	5.2040	5.3091	5.4163	5.5256	5.6371	5.7507	5.8666	5.9847	6.1051	6.2278	6.3528	6.4803	6.6101	6.7424
6	6.1520	6.3081	6.4684	6.6330	6.8019	6.9753	7.1533	7.3359	7.5233	7.7156	7.9129	8.1152	8.3227	8.5355	8.7537
7	7.2135	7.4343	7.6625	7.8983	8.1420	8.3938	8.6540	8.9228	9.2004	9.4872	9.7833	10.0890	10.4047	10.7305	11.0668
8	8.2857	8.5830	8.8923	9.2142	9.5491	9.8975	10.2598	10.6366	11.0285	11.4359	11.8594	12.2997	12.7573	13.2328	13.7268
9	9.3685	9.7546	10.1591	10.5828	11.0266	11.4913	11.9780	12.4876	13.0210	13.5795	14.1640	14.7757	15.4157	16.0853	16.7858
10	10.4622	10.9497	11.4639	12.0061	12.5779	13.1808	13.8164	14.4866	15.1929	15.9374	16.7220	17.5487	18.4197	19.3373	20.3037
11	11.5668	12.1687	12.8078	13.4864	14.2068	14.9716	15.7836	16.6455	17.5603	18.5312	19.5614	20.6546	21.8143	23.0445	24.3493
12	12.6825	13.4121	14.1920	15.0258	15.9171	16.8699	17.8885	18.9771	20.1407	21.3843	22.7132	24.1331	25.6502	27.2707	29.0017
13	13.8093	14.6803	15.6178	16.6268	17.7130	18.8821	20.1406	21.4953	22.9534	24.5227	26.2116	28.0291	29.9847	32.0887	34.3519
14	14.9474	15.9739	17.0863	18.2919	19.5986	21.0151	22.5505	24.2149	26.0192	27.9750	30.0949	32.3926	34.8827	37.5811	40.5047
15	16.0969	17.2934	18.5989	20.0236	21.5786	23.2760	25.1290	27.1521	29.3609	31.7725	34.4054	37.2797	40.4175	43.8424	47.5804
16	17.2579	18.6393	20.1569	21.8245	23.6575	25.6725	27.8881	30.3243	33.0034	35.9497	39.1899	42.7533	46.6717	50.9804	55.7175
17	18.4304	20.0121	21.7616	23.6975	25.8404	28.2129	30.8402	33.7502	36.9737	40.5447	44.5008	48.8837	53.7391	59.1176	65.0751
18	19.6147	21.4123	23.4144	25.6454	28.1324	30.9057	33.9990	37.4502	41.3013	45.5992	50.3959	55.7497	61.7251	68.3941	75.8364
19	20.8109	22.8406	25.1169	27.6712	30.5390	33.7600	37.3790	41.4463	46.0185	51.1591	56.9395	63.4397	70.7494	78.9692	88.2118
20	22.0190	24.2974	26.8704	29.7781	33.0660	36.7856	40.9955	45.7620	51.1601	57.2750	64.2028	72.0524	80.9468	91.0249	102.4436
21	23.2392	25.7833	28.6765	31.9692	35.7193	39.9927	44.8652	50.4229	56.7645	64.0025	72.2651	81.6987	92.4699	104.7684	118.8101
22	24.4716	27.2990	30.5368	34.2480	38.5052	43.3923	49.0057	55.4568	62.8733	71.4027	81.2143	92.5026	105.4910	120.4360	137.6316
23	25.7163	28.8450	32.4529	36.6179	41.4305	46.9958	53.4361	60.8933	69.5319	79.5430	91.1479	104.6029	120.2048	138.2970	159.2764
24	26.9735	30.4219	34.4265	39.0826	44.5020	50.8156	58.1767	66.7648	76.7898	88.4973	102.1742	118.1552	136.8315	158.6586	184.1678
25	28.2432	32.0303	36.4593	41.6459	47.7271	54.8645	63.2490	73.1059	84.7009	98.3471	114.4133	133.3339	155.6196	181.8708	212.7930
26	29.5256	33.6709	38.5530	44.3117	51.1135	59.1564	68.6765	79.9544	93.3240	109.1818	127.9988	150.3339	176.8501	208.3327	245.7120
27	30.8209	35.3443	40.7096	47.0842	54.6691	63.7058	74.4838	87.3508	102.7231	121.0999	143.0786	169.3740	200.8406	238.4993	283.5688
28	32.1291	37.0512	42.9309	49.9676	58.4026	68.5281	80.6977	95.3388	112.9682	134.2099	159.8173	190.6989	227.9499	272.8892	327.1041
29	33.4504	38.7922	45.2189	52.9663	62.3227	73.6398	87.3465	103.9659	124.1354	148.6309	178.3972	214.5828	258.5834	312.0937	377.1697
30	34.7849	40.5681	47.5754	56.0849	66.4388	79.0582	94.4608	113.2832	136.3075	164.4940	199.0209	241.3327	293.1992	356.7868	434.7451

参 考 文 献

[1] 俞文青. 施工企业财务管理. 上海：立信会计出版社，2004.
[2] 财政部会计资格评价中心. 中级会计实务. 北京：经济科学出版社，2014.
[3] 叶晓甡，工程财务管理. 北京：中国建筑工业出版社，2011.
[4] 荆新. 财务管理学. 北京：中国人民大学出版社，2004.
[5] 张凤英. 财务管理. 北京：对外经济贸易大学出版社，2005.
[6] 王秋丽. 财务管理. 北京. 中国时代经济出版社，2002.
[7] 中国注册会计师协会. 财务成本管理. 北京：经济科学出版社，2005.
[8] 温作民. 财务管理. 南京：东南大学出版社，2002.
[9] 郝建萍. 财务管理. 北京：科技出版社，2004.
[10] 刘凤香. 建筑企业财务. 北京：中国建筑工业出版社，2004.
[11] 郭复初，王庆成. 财务管理学. 北京：高等教育出版社，2006.
[12] 刘杰. 财务会计操作基础. 北京：中国人民大学出版社，2004.
[13] 葛家澍. 中级财务会计学. 北京：中国人民大学出版社，2004.
[14] 李跃珍. 工程财务与会计. 2版. 武汉：武汉理工大学出版社，2008.
[15] 辛艳红，李爱华. 施工企业会计. 2版. 北京：北京大学出版社，2014.
[16] 杨淑芝. 施工企业财务管理实务. 北京：中国电力出版社，2013.